日本近代建築家列伝

生き続ける建築

丸山雅子 監修

鹿島出版会

目次

日本近代建築家列伝——生き続ける建築

384 Appendix

総論―生き続ける建築

丸山雅子｜Motoko Maruyama

はじめに

本書は、近代日本を代表する建築家三十五人を選び、彼らの生涯と作品を通して、日本の近代建築の発展過程を辿ろうとするものである。今回、彼らがリーダーシップをとった時期を軸に四つのグループに分けた。第Ⅰ部「西洋建築の導入」は明治期、ジョサイア・コンドルを始め八名、第Ⅱ部「西洋建築の習得と自立」は明治末期から昭和初期、伊東忠太を筆頭に九名、第Ⅲ部「様式建築の新展開」は大正後期から昭和戦前、岡田信一郎など十一名、第Ⅳ部「モダンデザインの先駆」は戦前から戦後にかけた時期、ここでは本野精吾から村野藤吾までを取り上げ、計三十五人で構成した。これらは建築史的な視点に基づくもので、必ずしも登場人物の生年順にはなっていない。本文では取り上げなかった重要な建築家と作品も補足しながら概説したい。

第Ⅰ部　西洋建築の導入

日本で近代建築がいつから始まったのか、人によって異論はあるかもしれないが、幕末・明治初期の西洋建築の導入をもって近代建築の出発点と見なして問題はないであろう。幕末までに多種多様な建築書が西洋から伝来し、一部の洋学者の知るところではあったが、書物の知識だけで異国の建築を形づくることは難しい。その実現には、西洋人による直接的な指導や、手本となる西洋建築の実物が必要であった。

ジョサイア・コンドル［1852–1920］は、日本の建築界にとって大恩人であり、「西洋建築の父」と称されるが、実は、コンドル以前に西洋建築の導入は始まっていた。幕末から明治初期にかけて、欧米各地から建築家や技師が渡来し、日本に西洋建築をもたらした。彼らは技術的に遅れた極東の島国にはるばるやって来て、洋式の工場、灯台、水利、港湾、鉄道の関連施設を建設、居留地の造成に関与し、日本の西洋化に貢献した。彼らを代表する人物に、トーマス・J・ウォートルス［1842–97］がいる。彼はアイルランドに生まれ、一八六五年、薩摩藩に雇われ来日した。本来、建築家でも建築技師でもなかったが、万能技師として働くうちに重用された。明治維新後は政府に雇われ、大阪で造幣寮（現・造幣局）の建設を一任される。造幣寮の鋳造所正面玄関部分［1870］、造幣寮の応接所として建てられた泉布観［1870］が現存する。休む間もなく東京に呼ばれ、竹橋陣営（近衛歩兵連隊営所）［1871］、銀座煉瓦街［1872着工］の設計および建設を担当した。銀座煉瓦街の遺構は、一部は江戸東京博物館に保存・展示されている。

こうした建築活動は、西洋人だけで完結したものではなかった。実際に現場で働いていたのは日本人であり、彼らは外国人の指導を受けつつレンガやセメントの扱いを学び、洋式の小屋組や建築金物を知った。彼らのほとんどは無名の存在で、建築史の表には現れないが、陰で日本の建築の近代化に貢献した。西洋人の建築活動に刺激を受け、独学で洋風建築を建てた日本の大工棟梁や技師もいた。その代表に、二代目清水喜助［1815–81］が挙げられる。一八五九年、横浜に進出し、居留地で洋風建築を学び、東京の文明開化を象徴する和洋折衷建築を建てた。彼の率いた清水組（現・清水建設）は今も続いている。技師の代表には、工部省営繕で活躍した林忠恕［1835–93］がいる。林も幕末に横浜居留地で洋風建築を学び、新政府に雇われ、明治初期の官庁建築を手掛けた。

さて〝建築家〟には狭義と広義の解釈がある。現代では広義で用いることが多く、大工棟梁も含め建築の設計に従事する者を建築家と呼んで差し支えない。しかし近代初期において建築家は、建築の高等教育を修了した者を指していた。日本で初めて建築学科（当初は造家学科）が置かれた工部大学校（創設時は工学寮工学校）の一回生を「最初の日本人建築家」と称するのはそのためである。

コンドルの教育を受け、一八七九年十一月、工部大学校造家学科から四人の一回生が卒業した。辰野金吾［1854

–1919〕、曾禰達蔵〔1852–1937〕、片山東熊〔1853–1917〕、そして佐立七次郎〔1856–1922〕である。辰野は、コンドルの退官に伴って工部大学校教授に就任し、工科大学教授となり、その傍ら、技術者育成のために工手学校（現・工学院大学）を設立し、長きにわたって建築教育に携わり人材を数多く育てた。曾禰は中條精一郎〔1868–1936〕と共に国内最大規模の設計事務所、曾禰中條建築事務所を率いて、多くのオフィスビルを世に送り出した。片山は、宮内省営繕で宮廷建築家として力を発揮した。四人のうち佐立だけは目立った活躍はしないまま退いたが、日本水準原点標庫〔1891〕、旧日本郵船小樽支店〔1906〕が現存する。

その後、コンドルの教え子が毎年卒業し、建築界の本流が形づくられていった。しかし厳密に言えば、最初の日本人建築家は、四人だけではない。彼らより若干早く学校を卒業した日本人建築家が二人存在した。小島憲之〔1857–1918〕と山口半六〔1858–1900〕である。

小島は大学南校（現・東京大学文・理学部）で語学の才能を認められ、米国人教師に伴われて渡米し、一八七五年、コーネル大学建築科に入学した。同科は米国で三番目に古い建築の名門で、彼は一八七九年に東洋人として初めて卒業した。約二年間建築事務所に勤めた後、帰国し、主に教育者として活躍した。作品は東京図書館書籍庫（現・東京藝術大学赤レンガ二号館）〔1886〕が残る。山口も大学南校在学時に留学生に選ばれ、一八七六年渡仏した。一八七九年八月、パリの工業中央専門学校を卒業後、実務を積み、一八八一年に帰国した。長らく文部省営繕で活躍し、第四高等中学校本館（現・四高記念文化交流館）〔1891〕などを手掛けた。事務所開設後の作品では、兵庫本庁舎（現・兵庫県公館）〔1902〕が現存する。奇しくも同じ一八七九年に、米国とフランスでも日本人建築家が誕生していたのだ。

それでもコンドル来日以降、日本の建築界の本流は工部大学校の卒業生で占められ、イギリス流を第一としていた。そこに一八八六年、突如異なるタイプの建築が加わった。それはドイツ建築である。その年、政府は内閣に臨時建築局を設け、中央官庁街を整備するため、ドイツから建築技術を本格的に導入することを決めた。ドイツから建築家エンデ&ベックマンを招き、日本からは妻木頼黄〔1859–1916〕、渡辺譲〔1855–1930〕、河合浩蔵〔1856–1934〕をドイツに派遣した。官庁集中計画は仮議院〔1890〕、司法省（現・法務省旧本館）〔1895〕、裁判所〔1896〕の三棟が実現しただけで未完に終わるが、妻木はドイツの建築技術を体得し、内務省および大蔵省営繕で、官僚建築家の本流を歩んだ。渡辺は工部大学校二回生で、ドイツから帰国後は主に海軍省営繕で活躍した。代表作に初代・帝国ホテル［1890、現存せず］がある。河合は工部大学校四回生で、帰国後、前述の司法省の建設に従事した。彼自身の作品では、小寺家厩舎［1910］、日豪館（現・海岸ビルヂング）［1911］などが現存する。

こうして、幕末から明治初期には西洋人が指導的な役割を果たし、影響を受けた大工や技師が手探りで洋風建築に挑んだ。明治二十年代からは日本人建築家が本格的に活動を始め、西洋建築が次々と建てられていった。

第Ⅱ部　西洋建築の習得と自立

一八八六年三月、帝国大学（後に東京帝国大学、現・東京大学、以後本文では東大と表記する）が創設され、工部大学校はその工科大学（現・工学部）になった。辰野金吾が教授となり、日本人建築家を育てる役目を果たしたジョサイア・コンドルは講師に退いた。同じ年の四月には、辰野などが中心となって造家学会（現・日本建築学会）が創設された。早くも日本人による建築教育と研究の体制が整ったのである。

第Ⅱ部で取り上げた建築家の多くは、こうして整えられた環境で学校を卒業した辰野の教え子で、日本人建築家の第二世代にあたる。彼らは第一世代と比べて圧倒的に優位であった。何しろ第一世代は、西洋建築がほとんど存在しない幕末に生まれ、ゼロから学習した。一方、第二世代は、西洋建築が徐々に増えていく中で育ち、日本で産業革命が盛んな時に学校を卒業し、第一世代の奮闘を見ながら建築家としての力を蓄えていった。建築を見る目が肥えていたし、余裕もあった。「建築は芸術」という意識が高まり、一八九七年に造家学会が建築学会に、さらに一八九八年には造家学科が建築学科に改称された。一九一〇年には、「我国将来の建築様式を如何にすべき哉」という討論会が行われた。その中心にいたのが、第二世代の建築家である。

長野宇平治［1867–1937］や櫻井小太郎［1870–1953］のように西洋の古典主義建築を究める者もいれば、伊東忠太［1867–1954］のように日本やアジアの伝統建築に着目する者もいた。そしてアール・ヌーヴォーやセセッションといった欧州の新しい建築潮流に取り組む者もいた。その代表的な建築家に武田五一［1872–1938］、田辺淳吉

［1879–1926］、野口孫市［1869–1915］が挙げられる。武田は、日本にアール・ヌーヴォーやセセッションを紹介し、京都高等工芸学校（現・京都工芸繊維大学）図案科や京都帝国大学（現・京都大学）建築学科を創設するなど、教育界に大きく貢献した。田辺は、建築家としての大半を清水組（現・清水建設）の技師長として過ごし、なおかつ短命であったため、その名はあまり知られていないが、同時代の建築家の間では、芸術家肌の建築家として高く評されれた。野口は東大卒業後、住友家に招かれ、主に関西で活躍した。現存する代表作に、大阪府立図書館（現・大阪府立中之島図書館）［1904］がある。

こうした芸術家タイプが活躍した一方で、対極的な動きが起きていた。明治末年から鉄骨造や鉄筋コンクリート造の新しい建築技術が日本に紹介され、建築がにわかに工学化したのである。その先駆者に横河民輔［1864–1945］がいる。彼は一八九〇年、東大を卒業後直ちに、当時まだ珍しかった個人の設計事務所を開設し、一八九一年に発生した濃尾地震のわずか二十四日後には建築界初の耐震構造学の著書を上梓するなど、先見の明と創造性と行動力を兼ね備えていた。一九〇二年に日本初の本格的鉄骨構造建築を完成させ、一九〇三年には東大で日本初の鉄骨構造学を開講した。彼自身は卒業設計以来、一度も鉛筆を握らなかったと伝えられるが、事務所からは東京名所が次々と発表された。三越本店［1914］はその一例である。東京銀行集会所（現・東京銀行協会ビル）［1916］、日本工業倶楽部［1929］などは建て替えられたが、旧建物が部分的に保存されている。

横河に続いて東大で鉄筋コンクリート造の講義を始めたのは、佐野利器［1880–1956］である。彼は一九〇三年に東大を卒業し、大学院で鉄骨造、鉄筋コンクリート造の研究を深め、一九一五年に学位論文「家屋耐震構造論」で日本の耐震構造理論の基礎を築いた。建築構造学の権威として教育に当たり、東京駅丸の内駅舎［1914］、学士会館［1928］など、数多くの構造を担当した。震災復興に際しては、東京市建築局長として鉄筋コンクリート造の普及に努めた。

第二世代で芸術的に優れた作品が生まれた一方、佐野の活躍によって耐震構造学が盛んになった。欧米には見られない、造形美学と工学から成る日本独自の建築学が発達した。

第Ⅲ部　様式建築の新展開

西洋で何千年も掛けて培われた建築様式は、近代のわずかな期間で日本に取り込まれた。第二世代は習熟度において第一世代を越え、西洋の建築様式を自分のものとした。そして様式建築は新しい展開を迎えた。

第Ⅲ部で取り上げる建築家の多くは一八八〇年代に生まれ、日清・日露の両戦争を経て、国力がいよいよ増した時に建築家として世に出た。第一次世界大戦で欧州が疲弊すると、米国との交流が盛んになった。松田軍平［1894–1981］のように米国に建築留学する若者も増えた。戦前の主要建築誌は大正期にほぼ出揃った。彼らはこのような環境で建築家として力をつけた。その気になれば、世界中の様式を参考にすることができたであろう。レパートリーの幅は建築家次第であった。岡田信一郎［1883–1932］や渡辺仁［1887–1973］のように、西洋の古典主義から和風、モダニズムまで自在に様式を使いこなし、様式の名手と言われるものも現れた。さらに、安井武雄［1884–1955］に見られるように一つの作品の外観に、異なる様式が意図的に組み合わされる例もあれば、渡邊節［1884–1967］の綿業会館［1931］に見るように、室内が部屋ごとに異なる様式で飾られることもあった。そして長谷部鋭吉［1886–1960］のように、西洋の古典主義を基調に、モダニズムに通じる作風を創造する者もいた。長谷部は一九〇九年、東大卒業後、住友に入社し、住友関係の建物を数多く手掛けた。代表作に住友ビルディング（現・三井住友銀行大阪本店ビル）［1926］、事務所（現・日建設計）を開設してからの作品に、日本神学校（現・東京ルーテルセンター教会）［1937］がある。

第Ⅲ部の建築家たちは、第Ⅳ部に取り上げる建築家たちより多少若いだけで、大差はない。だが、大きく異なる点は、様式建築に対するスタンスである。第Ⅱ部、第Ⅲ部で取り上げた建築家の中にも、欧米の新しい建築造形に魅力を感じ、試みる者はいたが、軸足は様式建築に置いていた。

第Ⅳ部　モダンデザインの先駆

一九二〇年、その年に東大建築学科を卒業する学生六人、石本喜久治［1894–1963］、滝沢真弓［1896–1983］、堀口捨己［1895–1984］、森田慶一［1895–1983］、山田守［1894–1966］、矢田茂［1896–1958］によって、日本初の近代建築運動である分離派建築会が結成された。「我々は起つ。過去建築圏より分離し、総ての建築をして真に意義あらしめる新建築圏を創造せんがために。（以下略）」と彼らは宣言した。この「過去建築圏」とは、様式建築のことである。後に、山口文象［1902–78］、蔵田周忠［1895–1966］が加わる。

第Ⅳ部で取り上げるのは、様式建築にとらわれず、モダンデザインに身を投じた者たちである。彼らが参考にしたのは、ドイツ表現派、バウハウス、米国のフランク・ロイド・ライト、オランダのデ・スティル、フランスのル・コルビュジエなどであった。遠藤新［1889–1951］は来日中だったライトとの邂逅を得て、渡米。タリアセンで約一年半、師の建築哲学にじっくり触れた。日本ではライトと同一視されるほど、師の面影が生きている。

モダニズムの先陣を切ったのは本野精吾［1882–1944］と後藤慶二［1883–1919］である。二人は年齢的には第Ⅲ部の建築家と同世代であるが、一九一四、五年という早い時期に、モダンデザインの実作を発表し、注目された。本野は、ベルリンに留学し、ヨーロッパで興っていた近代運動やアヴァンギャルド作品に直に触れ刺激を受け、その後の建築家としての活動を方向づけた。一九二七年、京都で結成された「日本インターナショナル建築会」の中心メンバーとなり、日本から世界に向けてモダニズムを主張し、宣言した。

後藤は、一九〇九年、東大卒業後、司法省営繕に入り、日本の表現派の名作、豊多摩監獄［1915］を完成させた。周囲から天才と目される逸材であったが、三十五歳で早逝した。作品は豊多摩監獄の表門のみ現存する。後藤の影響力は大きく、岩元禄［1893–1922］や山田守、吉田鉄郎［1894–1956］など逓信省の若手建築家に引き継がれた。岩元は一九一八年に東大を卒業し逓信省に入ったが、彼もまた二十九歳の若さで世を去った。作品は京都中央電話局西陣分局（現・NTT西陣別館）［1921］のみ現存する。山田は、分離派建築の金字塔ともいえる東京中央電信局［1925］を設計した。しかし、海外視察でインターナショナルスタイルを目の当たりにし、合理主義に目覚め、帰国後は近代合理主義と自由曲線との融合を目指す作風にシフトしていく。吉田は一九一九年、東大卒業後、逓信省に入り、終戦前まで逓信省で活躍した。表現派の作品では京都中央電話局上分局（現・フレスコ河原町丸太町店）［1924］が現存する。彼はその後、バウハウス的な躯体に、日本的な柱梁の表現を融合させた作風を確立し、東京中央郵便局［1931］、大阪中央郵便局［1939］を完成させた。残念ながら後者は失われ、前者は部分的に保存されている。

一方、一九一九年末に帝国ホテル建設のためライトと共に来日したアントニン・レーモンド［1888-1976］は、そのまま日本に留まることを選び、モダニズム建築の秀作を次々と発表し、彼のもとには若き建築家が集まった。一九三七年末に日本を離れ、米国に帰国するが、戦後、再び来日。精力的に活動し、日本の建築界をリードした。もう一人の戦後建築界の巨匠、村野藤吾［1891-1984］は様式建築を得意とした渡邊節のもとで修業し、独立後は、天性の美的感覚によって、多くの作品を世に出し、戦後も一層活躍した。

大正から昭和初期にかけて、日本の建築界で最も活発だったのは第Ⅱ部、第Ⅲ部の建築家で、主に様式建築を手掛けていた。同じ頃、第Ⅳ部の建築家の多くはまだ学生か新人で、海外の最新事情を察知して、様式建築を否定する傾向を強めていた。そして彼らが本格的に建築活動を始めた時、モダニズム、特にバウハウスとル・コルビュジエに影響を受けた作品が増え始め、一九三五年頃に形勢は逆転する。すなわちモダニズムが日本の建築界の主流になる。やがて戦時体制に入り、建築活動は停滞するが、戦後再開された時、様式建築の出番はなかった。モダニズムの圧倒的優位のまま現代に至っている。

おわりに

日本で建築が生き続けることは難しい。日本は世界に誇る長寿国であるが、建物の平均寿命は人の半分ほどでしかない。これまでどれほど社会に貢献しようが、地域に親しまれようが、たとえ有名建築家の作品であっても、歴史的に評価されるべき作品であっても、ほとんど考慮されずに取り壊された。本書に登場する建築家も、日本近代建築史に名は残したが、作品の多くは失われている。他の芸術分野では考えられないことである。

だがそこに、明るい兆しが見えてきた。近代の建築を保存する気運が近年高まっている。長く生き続けた建築は、場所の顔である。取り壊されると場所は顔を失い、自己も失いかねない。跡地に新しい建物が出来ても、その場所の喪失感は埋まらない。生き続ける建築が、これからも長く生き続けることを切に願う。

第I部

西洋建築の導入

ジョサイア・コンドル	1852-1920
辰野金吾	1854-1919
曾禰達蔵	1852-1937
片山東熊	1853-1917
妻木頼黄	1859-1916
ジェームズ・マクドナルド・ガーディナー	1857-1925
鉄川与助	1879-1976

ジョサイア・コンドル―岩崎久彌邸（現・旧岩崎邸庭園）[1896] ▼p.027

辰野金吾｜松本健次郎邸（現・西日本工業倶楽部）［1911］
▶p.039

曾禰達蔵―小笠原長幹伯爵邸（現・小笠原伯爵邸）［1927］

▼p.045

片山東熊─表慶館［1908］▼p.053

妻木頼黄｜横浜正金銀行本店（現・神奈川県立歴史博物館）［1904］▼p.060

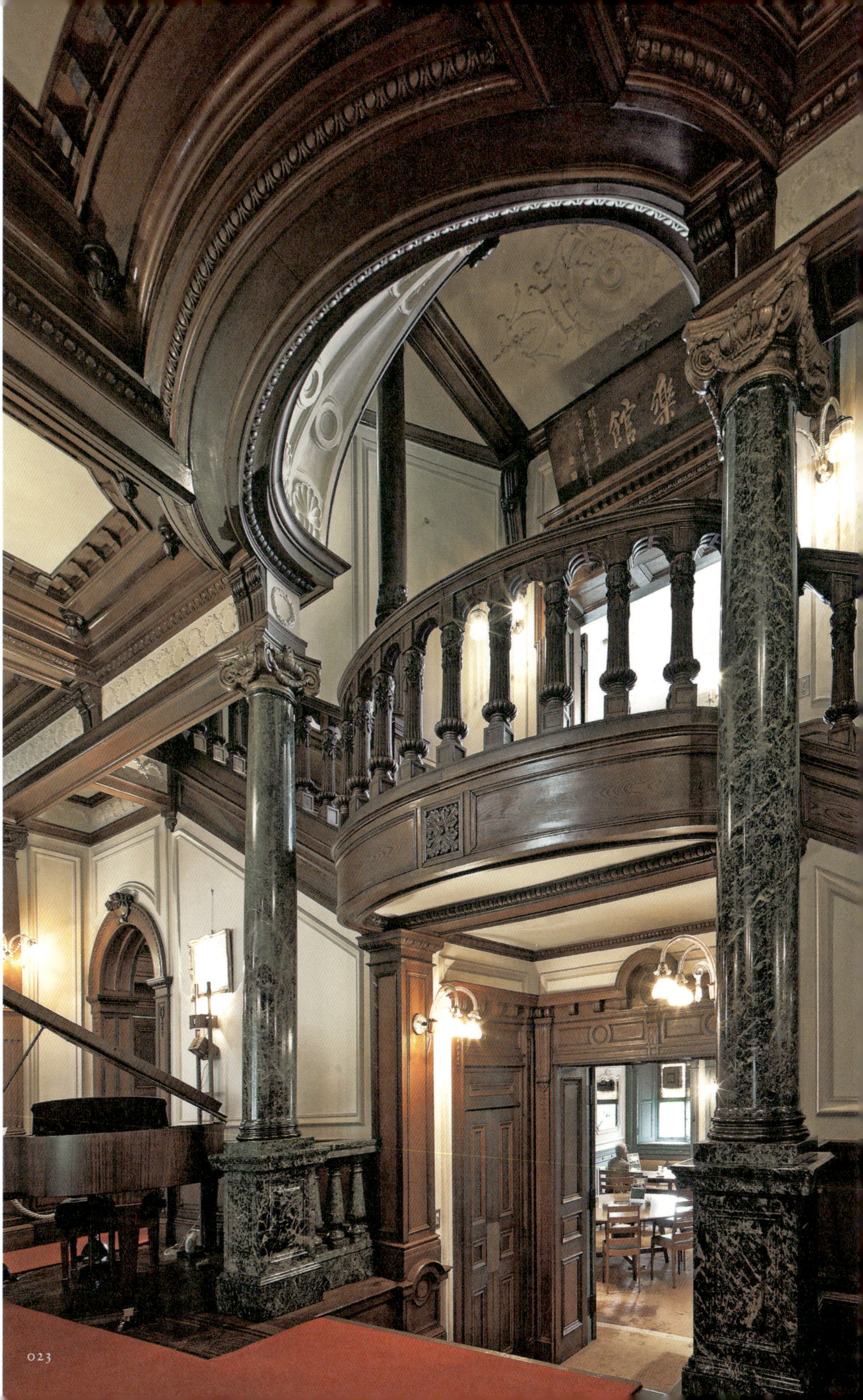

ジェームズ・マクドナルド・ガーディナー｜村井吉兵衛京都別邸（長楽館）［1909］ ▼p.069

鉄川与助―頭ヶ島天主堂［1919］
▼p.077

ジョサイア・コンドル

Josiah Conder

建築家という存在

鈴木博之 — Hiroyuki Suzuki

右—［出典：『「鹿鳴館の建築家ジョサイア・コンドル展」図録』建築画報社／2009］

▼個別年譜p.369

西洋建築の父

鹿鳴館［1883］の設計者として知られるイギリス人建築家ジョサイア・コンドルは、わが国の西洋建築の父といわれる。弱冠二十五歳で来日した彼は、工部大学校の外国人教師として建築のあらゆる側面を教授した。〝建築のあらゆる側面〟というのは文字通りこの内容を意味するものであって、建築設計技術だけを意味するのではない。建築の造形、構造、設備は無論のこと、材料の調達、建設工事、管理運営、さらには暮らし方の指南にまで、コンドルの仕事は広がっていたのである。

一例を挙げておこう。明治三十年［1897］八月三十日、ロンドンの日本大使館に勤務していた加藤高明が、大量の西洋絵画を深川の岩崎久彌あてに発送した。これは岩崎彌之助深川別邸［1889］の各部屋を飾るための絵画群であり、深川別邸を設計したコンドルが、各部屋の大きさに合わせて寸法を指定し、購入を計画したものであった。邸宅を設計しただけでは紳士の生活は成立しない。そこにふさわしい家具調度を整え、絵画まで飾ってようやく、貴顕《きけん》紳士と呼ばれるにふさわしい生活の場ができあがるのである。コンドルはそこまで計画し、手配しなければならなかった[1]。

岩崎家のために絵画を購入したのは、ロンドン在住で来日経験もあり、コンドルとも親しかった画家のアルフレッド・イーストであり、実際に奔走した日本大使館の加藤は岩崎彌太郎の女婿であり、久彌の義兄弟であった。のちの首相もここでは岩崎家の使い走りである。

このように、邸宅の使い方にまでアドヴァイスを与えたコンドルは、無論、つくりあげるべき建築の様式の選択から、構造まで決定していかねばならなかった。コンドルは、イギリスではゴシック・リヴァイヴァルの大家であったウィリアム・バージェスのもとで学び、同時にロンドン大学でトーマス・ロジャー・スミスの薫陶も受けた。そしてイギリス建築家協会が行っていた設計コンクールであるソーン賞に応募して入賞、ソーン・メダルを受けた。この経歴は十九世紀の建築家らしい、多面的なものである。すなわち、彼は徒弟的に建築家のもとで修行して建築家になっていく道と、学校教育を通じて専門知識を身につけていく道を、ともに経験したのであり、設計コンクールによって頭角を現すという近代的建築家のコースもたどっているからである。こうした経歴は、のちに彼が教育と実務の両面を受け持たなくなる際に、極めて役に立ったのではないかと思われる。このように将来を嘱望される若者が、日本政府の招きに応じてわが国にやって来たのだった。

日本にあこがれ、日本を愛したコンドル

ジョサイア・コンドルがなにゆえ日本政府の招きに応じたのかは、よくわかっていない。彼は工部省が設けた工部大学校の教師として来日するのだが、工部大学校の教師たちの多くはグラスゴーから招聘されていた。グラスゴーは当時、造船をはじめ工業の中心として知られていたし、幕末に長州藩を抜け出てイギリスに向かった若者のうち、工学に興味を持った山尾庸三はグラスゴーで経験を積んでいたから、外国人教師がグラスゴーから招かれることになるのは、ごく自然であった。

ロンドンで学んだコンドルが建築教師として来日することになったのは、やはりロンドンには建築など文化的な領域での人材が多かったのと、コンドル自身が日本に興味を抱いていたためであろうと考えられる。

[1]『ジョサイア・コンドル書簡史料の研究』鈴木博之著、文部科学省科学研究費補助金研究成果報告書／2005

岩崎彌之助深川別邸[1889]：コンドル初期の作品であるが、関東大震災によって大破し、現在は庭園部分のみが清澄庭園として公開されている。この庭園は、もともとは江戸以来の伝統である汐入の庭(海水を引き込んでいる庭園)で、ここには全国からさまざまな庭石が運び込まれていることで有名である[出典：『鹿鳴館の建築家ジョサイア・コンドル展』図録]

無論、その橋渡しをする存在はあったであろう。もっとも可能性が高いと考えられるのが、ジャーデン・マセソン社である。幕末の長州の若者たちの脱藩と渡欧を手助けしたこの商社が、日本の近代化のためのお雇い外国人招聘、情報収集と斡旋に尽力したのであろうと思われるのである。彼の師であったウィリアム・バージェス、そしてその親友であった建築家E・W・ゴッドウィンらは、当時知られはじめていた日本の芸術品に夢中になっていた。そしてコンドルもまた、そうしたジャポニスムの熱に感染した若き建築家だったのである。その興味は来日後のコンドルの幅広い日本探求となって現れる。彼は日本のさまざまなものをスケッチしたし、日本画を河鍋暁斎のもとで学んで、暁英（暁斎の弟子の英国人という意味であろう）という号を貰っているし、さらに彼の娘がスウェーデンの士官と結婚して儲けた孫であるウルスラにも暁瑞（暁斎の弟子のスウェーデン（瑞典）人という意味であろう）という名を貰うほどだった。

コンドルは日本画のみならず、衣裳、造園、生け花、演劇、さらには落語にまで興味を持って学んだ。その成果は論文となり著作となり、実践活動となっていった。建築家として、また建築教師としての仕事の傍ら、

上―岩崎久彌邸（現・旧岩崎邸庭園）［1896］［重要文化財］

正面北面全景：庭園を敷地南に取り、入り口は北面に設ける。これはコンドルの定石である。敷地の南東隅にあった門から、大きく迂回しながら玄関にたどり着くように動線が計画されており、これも彼の定石である。木造で複雑な構成は、イギリス近世初頭のジャコビアン様式である

1階婦人客室：イスラム風の多弁アーチが部屋の隅に設けられており、部屋に異国的な奥行きを与えている。上野博物館［1881］に見られたように、イスラム様式はオリエントの様式であるから日本にふさわしいとコンドルは考えていた。ここでは天井のパターンにもイスラム風の円形パターンが応用されている。コンドルはそうしたパターンや装飾モチーフを、当時刊行されていた建築図集から学び取っていた。また、天井には刺しゅうの施されたクロスも貼られ、婦人室らしさを示している

▼口絵 p.018

多様な活動を行ったコンドルはまさしく精力的なヴィクトリア朝人であった。

来日直後の様式選択

建築家としてのジョサイア・コンドルは、ウィリアム・バージェスからゴシック様式の建築設計を学び、装飾についての感性も身につけた。この時代、建築はさまざまな歴史的様式を採用することによって設計されていたから、重要なのはどのような様式を選択するかであった。

日本にやって来たコンドルは、教育とともに建築設計にも直ちに携わることとなった。新橋近くにつくられた訓盲院［1879］、もとの寛永寺境内に建てられた上野博物館、そして隅田川畔に建つ開拓使物産販売捌所本館［いずれも1881］である。そこで彼は、それぞれの建物に様式を使い分けて用いた。訓盲院に対してはロマネスク風の様式を、上野博物館に対してはインド・イスラム風の様式を、そして開拓使物産販売捌所本館に対してはヴェネチアン・ゴシック風の様式である。無論それぞれの様式は簡略化された、未熟な感の漂うものであるが、日本で施工することを前提にした意匠と考えれば、無理もないところである。

それでは建物ごとに異なる様式はなぜ選ばれたのであろうか。訓盲院は盲学校である。わが国初の視覚障害者教育機関として建てられたこの建築に、コンドルはロマネスク様式を用いた。教育機関には中世以来のゴシック建築が多く、コンドルもそうした建築ジャンルに結びついた様式を用いようと考えたのであろう。しかしゴシック様式の複雑さを考えると、来日第一号の建築に採用する様式としては躊躇される。そこでロマネスク様式の採用にいたったのではないか。建築の構成も単純であるし、ロマネスク様式にふさわしい。こうして構成が複雑ではない中世建築であるロマネスク様式が、訓盲院となって立ち現れたのである。

様式の選択基準がもっともわかりやすいものが、開拓使物産販売捌所本館である。この建物は隅田川のほとりに建てられた。明治の初め、この辺りは今よりずっと水の風情が濃厚に漂っていた。江戸以来、隅田川は町の動脈であり、猪牙船《ちょきぶね》が行き交う大運河のような交通路でもあった。水の都であった江戸・東京にふさわしい様式として、ヴェネチアの様式が採用されたことは、リヴァイヴァリストの様式選択としては自然なものであった。場所の感覚を大切にした結果が、

訓盲院［1879］：視覚障害者教育施設の嚆矢（こうし）。ここにコンドルは簡素なロマネスク様式を用いた。汐留の新橋ステーション近くに位置していたが、ロマネスク様式採用の真の理由はわからない［出典：『鹿鳴館の建築家ジョサイア・コンドル展』図録』］

次頁｜三井家倶楽部（現・綱町三井倶楽部）［1913］
南面外観：庭園側の正面である。中央部が湾曲して張り出し、バロック的構成となっている。これがコンドル後期の様式である。しかし、もともとゴシック様式から出発したコンドルは、こうした古典主義的ディテールには精通していなかったようで、アーチには頂部の要石はあるものの、カーブが始まるところを示す迫元の石が置かれていない。湾曲部分のカーブの納め方がうまく整理できなかったことによるのだろう［出典：『綱町三井倶楽部』三井不動産／1990］

ジョサイア・コンドル　Josiah Conder

ヴェネチアン・ゴシック風の様式となったのである。
　上野博物館の場合、様式選択は歴史・地理的なものであった。ヨーロッパにおける博物館は、ギリシア・ローマ以来の文化の伝統を引くものとして古典主義建築が用いられることが多く、なかでもイオニア式のオーダーを用いた古典主義建築が多い。大英博物館、ベルリンのアルテス・ムゼウムなどを思い起こせば納得されるであろう。上野公園に建てられたわが国の博物館が西欧の正統的古典主義建築ではなく、インド・イスラム風の様式によったのは、日本が西洋ではなく東洋の国であり、したがって、その文化圏の品物を収める博物館は東洋の様式を持つべきだと考えたからである。われわれの感覚では、インド・イスラムは日本と関係がないが、西洋的感覚からはともにオリエントなのである。こうした感覚はコンドルがロンドンで学び、身につけたものだった。ヴィクトリア朝から二十世紀初頭にかけての建築史家、ジェイムズ・ファーガソンやバニスター・フレッチャーらは、建築様式を世界の文化圏に対応させて理解する、地理学的な建築様式史を基本としていたからである。
　来日してからのコンドルは、日本の建築を研究し、その中で応用可能なものを西洋建築に取り入れようとした。彼自身、仏教寺院の火頭窓などを応用可能なモチーフだと言っているし、先に述べた開拓使物産販売捌所本館のインテリアには、仏教の祭壇の飾りのかたちである格狭間《こうざま》のモチーフを腰羽目に用いている。
　こうしたかたちでわが国に建てられる西洋建築に日本らしさをもたらそうとするのが、コンドルの建築観であった。彼はそうした手法を学生やスタッフにも指導したようで、コンドルの指導を受けた工部大学校の学生たちの卒業設計図面には、装飾的細部に牛若丸のような日本の人物像を配したものが目立つし、のちに

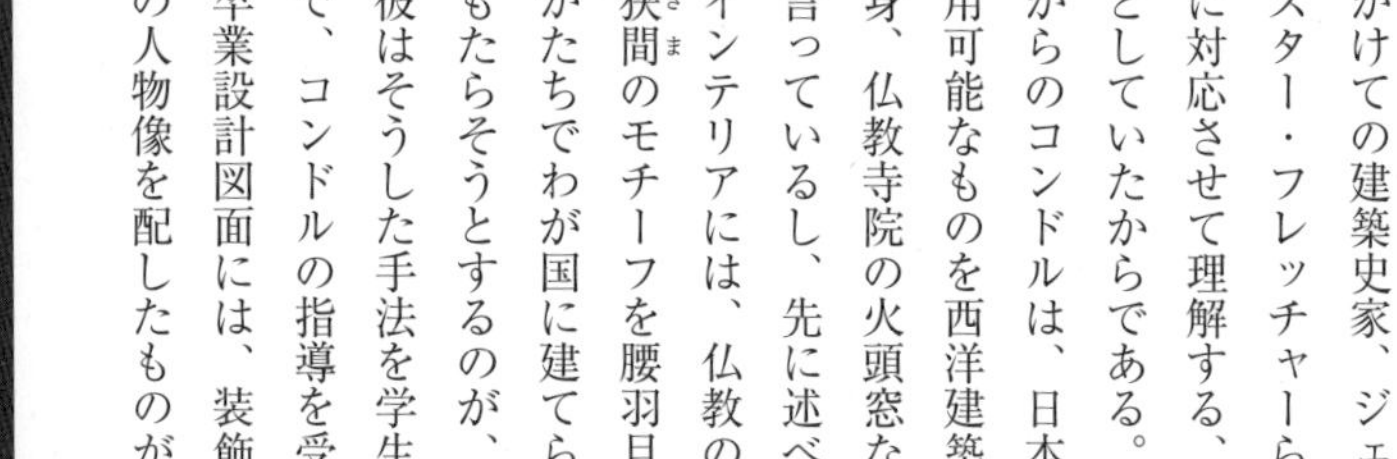

上野博物館［1881］：インド・イスラム様式を採用したのは、コンドルなりのオリエント理解の結果であった。関東大震災で大破し取り壊されたが、部材の一部が湯河原近くの別荘建築に再利用されていることが、その後、判明した［出典：『鹿鳴館の建築家ジョサイア・コンドル展』図録］

開拓使物産販売捌所本館［1881］：隅田川のほとりに建つことから、ヴェネチアン・ゴシック様式が採用されたと思われる。屋根が日本瓦のため、一挙に田舎臭くなってしまっている。屋根の処理は世界的に難しい問題で、イタリアは雨も少ないので緩やかな傾斜の屋根で済むが、アルプス以北では急傾斜の屋根を掛けねばならず、寒いので暖炉が必需品であり、そうなると煙突が屋根に現れるので、イタリア・ルネサンス建築の姿を持ち込むことが難しかった。そこを逆手に取って、急傾斜の屋根に特徴を持たせたのが、フランス建築である［出典：『鹿鳴館の建築家ジョサイア・コンドル展』図録］

上｜古河虎之助邸（現・旧古河庭園大谷美術館）［1917］

1階大食堂：古河虎之助邸の主たる空間である。木製の羽目板、木製の暖炉周りの構成が、インテリア全体に落ち着いた雰囲気をもたらしている。この部分のインテリアは、戦後の修復によって再生されたものである足立鳩吉が上野博物館の傍らに設計した博物館別館には日本的装飾モチーフがちりばめられていた。

後期の円熟へ

典型的なヴィクトリア朝のリヴァイヴァル建築家であったジョサイア・コンドルは、やがて徐々にその様式観を変化させていく。そこにはふたつの要因があった。そのひとつは、わが国固有の問題といってよい耐震建築への指向であり、もうひとつの要因は明治の人々の要求であった。

明治二十四年［1891］に起きた濃尾地震は、西洋建築を導入しはじめたばかりの日本に、大きな試練を与えた。東京丸の内に三菱が計画していたオフィス街の設計をはじめていたコンドルは、地震の実態を調査すべく現地に赴いた。スケッチを行いながら地震の被害を目に焼き付け、翌年、彼は建築学会で「各種建物に関して近来の地震の結果」と題する演説を行う。これは学会誌『建築雑誌』に掲載された[2]。そこで彼は入念な施工が重要であると指摘し、レンガ造に鋼板を敷き込むことなどを奨励している。そして地震国において建築家は、第一に理学者であり、第二に美術家であるようにすべきだと結論している。

しかしながら同時に、コンドルは建築設計を行う建築家という職業を確立するための努力も怠らなかった。彼は設計にあたっては契約書を取り交わし、設計料を取り、設計と施工に責任を負った。彼の仕事の仕方は、施主による直営工事の代理人という性格に近いもので、すべての工事費は彼の手を通じて支払われた。設計料率は工事費および人件費を合算したものの八パーセント、もしくは七パーセントであった[3]。

技術者であり実務家であったコンドルは、後半生においては穏やかな古典主義を用いる建築家として、円熟の時代を迎える。三井家倶楽部（現・綱町三井倶楽部）［1913］、岩崎彌之助高輪別邸（現・開東閣）［1908］、古河虎之助邸（現・旧古河庭園大谷美術館）［1917］などの作品は、わが国の近代化とともにちからをつけていった財閥当主たちの、邸宅や迎賓施設をつくりあげる仕事であった。それぞれの建築には初期とおなじような吟味を経た様式が採用され、入念な施工がなされた。それは施主たちの要求でもあった。コンドルは教育者であり理学者であり実務家であり美術家であるという、多面的な活動を通して、建築家の姿をわれわれに示したのであった。まさしく彼はわが国西洋建築の父であった。

［2］ジョサイア・コンドル・瀧大吉・市東謙吉「各種建物に関して近来の地震の結果」『建築雑誌』1892.3

［3］コンドルの設計報酬に関しては、明治30年における華族会館（旧鹿鳴館）の修繕工事において工費の8パーセント、明治32年に横浜で作成された「専門的業務および料金」というコンドル事務所の規程でも工費の8パーセントとされていた。岩崎彌之助邸［1895］、島津忠重邸（現・清泉女子大学本館）［1915］の場合には工費の7パーセントが支払われたことが知られている

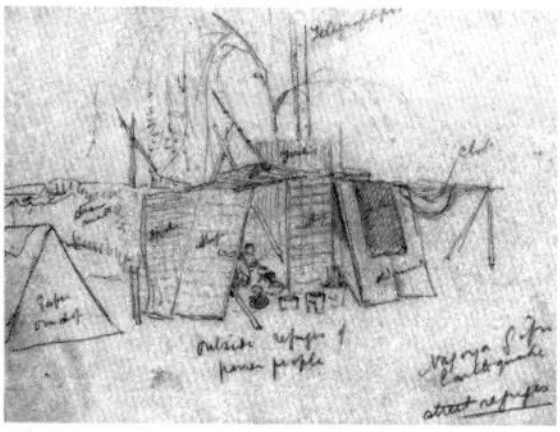

濃尾地震のスケッチ：コンドルは濃尾地震が起きた時、丸の内の開発計画を立案中であった。三菱に縁の深い外国商人T・B・グラバーらは、コンドルに濃尾地震を調査させることを三菱幹部に進言、派遣された。コンドルはレンガ造を硬く剛構造に固めることで耐震性を増そうと考え、レンガ積みの間に帯鉄を敷き込んで耐力を増す方法を採用している［所蔵：東京大学大学院工学系研究科建築学専攻］

辰野金吾

Kingo Tatsuno

辰野式の秘密

藤森照信

Terunobu Fujimori

右—［出典：『日本の建築［明治大正昭和］3 国家のデザイン』藤森照信著／三省堂／1979］

▼個別年譜p.362

平成二十四年［2012］、赤煉瓦の東京駅（現・東京駅丸の内駅舎）［1914］が、東京大空襲で半焼して以来六十八年ぶりに竣工当初の姿を現した時、嬉しかった。私の短からぬ建築界暮らしを振り返っても、あれほど見物人が多かった建築はなく、代々木のオリンピックプールも東京都庁舎も人の数では抜いていた。

嬉しい一方、複雑だった。建築史の研究を始めた大学院生の頃、東京駅の周囲には、今、思い返しても、丸ビル、工業倶楽部、昔のままの中央郵便局、郵船ビルといった戦前の名建築が文字通り軒を連ねていたが、すべて取り壊され、鉄とガラスの超高層ビルに建て替えられてしまった。肩を並べる仲間もなく忽然と立つ明治の、正確には大正三年［1914］完成の赤煉瓦建築。

大男が股を割ってグッと腰を落としたような東京駅の姿について、その昔、〝横綱の土俵入り〟と評したことがある。皇居に向かっての土俵入り。設計者の辰野金吾の相撲好きを踏まえてのたとえで、彼が赤坂の自宅の庭の土俵で息子の隆（フランス文学者）と保を従えて本当に土俵入りしたのは日本銀行本店［1896］に向かってだが、東京駅は辰野になりかわってそうしている。横長の赤煉瓦の壁の上に載る二つの大ドームと一つの寄棟屋根は、さしずめ横綱の頭の大銀杏。

復原・再生を心底嬉しく思ったのは、周囲に目をやった時だった。鉄とガラスの、ガラスと鉄の超高層ビルが目の届く限り林立しているが、もし、保存運動がうまく行かず、取り壊され、鉄とガラスの超高層ビルに建て替えられていたらどうだろう。そのようなビルが出来ても誰もわざわざ見に行かないばかりか、東京の都市イメージのヘソが喪われていたに違いない。

皇居の緑と赤煉瓦の東京駅を繋ぐ幅五〇メートルの行幸道路——この三位一体の景観によって、二十一世紀の東京は新しいヘソを得ることができた。

そう思ってから周囲の超高層ビル群を見まわすと、ビルというビルの窓という窓がパチパチと万雷の拍手をもって迎えているように思えた。〝戦後モダニズム敗れたり〟ともちょっとだけ思ったが、それ以上考えないようにした。

改めて復原・再生された東京駅を眺めると、デザインはやはり破綻していると言わざるを得ない。このことを示唆してくれたのは建築史家の故・稲垣栄三先生で、新年会のおり、二人で話していて東京駅に及ぶと、「駅の前を歩いてみたら、一つの建築というより、街並みみたいに感じた」と言った。

一つの建築としてまとめ切れておらず、赤煉瓦の似

日本銀行本店[1896][重要文化財]：辰野の代表作であるばかりか、日本人建築家の自立を示すシンボルとなった。なぜなら日銀以前、主な国の建物は師のJ・コンドルはじめH・エンデとW・ベックマンなど、お雇い外国人建築家の手に託されていたからだ。平面と全体構成にはベルギー中央銀行の、造形にはJ・ソーン設計のイングランド銀行の影響が見られる。この成功により、辰野は明治を代表する建築家への道を歩み始める[出典：『日本の建築[明治大正昭和]3国家のデザイン』]

上一東京駅（現・東京駅丸の内駅舎）
［1914］［重要文化財］
正面外観：竣工当時から、アムステルダム駅との関係が言われていたらしいが、初期案から最終案まで辿ると、全然関係ないことが分かる。一貫して辰野式である。ゴシックとクラシックが、赤煉瓦と白い石（一部人造石）が混じり合い、ルネサンス以降続いた長い長い歴史主義の最終舞台に立つ

た建物が軒を連ねているようだ、と言うのである。確かにその通りで、壁面も屋根も、各部のデザインがゴロゴロと自己主張に忙しく、全体を統御する骨格の意識が欠けている。東京駅だけでなく、辰野のすべての作品に共通する性格と言わなければならない。

なぜこんなことになったのか。まず考えたのは、日本の伝統的な木造建築とヨーロッパの石や煉瓦の建築の違いについて。日本の木造建築は、細長い柱と梁を組み立てて枠を作ることからすべてが始まり、その結果、構造的な枠がそのまま造形上の秩序を生むから、各部造形を意識的にコントロールしなくても全体の統一感は損なわれない。その結果、日本の木造建築の中で育つと、どうしても意識的に各部造形をコントロールして全体に筋を通す力が弱くなる。別の言い方をすれば骨格の感覚が弱くなりやすい。

一方、ヨーロッパの石と煉瓦の建築は、壁や柱といった構造体が各部造形を自ずとコントロールするわけではない。バラバラに作られる各部造形を積み重ねながら、意識的コントロールによって全体性を確保しなければならない。こうした組積造の中で育った建築家は、まず部分と全体の関係をコントロールすることを学ぶ。

日本の木造の中で生まれ育った辰野は、大学に入ってからヨーロッパ建築を学習しても、ついに彼の地の建築造形原理を修得できず、各部がバラバラになってしまったのではないか。そうまず考えたが、しかし、同世代の建築家の作品に当たると、例えば妻木頼黄の東京商業会議所などは、辰野同様の賑やかな各部造形がちゃんとコントロールされ、一つの全体像に納まっている。ということは、東京駅のバラバラ感は辰野に固有の特性と判断せざるを得ない。

辰野の作品の中でも東京駅のバラバラ感は図抜けているが、そうなった理由はひとえに屋根にある。長大な建物に、大きさも形も違う屋根をいくつも並べれば、名人上手といえどもコントロールは難しい。

それにしても辰野はなぜ、屋根をそんなに賑やかにしたんだろう。

東京駅に代表される赤煉瓦と白い石の混合によるスタイルは、英国のヴィクトリア朝後期に固有で、クィーンアン様式と呼ばれ、ノーマン・ショーが編み出している。辰野が明治十三年［1880］、イギリスに留学した時、まさにロンドンを風靡していたスタイルだが、しかし辰野青年は〝将来の日本にふさわしい〟と述べるに留まり、帰国後はヴィクトリア朝より一時代前のジョージア朝スタイルを専らとし、日本銀行本店を作っている。

イギリスの時代と建築様式の歩みを見ると、ジョージア朝の産業革命時代は硬い古典系様式、そして産業革命の成果を享受した次のヴィクトリア朝の時代は、派手で賑やかなゴシック系様式（クィーンアンはゴシック系様式が再び古典化する途上の折衷様式）と変わっていくが、おそらく新興国日本からの留学生の目には、派手で賑

奈良ホテル［1909］

上―フロント：柱の上部をどうまとめるかも大きなテーマで、ここでは神社の〝舟肘木（ふなひじき）〟を使っている。しかし2階回廊を支える持ち送りは寺院の〝大斗肘木（だいとひじき）〟

右―正面外観：木造の伝統と洋風の間をどう取り結んで歴史的環境に調和させるかの難問は、辰野の愛弟子の長野宇平治が奈良県庁舎で最初の解答を出した。それは〝チューダー様式で壁体を作り、上に伝統の瓦屋根を、軒を浅くして載せる〟という方法で、このホテルもそれに倣っている

やかなヴィクトリア朝スタイルは日本には向かず、まずは産業革命期の古典系と判断したに違いない。

戦後のモダニズムのせいで、辰野のような歴史様式主義者は、適当にヨーロッパの歴史様式を持ち込んで切り貼りしていた、となんとなく思いやすいが、そんなことはなく、欧米諸国の最新動向を睨みつつ、どの国のどの様式を選ぶかについては大真面目に考えていた。現在の世界をリードする日本の建築界の大元を創った人たちのことを軽く見てはいけない。この点は、忘れないでいただきたい。

辰野がクィーンアンを試みるのは、明治三十六年［1903］以後だが、この年が日露戦争の勝利の年であることは重要で、おそらく、日本もロシアに勝ち、そろそろ華やかなヴィクトリア朝のスタイルをやってもいいだろう、と考えたのではないか。齢五十を迎え、大学を離れて設計事務所を開いた辰野は、そう考えてヴィクトリア朝後期のクィーンアンを初めて採用するが、しかし、ショーとは明らかに一部を変えて採用している。

屋根を変えた。

ショーは、拡大するロンドン郊外に新しい街並みを作ることを目的にクィーンアンを編み出したから、ストリートのファサードをどう構成するかを重視し、交差点の角地に塔など付けて強調することを嫌がった。塔やドームなどの記念碑的造形は、むしろストリートの造形を損ねるだけ。記念碑好きのそれまでの建築家からは考えられないショーのこうしたストリート志向は、ヴィクトリア朝後期の建築家の都市的感覚が熟成した証といえよう。

一方、辰野はどうか。ショーとは立地からして正反対で、街の角地を選び、たとえ小さな建物しか許されなくとも、例えば日本生命保険会社九州支店（現・福岡市赤煉瓦文化館）［1909］のようにさまざまな形のドームや塔を屋根いっぱいに軍艦巻きのごとく盛り付けた。ショーから見れば街並みへの犯罪のごときデザインを辰野はなぜしたのか。

確信犯だった。辰野のクィーンアンは銀行や会社が主な施主で、それらは昔ながらの甍の波の只中に、近代化の象徴として、街並みを破るようにスックと立ち上がることを施主も辰野も熱望していた。ショーがロンドンでそうしたように、江戸から続く昔の街並みと調和しては、銀行も会社も存在する意味がなくなる。

辰野の建築は伝統の街並みを破り、新しい力のシンボルとなるべく、王冠のごとき屋根を戴かねばならな

日本生命保険会社九州支店（現・福岡市赤煉瓦文化館）［1909］［重要文化財］：齢50にして工科大学長という頭職を辞し、一民間建築家となりおおせた辰野が選んだ様式がクィーンアン様式だった。そして、亡くなるまで貫き、全国各地そして朝鮮や台湾にも建てている。技術は赤煉瓦と石の混合にあり、各部の造形はゴシックとクラシックの折衷。ヴィクトリアン朝を飾るヴィクトリアン・ゴシックがしだいにクラシック化する途上に生まれたN.ショーのクィーンアン様式をベースにするが、屋根の強調など辰野ならではの解釈もあり、よって"辰野式"と呼ぶ［出典：『日本の建築［明治大正昭和］3 国家のデザイン』］

かった。辰野のクィーンアンが当初よりショーと区別して〝辰野式〟と呼ばれたのはこうした事情による。

辰野式でまとめられた東京駅第一案は、平屋を基本とする扁平極まりない姿をしていたが、しかし、日露戦争の勝利を記念する一大イベントが東京駅を軸にして行われることが決まり、予算が追加され、今の規模になった。辰野は万歳したいくらいに喜んだに違いない。

辰野は三回、一人で万歳をしている。一回目は、日露戦争の勝利を聞いて。二回目は、東京駅の設計者に決まった時、丸の内の路上を事務所に向かって走りながら。最後は、自宅で息を引き取る直前。

幕末、下級武士の子として生まれ、明治期、日本に一つの新しい領分を築き上げた建築家は、後の建築家と違い、自分と国家がズレなく重なっていたのである。

辰野の建築というとどうしても日本銀行本店や東京駅のように国の記念碑になってしまうが、明治十九年［1886］の銀行集会所に始まり大正八年［1919］のスペイン風邪による死に至る長い作品歴を辿ると、一見、辰野らしからぬ作品が見つかる。そのうち二つを最後に紹介しよう。

一つは、明治四十二年［1909］の奈良ホテル。辰野には珍しく外観を和風にしているのは、奈良公園の中だからである。

辰野の同級生の片山東熊が、明治二十七年［1894］、フランスのネオ・バロックで帝国奈良博物館を作り、

松本健次郎邸（現・西日本工業倶楽部）［1911］［重要文化財］
上―ダイニングルームの飾り棚：これを辰野がどれだけアール・ヌーヴォーを意識してやっていたか不安もあったが、松本健次郎の息子によると、オープンの日、中を見て驚く客に、父が「アール・ヌーヴォーっていう、うるさいもんだそうだ」と答えていたという。イギリス系のアール・ヌーヴォーである
右―応接室：柱も2本並べるなどなかなか上手い。アール・ヌーヴォーと日本の建築や美術工芸との深い関係について、当然のように日本の建築家たちは知っていた
南面外観：松本はペンシルヴァニア大学で鉱山学を学び、洋式の生活が好きだったという。全体はイギリスの木造チューダー様式をベースに、アール・ヌーヴォー的崩しを入れている。これだけ美しいアール・ヌーヴォー化した木造チューダー様式は、イギリスでも見たことがない
▼口絵p.019

これが地元の猛反発を買い、以後、奈良公園内は伝統を加味することが奈良県議会で決められた。日本最初の歴史的環境保護条例である。

奈良ホテルは、昨今の高級ホテルと比べると機能上は決していいとは言えないが、しかしいかにも奈良らしいホテルとして多くのファンに支持され、シーズン中は予約が取りにくい。奈良ホテルに泊まり、歴史的な食堂で上品で豊かな朝食をとり、奈良公園を通って古寺大寺を訪れるのは、奈良ならではの楽しみ。もし、予約できるなら〝正倉院展〟と〝お水取り〟と〝若宮御祭〟の時に泊まってほしい。

もう一つは、明治四十四年［1911］、福岡県戸畑に完成した松本健次郎邸（現・西日本工業倶楽部）。

辰野の国家的記念碑のイメージとは大きくずれるが、日本最高最大のアール・ヌーヴォー建築として知られる。外観はイギリスのチューダースタイルをアール・ヌーヴォーの感覚で洗った表現に留まっているが、インテリアはアール・ヌーヴォーが大爆発。

辰野とは別に事務所のスタッフが勝手にやったわけではなく、この頃、辰野はいくつかこの系統のデザインを試し、例えば東京駅の皇室玄関の鉄扉もその一つ。辰野にとって、ヴィクトリアン・ゴシックも、クィーンアンも、アール・ヌーヴォーも、ヨーロッパの同じ建築の流れに見えていたのだろう。十九世紀末のアール・ヌーヴォーを口火として、辰野が慣れ親しんだヨーロッパ歴史主義様式が終焉しようとは思いもよらなかったに違いない。

人柄について述べておこう。工部大学校の学生時代は、地味で堅実で人並み優れた努力家として知られ、あだ名は〝辰野堅固〟。全学の補欠で入り、造家学科を首席で出ることができたのは、その人柄のおかげ。

もう一つ加えるなら、公私の別を峻別した。例えば、国会議事堂の設計を巡って大蔵省（当時、官庁建築はここが担当）の妻木頼黄と日本建築学会会長の辰野が政治家やジャーナリズムを巻き込んで戦っている時も、辰野家と妻木家の親しさは変わらず、正月には両家を行き来して楽しんでいたという。

また、自分の弟子への師としての立場は守り続け、後藤慶二や遠藤新などの大正世代の若者が辰野批判をしても、そのことは気にかけず、むしろそうした連中を有望視した。ただし、遊郭に居続けて授業に出て来る下田菊太郎と渡邊節については、白粉《おしろい》臭さを落としてから来い、と叱り、個人的にも嫌ったと伝えられる。

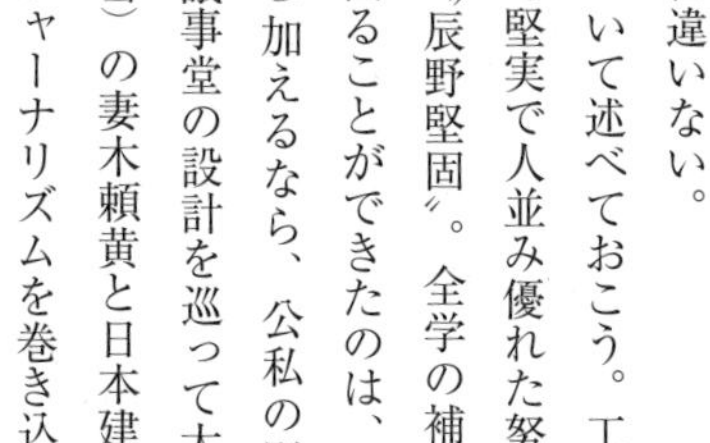

銀行集会所［1886］：辰野の処女作である。生涯辰野を経済人としてバックアップする渋沢栄一の依頼で作られた。用途は渋沢をリーダーとする銀行界の人々のクラブ。様式はパラディオに習っている。面白いのはペディメントの中の図像で鳳凰が刻まれている。辰野は、イギリス留学の帰路、イタリアを回る〝グランド・ツアー〟を試み、そのおり見聞したパラディオ作品が念頭にあったと思われる。パラディオの影響はイギリスで大きく、そのこともあり処女作をパラディアニズムで飾ったにちがいない［出典：『日本の建築［明治大正昭和］3国家のデザイン』］

曾禰達蔵

Tatsuzo Sone

生涯〝新しい建築〟をつくり続けた建築家

平井ゆか｜Yuka Hirai

今から約百年前、東京駅の正面、皇居を望む一角に、日本で最初の近代的高層オフィスビルが誕生した。東京海上ビルディング［1918］。設計は国内最初期の設計事務所、曾禰中條建築事務所。戦前の我が国において最大といわれ、作品の質も最良といわれるほど定評があった事務所である。構造を担当した若き日の内田祥三と共につくり上げた、七階建てのオフィスビル。「ビルディング」という名称も、この時使われたのが最初だった。日本人の設計、施工で建ったその白亜の建物は、当時の日本の建築界に大きな衝撃と自信を与えたという。[1] 昭和四十年代に時代の波にのまれ建て替えられたが、優美さも兼ね備えつつ、関東大震災でもびくともしないほど、堅牢な建物だった。

その曾禰中條建築事務所の主宰者、曾禰達蔵は、工部大学校造家学科（現・東京大学工学部建築学科）でジョサイア・コンドルに西洋建築を学び、明治十二年［1879］第一回生として卒業した、日本人初の建築家の一人である。温厚、実直な人柄で皆に慕われ、同期で同郷の友、辰野金吾の活躍を常に支える存在だったともいわれる。[2] 江戸に生まれ、明治、大正、昭和と激動の時代を生き抜き、八十五年の生涯を閉じるまで現

右—［提供：平井ゆか］

▼個別年譜 p.364

［1］『丸の内百年のあゆみ 三菱地所社史 上巻』三菱地所社史編纂室編、三菱地所／1993

［2］『日本近代建築史ノート』村松貞次郎著、世界書院／1965

役で設計し続けた曾禰達蔵は、日本の建築界の開拓世代として、何を考え、何を成したのか。作品を通して、その生涯を振り返ってみたい。

国内初のオフィス街

卒業後、工部大学校助教授や海軍省を経て、明治二十三年［1890］、三菱による日本で最初の街区計画[3]、丸の内の建築計画が立ち上がると、曾禰達蔵は恩師ジョサイア・コンドルの推薦により同社の建築士として迎えられた。陸軍省から払い下げられた丸の内の八万余坪の土地の都市計画と建築計画を担当し、その実施に従事する。まず、丸の内全域の実測と、当時まだ珍しかったボーリングによる地質調査に取り組み、「近代高層建築には不向きの地質[4]」という結果を得て、建築工事に非常な苦心を払っていく。

三菱一号館［1894］は建築顧問コンドルの設計、曾禰の監督で建設された。竣工間近にかなりの地震があった際、足場の上にいた曾禰は我が身より建物を案じ、もし崩れたらその中に身を投じる覚悟をしたという[5]。三菱二号館［1895］、三菱三号館［1896］はコンドルと共同設計。三菱四号館［1904］以降は任され、海外視察で得た知識、最新の技術を取り入れながら三菱七号館［1904］までつくり上げた[6]。

丸の内には、皇居の正面に近代オフィス街を建設し、東京の美観と新興日本の文明を内外に知らしめようという、当時の三菱の社長・岩崎彌之助と、管事・荘田平五郎の想いがあったという[4]。そのため、耐火、衛生、都市の美観を考慮した非木造洋風建築に限定し、高さも揃え、恒久的な都市計画をもって建設が進められた。こうして出来た赤煉瓦街「一丁倫敦」は、国際社会に仲間入りした日本の発展の象徴となった。

その後、曾禰は自身の事務所も丸の内に設け、東京駅と皇居を結ぶ行幸通りの両側に、代表作となる東京海上ビルディングや日本郵船ビルディング［1923］などを次々と設計し、一大ビジネス街づくりに大きく貢献した。

曾禰中條建築事務所

曾禰達蔵は丸の内の他にも三菱関係の建築を手がけ、神戸の東京倉庫会社兵庫出張所（現・石川株式会社）［1905］など、今も大切に使われている。

明治三十九年［1906］に三菱を定年退職すると、曾

［3］　明治5年から着手された「銀座煉瓦街」の建設があるが、この計画は一部市街の改造、一地域の洋風化にとどまったという（「都市紀要三　銀座煉瓦街の建設」東京都／1955）

［4］　『岩崎弥之助傳 下 岩崎家傳記4』東大出版会／1971

［5］　内田祥三「曾禰先生を憶ふ」『曾禰達蔵 中條精一郎 建築事務所作品集』黒崎幹男編、中條建築事務所／1939

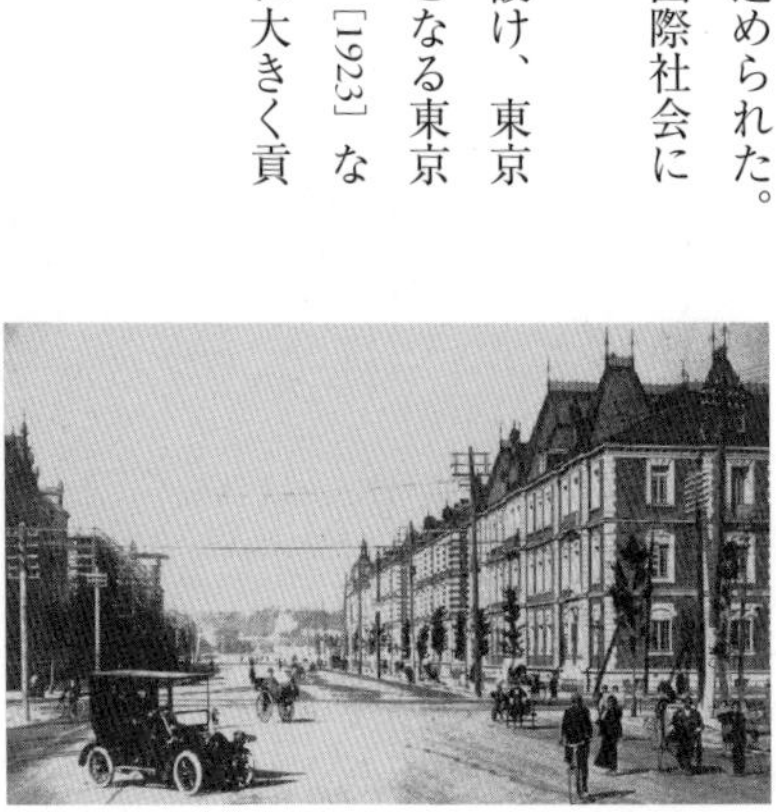

一丁倫敦［所蔵：三菱地所］

次頁―慶應義塾創立五十年記念図書館（現・慶應義塾図書館旧館）［1912］［重要文化財］
正面玄関付近の外観：赤煉瓦と花崗岩のコントラストが美しい。向かって右側には3階建ての八角塔があり、左側には書庫が並ぶ

禰は単独で設計事務所を開き、約一年後の明治四十一年［1908］一月には十六歳下の中條精一郎と共同で曾禰中條建築事務所を開設する。

二人は共に遅咲きの建築家で、海外で開催された万国建築家大会に、国の代表として出席した共通の経験を持つ。学究肌で良いものをつくるためなら予算も度外視してしまう曾禰に対して、デザインだけでなくマネージメントにも長けていた中條は、曾禰にとってなくてはならないパートナーだったと考えられる。

事務所には高松政雄や、徳大寺彬麿などの優秀なデザイナーが集まった。創設当時からの所員・尾山貫一によると、設計に着手する際には、曾禰は自ら案を練って全容を把握し、基本的指針を必ず指示したという[7]。

新語も読めるようにと、晩年まで英字新聞で英語の修練も欠かさず、仕事の合間には国内外の建築雑誌から新建材のカタログまで精読し、事務所でも回覧した。新しい建物の案内があれば必ず見学し、所員にも勤務時間を割いて見学を許した[7]。

また、最善と思われる海外の最新技術はいち早く試み、納得がいくまで何度も実験を繰り返し、日本に適する確信が得られると、すぐ作品に活かしていった。責任感も強く、関東大震災の時には、余震もまだ激しい中、手がけた建物の中をくまなく点検して皆を驚かせたという[7]。

昭和十一年［1936］一月に中條が、翌年十二月には曾禰が亡くなり、曾禰中條建築事務所は三十周年を目前に幕を閉じるが、国内で初めて地下鉄の駅とビルが融合した明治屋ビルディング（現・明治屋京橋ビル）［1933］を始め、オフィスビル、銀行、学校、会館、病院、最先端の技術を要する工場から住宅まで、さまざまな建築を手がけ、約二三〇もの作品をつくり上げた。民間の仕事に従事し[8]、現在につながる新しい建築家と設計事務所の原型をつくった。

慶應義塾創立五十年記念図書館

曾禰中條建築事務所の作品の中で、現存する最も有名な建物といえば、国の重要文化財、慶應義塾創立五十年記念図書館（現・慶應義塾図書館旧館）［1912］だろう。

この依頼を受けたのは、曾禰達蔵が単独で設計事務所を開いた時だった。同校が創立五十年記念事業として念願の図書館建設を決定してすぐ、当時同校の評議員会議長だった荘田平五郎からの推薦もあり、設計者

［6］『三菱地所（別冊 新建築 日本現代建築家シリーズ15）』1992（建物の名称としては7号館まで手がけているが、建設年は5号館の方が遅く、年代を基準にすれば5号館までつくり上げたといえる）
［7］尾山貫一「先生を憶ふ」『曾禰達蔵 中條精一郎 建築事務所作品集』
［8］国営の仕事は手がけていないが、公営の建物としては鹿児島県庁舎（現・県政記念館）［1925］と県会議事堂［1925］の2棟と共進会などの建築を設計している
［9］『慶應義塾図書館史』慶應義塾大学三田情報センター／1922
［10］阿部章蔵「曾禰先生追憶」『曾禰達蔵 中條精一郎 建築事務所作品集』

は曾禰に決まったという。[9]三菱での永年の仕事で、曾禰は荘田の厚い信頼を得ていた。また、当時の在校生によると、同校は曾禰を「人格最も高く一世の師表と仰がれる人」と評し、「建築に限らず、およそ人間の仕事はこれに携わる者の精神をおのずから表現するものであるから、まず第一に修養に心がけよ」と訓示したという。[10]

曾禰は期待に応えるべく中條と共にさまざまな案を

上｜小笠原長幹伯爵邸（現・小笠原伯爵邸）［1927］
喫煙室外観：オリジナル定礎銘板が窓下に取り付けられている。「生命の讃歌」を表した上部の装飾タイルと共に、小森忍の作品
同内観：邸内最大の見せ場であり、唯一イスラム風の重厚な装飾が施された部屋。大理石でイスラム独特の幾何学模様が描かれた床や柱、漆喰彫刻に彩色された壁など、長年の汚れを除去し、当初のまま使用されている。家具は竣工写真を元に復元されたもの
▼口絵p.020上
正面外観：エメラルドグリーンのスペイン瓦に、クリーム色の掻き落し仕上げの外壁、窓には鉄製のグリルが設けられており、スパニッシュ様式の特徴をよく表したデザインになっている
▼口絵p.020下

提示し、「何か変わったもの」をとの同校の要望に最後に提案したゴシック案が採用された[9]。

戦争で慶應は最大被災校となったが、最初に復興に着手したのが、シンボルのように愛されていた、この図書館だった。他にも同校の建築を多数設計し、三田や日吉のキャンパスの校舎や、病院、幼稚舎など、今も現役で使用されている。

曾禰の建てた住宅

曾禰達蔵は住宅も幾つか手がけている。三菱時代の作品には、三菱合資会社三菱造船所（現・三菱重工業長崎造船所）の占勝閣［1904］がある。迎賓館として利用されているが、当初は、三菱造船所の社長宅として設計された。当時の社長は三菱から派遣された荘田平五郎であり、敬服する荘田のために、心を込めてつくった住宅といえる。瀟洒な木造住宅ながら、原爆からも山で守られ、百年以上の歳月が過ぎた今でも変わらず美しさを保っている。

事務所の作品には、華族や財界人の住宅や別荘が多く、普請道楽の施主が九十五歳の時に建てた洋館、田中光顕伯爵小田原別邸（現・小田原文学館）［1937］や、三菱財閥解体時の総帥・岩崎小彌太の終のすみかとなった岩崎小彌太男爵熱海別邸（現在は三菱グループの保養施設）［1935］、貴族院で活躍した小倉藩主、小笠原長幹伯爵邸（現・小笠原伯爵邸）［1927］などがある。

中でも特に印象的なのが、小笠原長幹伯爵邸である。留学など、海外経験が豊富で、芸術にも造詣が深かった施主の趣向が反映された、本格的なスパニッシュ様式の本邸である。窓には、ステンドグラス作家の草分け、小川三知の最晩年の作品が、庭側の外壁には、〝釉薬の天才〟といわれた小森忍のタイルが花を添える。この作品には、他にはない、小森のつくった装飾性の高いオリジナル定礎銘板がある。建物の顔である喫煙室の下に付けられ、この作品に対する曾禰の思い入れの強さが感じられる。

建築家を目指す前、幕末生まれの曾禰は唐津藩の武士だった。十六歳で明治維新を迎え、主君・小笠原長行、胖之助に従い戊辰戦争で戦場に身を置くが、公命で帰藩し一命を取りとめた過去がある。施主・小笠原長幹はかつての主君の本家に当たる家柄で、小笠原邸は曾禰にとってお殿様の家だった。

長く閉鎖されていたが、関東大震災直後に設計された鉄筋コンクリート造で低層の建物は、その後も耐震

三井銀行小樽支店［1927］
右―旧営業室内観：吹抜けに回廊が設けられ、天井の石膏レリーフや、大理石張りのカウンターなど、当初からの姿をよくとどめている。近年まで現役の銀行として使われていたが、統廃合によって所有者が変わった。竣工当初からの雰囲気を活かし、活用され続けることが期待される
次頁―正面外観：花崗岩張りの落ち着いた外観に、繊細な軒蛇腹の装飾が優美な印象を加えている。小笠原長幹伯爵邸（現・小笠原伯爵邸）［1927］と同じく関東大震災直後の設計で、耐震性を重視したつくりになっている。かつて繁栄を極めた小樽には、この建物を始め、工部大学校第1回生4人のうち3人の作品が現存している

性を保持していた[11]。現在、ＰＦＩで借り受けている企業の社長は、初めてこの住宅を見た時、ロマンを感じたという。アンティーク家具を扱うように古材を最大限活かした修復が行われ、レストランとして蘇った[12]。

次世代への橋渡し

曾禰達蔵は最晩年に、新進気鋭の谷口吉郎とコラボレーションした作品もつくっている。その慶應義塾幼稚舎［1937］は、近年、DOCOMOMO Japanによって日本における文化遺産としてのモダニズム建築に選定された。西洋建築を懸命に学んだ最初期の日本人建築家の中で、ただ一人モダニズム建築まで手がけた曾禰は、次世代の建築家への橋渡しを果たしたといえるだろう。

また、昭和三年［1928］、明治生命から新社屋設計の依頼を受けた曾禰は、指名コンペを提案し、当時を代表する後進の建築家や設計事務所八組を推薦したという[13]。結果、岡田信一郎案が採用され、その案を最大限活かすため、当初隣接して残すはずだった、かつて手がけた旧館（三菱二号館）も取り壊した[13]。着工後急逝した信一郎に代わって指揮した弟・捷五郎を支援し、現場にも足しげく通ったという。後にこの建物は、昭和建築で初めて国の重要文化財に指定された。自作ではないが、近代建築の記念碑的作品を後世に残したことも、曾禰らしい功績といえるのではないか。

曾禰は生前「歴史家になりたかった」とよく口にしたといわれる。家では漢詩や和歌をたしなむ文学好きで、幕末に生まれ、激動の時代を生き抜いたことを思えばその気持も理解できるが、建築家になったことを悔いていたようにも聞こえる。本当にそうなのか。曾禰の一生を追い直してみて、果敢に新技術に挑戦し、常に最良のものを求め、生涯〝新しい建築〟をつくり続けた曾禰達蔵は、本人も気づかないうちに、建築に魅了されていたように思えてならない。

最初期の他の建築家と違い、曾禰は国を飾る建物はつくらなかった。が、一建築家として〝新しい建築〟を追い求め実際につくることで、日本の建築界を牽引しようとしていたのではないだろうか。

慶應義塾幼稚舎［1937］

［11］再利用に伴う改修が行われた部分で1ヵ所だけ隔壁を除去し、そこには耐震補強工事が施されている
［12］所有する東京都がＰＦＩで借受企業を公募し、選ばれたインターナショナル青和が2年かけて修復。2002年から小笠原伯爵邸という名称のレストラン（文化施設複合）として再利用されている
［13］『明治生命保険株式会社六十年史』明治生命保険／1942

片山東熊

Toukuma Katayama

宮廷建築の確立と皇室伝統の継承

浅羽英男 | Hideo Asaba

右 [出典:『建築雑誌』1917.11]
▼個別年譜 p.371

東宮御所（現・迎賓館赤坂離宮）[1909] の設計者・片山東熊は嘉永六年 [1853] 十二月十九日、長門国阿武郡萩今古萩町（現・山口県萩市今古萩町）に生まれた。明治六年 [1873] 八月二十三日、工学専門官費生として工部省工学寮に入寮。明治十二年 [1879] 十一月八日の工部大学校造家学科第一回卒業生で、同期卒に辰野金吾、曾禰達蔵、佐立《さたち》七次郎[1]がいる。片山が建築を志した理由は定かではないが、工部省工学寮に入寮する前は横浜で英語を学んでおり、明治維新を経た新時代に英語を習うといった進取な向学心が、工部大学校で西洋建築を学ばせたと推察される。片山や辰野たちは工部大学校造家学科の外国人教師ジョサイア・コンドルから本格的な西洋建築学を習得し、またコンドルの設計の手伝いや現場実務を実習した[2]。そして明治十二年十二月三日、工部省の工部七等技手に任官し、明治十四年 [1881] 一月十九日付で有栖川宮建築掛を命ぜられる。二十八歳の時である。

欧風建築作品の根源・欧米出張

片山東熊の東宮御所を頂点とした欧風建築作品の根源は、五回の欧米出張による見聞と知識の習得による。

[1] 佐立七次郎[1856–1922] 1873年、工部省工学寮入寮。1879年、工部大学校造家学科卒業、工部八等技手。1887年、奏任四等、逓信四等技師。1891年、退職。主な作品に、日本水準原点標庫[1891]、旧日本郵船株式会社小樽支店[1906][重要文化財]など

[2] 『日本の建築[明治大正昭和]2様式の礎』小野木重勝著、三省堂／1979

片山の初めての渡欧は、二十九歳の時である。[3] 明治十五年［1882］六月十八日、有栖川宮熾仁《たるひと》親王が明治天皇の御名代としてロシア皇帝アレクサンドル三世の即位戴冠式に参列する随従員に、有栖川宮の家従心得として陪従した。帰路は有栖川宮邸洋館の室内装飾の調達のため、一行と別に欧州に滞在し、明治十七年［1884］二月十九日に帰国した。有栖川宮邸洋館は明治十七年七月に竣工した煉瓦造二階建てのジョサイア・コンドルの初期の作品で、一階は客間、会食堂、宮御食堂、客間兼踏舞室および転球室などを配置し、二階はプライベートな宮御寝室、御息所《みやすどころ》御寝室、御書斎、御息所二ノ間などを配置した、宮様の御生活に適応した平面プランになっている。[4] 片山は欧州から買い入れたカーテンや家具などの装飾で調和のとれた品位ある室内空間とした。その後、有栖川宮邸洋館は「蓋《けだ》し皇族の御殿を純洋風に造りたる嚆矢《こうし》にして、永く後の模範となりたり」と称えられた。[5] 明治二十八年［1895］一月十五日、熾仁親王が薨去《こうきょ》され、翌年十二月、皇室所有として買い上げられた。明治三十七年［1904］二月から霞ヶ関離宮となったが、昭和二十年［1945］五月二十五日の空襲で焼失した。

片山の渡欧米五回のうち、初回の有栖川宮邸と二回

［3］『熾仁親王行実 下巻』高松宮家編、高松宮家／1929

［4］「有栖川宮殿地図」『有栖川宮邸沿革誌』［所蔵：宮内庁宮内公文書館］

［5］『コンドル博士遺作集』コンドル博士記念表彰会編、コンドル博士記念表彰会／1931

有栖川宮邸洋館［1884］：1階の客間兼踏舞室。片山が欧州で調達した品位ある3基のシャンデリアや椅子は、社交の場にふさわしい雰囲気を醸し出している。2連アーチの出入り口からバルコニーに出ると御庭がよく望めた［出典：『コンドル博士遺作集』］

片山東熊　Toukuma Katayama

上｜帝国京都博物館（現・京都国立博物館明治古都館）「1895」「重要文化財」
西面全景：端整で品のあるファサードが特長のフレンチ・ルネサンス様式の代表建築。中央と両端の緩やかなマンサード屋根と赤煉瓦壁が印象的である

目の明治宮殿［1888］は、家具を含む室内装飾の調達が主であった。初回で欧州各国の王宮や宮殿、美術館などを見聞し、欧風宮廷建築の知識を得た。その知識が帝国京都博物館（現・京都国立博物館明治古都館）［1895］造営に具現化され、その成果が東宮御所御造営のベースになったと考えられる。三回目から最終の五回目の出張は、東宮御所御造営の用務であった。[6]

東宮御所とつながる三作品

本稿では、現存する片山東熊作品の中から帝国京都博物館、表慶館［1908］、竹田宮邸洋館（現・グランドプリンスホテル高輪 貴賓館）［1911］の三作品を東宮御所との共通性を鑑み、取り上げている。その関係性としては、帝国京都博物館では東宮御所と同じ内匠寮技手の足立鳩吉《きゅうきち》と福田安三郎、工匠では石工、錺《かざり》工、装飾大工が本格的な煉瓦造の現場を経験できたこと。表慶館では外壁の精巧な花崗岩装飾や内部階段の錬鉄手すりの精美なつくりが共通していたこと。竹田宮邸洋館では内外のディテールを東宮御所から応用していることなどが考えられる。

一つ目の帝国京都博物館は、日本土木会社（現・大成建設）が一式請負で明治二十五年［1892］六月十七日に起工したが、会社都合により同年九月末、契約解除となったことから工種別請負（直営工事）に切り替え、明治二十八年［1895］十月九日に完成した。工事録によって主な工種の請負者が後の東宮御所御造営に参加したこと。また、明治二十六年［1893］十二月二十九日にジョサイア・コンドルが京都の現場視察をしたことが分かった。[7] 帝国京都博物館は赤煉瓦の端正な正面ファサードが特長の築百十年になる建物で、平面は完全なシンメトリー、中央彫刻室から中坪（中庭）に面した展示室を周る拝観形式。[8] 内部は展示室天井の明かり取りに欧州から輸入したガラスを使用した進取性、展示室入り口の木製飾りの彫刻美、外観はマンサード屋根が映える品位と安定感のある美の殿堂である。

一方、明治二十四年［1891］十月二十八日、愛知・岐阜の両県を中心とした濃尾地震が起きた。[9] 新築中の御料局木曽支庁舎は煉瓦造で木造小屋組まで完了し屋根葺き前であったが、半壊の被害に遭ったため、やむなく工事を取りやめた。[10] 片山は震災直後の岐阜市や名古屋市の被害の実態を見て耐震の重要性を再認識したと推察される。そこで帝国京都博物館では鉄骨の採用には至らなかったが、耐震に対して、煉瓦積みの剥離

［6］ 欧米出張第2回：ドイツ、1886年12月31日–87年11月23日、明治宮殿の室内装飾および家具調達、34歳。第3回：欧米、1897年3月26日–98年3月23日、『明治天皇紀 第9』［宮内庁編、吉川弘文館／1973］の明治30年2月22日の条によれば「東宮御所建築につき内匠寮技師片山東熊を欧米諸国に差遣し各国宮殿・離宮及び公館の構造・配置及び室内装飾等の事を調査せしむ」とある、44歳。第4回：アメリカ、1899年6月14日–11月24日、東宮御所御造営の鉄骨ならびに暖房機調達、46歳。第5回：欧米、1903年1–12月、東宮御所御造営の洋館装飾等調達、50歳

［7］ 『内匠寮 京都及奈良博物館建築工事録21 明治23–28年』［所蔵：宮内庁宮内公文書館］の明治26年12月29日の日誌

［8］ 『京都帝室博物館本館平面図 大正12年』［所蔵：宮内庁宮内公文書館］

［9］ 『風俗画報（東陽堂）』（1891.11）によれば、被害は劇震の濃尾地方、烈震の東海、関西、北陸のほか、西は九州、東は東北地方までの広範囲に及んだ安政地震以来最大の規模であった

［10］ 『帝室林野局五十年史』［帝室林野局編、帝室林野局／1939］の年表を要約すれば、木曽支庁は1889年4月、岐阜市に開庁。被害大により工事は中止され、1892年2月に廃止。機能は名古屋市に移され、名古屋支庁が設置されたとある

［11］ 『内匠寮 京都及奈良博物館建築工事録24 明治23–28年』［所蔵：宮内庁宮内公文書館］の雑件の「セメン

を左右する目地モルタルの性能向上のため、各社セメントの比較試験を行っている。[11]『明治工業史 建築篇』[12]の京都博物館の条によれば、「本建築は明治二十四年の濃美《ママ》地震の後なりしを以て、コンクリート及びモルタルには総てセメントを用ひたり。之に用ひしセメントはアルゼン、セメントなりき」と記してある。

二つ目の表慶館は、皇太子嘉仁《よしひと》親王殿下（後の大正天皇）御成婚を記念した奉献美術館で、東宮御所御造営中の明治三十四年［1901］八月に起工し、明治四十一年［1908］に完成した。片山と高山幸次郎御造営局設計課長[13]による委嘱設計、監督は新家孝正《にいのみ》[14]。建築面積二〇四九平方メートル、煉瓦造二階建て、銅板葺き屋根、外壁花崗岩張りのネオ・バロック様式[15]、平面は十字形のシンメトリー。直径約一七メートルの大ドームを持つ中央部から左右に翼を伸ばし、正面中央一階に玄関、二階をバルコニーとし、奥行きのある空間としている。玄関を入った中央は円形の吹抜けホールで、一階は角柱、二階は八本の大理石の円柱で構成された建築と彫刻美術が調和した明治欧風建築の優秀作品である。

三つ目の竹田宮邸洋館は、明治天皇第六皇女常宮《つねのみや》昌子内親王が竹田宮恒久王に降嫁《こうか》した際に、その邸宅として下賜された殿《でん》邸で、明治四十四年［1911］に完成

ト試験ニ関スル諸表」によれば「次表ハセメントノ耐力及モルタルニ用フル砂ノ適否ヲ検スル為メニ明治二十五年八月片山技師ノ命ニ依リ之レガ試験ヲ施行シタル結果ナリ」と詳細な試験報告が記録されている。また『同21 明治23–28年』の明治25年9月17日の日誌には、モルタルの調合をセメント・白砂・石灰や白砂・石灰など4種類の試験を行ったと記されている。試行錯誤した試験だったと推察される

［12］『明治工業史 建築篇』工学会編、工学会／1927

［13］高山幸次郎［1855–1908］工部省製作寮、皇居御造営事務局御用掛。1897年–98年には、片山に随行して欧米諸国の建物を調査。設計の名手であった

上｜表慶館［1908］［重要文化財］
正面外観：中央大ドーム、両端小ドームの緑青銅板が青空に映える壮麗なネオ・バロック様式。1階のトスカナ式角柱、2階のイオニア式円柱が力強い。建物を守護する正面玄関脇の2頭の青銅製ライオンは大熊氏広の製作による
2階回廊：中央ドームを8本の大理石のイオニア式円柱が支えている。柱の台座と手すりも大理石で、品のある落ち着いた空間となっている
▼口絵p.021

した。設計は片山と木子幸三郎[16]の他に渡辺譲[17]も参加している。日本館と称する木造平屋建ての付属邸が併設されていたが、現存しない。平面は一階に広堂や客室、食堂を配置し、二階を御座所や御寝室、御学問所などのプライベートな諸室を配置した洋館邸宅の定型である[18]。北側の正面ファサードは急勾配で立ち上がるマンサード屋根が特長。御車寄は角柱に寄り添うようなエンタシスのトスカナ式円柱が正面の荘重さを和らげている。南面中央のバルコニーは一階が三連アーチ、二階がイオニア式円柱で、明るい開放的な空間構成としている。片山の設計による皇族殿邸として現存する唯一の作品である。

明治欧風建築の集大成・東宮御所

片山東熊は有栖川宮邸洋館室内装飾、奈良と京都の両博物館を造営し、畢生《ひっせい》の大作となる東宮御所御造営に取り組んでいく。表慶館は東宮御所と同時進行であった。

東宮御所は、東宮（皇太子嘉仁親王殿下、後の大正天皇）の御住居として明治三十二年［1899］七月二十八日に起工し、明治三十九年［1906］十二月三十一日、建築部分が完成。明治四十二年［1909］六月に外構施設も含め完成した。地下一階、地上二階の三層、建築面積五一七〇平方メートル、外壁花崗岩張りのネオ・バロック様式で、平面はほぼシンメトリー。一階は皇太子同妃両殿下の御住居、二階は主に外国賓客接遇の諸室で構成している。北側正面の左右翼館への回廊を湾曲させ石造建築の持つ堅さを柔らかに見せていることと、南側二階中央ベランダはイオニア式複柱を採用した列柱で明るく伸びやかさがあることなどが特長である。ここでは煉瓦造内に鉄骨を組み込んだ鉄骨補強煉瓦造とし、アメリカ・シカゴの専門家シャタランドに鉄骨設計指導を委嘱、カーネギー製鉄の鉄骨を採用した。また同社の技師二名が現場指導のため来日している[19]。

十年の歳月を掛け、煉瓦造の弱点を鉄骨補強で解決し、外壁の石張り、銅板葺き屋根、石造彫刻、室内に大理石柱や石膏彫刻を用いるなど建築界、美術界全体の力で最高度の建築を完成させた。技師・山本直三郎[20]は後に「我国の建築工業界には一大進歩を斎したと信じて居ります」と語っている[21]。

皇太子同妃両殿下は工事中の明治三十三年［1900］五月に御成婚後、青山仮東宮御所を御在所として完成

［14］　新家孝正［1857–1922］1882年、工部大学校造家学科卒業。皇居御造営事務局、初代・宮内省庁舎の現場担当の1人。その後、逓信省を経て、日本土木会社入社。1892年、米国シカゴ世界博覧会鳳凰堂建築工事主任。帝国京都博物館造営では最初の請負者・日本土木会社の現場責任者だった

［15］　『新指定重要文化財 解説版13 建造物3』「重要文化財」編集委員会編、毎日新聞社／1982

［16］　木子幸三郎［1874–1941］内匠寮土木課長・木子清敬（きよよし）の子息。弟は木子七郎。1901年、東京帝国大学工科大学建築科卒業。住友本店臨時建築部、東宮御所御造営局を経て、宮内省内匠寮。1922年、退官。片山のもとで正倉院正倉修復神奈川県庁舎［いずれも1913］を担当。和洋建築どちらにも卓越していた

［17］　渡辺譲［1855–1930］1880年、工部大学校造家学科卒業。工部省営繕局設計掛、海軍省および海軍大臣官舎建築主任、清水組2代目技師長、海軍技師。工学博士。主な作品に、初代・帝国ホテル［1890］など

［18］　『明治洋風宮廷建築』小野木重勝著、相模書房／1983

［19］　『東宮御所御造営誌 昭和10年11月9日 写』［所蔵：宮内庁宮内公文書館］

後も引き続き御使用になった。その理由は不詳であるが、本来、洋館の御殿に付属する日本館（木造平屋建て、東宮職も入所予定）が取りやめになったことも考えられる。戦後、昭和二十三年［1948］四月から国会図書館として使用するなどしていたが、昭和四十三年［1968］から改修工事を行い、昭和四十九年［1974］四月一日、総理府（現・内閣府）所管の迎賓館となり、現在に至っている。平成二十一年［2009］十二月八日には、明治以降の建築で初めて国宝に指定された。

皇室伝統の継承、御陵造営と御代替わりの式場布設

明治四十五年［1912］七月三十日に明治天皇が崩御された。当日、践祚《せんそ》の儀が執り行われ元号が大正となった。さらに大正三年［1914］四月十一日に昭憲皇太后が崩御し、片山東熊は、明治天皇の伏見桃山陵［1913］と昭憲皇太后の伏見桃山東陵［1915］を完成させた。御代替わりの大礼では、大礼使造営部長として大正四年［1915］十一月十日に京都御所紫宸殿で「即位の礼」、十一月十四日夕から十五日暁にかけて仙洞御所御内庭で「大嘗祭」、十一月十七日には二条離宮で饗宴場を布設した。天皇が宮城に還幸《かんこう》後の十二月七、八日、天皇は片山と木子幸三郎設計の宮殿の中庭に建てられた能楽場で御能を御覧になった。片山は自身が最も好んだ謡曲によるハレの御能が終了した後、十二

左一竹田宮邸洋館（現・グランドプリンスホテル高輪 貴賓館）［1911］
前室「桐」：小高い丘に建ち外の景色がよく望める八角形半円の持出し部は明るく開放的な空間で、天井まわりや壁の装飾とも調和している

月二十七日、内匠頭《たくみとう》を辞し、宮中顧問官に任した。歴代天皇陵の陵形は多種であるが、伏見桃山陵と伏見桃山東陵の陵形は〝上円下方〟で造営され、次代からは同形を踏襲している。御代替わりの式場は、今上天皇の「即位の礼」は皇居の宮殿、「大嘗祭」は皇居東御苑で執り行われたが、式場形式はおおむね先例を踏襲している。このことは片山が確立したと言える。なお、宮殿中庭の〝御能〟は、今上天皇の大礼では〝雅楽〟になった。永代に続く御陵は建築家・片山東熊が皇室の技師であった証である。御陵造営と御代替わりの式場布設は、宮内省内匠寮が宮内庁管理部と名称替えとなった今日、皇室の連綿と続く伝統の継承として最も重要な職務のひとつである。

片山東熊の人柄と評価

片山東熊は東宮御所を始め、帝国奈良博物館、帝国京都博物館、表慶館、栃木県庁舎［1890］、神宮徴古館［1909］、神奈川県庁舎［1913］など、象徴性や記念性の高い作品は平面、外観共にシンメトリーを基本にしている。辰野金吾は「片山博士が最も好む所の建築上の様式はフレンチルネサンスであつた、而かも余程意に叶うた様式と思はれて居つたと思ふ、君は何づれの建物にも良く該様式を適用されたものである。博士の設計には何時もフレンチルネサンスが瞭然と見えて居る」と語っている。[22]

一方、新宿御苑洋館御休所《ごきゅうじょ》［1896］ではスレート屋根の木造平屋建て、スティック様式とし、埼玉鴨場《かもば》御食堂［1910］は木造平屋建て、煉瓦造暖炉付きなど、用途・規模共に幅広く設計している。いずれも皇室の御使用をベースにした品位があり、親しみを感じる作品である。

片山は責務から離れて二年後の大正六年［1917］十月二十三日、逝去した。六十四歳、正三位、勲一等旭日大綬章。有栖川宮建築掛を含めて約三十五年間、宮廷建築造営を全うした生涯であった。片山は宮廷建築家、辰野金吾は造家学会会長・大学校教授・建築家、妻木頼黄は官庁営繕建築家としてそれぞれの分野で頂点に立った。建築家・片山東熊は私にとって皇室の建築、土木の大先輩にあたる。今日、片山東熊の設計した多くの皇室建築が広く人々に愛され大切にされていることは無上の喜びである。

［20］山本直三郎［1869–没年不明］1892年、宮内省内匠寮。東宮御所御造営局技師、内匠寮技師、御造営局御用掛。1901年には、片山に随行し渡欧。1921年、退官。大日山水源地喞筒室（現・九条山浄水場ポンプ室）［1912］、武庫離宮［1914］などを担当

［21］「回顧座談会 第2回座談会」『建築雑誌（建築学会創立50周年記念号）』1936.10

［22］辰野金吾「片山博士に対する諸家の追憶」『建築雑誌』1917.12

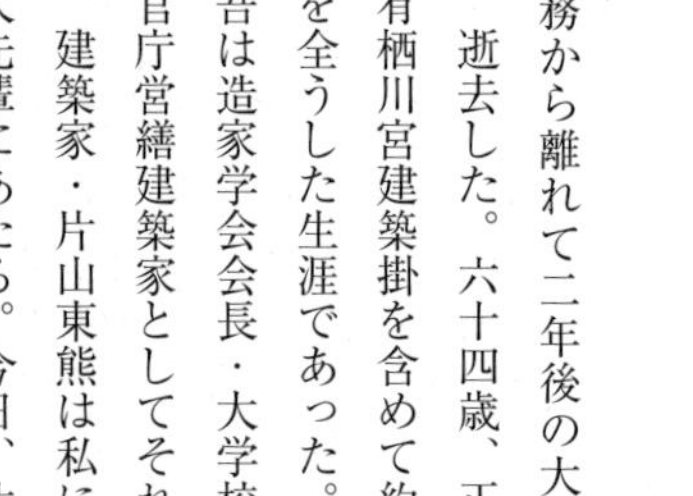

東宮御所（現・迎賓館赤坂離宮）［1909］［国宝］：北西から望む。大御車寄（公式御玄関）から湾曲した回廊を経て東西の翼館に至る。外観は、瑞鳥（ずいちょう）が羽根を広げたような荘厳な雰囲気の中、賓客を優しく迎える［出典：『明治洋風宮廷建築』］

妻木頼黄

Yorinaka Tsumaki

建築家が背負った明治

青木祐介｜Yusuke Aoki

右―［出典：『建築世界』1916.11］
▼個別年譜p.359

ひもとかれる妻木家資料

平成二十六年［2014］四月、日本建築学会建築博物館で「妻木頼黄の都市と建築」展が開催された。新たに妻木家から日本建築学会に寄贈された資料の披露を兼ね、同会図書館が所蔵する妻木文庫などと合わせて貴重な資料群が紹介され、改めて建築家・妻木頼黄の業績を振り返る機会となった[1]。

妻木については、すでに充実した研究の蓄積がある。初期の建築家研究の集大成と言える『日本の建築［明治大正昭和］』のシリーズでは、長谷川堯が詳細な妻木頼黄論を著しており[2]、博物館明治村での展覧会「明治建築をつくった人々 その四 妻木頼黄と臨時建築局――国会議事堂への系譜」でも、上記の妻木家資料を始め多彩な資料をもとに、生涯にわたる妻木の活動が紹介されている[3]。

近年では、神奈川県立歴史博物館で開催された特別展「横浜正金銀行――世界三大為替銀行への道」で同資料が活用され、横浜正金銀行本店（現・神奈川県立歴史博物館）［1904］の設計者である妻木についても、建築技術を含めた踏み込んだ紹介がされている[4]。

［1］展覧会：「妻木頼黄の都市と建築」（日本建築学会建築博物館）2014年4月10日–23日。展示関連出版物として、展示ワーキンググループによる諸論考を収録した『妻木頼黄の都市と建築』（日本建築学会編、丸善／2014）が発行された
［2］『日本の建築［明治大正昭和］4 議事堂への系譜』長谷川堯著、三省堂／1981

そして、平成二十六年［2014］建築博物館での展覧会を機に、このたび、横浜開港資料館による資料の再整理と目録作成を経て、妻木家資料が日本建築学会に寄贈された。展覧会の関連出版物に資料目録が掲載されたことで、より多くの研究者にこの資料群の存在が知られるようになったことを歓迎したい。

巨頭と呼ばれた建築家

「明治建築界の巨頭」。常にこの枕詞と共に紹介される妻木頼黄は、安政六年［1859］、江戸赤坂に生まれている[5]。長谷川堯が「隠れ江戸人」と評したように、妻木もまた他の第一世代の建築家たちと同じく、江戸末期から明治初期にかけての時代の変革を肌身に感じながら、幼少期を過ごした一人であった。

同じく明治建築界の巨頭とされる辰野金吾とは異なり、妻木は明治十一年［1878］に工部大学校へ入学するものの中退、アメリカに渡ってコーネル大学で建築学を学ぶ。この渡米以前にも、妻木は明治九年［1876］から一年間ニューヨークに遊学しており、その時に知己を得た相馬永胤《ながたね》や目賀田種太郎《めがたたねたろう》との関係が、長きにわたり彼を支えることになる。妻木の代表作とされる横浜正金銀行本店の設計を依頼したのは、当時同行の頭取を務めていた相馬であったし、大蔵省の技師としてキャリアを積み重ねていく背景には、常に同省主税局長だった目賀田の存在があった。

明治十八年［1885］、妻木はアメリカから帰国するも、その翌年には、官庁集中計画のために内閣に組織された臨時建築局の技師となり、渡辺譲・河合浩蔵と共に職工一七名を連れて、ドイツへ留学する。ドイツでは、ベルリンのエンデ&ベックマン事務所で議院建築の設計に携わるものの、外務大臣・井上馨の失脚と共に官庁集中計画は未完に終わり、妻木らの留学は打ち切られる。

明治二十一年［1888］の帰国後、内務省に所管が移っていた臨時建築局で、妻木は渡辺から裁判所の仕事を引き継ぐ（東京裁判所［1896］）が、この時期から妻木の官僚建築家としてのキャリアが始まる。中央に塔を建てた官庁スタイルの東京府庁舎、着工からわずか二週間で完成させた広島仮議院［いずれも1894］、模範監獄として知られる巣鴨監獄［1895］などを手掛けているが、ここではあまり紹介される機会の少ない横浜税関監視部庁舎［1894］を挙げておこう。若き日の長野宇平治が現場監督を担当した端正な古典主義の煉瓦造建

［3］ 展覧会：「明治建築をつくった人々 その四 妻木頼黄と臨時建築局―国会議事堂への系譜」（博物館明治村） １９９０年10月21日-11月25日。展覧会カタログ：『明治建築をつくった人々 その四 妻木頼黄と臨時建築局―国会議事堂への系譜』博物館明治村編、名古屋鉄道／1990

［4］ 展覧会：「横浜正金銀行―世界三大為替銀行への道」（神奈川県立歴史博物館） ２００４年7月24日-9月12日。展覧会カタログ：『横浜正金銀行―世界三大為替銀行への道』神奈川県立歴史博物館編、神奈川県立歴史博物館／2004

［5］ 以下、妻木の経歴に関する部分は上記の先行研究を参照した

［6］ 現在の赤レンガパークが見晴らしの良い港湾緑地であるためか、2棟の煉瓦造倉庫を「海からの眺めを考慮して設計された」と解説したものもあるが、竣工当時、煉瓦造倉庫は10棟以上もの鉄骨造上屋に取り囲まれており、とてもではないが海から見える状況にはない。現代のウォーターフロント開発と当時の港湾設備の拡張は、決して同一に語れるものではない

築である。横浜税関と妻木とのかかわりは長く、後に横浜税関拡張工事で建設された建築群のうち、二棟の煉瓦造倉庫［1911、1913］が横浜赤レンガ倉庫として現存している[6]。

　明治三十年代からが、妻木の官僚建築家としてのキャリアの全盛期と言える。妻木の活躍する舞台は大蔵省へと移り、臨時葉煙草取扱所建築部（後、明治三十七年に臨時煙草製造準備局建築部）時代には、全国に葉煙草の専売所や製造所を建設したほか、明治三十三年［1900］には臨時税関工事部建築課長に就任する。翌三十四年には大蔵省総務局の営繕課長、同三十六年に同省大臣官房営繕課長、そして同三十八年には同省臨時建築部長となり、妻木は官庁営繕のトップへと上り詰めていった。同三十五年には、農商務省の関連施設として醸造試験所の設計監督にもあたっている。

　学会を組織し、在野の立場を貫いた辰野金吾、宮内省技師として宮廷建築に才を発揮した片山東熊とは異なり、妻木は多くの建築技師たちを従えた官庁営繕組織のトップとして、明治という時代を担った。

妻木頼黄が遺した明治建築

　横浜正金銀行本店が妻木頼黄設計の建築としてのみならず、明治時代を代表する建築であることは誰しも認めるところであろう。半官半民の銀行として明治十二年［1879］に開業した横浜正金銀行の新築設計を妻

横浜税関監視部庁舎［1894］：同年竣工の鉄桟橋（現在の大さん橋国際客船ターミナルの場所）の入り口に建てられた煉瓦造2階建ての庁舎。監督は若き日の長野宇平治［絵葉書［明治後期］、所蔵：横浜市中央図書館］

上｜醸造試験所（現・赤レンガ酒造工場）［1904］［重要文化財］北面全景：特に車寄せなどで強調された玄関があるわけではなく、工場の入り口は中央階段室の右側にある。切妻屋根が連なる左側には発酵室が、平屋部分の右側には麹室や原料処理室、蒸米放冷室などが配置されていた。今も現代の機械を用いて醸造を行っている現役の施設である

木に依頼したのは、渡米時代から交友が続いていた相馬永胤であったが、この建物には、国家を背負った建築家としての妻木の力量が見事に反映されている。

最も目を引くドームは戦後の復元ではあるものの、彼ら第一世代の建築家が身体で覚えたヨーロッパの古典主義建築の細部とプロポーションが最大限の効果をもって表現されている。ドイツに留学した経験からドイツ派と称されることが多い妻木であるが、なぜかこの建物もそれに引きずられて〝ドイツ・ルネサンス様式〟と言われてきた。しかし、主要階を貫く大オーダーの付け柱、ペアコラムで支えられた巨大なペディメント、正面を視覚的に強調するドームの存在からも明らかなように、十九世紀のネオ・バロック様式と呼ぶにふさわしい偉観である。[7] 西洋建築を一から学んで身に付けた第一世代の建築家たちの到達点にふさわしい建築と言えよう。実際、竣工の翌年、明治三十八年［1905］にベルギーのリエージュで開催された万国博覧会には、この横浜正金銀行本店の「設計図案」が出品され、名誉賞を受賞している。[8]

そして同時代への影響として見逃せないのが、外観からはうかがうことができない〝碇聯《ていれん》鉄構法〟と呼ばれる耐震技術である。地震国日本で、組積造の煉瓦建

横浜正金銀行本店の内壁部における碇聯鉄構法：改修工事に際して撮影された。煉瓦壁から水平に延びる帯鉄と、それを垂直に貫く鉄筋の様子が分かる［写真：吉武創作、提供：神奈川県立歴史博物館］

［7］この点についてはっきりと〝ドイツ・ルネサンス〟を否定した論考として、吉田鋼市「旧横浜正金銀行本店建築の建築史的位置」『横浜正金銀行―世界三大為替銀行への道』がある

［8］この時に贈与されたメダル（妻木家資料）については、中島智章「リエージュ博覧会と妻木頼黄」『妻木頼黄の都市と建築』を参照

上一横浜正金銀行本店（現・神奈川県立歴史博物館）［1904］［重要文化財］
正面全景：西洋建築様式の習熟にまい進した明治建築のひとつの到達点と言える外観。玄関が設けられた隅部では、下部にフルーティングを施した2本の付け柱がペディメントを支え、巨大なドームがバロック的な壮大さを強調する。ただし、ドームは関東大震災の時に一度焼失しており、現在のものは1967年、神奈川県立博物館（当時の名称）の開館に合わせて古写真から復元された
西面ファサード：ルスティカ積みの基部、コリント式の大オーダーを配した主階部、そしてコーニスを廻（めぐ）らせた頂部と、古典主義の構成に則った外壁面。窓まわりの構成も各階ごとに異なり、細部がもたらす多彩な陰影は明治建築ならではのもの。外壁は石積みながら躯体は煉瓦で出来ており、現在も常設展示室の一画に、煉瓦壁の見える部分がある（通常非公開）
▼口絵p.022

築に耐震性を持たせる必要があることは早くから指摘されており、第一世代の師であるジョサイア・コンドルの時代からさまざまな提案が試みられていた。かたや辰野金吾が鉄骨煉瓦造を採用し続けたのに対し、妻木は煉瓦壁の内側に水平方向の帯鉄《おびてつ》と垂直方向の鉄筋を入れ込んで、「恰モ鳥籠ノ如キ」[9]堅牢な構造を実現した。

この耐震技術は、現存する横浜赤レンガ倉庫の他にも、解体された東京裁判所や東京商業会議所［1899］など早い段階から採用されていたことが判明しており[10]、建築様式というデザイン上のアイデンティティに加え、妻木の構法上のアイデンティティとも言えるものであった。

伝統との対峙

第一世代の建築家たちが背負ったものは、決して国家を飾る建築だけではなかった。日本の古建築の存在もそのひとつである。イギリスに留学した辰野金吾が、日本の古建築について尋ねられても説明することができず、帰国後、帝国大学に日本建築の講座を開設した話は有名だが、昭和に入ると、モダニズムのフィルターを通して新たな解釈を生むことになる日本の古建築も、明治の建築家たちにとっては、洋風建築と同じく、自己の中での咀嚼を必要とする存在であったはずである。

和風デザインを採用した例では、若き武田五一が図面を引いた日本勧業銀行本店［1899］が知られているが、両ウィングを突き出すという洋風建築そのものの平面構成に加えて、唐破風も含めて屋根はすべてスレート葺きという斬新さが、当時の建築家たちをして「洋風のみに染みたる頭脳からして本建築に対して奇異怪異の念が起って不快に感じ」[11]させた。この言葉は決して、和風デザインに虚を突かれたというニュアンスではなかろう。さらに妻木頼黄邸［1909］から日本橋［1911］に至るまで継承される和洋折衷の傾向について、長谷川堯は「隠れ江戸人」としての妻木頼黄の内なるデザイン的衝動を指摘している。しかし、妻木のキャリアを顧みれば、日本の古建築が単なるデザインソースではなかったことは明らかである。

キャリアの注目点として指摘されることは少ないが、妻木は明治三十年［1897］に古社寺保存法（現在の文化財保護法の前身）が成立する前年、内務省に設置された古社寺保存会の委員を委嘱されている。妻木は委員に

［9］『横浜正金銀行建築要覧』横浜正金銀行／1904

［10］東京裁判所［1896］については、長谷川堯が解体時に確認しており（『日本の建築［明治大正昭和］4 議事堂への系譜』）、東京商業会議所［1899］もやはり解体時に村松貞次郎が確認し、村松の著『日本近代建築技術史』［彰国社／1976］に構法の詳細がよく分かる写真が掲載されている

日本勧業銀行本店［1899］［国登録有形文化財］：日比谷通りに竣工。3度の移築を経て、千葉トヨペット本社の社屋として現存。現在はRC造に改築されているが、両ウィングを持つ平面構成に和風屋根を載せ、正面に千鳥破風と唐破風を重ねる当初の建物の特異性は継承されている［出典：『明治大正建築写真聚覧』建築学会・明治建築資料に関する委員会編、建築学会／1936］

なる以前から技師として奈良への出張を命じられており、東大寺大仏殿の明治大修理に際しては、最初に派遣された明治二十四年［1891］から、名誉顧問に退いて修理工事を見届ける大正二年［1913］まで、長期にわたって関与している。[12] この修理で、妻木のアドバイスに基づき、大仏殿の小屋組に鉄骨トラスが入れられるのであるが、鉄骨という新たな近代の建設材料で古建築を補強するという発想に、第一世代の建築家としての伝統への対峙のありようがうかがえる。また、長野宇平治や関野貞という後進たちを差配して奈良に派遣することで、奈良の古社寺修理の先鞭が付けられていったことも、妻木の果たした役割のひとつとして指摘しておきたい。

継承される技術と人脈

妻木頼黄の人物評について、同世代の建築家たちのコメントに共通しているのは、その人脈の広がりと彼への信頼の強さである。

あれだけ妻木と張り合っていた辰野金吾でさえも、妻木の人望については、「部下を統御するの材（筆者注：オか）に秀でた人でした、（中略）夫等の人達から

修理工事中の東大寺大仏殿：東大寺では古社寺保存法の成立以前から、荒廃した大仏殿の修理に向けて寄付金を募るなどの活動を行っており、1891年の濃尾地震をきっかけに内務省に働き掛け、当時内務技師であった妻木が奈良へ派遣された［出典：『大仏及大仏殿史』鷲尾隆慶・平岡明海編、細谷真美館／1915］

上─横浜税関新港埠頭倉庫（現・横浜赤レンガ倉庫）［1号倉庫：1913、2号倉庫：1911］

1号倉庫・2号倉庫外観：関東大震災で、右側の1号倉庫は半壊してしまったため、その後の修復で半分に縮小された。かつては東横浜駅（現・桜木町駅前広場）を経由して入ってきた貨物列車が倉庫に横付けされ、プラットホームから荷下ろしされた。左側の2号倉庫手前の石畳みには、今も当時のレールが残っている

敬慕される事は亦一通りではなかった、此の点に就ては吾々の連中で一等であった[13]」と賞賛を惜しんでいない。もっとも業績については、工手学校の会計主任だったことしか挙げていないのではあるが。

内務省・大蔵省という官庁営繕を上り詰めた建築家だけあって、その配下と呼ばれる建築家たちは当然多い。俗に妻木四天王と呼ばれる川口直助・鎗田《やりた》作造・沼尻政太朗・小林金平の名前もよく挙げられるが、官庁営繕とは別の文脈から、ここでは建築家・遠藤於菟を紹介しておきたい。

鉄筋コンクリート構造の先駆者として、特に日本で最初の全鉄筋コンクリートオフィスである三井物産横浜支店（現・KN日本大通りビル）［1911］の設計者として、建築技術史に名前を残している遠藤であるが、若き日の遠藤が現場監督を務めたのが、妻木の代表作である横浜正金銀行本店であった。

遠藤の独立後第一作である横浜銀行集会所［1905］では、煉瓦造をベースに部分的に鉄筋コンクリートを導入し、最終的に三井物産横浜支店の全鉄筋コンクリート構造へと至るわけだが、遠藤が手掛けた煉瓦造建築の多くには、妻木譲りの碇聯鉄構法が採用されている。その耐震技術を最初に学んだ現場が、横浜正金銀行本店であったことは想像に難くない。

碇聯鉄構法の広がりは、何も遠藤だけの話ではない。例えば横浜では、上述の横浜赤レンガ倉庫を始め、横浜市庁舎［1911］、第二代横浜駅［1915］、開港記念横浜会館（現・横浜市開港記念会館）［1917］など、設計者は違えども多くの煉瓦造建築で碇聯鉄構法、もしくはそれに近い技術が採用されており、これらはすべて関東大震災の激震に耐え、倒壊しなかったのである。

建築家を語る時、私たちはその作家性を抽出することに注力しがちである。しかし、建築家の職能さえ確立されていなかった明治時代に、国家と時代を背負った妻木が遺したものは、作家性以前に、様式・材料・技術などを含めた総体としての建築の在り方ではなかっただろうか。

「私の仕事は高いですよ、併しまア何んなものか遣らして御覧なさい[14]」。妻木の厳しい現場主義を語ったこの言葉には、建築が自由な造形表現として解放される大正時代の建築家たちと、明治の第一世代の建築家たちを隔てる決定的な違いが込められているように思われる。

［11］「妻木博士に対する諸家の追憶」（『建築雑誌』1915.12）より曾禰達蔵の言葉

［12］山崎幹泰「東大寺大仏殿明治修理における設計案の変遷について」『日本建築学会計画系論文集』2000.9

［13］「妻木博士に対する諸家の追憶」より辰野金吾の言葉

［14］「妻木博士に対する諸家の追憶」より大蔵省営繕で妻木の下にいた矢橋賢吉の言葉

ジェームズ・マクドナルド・ガーディナー

James McDonald Gardiner

日光に眠るミッション・アーキテクト

松波秀子｜Hideko Matsunami

右―［出典：ニコルス家旧蔵アルバム］

▼個別年譜p.372

来日まで

明治十三年［1880］十月、蒸気船「TOKIO」で横浜に上陸したジェームズ・マクドナルド・ガーディナーは、その日のうちに築地に到着した。同年六月、米国聖公会内外伝道局はガーディナーをミッショナリー・ティーチャーに任命し東京への派遣を決めたのだが、この時、彼が後にミッション・アーキテクトとして活躍するとは、彼自身も含めて誰も想像していなかった。

築地に立教学校を創設した米国聖公会の日本主教C・M・ウィリアムズが将来の施設建設を見越して建築の素養のある教師の人選と派遣を伝道局に要請し、ハーバード大学建築科を卒業したガーディナーに白羽の矢が立ったとされていたが、実はそうではない。

ガーディナーは、一八五七年五月二十二日、ミズーリ州セントルイスに生まれた。両親は共にスコットランド出身である。その後、一家はニュージャージー州ハッケンサックに移り、ハッケンサック・アカデミーで大学への予備教育を受け、明治八年［1875］、ハーバード大学に入学した。しかし二学年の明治十年、学資が続かず専門課程に進む前に大学を去る。なお、当時アメリカの大学で建築科があったのはM・I・T・、コーネル大学、イリノイ大学、シラキュース大学の四校で、ハーバード大学にはまだなかった（同大学に設置されるのは明治二十八年［1895］）。その後、明治十二年［1879］にはニューヨークのフレーザー&エドワーズ商会に経理係として勤めるかたわら、米国聖公会に加わり執事（deacon）に選ばれ、海外伝道を志願するようになる。翌年、コネチカット州ノーウォークのセレック・スクールに転職、六月に東京への派遣が決まったのである。なお、ガーディナーは宣教師（missionary）として派遣されたのであるが、宣教師には伝道を専らとする聖職者（clergyman）と非聖職者（lay missionary＝信徒宣教師）があって、彼の場合、非聖職者の教師、建築家であって、ミッション＝伝道局に採用された専門職員という程度の意味合いである。彼自身、自分は聖職者ではないのに、Reverend（聖職者の尊称）を付して呼ぶ人が多いと少々困惑して述べている。

築地居留地

太平洋を航海しながら日本での教育活動への期待を膨らませていた彼を迎えたのは、数人の生徒と半和風の貧弱な学校の建物であった。上陸直前には台風、上陸した翌々日には地震にも遭った。築地の聖公会の施設の不備に驚いた彼は、校長として教育の責務を果たすかたわら、伝道局へ諸施設の建設と改善を懇願し建築の仕事に熱中することになる。後年、ハーバード大学の同窓会誌に寄稿し、もともと建築に少なからず興味を持っていたが、その興味を封じ、教育者として来日したのであるが、思いがけず建築の仕事をするようになった。このことは彼にとって満足と励み以上に大きな意味を持ち、アメリカにいたのでは成功できないような仕事をしようと心に決めたと述べ、ハーバード大学ではチャールズ・エリオット・ノートン教授の美術史の講義を聴いたことが役に立ったと述懐している。

来日して半年後の明治十四年［1881］春、立教学校新校舎が着工の運びとなり、翌十五年末に竣工した。同年の年次報告で、ウィリアムズはガーディナーのおかげで素晴らしい校舎が建ち、彼の建築の素養は大いに役立っていると述べている。次いで明治十七年［1884］には立教女学校校舎が完成した。正規の建築教育を受けず実務経験もなく、しかも校長として立教学校の運営と教育の基礎固めをしながらの設計であった

遺愛女学校俯瞰：昭和30年代中頃の撮影。東西横長の本館の北側中央に正面玄関、東西両端に翼部を前面に突出させ、本館との入隅に4分の1円形の張り出し部を設ける。西に延びる体育館は戦後に新築されたものだが、この位置にガーディナー設計の雨天体操場があった。本館の南の校庭のさらに南に宣教師館がある。西手前の講堂（現・謝恩館）は、W・M・ヴォーリズ設計、昭和10年竣工、国登録有形文化財［出典：『遺愛七十五周年史』遺愛女子高等学校／1960］

ことを考えると、その奮闘ぶりは大変なものであった。その無理がたたってか健康を害し立教女学校完成直前に帰米し、ハッケンサックの実家に一年半滞在、静養

上―遺愛女学校校舎（現・遺愛学院本館）［1908］［重要文化財］
正面外観：五稜郭の南、電停杉並町のすぐ前にある正門を入ると、校舎が完成した頃に植樹された松並木が真っすぐ続く。その140メートルほど先に本館正面のクラシックな姿が見え隠れする。正面玄関の車寄せの左右に、石のペデスタルに2連のタスカンオーダーの円柱を立ててアーキトレーヴを載せ、上階のバルコニーを支持する。玄関上の上階はわずかに前面に突出し、上部をペディメントで飾り、破風中央に「遺愛」の校章を付す

下―同宣教師館（現・ホワイトハウス）［1908］［重要文化財］
東面外観：設計者を直接示す資料は今のところ確認されていないが、校舎他4棟は同時期に建設されたこと、本館と共通する仕様、意匠が散見されること、多角形に張り出したベイウィンドウ、尖塔屋根、屋根窓を設けた変化に富む外観など、ガーディナー作品に共通する特徴が見られることから、ガーディナーの設計と考えられる

した。明治十八年に日本に戻り、再び教育と建築の仕事を精力的にこなしている。明治二十二年［1889］に東京聖三一大聖堂、明治二十五年［1892］に三一神学校・附属図書館と三一会館が竣工した。聖堂は煉瓦造でゴシックを基調とするが、他はいずれも、出隅、入隅の多い平面で、陰影のある立面に塔屋や尖塔、破風や屋根窓を加えて、賑やかともいえる外観を形成する。このように、アメリカン・ヴィクトリアンを基調とする、変化に富んだピクチャレスクな外観は、その後の大半の作品に共通する特色となる。明治二十九年［1896］竣工の立教中学校校舎（六角塔）、同寄宿舎を始め、明治十年代半ばから二十年代に、ヴィクトリアン・ゴシックの建築群を東京に出現させたことは注目に値する。しかし、居留地という限定された地区のため、一般にはあまり知られなかった。

ハーバード大学卒業

明治二十五年［1892］、来日して十年余勤めた立教学校校長を辞し、建築活動にウェイトを置き、全国の聖公会の教会や諸施設だけでなく他の教派の施設やアメリカ人の住宅の設計も手がけるようになる。同年、八年ぶりに帰米し、実家の移転先マサチューセッツ州ニュートン・センターを拠点に各地を訪れて日本についての講演を行い、ハーバード大学の級友たちと旧交を温めた。明治二十七年［1894］、級友たちの推薦と尽力を得て論文を提出し学部学位（A.B.＝文学士）を取得、晴れてハーバード大学を卒業した。そして翌二十八年の同窓会誌に長文の報告を寄稿する。この報告によれば、当時、彼の設計による八－九件の建物が工事中で、築地居留地の聖公会の施設はもちろんのこと、居留地と横浜以外のアメリカ人が建設を計画する際にも顧問建築家として相談に応じていると述べている。

明治二十七年六月二十日、東京湾北部を震源とするマグニチュード7・0の明治東京地震で、立教学校校舎の中央の塔と屋階が大破するなど、初期の作品の多くが倒壊した。伝道局への報告で、当時は地震と建物の振動について知識がなかったが、復旧工事は煉瓦の壁厚を本国（米国）の基準の二倍にしたと述べ、後に立教中学校校舎や京都聖約翰《ヨハネ》教会堂［1907］では、一階は煉瓦造、上階は木造の混合構造とする配慮がなされた。なお、『THE SPIRIT OF MISSIONS』（1905.10）に寄せられた立教学校からの報告には、同校の初期の諸施設は倒壊したが、明治二十九年［1896］に新し

築地居留地に建てられた諸施設
右─立教学校校舎（築地居留地37番）［1882］：煉瓦造3階建［所蔵：日本聖公会京都教区資料室］
左─立教女学校校舎（同26番）［1884］：木造3階建［出典：『築地居留地─近代文化の原点 vol.1』亜紀書房／2000］

い学校群が完成し安全で設備の整ったキャンパスとなったとある。ガーディナーは独特の工夫〝special device〟によって耐震性のある建物を設計したとあり、この〝special device〟は混合構造のことであると思われる。築地の自邸の庭に地震計を置いて観測し、帝国大学の先生が訪れていたとガーディナーの娘が記憶しており、この地震を機にユーイング＝グレイ＝ミルン地震計が置かれたのであろう。

晴れて学士となった明治二十七年、学生たちに請われて立教学校の英語・英文学の教授となり、再び教壇に立つようになる。明治三十一年［1898］には、吉川重吉男爵らと日本ハーバードクラブを設立し、会長は小村寿太郎（後に外務大臣）、ガーディナーは副会長となった。これより先明治二十九年［1896］に設立された東京演劇音楽協会には幹事として参加、定期公演会に出演した。ちなみにジョサイア・コンドルも会員でしばしば出演しているが、二人が共演した記録はいまだ確認していない。この他、日本アジア協会、日本写真協会、築地テニスクラブなどにも参加し、ミッション関係者以外の交流が増え、日本の貴顕たちとの知己が広がった。明治三十二年［1899］、築地居留地が廃止される。明治三十四年には家族と共にアジア、中近東、

村井吉兵衛京都別邸（長楽館）［1909］
［京都市指定文化財］
上―1階客間：ロココ調の優美なインテリアである。天井、天井蛇腹、壁パネル、暖炉周りには、植物文様のレリーフを飾り、壁パネル上端に内外の名所を描いた風景画を嵌める。この他、ルイ16世風、ルネサンス風、中国風など、部屋ごとに異なる様式を用い、それに合わせて家具も備えられた。当初の家具が多く現存する
右―正面外観・玄関：躯体は煉瓦造、1階外壁は石張り、2階以上は淡黄色の施釉化粧煉瓦張り。ルネサンスを基調とし、抑制された端正な外観。広い前庭、建物の規模、華麗な内部に比べて玄関は意外に小さく簡素
1階広間：階段踊り場を支持する2本の円柱の間にジャコビアン風の木造階段の踊り場をバルコニーのように張り出し、半ドーム形の天蓋を架ける。踊り場から中2階の支那室への入口上に「長楽館 明治巳酉五月」の扁額を掲げる
▼口絵p.023

ヨーロッパ経由で帰米し、イギリスではケンブリッジ大学に東京で旧知のユーイング博士を訪ね、両親の故郷スコットランドのオーチタームフティ、カークーブリーにも滞在した。

建築事務所を設立

帰国後、五番町（現・一番町）に移り、明治三十六年［1903］に建築事務所を開設し、ミッション関係の仕事に加え、日本の文化人や親米家の依頼にも積極的に応じるようになる。同年の伝道局への書簡では、ガーディナーの提案で彼の給料を減じ、従来どおり建築家としてのミッションへの責務を果たす一方、ミッション以外の仕事の報酬で減額分を補うことにしたが、予想外の大幅な減額に反発している。結局、明治四十一年［1908］、ミッションを退職し、完全に独立した建築事務所として活動することになるが、以後も聖公会が建物を計画する際にはアドバイザーとして採用された。

建築事務所を開設して最初の大仕事が村井吉兵衛京都別邸（長楽館）である（明治三十七年［1904］に設計着手）。長楽館は、規模、仕様、工期とも、彼の全作品の中で群を抜くもので、この仕事を引き受けることが事務所開設の一因になったのかもしれない。村井は日本で初めて紙巻き煙草を製造・販売し財をなすが、煙草の研究開発のため度々渡米し、明治三十年［1897］には亜米利加煙草会社と合弁で村井兄弟商会を設立するなど親米家で知られ、ガーディナーを知る機会があったのであろう。当時、村井吉兵衛邸は三番町（現・九段北）、義弟・村井貞之助邸は上六番町（現・三番町）にあり、五番町、後に土手三番町（現・五番町）のガーディナー邸からすぐ近くで、両家の娘はガーディナー家に寄宿して英語、料理、西洋式マナーや社交術を学ぶなど、家族ぐるみの親交は晩年まで続いた。当時、ガーディナー夫人の教えを受けることが華族や富豪の間で評判となり、村井家だけでなく良家の子女が多くガーディナー家に出入りしたと伝えられる。

長楽館の棟札によれば、主任は荒木賢治、現場に辰野勇記、小野武雄、上林敬吉の三名を常駐させており、事務所の総力を挙げて取り組んだことが分かる。一方、長楽館建設の五年の間に、水戸聖ペテロ教会［1905］、青山学院新ガウチャー館［1906］、京都聖約翰教会堂［1907］、内田定槌邸、遺愛女学校校舎・宣教師館［いずれも1908］なども手がけており、他に数人のスタッフがいたと思われる。上林の長男三郎氏によれば、上

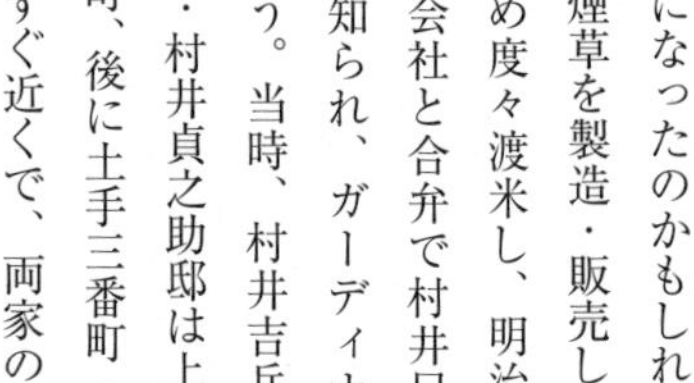

完成間近の日光真光教会：大正5年春頃の撮影と思われる。後列右寄り、入り口右のバットレスの辺りにガーディナー［出典：ニコルス家旧蔵アルバム］

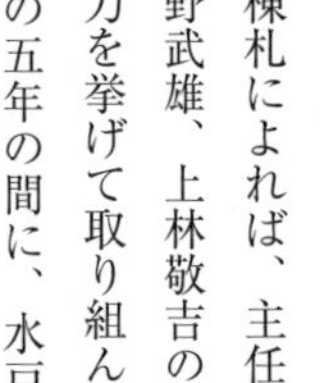

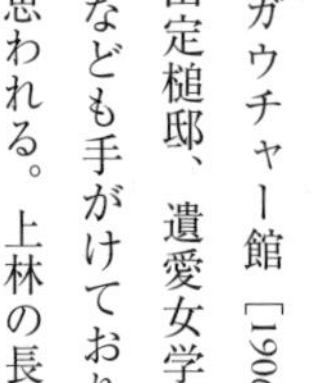

記四名の他に埴谷、山田、若杉、小林の名を父親から聞いているが、詳《つまび》らかでない。

明治四十三年［1910］、土手三番町に事務所を兼ねた自邸を建てて移転。この頃、日光に別荘（下赤門（現・エマーソン邸）［1910］）も建てている。大正三年［1914］のハーバード大学同窓会誌には、明治三十八年［1905］から大正二年［1913］までの九年間に、住宅一二件、教会数件、学校二件、病院一件の他、小規模な建物を幾つか設計したと報告しているが、詳細は不明である。

日光とガーディナー家

ガーディナーにとって日光はとりわけ愛着のある地であった。来日した翌年の夏、日光を訪れたガーディナーは立教女学校主任のフロレンス・ピットマンと婚約、翌明治十五年［1882］、結婚する。明治十八年に上野から宇都宮、明治二十三年［1890］には日光まで鉄道が開通し、この頃から夫妻はほぼ毎夏避暑に訪れた。当初は二荒山神社の別当、安養院の離れを借りて滞在したが、時には金谷ホテルに宿泊することもあった。同ホテルの宿帳にガーディナーのサインが残る。また、明治十一年［1878］に来日したハーバード大学出身の

日光真光教会［1916］［栃木県指定有形文化財］
上―南西面外観：会堂の側壁の高さを抑え急傾斜の大屋根を架け、鐘塔も大屋根の棟とほぼ同じ高さに抑え、ずんぐりとしたプロポーションである。そして、外壁、バットレスは、ルスティカ仕上げの黒褐色の大谷（だいや）岩（鬼怒川の支流・大谷川、稲荷川流域で産出する安山岩）の切石乱積みで、素朴ながら重量感のある力強い印象を与える
前頁右―東側内陣を見る：平面は単廊式バシリカで、トラス構造の小屋組を顕す。内壁は鹿沼近くの板橋で産出する板橋石（凝灰岩）を積む。簡素だが味わいのある空間である。祭壇上のステンドグラスには先の日光変容貌教会［1899］にちなみ「キリストの変容」の場面が描かれている
同左―西妻側大窓のステンドグラス：鍵、斜十字架、杖、指矩・槍、棍棒、皮剥刀、鋸、斧など、十二使徒を象徴する持物（じぶつ）の図柄の他、福音記者マタイ、マルコ、ルカ、ヨハネを象徴する人間、獅子、牡牛、鷲、イギリスで最初の殉教者オルバンを象徴するケルト十字架、聖パウロを象徴する剣が描かれている

フェノロサとも交流があり、彼は輪王寺の支院、禅智院を借りて夏を過ごしたが、同院での写真がガーディナーの孫のニコルス家に伝わる。このように、日光山内の支院、僧坊に部屋を借りて夏を過ごす外国人は少なくなかった。なお、中禅寺湖畔までの道路が整備される明治三十二年［1899］以降は、外交官や内外の実業家が湖畔に別荘を持つようになる。

明治三十二年、日光山内、西参道の茶畑と称された辺り、現在の日光真光教会［1916］から一〇〇メートルほど北東に、避暑で滞在する外国人たちの祈りの場として、ガーディナーの設計による日光変容貌教会［1899］が建てられた。明治四十三年［1910］頃、輪王寺から土地を借り、自らの設計で和風の山荘・下赤門を建て、毎夏を過ごした。来日した米国伝道局幹部や親交のあったアメリカの文化人らも、この山荘に滞在したと伝えられる。以後、曾孫の代まで夏の家として愛されたが昭和五十年代に解体された。この隣地に、おそらくガーディナーの設計による上赤門が現存するが、当初の施主は不明である。

先の変容貌教会が手狭になり、現在地に、再びガーディナーの設計により石造の日光真光教会「NIKKO TRUE LIGHT CHURCH」が新築され、大正五年［1916］八月六日、変容貌の日に聖別された。彼の後期の作品を代表する珠玉の佳品である。この教会の内陣手前、聖書台の脚元の床に、ガーディナーと妻フロレンスの墓碑銘板が並んでいる。前者には、彼の名と生歿年、「NOT DEAD BUT LIVING UNTO THEE」と刻まれ、その下に彼と家族の遺骨が納められている。

ガーディナーは、明治十三年［1880］に来日し、大正十四年［1925］に東京聖路加病院で歿するまでの四十五年間、教育者として、建築家として活動した。正規の建築教育を受けておらず、独学で建築家となったのであるが、どのように学び、建築をつくり上げたか、彼自身の建築に関する言論はほとんどなく詳細は不明である。しかし、明治から大正にかけて数多くの建築を設計し、幸運にも北海道から京都まで、現存する一〇余棟の作品の大半が文化財に指定され、大切に保存・活用されていることは、ガーディナーが近代日本に建築家として確かな足跡を残した証しであろう。

鉄川与助

Yosuke Tetsukawa

棟梁建築家・鉄川与助の教会建築

川上秀人｜Hideto Kawakami

右―［所蔵：鉄川進一級建築士事務所］

▼個別年譜p.358

はじめに

明治の開国に前後し、開港地を窓口として西洋の文化が日本に流入してきた。社会経済の大変革に対応するために種々の分野でお雇い外国人を招聘したが、建築技師は自ら設計施工に携わるかたわら、日本人技術者（建築家）の育成にも努めた。官公庁舎、銀行、駅舎、事務所建築などが建設される一方で、教会堂建築はいくぶん様相を異にしている。長い弾圧や迫害に耐え忍んできたキリシタンは、明治六年［1873］の高札撤去後、長い間思い描いてきた〝目に見える教会〟を競って建設し始めた。大工や左官など職人の多くは信徒であり、煉瓦の焼成から運搬、部材の組み上げなどの労働奉仕もした。伝統技術を基礎にして、見よう見まねでまず教会堂の意匠的要素を取り入れた。信徒たちは神への祈りの空間を最重要視したからである。

教会堂建築を熟知しているのは神父自身であるため、建設に際して外国人神父は意匠面だけでなく、建築の構造にまで強い指導力を発揮した。彼らの下で職人たちは未知の西洋建築技術を少しずつ身に付けていったが、なかでも特に注目すべき人物は鉄川与助である。

長崎県を中心とした教会堂建築はその導入の初期においては外国人宣教師の指導に多くを負っており、それ以後は五島出身の大工・鉄川与助のたゆまぬ努力によって発展的に展開した。

教会堂建築の概観

昭和五十年［1975］に長崎県（長崎大司教区）内の教会堂の悉皆《しっかい》調査（全一六二棟）を実施した。本稿では、周辺域も含めて調査時に残存していた戦前の教会堂を対象として述べることにする。鉄川与助の教会堂は時期によってやや様相を異にするので、前期、中期、後期の三期に分けて概観する。

前期は明治末年から大正初年頃、冷水《ひやみず》教会堂［1907］から今村教会堂［1913］までとする。三廊式平面形式を正立面に明確に示しており、構造的に最も強固なイギリス積みの煉瓦造が主流である。しかし、青砂《あおさ》ヶ《が》浦《うら》天主堂［1910］の控壁には煉瓦の装飾的な使用の兆候が見られる。この時期の三廊式教会堂八棟のうちの五棟が煉瓦造であることから、教会堂を建築的に完成させるためには煉瓦造で構築することが必要であったことが分かる。

中期は大正時代前半期、旧大水教会堂［1916］から頭《かしら》ヶ《が》島《しま》天主堂［1919］までとする。特徴のひとつは、煉瓦造壁面の意匠化である。五島列島に現存する一六棟の煉瓦造教会堂のうち七棟が与助の設計になるが、ここでも彼は最も丈夫で経済的なイギリス積みを用いた。そこに彼の信条の一端をうかがうことができる。しかし、彼は煉瓦の凹凸のみで壁面を飾るのではなく、平坦な壁面を煉瓦の色や組積法の変化で飾ることを試み、壁面に変化を与えた。二つ目は、教会堂の正面中央部に八角形のドームを戴《いただ》いた鐘塔が突出して設けら

冷水教会堂[1907]：与助が自ら設計施工した最初の教会堂である。台座のない角柱上部の植物様の柱頭飾りは旧鯛ノ浦教会堂に酷似する。柱頭の位置が低く、リブが太いために内部空間は重苦しい。側面の窓は取り替えられ、正面中央の尖塔は改造された[写真：川上秀人]

田平天主堂［1918］［重要文化財］
右―外観、左―主廊部小屋組
合掌、繋梁、列柱を挟み、方杖でボルト締めする。敷桁と繋梁には火打梁を入れて面内剛性を高めている。振れ止めも備えており、完成された木骨トラス小屋組である。与助の最高傑作
［写真2点とも：川上秀人］

上―青砂ヶ浦天主堂［1910］［重要文化財］
会堂内部：2列に並ぶ列柱は、石造の柱礎と植物様柱頭飾りを備える。柱頭上の3本の付柱は上方に伸びてリブ・ヴォールト天井を支持する。アーケードの頂点には水平の装飾帯が主廊部の壁面を巡る。壁付きアーチは垂直性が強いため、会堂内には一種の厳しさが感じられる

れた点である。彼は大曾教会堂［1916］で初めてこの構成を試み、田平天主堂［1918］でそれを確固たるものとした。正立面の構成方法は頭ヶ島天主堂、手取教会堂［1928］へと継承される。建築材料が違ってもこの構成方法は変化しなかった点に、彼が求めた教会堂建築の姿があると言えよう。

　後期は大正末年から昭和初期頃、旧細石《ざざれ》流教会堂［1920］から水の浦教会堂［1938］までとする。鉄筋コンクリート造という新しい構造の出現に対応して、折上天井構成を採用した点に特徴がある。旧立谷教会堂の側廊部に初めて出現した折上天井は、明治後期から大正初期にかけて主廊部にも採用され、大正末年頃に全盛期を迎える。その構成は日本在来の折上天井を単に模倣した和風的処理ではなく、リブ・ヴォールト天井で構成し得なかった部分を直線に置換させた洋風の意匠と言えよう。

　大正五年［1916］に与助が旧大水教会堂で初めて採用した折上天井は昭和初期の鉄筋コンクリート造教会堂へと継承される。構造体である梁が会堂内に一種の装飾と化して顕《あら》わとなり、構造と意匠が一体化した新しい内部空間の創造と見ることができよう。

リブ・ヴォールト天井

教会堂建築で最も目を惹くのはリブ・ヴォールト天井であろう。幕末の大浦天主堂を始め、明治十年代に続々と建設された初期教会堂ですら内部はリブ・ヴォールト天井で構成されていたため、それほどに重要な要素だったのである。

　会堂内部は四本の柱で囲まれた部分を一つの単位（一間《ベイ》）としてリブ・ヴォールト天井を架し、それを長軸方向に連続させて配する。一間は交叉リブ（対角線に設けられたリブ）で四分割されたり、さらに十文字にリブを加えて八分割するものとがある。当地域に残存する三三棟を見ると、一間の分割方法や天井板の張り方に注目するのも面白い。

　与助が二十歳のとき、最初に教会堂建築に触れたのは旧曽根教会堂で、設計者ペルー神父と出会った。経歴書[1]に記された鉄川工務店の第一作は旧桐教会堂の増改築工事で、この年に与助は鉄川組を継いでいる。ペルー神父は高等工業程度の学校で建築学を会得していたようで、リブの架構法などを学んだのはおそらくペルー神父からであろう。上五島地域をペルー神父が管

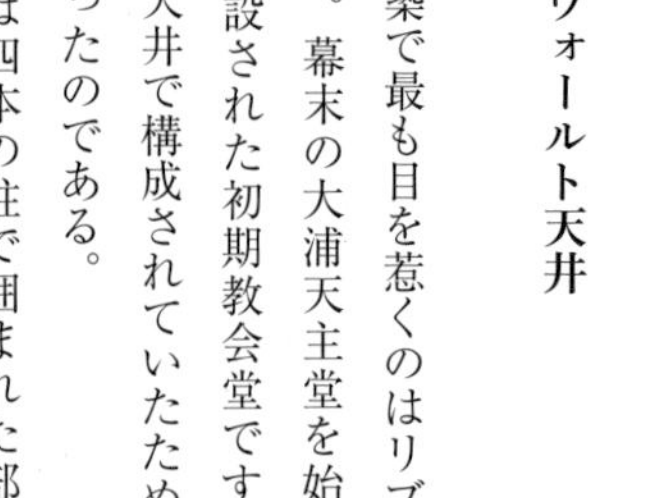

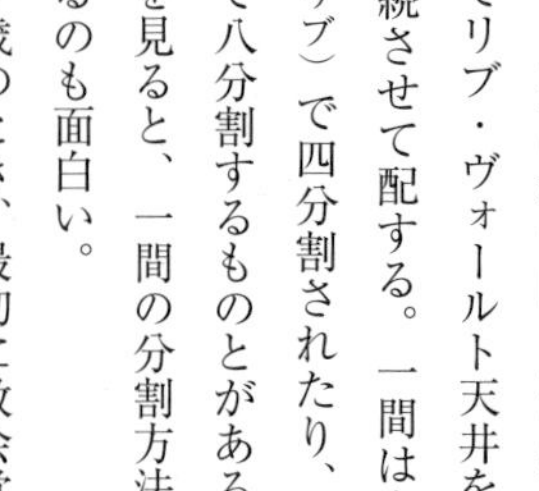

右―旧細石流教会堂［1920］：主廊部上方の矩形壁面と折上げ面には、菱形の中に花を意匠化した彫刻がある。大正後半期を全盛期とする折上天井構成の頂点に位置する優れた教会堂である［写真：川上秀人］
左―旧野首教会堂［1908］［重要文化財］：与助の最初の煉瓦造教会堂である。洋風とも和風とも言えない小屋組に、与助の進取の気質が感じられる［実測作図：川上秀人］

轄し、拠点を旧鯛ノ浦教会に置いていたことや堂崎天主堂をペルー神父が設計している点を考えると容易に推察し得る。

旧鯛ノ浦教会堂、冷水教会堂、旧野首《のくび》教会堂［1908］の内部空間構成は相互に類似しており、特に前二者の柱頭飾りは酷似している。与助の出発点である冷水教会堂が漆喰仕上げ四分割リブ・ヴォールト天井構成であるのは、旧鯛ノ浦教会堂がその手本となったからであろう。

リブ・ヴォールト天井のリブは曲木ではなく、太材を弓状に削り出したもので、三本継ぎが多い。天井板を張った後で木色に塗装して木目を描いており、遠目には一本の材に見えるため、与助は船大工の技術を有していたなどと言われもしてきた。アーチ窓の枠木も同様の仕様である。設計する上で難しかったのは、特に交叉リブの曲率を導き出す点であろう。各教会で主廊幅、側廊幅、列柱間隔は異なるため、そのつど曲率を算出しなければならない。与助が「あのコーモリ天井の図面を初め描かされたときは泣きました。納めるのに」[2]と言っているのは、このことを指すと思われる。

煉瓦積み壁面の意匠化

田平天主堂に酷似する鐘塔と側面窓の石と煉瓦の割付けを検討した図面が遺《のこ》っている（七八頁上図参照）。A2判厚手の方眼紙を使用し、図面右上に「吋《インチ》十割」

上―頭ヶ島天主堂［1919］［重要文化財］
正面（北面）全景：壁体は砂岩の地色を活かし、目地部分を深く彫り込んだ粗石積み（ルスティカ）である。パラペットの下方と側面軒下には半円を連続させたロンバルド帯風の装飾を巡らす。門柱、石垣、石柵、司祭館（右方に隠れて存在する）にも、この地一帯で産出する砂岩が用いられ、周辺環境と一体となって優れた景観を創出している

会堂内部：擬似的なハンマー・ビーム架構を採用した小規模な単廊式教会堂である。持送りや天井折上げ部分には花柄を基調とした装飾が施され、会堂内は華やいだ明るい雰囲気に満ちている。側壁の途中に柱頭飾りを模した台座を設け、そこから円弧状の持送りを二重に持ち出して小梁を支持する

▼口絵p.024上

北東から見る：正面中央に八角形のドームを架した塔屋を設ける構成方法は、大曾教会堂［1916］から大江教会堂［1933］まで継承されており、与助が目指したもう一つの教会堂の在り方を示している

▼口絵p.024下

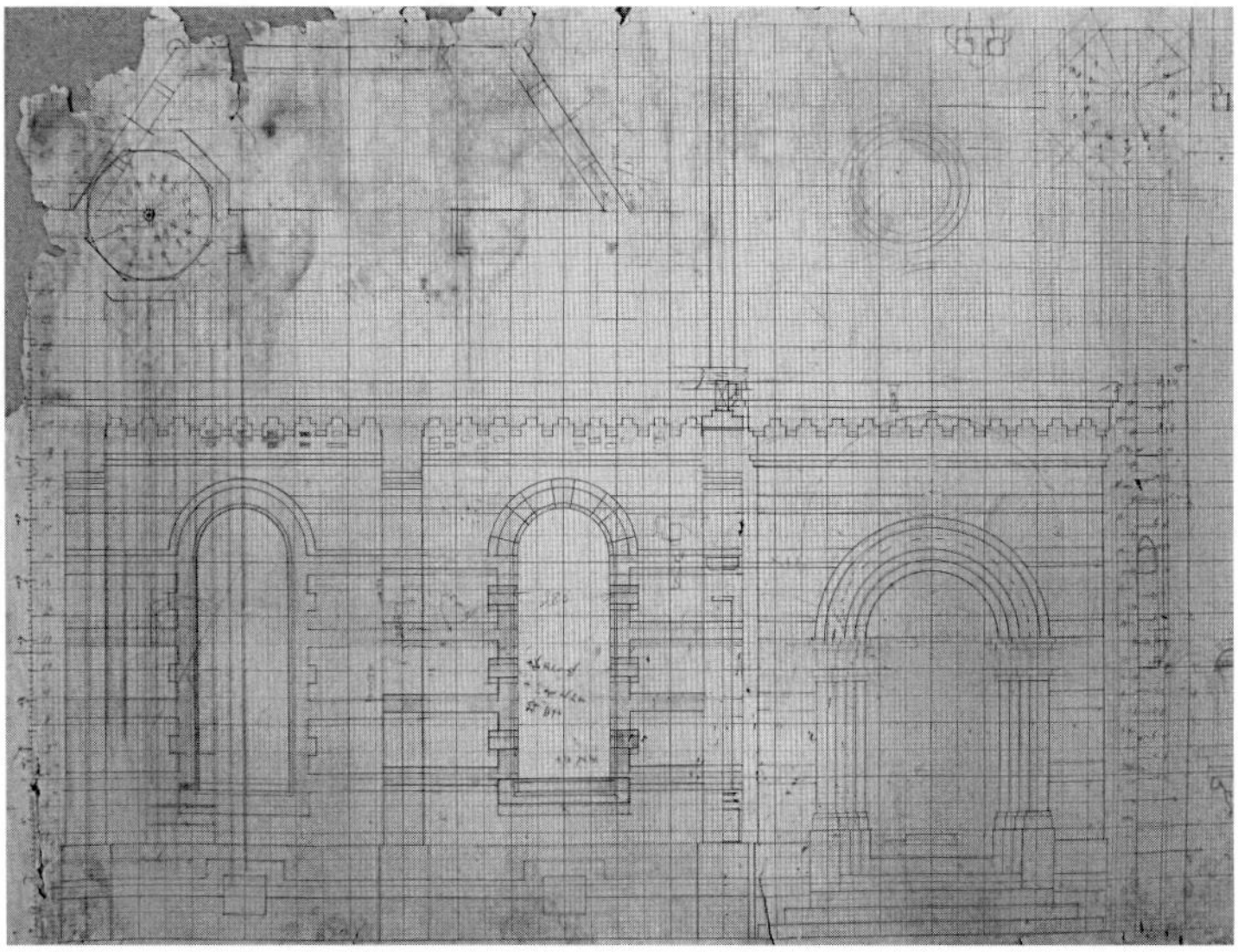

（太線の一インチ一マスを細線で十分割する）と青色印刷されている。下段左に側面窓、右に鐘塔第一層の立面が描かれ、上段左に正面玄関と楽廊に上がる螺旋階段の平面が描かれている。側面図の右側の図が現状に一致するので最終決定の図である。

右図の右方の控壁内には、台座、柱頭、繋梁、軒桁の図が描かれている。柱頭上端は六十四段目、繋梁の下端は八十八段目で上端は九十三段目、鼻母屋の下端は約九十二段目で上端は約九十五段目に相当する。「天主堂設立願」には「軒高地盤より軒桁上端迄本屋参拾八尺下屋弐拾壱尺」と記されており、煉瓦九十段目が二十尺であるので、この設計図のとおりに施工されたと考えてよい。図面の左端には一番下の水平線をゼロとして上方向に二種類の目盛りが描かれている。右側には尺を単位とした実寸法を算用数字で、左側には煉瓦の段数を漢数字で記している。右端にも二種類の目盛りと三種類の書き込み数字がある。左側が三段を一単位としたときの単位数（二十七単位）で、右側が四段を一単位としたときの単位数（左が二十一単位、右が二十単位）である。軒桁の上端（煉瓦九十三段目）から下方に向けて列柱の基礎の上端の位置を定めようとする設計手順が見て取れる。

与助は青砂ヶ浦天主堂の正面の控壁に濃色煉瓦で十字架をかたどり、大曾教会堂では濃色煉瓦の帯を壁面のアクセントとした。田平天主堂では基礎を濃色煉瓦

[1]『私たちの歩み 鉄川工務店経歴書』鉄川工務店／1968頃
[2]「座談会：キリスト教関係を中心とした長崎における明治の洋風建築」（山口愛次郎×鉄川与助×丹羽漢吉）『長崎県建築士会機関誌』1967

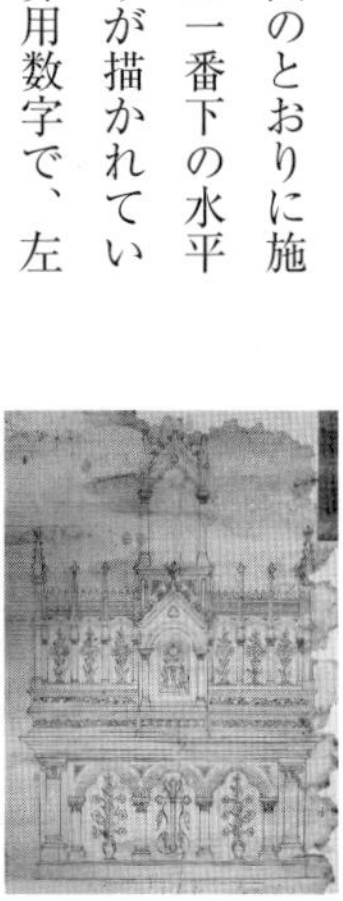

右―江上天主堂 祭壇全体図（625×457ミリメートル）：図面の裏に「大正六年六月二十一日調製／南田平天主堂建築所ニ於テ／五島奈留島江上ノ為メ」と縦書きされている。もう1枚の図面には中央の塔が描かれているが、実現しなかった
上―田平天主堂 側面および正面鐘塔初層検討図（460×629ミリメートル）：側面を実測した結果、濃色煉瓦の帯と3段分の石材を小さな単位として〝9段2尺〟で壁面の設計をした。その後、敷桁や繋梁など木部の寸法決定と施工（煉瓦積み）のために〝4段9寸〟に単位を置き換えて微調整をしたと考えられる
［所蔵2点とも：鯨賓館ミュージアム］

の小口積みとし、三段の濃色煉瓦小口積みの帯を周壁に巡らすだけでなく、開口部のアーチ等に石材も使用するなど、本来構造材である煉瓦造の壁体を意匠材としても捉えようとした設計意図がうかがえる。

与助の日記

与助が主に出面帳《でづら》（出勤簿）として使用していた日記が二冊（大正六年［1917］、同八年）遺っており、業務内容や出来事も簡単に記されている。時期的には江上天主堂［1918］、頭ヶ島天主堂、田平天主堂に関する記述が中心となる。

江上天主堂の祭壇（香台）に関して、大正六年五月十六日「午前七時福江教会ニ脇田師ヲ訪フ（中略）拾一時江上着江村氏ト談ス（後略）」、十七日「島田師午后二時来江ス豫算ヲ見ル不足金ニ付協議アリ決定セズ」、十八日「午前又協議アリ午后二時江上発（後略）」、二十六日「島田師ヨリ江上香台ヲ弐百円直ニ注文来ル」とある。残存する二枚の祭壇の図面は、寸《すん》十割の厚手方眼紙を使用し、縮尺五分の一で描かれている。一枚は正面図（右頁下図参照）、もう一枚は正面図（左半分）と断面図である。裏書きにより、前者は大正六年六月二十一日、後者は翌二十二日に描かれたことが分かる。打ち合わせの翌日（六月二十三日）から祭壇の製作を始め、十一月二十日「人夫ノ加勢ヲ受ケ江上香台ヲ積ム」とあるので、祭壇が完成して船に積み込んだ

上｜紐差教会堂［1929］［長崎県指定有形文化財］
2階楽廊から祭壇方向を見る。俗に舟底天井と呼ばれる折上天井を採用し、構造材である柱や梁を内部空間に顕わにする。折上天井はRC造の骨組みで格縁をつくり、各格間には与助の装飾の特徴である花柄や木の葉模様が彩色を施されて描かれる。これらの植物様装飾が空間の緊張を和らげている。植物様の柱頭飾りは上方に伸びる柱とアーケードを支持する。折上天井は祭壇に向かう水平指向性が強調されて都合が良い、とかつて山口大司教は語っている。東洋一であった旧浦上天主堂（煉瓦造）が原爆で倒壊した後は、日本最大の教会堂と言われた。与助のRC造教会堂の代表作と言える

日も分かる。現祭壇と比較すると、植物様装飾と塔の形態が異なるので、これら二枚の図面は神父（教会側）との打ち合わせのためのものであろう。

頭ヶ島天主堂の祭壇に関しては、大正八年［1919］十二月二十四日「頭島香台ノ件」、二十八日「余ハ頭島香台図引キ（中略）大嵜師等ト會□ス（中略）大嵜師ト頭島香台ニ付談ス」、二十九日「余ハ終日頭島香台図引キ畧ボ終ル」とある。二十四日に注文を受けて直ちに設計し、二十八日に設計案をもとに大崎八重師と打ち合わせをし、翌二十九日には図面を仕上げた。図面の密度は不明だが、かなりの早さで設計していることが分かる。

田平天主堂では、大正六年十月一日「余ハ（中略）マタラ師ト田嵜ニテ會談（中略）天井ハ桃色柱ト天井骨ハ石色ニペンキ下地コーパル仕上ト決ス」とあり、職人を交えてマタラ師と会堂部天井の色彩について協議している。

大正八年九月十六日「余ハ鉄筋混凝土工学ノ調べ」、二十三日、二十五日、二十七日にも同様の記述があり、寸暇を惜しんで鉄筋コンクリート造の勉学に励んでいる。与助の最初の鉄筋コンクリート造建築である長崎神学校の準備をしていたのであろう。大正六年七月二十八日「中田師ヨリアルフアペットヲ習フ」、八月六日「チリ師ヘ横文字ノ手紙ヲ初メテ出ス」の記述も興味深い。

おわりに

棟梁を目指す日本人大工が西洋（洋風）建築に手を染めることは、この時代では本流から外れることだったのではないだろうか。ペルー神父設計の旧曽根教会堂が与助の目にどのように映ったのか、何に感動したのかは知る由もないが、少なからず葛藤があったことは想像に難くない。しかし、数年後には次々と教会堂を建設し、極めて短期間で完成の域に到達せしめた。建築学会にも入会して建築学を学び、後の者に彼は〝棟梁建築家〟と呼ばれるに至った。黒の三つ揃いを着てチョッキのポケットから懐中時計の鎖を垂らした姿に、棟梁としての自信に満ちた建築家、と同時に自分の選択した道は決して間違いではなかった、という表情を見るのは私の考えすぎなのであろうか。

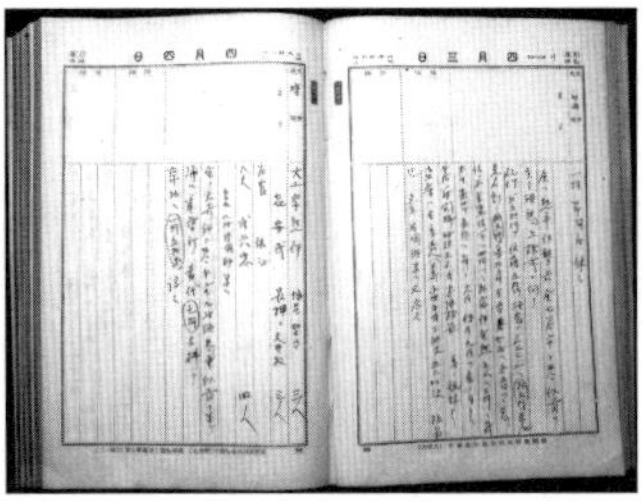

博文館日記（大正8年）：大正8年4月3日（木）、時雨模様の中で頭ヶ島天主堂の上棟式が行われた。与助は4人の職人を連れて出席した。祝儀の総額が150円であること、五島崎浦地区（赤尾）の石工が工事に参加していること、上棟式の流れなどが分かる［所蔵：鉄川進一級建築士事務所］

第II部

西洋建築の習得と自立

伊東忠太	1867-1954
長野宇平治	1867-1937
櫻井小太郎	1870-1953
鈴木禎次	1870-1941
武田五一	1872-1938
森山松之助	1869-1949
保岡勝也	1877-1942
佐藤功一	1878-1941
田辺淳吉	1879-1926

伊東忠太｜兼松講堂［1927］

▼p.094

長野宇平治―大倉精神文化研究所（現・横浜市大倉山記念館）［1932］
▼p.107

櫻井小太郎—静嘉堂文庫［1924］ ▼p.113

鈴木禎次｜諸戸家住宅洋館［1918］▼p.123

武田五一｜藤山雷太邸［1932］▼p.131

森山松之助｜片倉館［1928］▶p.139

保岡勝也｜岩崎彌之助深川別邸 池辺茶亭（現・涼亭）［1909］

▼p.148

佐藤功一｜早稲田大学大隈記念講堂［1927］▼p.151

田辺淳吉｜青淵文庫［1925］

▼p163

伊東忠太

Chuta Ito

挑戦の建築家

倉方俊輔｜Shunsuke Kurakata

右一［所蔵：日本建築学会］
▼個別年譜p.378

「歴史家になりたかった」という曾禰達蔵とは逆に、誰よりも建築家なのに歴史家になってしまった人間、それが伊東忠太である。

夏目漱石やフランク・ロイド・ライトと同じ慶応三年［1867］に生まれた伊東は、五歳の頃、生地の山形県米沢から東京に移り、番町小学校、東京外国語学校、第一高等学校と、確立しつつあった学歴エリートのコースを歩んだ。小さい頃から絵が得意で美術家になりたかったが、「男児たるものが国家のためにつくす事を考えずに美術家になろうとはふがいない」という父の意見に反論できず[1]、工学系を専攻。中でも芸術に関係がありそうだということで、帝国大学工科大学造家学科（現・東京大学工学部建築学科）に進学する。

明治二十五年［1892］に大学を卒業して、大学院に進み、翌年「法隆寺建築論」[2]を発表する。法隆寺の価値を世界的な視点から説いたこの論文が、伊東の歴史家としての立場を鮮明にした。内務省古社寺保存会委員として全国をまわって文化財保護の動きを先導し、初の日本建築通史として『日本帝国美術略史稿』[3]を著す。東京帝国大学、東京美術学校（現・東京藝術大学）、早稲田大学などで「日本建築史」を講義し、アジア・欧米留学から戻った後は「東洋建築史」の第一人者に

［1］　伊東忠太「忠太自画伝 上」（日本建築学会建築博物館所蔵、p.48）

［2］　伊東忠太「法隆寺建築論」『建築雑誌』1893.11
この初稿の他、改稿として発表し、未完に終わった「法隆寺建築論」『考古学会雑誌』（1896.12–97.7）と、学位請求論文『東京帝国大学紀要』（1898.3）がある

［3］　『日本帝国美術略史稿』［帝国博物館編、農商務省／1901］において、各時代ごとの建築部分を執筆。1908年に増補・再刊された『稿本日本帝国美術略史』［日本美術社］では「建築之部」として独立した章にまとめられている

もなる。帝国学士院会員と帝国芸術院会員を兼ね、昭和十八年［1943］には建築界で初めて文化勲章の栄誉にも輝いた。建築の歴史研究でご飯を食べた最初の人、建築史家の元祖として日本近代建築史に刻まれている。

理論家としても知られる。「『アーキテクチユール』の本義を論して其譯字を撰定し我か造家學會の改名を望む」[4]は「造家学会」から「建築学会」（現・日本建築学会）へ改名する契機となった。「建築進化の原則より見たる我邦建築の前途」[5]［1909］は日本の将来の建築が「進化主義」に基づくべきだと説いた論で、明治思想の一典型として今でもしばしば論じられる。

上─兼松講堂［1927］［国登録有形文化財］
一橋大学が国立に移って最初に完成した。中世ヨーロッパの様式を採用して内外に多くの妖怪を用い、インドや中国の図像と折衷している。隣接する本館や図書館などは文部省建築課の設計。伊東の手が入っていないことは、妖怪の険しい表情からも明らか
▼口絵p.082

もちろん、建築家として、その名を知る人も多いだろう。平安神宮[6]［1895］や明治神宮[7]［1920］を始め多数の神社造営にかかわった。それだけでなく、可睡斎護国塔［1911］、真宗信徒生命保険会社［1912］、日泰寺仏舎利奉安塔［1918］といった仏教関係の建物の設計も手掛けた。京都・東山にそびえる祇園閣の奇妙な姿や、兼松講堂［いずれも1927］のホールを飾る妖怪の装飾が思い出されるかもしれない。外観をロマネスク風にまとめた三角屋根の兼松講堂は、震災後につくられた東京商科大学（現・一橋大学）新キャンパスのデザインコードを決定し、文教都市・国立の象徴として親しまれている。

そんなふうに伊東の名前は割に有名だが、では、総合してどんな人物だったかというと、いまだにはっきり答えられていない。一国史観の権化になったり、アジア主義の先駆けになったり、伝統の擁護者になったり、近代主義者になったりと、その位置づけは論者によってまちまちである。設計作品が十九世紀の歴史主義建築の枠内にとどまっているにせよ、個人の妄想のはけ口であるにせよ、他にない作風の個性がどこにあるかが考えられたことはない。設計と歴史あるいは理論との折り合いの付け方も明らかにされていない。没

［4］　伊東忠太「『アーキテクチユール』の本義を論して其譯字を撰定し我か造家學會の改名を望む」『建築雑誌』1894.6
［5］　伊東忠太「建築進化の原則より見たる我邦建築の前途」（『建築雑誌』1909.1）は、前年11月30日の学会講演を掲載したもの
［6］　木子清敬との共同設計
［7］　伊東は1914年4月6日に神社奉祀調査会委員に任命された。次いで、1915年4月に実際の造営に当たる明治神宮造営局が設置されると、参与と工営課長として工事計画の策定と統括に当たった
［8］　伊東忠太・土屋純一『清國北京紫禁城殿門ノ建築 清國北京紫禁城建築調査報告』東京帝国大学工科大学／1903.4

後六十年を過ぎても、伊東の歴史家と理論家と建築家は分裂していて、彼の挑戦の意味は霞の中にあった。

　伊東が建築の世界で何を試みたのか。それに迫る一番の手掛かりは、やはり生き続けている建築作品であるはずだ。

大倉集古館

　大倉集古館は実業家・大倉喜八郎の邸宅内につくられた私的な美術館を発祥とする。関東大震災で大きな被害を受け、昭和二年［1927］に現在の建物が伊東忠太の設計で建てられた。

　鉄筋コンクリート二階建ての建物は、内外ともに中国風のデザインで覆われている。展示ケースや長椅子などの備品類も伊東の手によるもので、曲線の使い方や、各地の様式の織り交ぜ方が彼らしい。隣接した別館は戦後のホテルオークラ建設によって取り壊されたが、本館はホテルのシンボルとして丁寧な保存と改修がなされ、当初のデザインが守られている。

　美術館であるにもかかわらず、個性的な装飾がしっくりしているのは、それが東洋美術を中心とした収集品と合っているからだろう。大倉集古館の倉庫に、紫禁城の図集が残されている。伊東の初めての海外出張である紫禁城調査の成果として作成されたものだ[8]。大倉は中国大陸への進出に積極的であり、東洋美術に対する嗜好を持っていた。こうした資料を仲立ちに、二

大倉集古館［1927］［国登録有形文化財］
上―正面全景：戦前は前面からジグザグと回廊が延びて玄関部につながり、途中に強く反った屋根の六角堂があった
右―屋根降り棟：1927年に完成し、今もホテルオークラの伝統を象徴する建物として用いられている。東洋美術の収集品に合わせた中国風のデザイン。屋根の吻(ふん)が棟を吐き、張り詰めた曲線を大空に描く

人は建物の形を話し合ったのだろう[9]。

創設者・収蔵品・建築が一体になった大倉集古館の雰囲気は、個人のコレクションから発生した美術館の存在を実感させてくれる。それは東洋に覇を伸ばした実業家の夢と、それを受け止め、自らの思いを重ね合わせて造形する建築家の技量なしには成立しなかった。中国風のデザインは、かえって戦前日本の文化と思想の一脈を象徴している。

阪急ビル内部装飾

阪急ビル内部装飾では、大衆の夢を形にしようとした。紫禁城調査から戻った伊東忠太は「支那建築研究の必要に就て[10]」という文章を著し、中国建築を研究しなければならない理由の一つとして、今後、日本で不燃材料による椅子式の建築をつくる上で、そのデザインが大いに参考になることを挙げている。昭和六年［1931］に完成した大阪・梅田の阪急ビルの内部装飾は、入口に面した二層吹抜けの広間を「公衆の眼を惹くに足る壮麗なもの」にしてほしいという阪急側の希望に応えたものだ[11]。半円形の東壁に急行のスピードを表す青龍と白馬、西壁には社の冠たる地位を象徴する獅子と鳳凰をデザインしている。

中国風の図案だが、それだけではない。図像はモザイクタイルでつくられ、天井には金色の唐草文様が舞う。ヴォールト状の空間にはビザンティン建築のイメージが投影され、ユーラシア大陸をつなぐ装飾モチーフが駆使されている。ビザンティン、イスラム、ロマネスク、沖縄、中国東北部。伊東は生涯、文明の中心に位置づけられるものより、周辺や過渡期と見なされるような様式を好み、その価値を発見していった。そんな彼の横断的な手法で、乗降客が行き交う公共空間が彩られている。「民都」大阪の玄関口だからこそ説得力のある形である[12]。

一九六〇年代のニューヨークで、ローマ建築をモチーフとした壮麗なペンシルヴァニア駅が都市再開発で取り壊され、それに対する後悔は様式主義建築の再評価を推し進めた。一方、阪急ビルを超高層ビルに建て替える計画が進行している。内部装飾の部材も取り外されて、保管されていると聞く。私鉄王国の雄は、自らの過去にどのような決断を下すのだろうか[13]。

［9］　大倉喜八郎「蔵春閣建築瑣談」（『建築工芸叢誌』1912.7）に、蔵春閣（設計：今村吉之助）の新築にあたって、片山東熊、妻木頼黄、伊東に相談したとあり、伊東との建築的な関係は、遅くとも明治末には始まったことが分かる。その後、大倉喜八郎邸門［1916］、大倉喜八郎小田原別邸［1919］、大倉葬儀場［1924］の設計が伊東に依頼されたが、いずれも不実施に終わった

［10］　伊東忠太「支那建築研究の必要に就て」『実業界』1902.2

［11］　伊東忠太「阪急ビルの内部装飾に就て」『建築と社会』1932.2

［12］　阪急梅田ビルとターミナルが「『私鉄王国』大阪の象徴」であり、「『阪急文化圏』の完成」として築かれた経緯は、原武史『「民都」大阪対「帝都」東京』［講談社／1998］を参照

［13］　本文執筆後の2012年に41階建ての梅田阪急ビルが完成。内部装飾は13階のレストランの天井部分に使用されている

震災記念堂（現・東京都慰霊堂）

世界各地の様式を組み合わせ、今までにない建築を

創造する。そんな内なる課題を最も実行できたのは、昭和五年［1930］に完成した東京・両国の震災記念堂だろう。

「建築進化の原則より見たる我邦建築の前途」で伊

震災記念堂（現・東京都慰霊堂）［1930］
上—東面外観：関東大震災の犠牲者を追悼する施設として1930年に完成した。正面から見ると大きな唐破風を持つ和風だが、背面に接続する塔は中国風で、内部の構成はバシリカ式。伊東特有の折衷的手法が発揮されている
右—内部：見え掛かりは飛鳥様式や禅宗様だが、平断面は明らかにバシリカ式。施設の公共的性格に由来しているのだろう。ただし、設計にあたって「純日本式」にすることが要請されたため、キリスト教の教会堂との関係に伊東は口を閉ざしている

東忠太は、将来の日本建築は日本を本位としながら、諸外国の様式も採り入れて進化させていけばよいと述べている。そして、「日本趣味」は、イスラム建築や中国建築の中にも含まれているのだともいう。伊東は新たな日本建築を、近代日本の建築家の立場から組み立てていこうとした。それは、法隆寺の中にギリシアを発見した「法隆寺建築論」の延長上にある。彼がその生涯の中でギリシアを崇拝したことはないし、近世以前の日本建築を手放しに称賛した文章も見られない。西洋が一番ならば日本の建築家は亜流にすぎないし、近世以前の建物に魅了されるだけならば、近代に生まれた自分たち建築家はみな消えればいいことになる。伊東はそんな当たり前を初めて真剣に考えた。

　震災記念堂は一つひとつの様式の特徴を残しながら、各部が組み合わされ、新たな生命力を持った全体になっている。震災記念堂を一度でも訪れてしまうと、彼の建築を表面的な意匠のパッチワークだとはみなせない。

築地本願寺

昭和九年［1934］に完成した築地本願寺は、伊東忠

伊東忠太　Chuta Ito

上—築地本願寺[1934][重要文化財]
正面外観：関東地方を統括する西本願寺(浄土真宗本願寺派)の築地別院である。かつての木造伽藍が関東大震災で焼失したことを受けて、SRC造で1934年に完成した。当時最新の技術を駆使した新様式の複合施設で、中央に本堂、向かって左側に大会議室や法主の居室、右側に事務関係の各室が収められている。また、全体の構成は西洋建築の性格が強い。1階を切石張仕上げの堅牢な意匠として基準階を2階に置き、入口と本堂の間に教会堂のような中間室を設けている。中央の屋根は、インドのアジャンター石窟寺院などにあるチャイティア窓をモチーフにしている。建物の両端にはストゥーパ状の鐘楼が載る。柱頭の形や多角形からなる柱身、欄楯(らんじゅん)に似た内部階段の手すりなど、インド建築の要素を幅広く採り入れている

右頁右—きょとんとした表情の鳥：さまざまな動物彫刻が潜んでいることでも知られる築地本願寺。単純化された全体形とくるっとした曲線が特徴的で、伊東のオリジナルスケッチが色濃く反映されたものと見てよいだろう

同中—階段の親柱に載る象：仏教説話に縁の深い動物である。本堂裏口の車寄せにも2頭の象が並んで、鼻を上げて梁を支えている様子を見ることができる

同左—入口の柱と一体化した獅子：太い足でぐっと大地をつかみ、背には翼を生やす。アジア・欧米留学の最中、中東で目にした造形に触発されたに違いない

太の代表作とされる。確かに最大規模の実作である。実現までの背景も深い。戦前日本の文化と思想の一脈を象徴する人物といえば、西本願寺二十二世宗主の大谷光瑞もその一人だ。伊東はアジア・欧米留学の最中に偶然、大谷が派遣した探検隊の一員と出会い、大谷との関係が生まれる。明治末に依頼された建築は、一勝三敗に終わる。実現したのは真宗信徒生命保険会社だけで、西本願寺大連別院［1907］、西本願寺鎮西別院［1911］、西本願寺香港布教所［1912］は設計が終了していたにもかかわらずお蔵入りになった。それから二十五年後のリターンマッチが築地本願寺である。

折衷の創造性はここにも横溢《おういつ》している。だが、内部については、伊東の意見が檀家の反対にあい、従来通りの和風でつくられた。[14]築地本願寺は、伊東と大谷の挑戦と挫折の記念碑として、今もそびえている。

おわりに

伊東忠太の建築は「近代」という時代の挑戦と乱暴を体現しているのではないか。様式主義という西洋の武器を逆手にとり、各地の様式を個人的に折衷させることによって西洋中心主義の相対化を試み、返す刀で「伝統」の解釈を近代人の特権にした。日本の近代の建築家に何ができるかを初めて明示的に考えた人間といえる。理論と創造を共に試みて、今の建築家の始まりにいる。

理論を考える時、先人がいなかったので歴史に手を出した。それが時代の要請に適合したことで、伊東は歴史家になってしまった。建築史家の祖にノミネートされてしまうと、そうした立場からしか見ることができなくなってしまう。そんな先入観を解きほぐしてくれるものは、生き続けている建築をおいて他にない。

「生き続ける」とはどういうことだろう。それは標本のように固定化されるのではなく、使い続けられ、新たな意味が生まれるということに他ならない。意義が定まっていないからこそ壊されるということと表裏一体であって、だからこそ、残される必要がある。建築と建築家が発見されるのに、半世紀や一世紀は決して長い時間ではないだろう。[15]

［14］伊東のオリジナル図面は見つかっていないが、正面左手にある講堂内部はインドやペルシャの様式を応用したデザインであり、本堂内部の初期の構想について想像を巡らすことができる

［15］倉方俊輔『伊東忠太の建築理念と設計活動に関する研究』［学位論文／2004］、『伊東忠太建築資料集 伊東忠太建築作品』倉方俊輔監修・解説、伊東博士作品集刊行会編［ゆまに書房／2014］

長野宇平治

Uheiji Nagano

悔いなき建築人生

松波秀子 | Hideko Matsunami

右―[所蔵：フェルナンデス家]

▼個別年譜 p.357

生い立ち

長野宇平治は、慶応三年九月一日、越後高田の下呉服町（現・新潟県上越市高田本町）に長野孫次郎の長男として生まれた。長野家の遠祖は古代から中世にかけての上野国の豪族[1]で、その出自は関東に下向した在原業平の後胤《こういん》が吾妻郡長野原に居を構えて長野姓を名乗ったと伝えられるが確証はない[2]。長野家は町名主を務めるなど高田の有力者であった。祖父・孫次右衛門は旅籠、父・孫次郎は酒造業を営んで財をなし土蔵を連ねる屋敷を構えていたが維新後相場で財を蕩尽《とうじん》。長男・宇平治は秀才ながら中学進学も危ぶまれたが親類縁者の支援により尋常中学を卒業した。明治十七年［1884］おそらく優秀な学生が選抜されたのであろう、長野ら三名が旧藩主一族の大平氏に従い上京した。高崎までは徒歩で数日かかり、前年開通した日本鉄道の高崎停車場から汽車に乗った。明治十八年大学予備門へ入学、翌年、同校は第一高等中学校予科に改編され第二級に編入、同級に塩原金之助（夏目漱石）、正岡常規（子規）がいた[3]。明治二十一年［1888］予科を終え本科に進級する際、第一部か工科志望の第二部か迷った

［1］　戦国時代、上野国を支配した関東管領・山内上杉氏の配下で長野氏は上野西部の豪族をとりまとめ箕輪衆を名乗り箕輪城、鷹留城を築くなど頭角を現す。永禄年間、武田信玄が上野に進攻し箕輪城は落城、鷹留城の長野氏は落城直前に越後に落ち上杉家に仕えた。これが高田の長野家初代とされる。上杉家が米沢に移った後も高田に残り、その頃士籍を離れ町人となったと思われる

［2］　長野は建築界きっての好男子として知られ「刻まれた大理石」、「眉目秀麗、貴公子」、「容姿端麗、寡言沈着」、「玲瓏玉」、「温如玉」、「温和、高雅」などと言われ、在原業平の後裔であることにしばしば言及された

が、建築も多少考えにあって第二部に進んだ。同級には、共に造家学科に進む三橋四郎、塚本靖、大倉喜三郎、鷲田篤二、両角保蔵の他、土木学科の那波光雄らがいた。[4]

建築家を志す

第一高等中学校本科第二部に進級して、米国コーネル大学建築科卒業の英語教師・小島憲之と閑談する機会があり、欧米建築の写真を見せられ話を聞き、なかでも中世に着工し、いまだ工事中というケルン大聖堂の偉容に心打たれ建築を修めることを決意する。その頃は「人生は短けれど芸術は永へし」の格言を知らなかったがそのような意味で感心したのであろう、その写真は今も鮮明に憶えていると後年述懐している。[5] この頃、漱石も建築を志し第二部を選んだが、同級の米山保三郎[6]に意見され文科志望に変更した。結局、第二部に進まなかったので長野宇平治と共に欧米建築の写真を見ることはなかったと思われる。

明治二十三年［1890］、工科大学造家学科に入学。謹直で優秀、絵が得意で、デザインと図面の巧さは群を抜いていたという。辰野金吾は設計にゴシック式を禁じルネサンス式を良しとしたが、長野は厳格なクラシック式より奇抜で奔放なゴシック式でやりたかったと述懐している。[5] 後に厳格で正統な古典主義様式を極める長野の当時の思いは興味深い。この自由で奔放な浪漫主義的な志向は、卒業後奈良に赴任して設計した作品群に開花する。

［3］　長野の日記簿によれば、予科の同窓会「戊子会」（予科卒業の1888年の干支にちなむ）があり、同会の山川信次郎が夏目漱石に呼ばれて五高へ赴任する際、送別会を開いた。1898年、日本銀行門司支店に出張した際、熊本高等工業学校（五高工学部）を訪ね、山川、狩野亨吉、漱石に会い夕食を共にしている

［4］　那波光雄によれば、本科第二部の同窓生は専攻学科は異なるが工科大学在学中、卒業後も親交を深め、大学卒業の明治26年にちなみ「二六会」と称し、晩年まで親交は続いた

［5］　「長野博士回顧談」『工學博士長野宇平治作品集』建築世界社／1928

後年、長野事務所の応接室にはゴシック寺院のエッチングが掲げられていたというからケルン大聖堂かもしれない

［6］　米山保三郎［1869–97］

『我輩は猫である』の「天然居士」のモデル。『処女作追懐談』によれば、夏目漱石は将来就く仕事を考え、建築ならば衣食住のひとつで世の中になくてはならぬと同時に立派な美術である。元来美術好きな自分の趣味に合うと共に必要なものであると考え、建築にしようと決め、米山に話すと彼は、「今の日本でどんなに頑張ってもセントポール寺院のような大建築を後世に残すことはできない、それよりも文学の方が生命がある」と言った。自分の考えは食べるという打算を基点としているが、彼の説は、衣食問題などはまるで眼中になく大きい事は大きいに違いない。自分はこれに敬服し、その晩即席に自説を撤回し文学者になることに一決した

という。ちなみに、正岡子規も米山に圧倒され哲学志望を断念し国文科に進んだ。米山は哲学科に進み将来を嘱望されたが29歳で夭折した

三井銀行下関支店（現・山口銀行やまぎん史料館）［1920］［山口県指定有形文化財］

上―展示室（旧客溜・営業室）：梁成2メートル余のカーン式鉄筋を採用して柱のない大空間を実現。関東大震災でカーン式の脆弱さが判明したが、関東以外にはこの構造の建築が残る。カウンター、亀甲タイルの床は2004年の修理時に復元。同修理でボード天井の上に隠れていた創建時の6層の繰形を重ねた豪壮な格天井が現れた。壁の細い筒型の突起は構造補強の鉄骨柱

右―正面全景：ルネッサンス様式を基調とする。上下階を貫く8本の付柱はコンポジット式。各柱頭の間には窓額縁の要石、バクラニウム、フェストゥーン、ロゼッタの彫刻を施すなど、長野の古典建築の深い造詣と語彙の豊富さを物語る

奈良へ赴任

明治二十六年［1893］工科大学卒業後、横浜税関嘱託となり、妻木頼黄設計の横浜税関監視部庁舎の実施設計、現場監理を担当。完成までの一年間、妻木の傍らにあってその緻密で周到な現場監理を学んだ経験は後に役立つ。翌年八月、妻木の周旋で奈良県嘱託となり赴任した。奈良での仕事は奈良県庁舎及県会議事堂［1895］の設計。新庁舎は古建築の淵叢《えんそう》で風致の美しい奈良には似而非西洋建築でなく和風を折衷した洋館たるべし、と県議会で議決された条件附で予算は甚だ少額、前例のない設計に挑んだ。軸組や外壁は洋風だが、屋根に日本建築特有の妻破風を用いて和風を強調したファサードにまとめた。長野宇平治はこのトラジショナル・スタイルが現今の地方の公共建築に適用できる可能性に触れているが、早速、東京の日本勧業銀行本店[7]に影響を与えた。同条件下の奈良県物産陳列所[8]、奈良ホテル[9]は言うまでもない。次の奈良県師範学校［1896］は県庁舎ほど和風の主張はないが、出隅入隅の多い平面に対応して屋根の棟を入り組ませ幾つもの妻壁と塔屋でファサードを構成するピクチャレスクな外観（武田五一によれば「日本建築の趣味を取り入れた木造ルネサンス式」）にまとめている。奈良県を辞める前後に設計した関西鉄道愛知停車場［1898］はさらに進化する。当時、関西鉄道社長・白石直治は名古屋大阪間の捷路完成にあたり、官営鉄道に負けない立派で魅力的な駅舎を求め、第一高等中学校本科同級の同社土木技師・那波光雄の紹介で長野に設計を依頼。これに応えて急傾斜の屋根が印象的な瀟洒な駅舎を設計した。長野の作風を語る際、後年の古典主義様式の銀行建築と並んで外せないのが、これらの和洋を自在に処理した浪漫趣味あふれるピクチャレスクな外観意匠である。短い奈良滞在の間に、思いもかけない創作の場を与えられたのである。もう一つ、奈良では重要な邂逅があった。後に日本銀行大阪支店［1903］から大倉精神文化研究所（現・横浜市大倉山記念館）［1932］まで長野作品の装飾彫刻を手がける水谷鉄也との出会いである。

明治三十年［1897］に古社寺保存法が制定されるのに先立ち、奈良県下の古社寺修理が始まり、その調査と修理の設計監督の内命を受ける。しかし、西洋建築の設計を志望する長野は、後任に同郷高田出身で帝大後輩の関野貞が決まり、明治二十九年帰京した。

［7］日本勧業銀行本店［1899］妻木頼黄・武田五一
武田は追悼文「長野宇平治博士を偲びて」（『建築雑誌』1938.3）で、長野の設計に大いに刺激されたと述べている

［8］奈良県物産陳列所（現・奈良国立博物館仏教美術資料研究センター）［1902］関野貞［重要文化財］

［9］奈良ホテル［1909］辰野金吾

奈良県庁舎［1895］：小屋組、軸組も洋風木造架構だが、屋根の葺き方と妻破風などに伝統的な手法を用いて日本風の印象を強調。外開き窓、付柱、付長押などを付した洋風の下見板張り外壁に不思議と調和した和風で全体をまとめている［出典：『日本の建築［明治大正昭和］3 国家のデザイン』藤森照信著、三省堂／1979］

日本銀行へ

辰野金吾は横浜正金銀行本店を設計する心算で長野宇平治を帰京させたのだが、設計は妻木頼黄に決まり、しばらく無職となるが、明治三十年［1897］十一月、辰野の推挙で日本銀行技師となる。明治三十三年［1900］十一月、日銀大阪支店の建築中に辞職する葛西萬司を継いで技師長となり下阪。同支店完成後の明治三十六年［1903］本店に戻り、日銀京都支店と名古屋支店［いずれも1906］の設計にあたる。両者はほぼ同様の意匠で、赤煉瓦の壁体に白い石材のバンドコースを配した辰野式、辰野葛西事務所による東京海上保険会社、第一銀行京都支店と共に最初期の辰野式である。辰野は明治三十二年［1899］一月、建築工事監督から同顧問に退いており、長野が全面的に辰野に従い製図をしたとは考え難い。辰野の発想に戸惑いながらも尊重し長野なりの工夫を加えて手堅くまとめたのであろう。京都支店、名古屋支店の、にぎやかながらも抑制され端正な印象を与える外観は後の辰野式には見られない。東京駅を始め辰野式の建築を全国に数多く展開させたのは辰野葛西事務所と辰野片岡事務所であ

上―日本銀行岡山支店（現・ルネスホール）［1922］［国登録有形文化財］正面外観：長野によれば羅馬（ローマ）クラシック式。正面中央の玄関は2層の高さの華麗なコリント式の列柱を前面に突出させて設け、装飾を抑えた本体壁面から際立たせている。円柱は備中産北木島花崗石。道路のかさ上げで足元のベースが1尺ほど沈み、当初の完璧なオーダーの比例が変わり安定感が少々失われているのが惜しまれる

関西鉄道愛知停車場［1898］：比類ない急傾斜のスレート葺屋根を架け、時計台、装飾的な屋根窓を配したピクチャレスクな外観意匠。ここでもファサードの上半分以上を占める屋根の意匠が外観のポイントとなっている。ちなみに長野は、『建築雑誌』（1899.3）に「屋根の形」を寄稿している［出典：『日本の建築［明治大正昭和］3 国家のデザイン』］

り、長野は辰野式の誕生に関与した一人だが、これ以降、辰野式を採用していない。

　辰野は明治三十六年［1903］辰野葛西事務所を東京に、明治三十八年辰野片岡事務所を大阪に開設している。以前、辰野は無職となった長野の就職先を探すも、話のあった口を即斡旋するのではなく、長野の力量に鑑み将来を見据え慎重であった。その頃、日銀技師長の葛西萬司や同技師の片岡安と事務所を開設する心算があったのか定かではないが、長野の洗練された意匠力と技量、日銀での働きを見て日銀における自分の後継者として期待したと思われる。そして、葛西と片岡には長野とは異なる才能と才覚を見い出し、共に設計事務所を設立したのであろう。

長野建築事務所

　一連の支店建設が完了し、明治四十五年［1912］七月、日銀解職。翌年二月、長野建築事務所を開設する。所員の大半は長野宇平治と一緒に解職となった日銀技師の部下たちで、日銀の外郭営繕組織としての役割も継続した。十五年に及ぶ日銀での実績はもちろんのこと、民間銀行役員に転出した日銀人脈の関係で銀行建築の依頼が過半を占めた。銀行建築家と称される所以である。また、卓越した古典主義様式の作品を手がけ古典主義者とも称された。

　長野が傾注したのは古典主義様式のファサードだけではない。平面計画や内部意匠にもこだわりがあった。銀行建築の理想は一軒一室で、一室の中に営業事務室と公衆溜所（客溜）を設けるべしとし、客溜は寛潤で一種の応接室と見なすべしと述べている。[10] また、インテリアデザイナー（装飾士《デコレーター》）の職能についても述べている。[11] 大正末期から、分離派など新しいデザインを志す若手建築家が台頭する中、近頃の建築には、月並みな外観でなくユニークで目立つことを求めて外部意匠に力を入れ、相応のプランニングや内部意匠が伴わないものが多いと憂えている。[12] デザインテクニックではなく、求められる建築の本質について、施主、ユーザーと理解を分かち合うことの重要性を説く実務家としての長野の一面を見ることができる。

長野の古典主義様式を支えたもの

「詠む書に心はひたり座を立ちて スヰッチ入るる間も猶惜しき」佐々木信綱が指導する歌会にほぼ皆勤

六十八銀行奈良支店（現・南都銀行本店）［1926］［国登録有形文化財］
長野によれば希臘（ギリシャ）式。この彫刻も水谷鉄也による［出典：『明治建築をつくった人々―その二』博物館明治村編、名古屋鉄道／1986］

次頁―大倉精神文化研究所（現・横浜市大倉山記念館）［1932］［横浜市指定有形文化財］
エントランスホール、大階段：正面入り口を入ると大階段が迫り、その上から注ぐ金色の光に圧倒され、一瞬にして異空間に入ったことを感じさせる。正面階段先の殿堂入り口上部の三角は、ミケーネ特有のもの
正面外観：中央正面は3層からなる。下層の裾細りの柱はミケーネ式、柱上のフリーズにはクレタ起原の連続螺旋文様、ペディメントの正倉院御物を模した八咫鏡（やたのかがみ）と鳳凰の彫刻は水谷鉄也による。上層の列柱はミケーネ以前のクノッソスを思わせる。両翼の裾細りの付柱、窓上下の三角の装飾もミケーネ式。晩年に詠んだ「アテネより伊勢にと至る道にして神々に出あひ我名なのりぬ」には、創設者・大倉邦彦の理念と長野のこの建築に対する思いが込められている
▼口絵p.083

だった長野宇平治が詠んだ歌である。娘の記憶では、夜は十二時頃まで、朝は女中より早く起き書斎に入るのを日課とした。長野の書斎を訪れた信綱は、蒐集した貴重な蔵書に驚き、単なる建築家の枠を超え、歌のごとく研究熱心な優れた学者であることを実感したという。長野の古典主義建築の卓越したデザインは、その深い研究に裏付けられていたのである。「我国将来の建築様式を如何にすべきや[13]」で長野は、欧羅巴の今日の建築は段々世界共通になって顕著なナショナリティは失われつつあり、日本も世界と同一の軌道を進むと述べている。世界共通の道を進むには、欧米の建築家と同等の学識を持つべきとの信念が古典建築研究に傾注させたのであろう。

長野作品の装飾彫刻の多くは彫刻家・水谷鉄也の作である。長野が奈良に赴任した頃、コーネル大学土木科出身の奈良県技師・杉文三宅にいた水谷は、郡山中学へ通う傍ら彫刻界の大家・森川杜園《とえん》に師事し木彫と絵画を学んでいた。長野は時々森川の工房を訪れ水谷とも知り合った。その後水谷は東京美術学校を卒業し大阪博覧会の仕事をした際、日銀大阪支店の長野と再会、同支店の装飾彫刻を手がけ、爾来長野作品を彩る主要な彫刻は水谷が制作することとなった。工部美術学校の頃は、ヴィンチェンツォ・ラグーザが建築装飾を教えていたが、水谷が美校にいた頃は建築装飾を教[14]えられなかったので、長野の指導を受けて制作した。東京美術学校の教師となった水谷は建築装飾の必要を

感じ、教えるようになったという。長野からは、装飾を取り付けるごく些細なところまでも千年も二千年も永久に残るのであるからどこまでも念入りに丁寧にやらなければならぬと始終教えられた。長野はいつも、「人生は短かけれど芸術は永へなり」という真意を心として設計に努めていたと述べている。[15] 長野作品を特徴付ける質の高い装飾彫刻は水谷によって支えられていたといえよう。

再び日本銀行へ

昭和二年〔1927〕、日本銀行本店増築が決定した。明治の本館新築以来の大プロジェクトである。長野宇平治は、技師・技手九〇名を擁する日銀臨時建築部の技師長に就き、陣頭指揮を執ることとなる。井上準之助総裁から「絶対に壊れない建物」を厳命され、最新のオフィスビル仕様にすると思いきや、辰野金吾の本館を踏襲し調和させることにこだわった。このこだわりは前年に完了した震災復旧工事にさかのぼる。本館復旧を任された長野は、曾禰達蔵、中村達太郎、横河民輔、葛西萬司、塚本靖を招集し審議を重ねて修復計画の方針を定め、外観を始めオリジナルをできる限り保持し、被災で判明した不備な部分を改良することとした。また、復旧工事中に本館を実測調査して、震災で焼失した図面を復刻し『日本銀行建築譜』を刊行した。[16] 長野は日本銀行本店増築第一号館の解説[17]で、まず、本館を日本人による最初の西洋建築と位置付け[18]、辰野に設計が任された経緯、辰野が欧米出張して銀行建築の調査をした経過を詳述し、自身の増築設計に関する所感は一切述べていない。それは文化財修理における建物の史的評価のような叙述である。日本銀行本店増築一・二・三号館〔1932、1935、1938〕の構造、設備は最新だが、立面には辰野の本館正面や側面の写しを用いている。しかし、決して単なるコピーではない。新設と写しが絶妙に調和した新たな外観は本歌を凌駕するほどで、長野にしかできないものである。近年の表面的な歴史的復元とは全く異なる。辰野へのオマージュが長野の遺作となったことは、極めて意味深い。昭和十二年〔1937〕十二月十四日、日銀本店増築三号館の竣工を俟たず、長野は逝った。小島憲之に感化され、辰野らに続いて日本の近代建築を支えた悔いなき人生であった。

「四十年を同じ生業《なりわい》守り来つ 顧みすれば悔はあらざり」（晩年の自詠）。

［10］　長野宇平治「銀行建築と公衆溜所」『建築世界』1916.4 広い営業室と客溜は長野の特色。客溜は客を遇する空間たるべしという見識ある銀行家の意見によるとある

［11］　長野宇平治「装飾士の獨立を望む」『建築世界』1921.11 装飾士を装飾屋、装飾商人と区別し、建築士と同等の知識を持つ装飾士の出現が望まれる。さすれば、建築士は建物全体に目配せし本来の建築設計に専心できる、としている

［12］　長野宇平治「東京朝日新聞社社屋を見て」『建築世界』1927.6 石本喜久治による表現主義風の作品について、建物用途に対する熟慮が不足し、外観に対して間取りや内部の建築意匠の不備を批判している

［13］　長野宇平治「我国将来の建築様式を如何にすべきや」『建築雑誌』1910.8

［14］　水谷鉄也は彫刻科で、建築における装飾彫刻をいう。実際に制作する過程で、古典主義様式の装飾について詳細に教えられたのであろう

［15］　水谷鉄也「長野先生の霊に捧ぐ」『建築雑誌』1938.3、「長野宇平治君追憶の座談会」『建築士』1938.4

［16］　『辰野紀念日本銀行建築譜』辰野紀念事業第二部編、墨彩堂／1928 この時の実測調査が、本館改修と増築の設計に大いに役立つことになる

［17］　長野宇平治「日本銀行第一期増築成る」『建築雑誌』1932.6

［18］　別稿で、日本銀行本店は辰野の華であり、このひとつで他の辰野作品のすべてに匹敵すると述べている

櫻井小太郎

Kotaro Sakurai

英国で学んだ建築家・櫻井小太郎の軌跡

河東義之
Yoshiyuki Kawahigashi

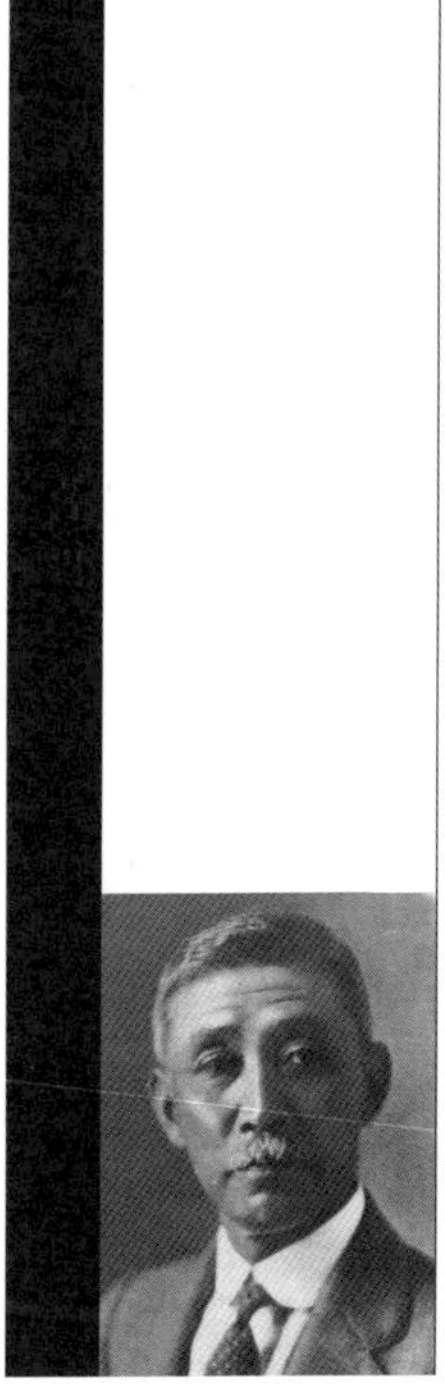

右―［出典：『櫻井小太郎作品集』中村勝哉編、櫻井小太郎作品集刊行会／1930］

▼個別年譜 p.368

はじめに

明治期において、わが国建築界の発展に尽くした建築家として名前が挙げられるのは、ジョサイア・コンドル先生を別格とすれば、彼の教えを受けた辰野金吾や片山東熊、曾禰達蔵などに始まる工部大学校造家学科の卒業生と、その後身である帝国大学工科大学造家学科（後に建築学科）の卒業生にほぼ限られていた。明治末年まで建築学科のある大学は帝国大学（東京帝国大学）だけであったのだから当然のことではあった。その中で、海外に渡って建築学を修めた建築家が数人知られている。フランスで学んだ山口半六（国立パリ中央工芸学校卒業）、アメリカで学んだ小島憲之（コーネル大学卒業）と妻木頼黄（同）、ドイツで学んだ松ヶ崎萬長（ベルリン工科大学中退）、そしてイギリスで学んだ櫻井小太郎である。

生い立ち

櫻井小太郎は、明治三年［1870］に東京神田今川町で櫻井能監《よしかた》の長男として生まれた。櫻井家は代々加賀

藩の刀研師を務めた家柄であったが、祖父の能充《よしみつ》（梅室）は「天保の三大俳家」の一人と謳われた俳人であった。また父の能監は維新後官界に入り、内務大書記官、宮内大書記官、内大臣秘書官などを歴任した官僚であったが、一方では錦洞《きんとう》と号し、書家および漢詩人としても知られた人物であった。小太郎少年も森槐南に漢詩を学び、その才能には定評があったと言われている。

櫻井が東京府尋常中学校を経て第一高等中学校に入学したのは明治十八年［1885］である。当初は父や祖父の影響もあって文学の道を志していたが、次第に世の中の役に立つ実学を模索するようになったという。絵が達者だったこともあり、文学的な才能も活かせる工学分野として彼が選んだのが建築学であった。熟慮の末に英国に渡って建築学を学ぶことを決意し、明治二十年［1887］、第一高等中学校を予科二年で退学している。

その後、櫻井は父の親友であった帝国大学総長の渡邊洪基の紹介状を持って工科大学教授の辰野金吾を訪ね、その意思を伝えたとされる。辰野は、まず建築の素養を会得する必要性を説き、ジョサイア・コンドルの下で指導を受けることと、工科大学造家学科の聴講生になる便宜を図っている。[1]

英国で学ぶ

明治二十一年［1888］、櫻井小太郎は日本銀行本店建設の調査のために渡欧する辰野金吾に同行して日本を出発し、米国を経てロンドンに到着した。翌年九月にはロンドン大学のユニバーシティ・カレッジ（UCL）の建築学・築造学部に入学し、美術的建築学科と学術的建築学科の二学科に在籍した。同校の教育内容に関

［1］櫻井の生い立ちや経歴に関しては、『櫻井小太郎作品集』所収の「櫻井小太郎傳」（中村勝哉）が最も詳しい。しかもこの小伝は櫻井が存命中のものであることから、おそらく内容は櫻井から直接話を聞き、さらに彼の校閲を受けていると思われ、死去後の伝記に比べると信憑性も高い

呉鎮守府司令長官官舎（現・入船山記念館）［1905］［重要文化財］

上―洋館客室：洋館では最も重要な部屋であるが、壁面の金唐革紙を除けば、むしろ控え目である。軍人の邸宅であることを考慮したとも考えられるが、それが櫻井の好みでもあったのだろう。なお、金唐革紙を含めて1995年に内外部の復原改修工事が行われている

右―同正面全景：中央部に寄棟造の屋根を葺き下ろしてポーチを設け、両側に切妻造の客室と応接室を張り出す。妻壁はどちらも英国風のハーフティンバーで飾るが、大きさも意匠も意識的に左右非対称として変化を求めている。洋館の背後には、長官や家族が日常生活を営むための伝統的な和館が接続している。会議や接客用の洋館と居住用の和館とを併設するのは、当時の政府高官官舎では一般的であった

しては、在学中の櫻井から『建築雑誌』に「倫敦大學校校則抄譯」と題する報告が寄稿されている。[2] 卒業したのは明治二十三年〔1890〕七月で、卒業試験の結果、美術的建築学科が第一等でドナルドソン銀牌を獲得し、学術的建築学科は第二等で書籍を授与された。また在学中から二年間、ロンドン大学教授で建築家でもあったトーマス・ロジャー・スミスの建築事務所に実習生として入所している。辰野の斡旋と伝えられているが、スミスの事務所で働きロンドン大学で建築学を学んだジョサイア・コンドルと同じ道を歩むことになった。櫻井は当時を振り返り、「ロジヤ、スミス氏は溫厚親切な典型的の英國紳士で、私が二年間其許に働いて得ましたところは、實際の智識よりも寧ろ日夜の接觸に依つて受けた自然の薫陶であつなやうに考へられます」と述べている。[1]

明治二十五年〔1892〕六月には英国王立建築家協会の会員資格試験に合格し、準会員（ARIBA）の資格を獲得した。わが国ではコンドルが明治十七年〔1884〕に正会員（FRIBA）に昇格してはいたが、日本人建築家としては櫻井が初の英国公認建築家となった。その後、ヨーロッパ各地を回って明治二十六年〔1893〕十一月に帰国している。

コンドル事務所から海軍技師へ

帰国後、櫻井小太郎は再びジョサイア・コンドルの下で働くことになった。コンドルはすでに明治二十一年〔1888〕に設計事務所を開設しており、当時は幾つもの大建築を手掛けていた。櫻井が担当したのは本格的なネオ・ルネサンス様式のドイツ公使館であった。櫻井はコンドルの指導の下で設計図の作成や現場監督を努めたとされるが、彼にとっては建築家として初めての貴重な経験であったに違いない。

明治二十九年〔1896〕十月、櫻井は海軍技師に採用され、呉鎮守府に赴任した。当時各鎮守府には、本省から独立して監督部（後に経理部）建築科が設けられていたが、呉鎮守府の建築技師は建築科長の渡辺譲（工部大学校二期生）と櫻井の二人だけで、その他はすべて技手であった。そのため多くの施設が着任したばかりの櫻井の担当になったという。明治三十四年〔1901〕四月には英米に出張して鎮守府の工場用鋼材の検査や購入にあたっており、米国の鉄骨造技術の導入に指導的な役割を果たしたとされる。[3] その後、明治三十六年〔1903〕十一月に呉海軍経理部建築科長となり、明治

横須賀鎮守府司令長官官舎（現・海上自衛隊横須賀地方総監部）［1913］：中央に腰折れ屋根を架けて前面をチューダー様式のベランダとし、左右にハーフティンバーの妻壁と尖り屋根のベイウィンドウを配する。先行する呉鎮守府司令長官官舎［1905］に比べて一段と華やかであるが、非対称でピクチャレスク風の構成を受け継いでいる［出典：『新横須賀市史 別編 文化遺産』］

［2］ 櫻井小太郎「倫敦大學校校則抄譯」『建築雑誌』 1889.10
［3］ 『新横須賀市史 別編 文化遺産』［横須賀市編、横須賀市／2009］所収の「第1編 近代化遺産 付録 明治期における横須賀海軍建設組織と建築技術者」による

四十一年［1908］十月に横須賀海軍経理部建築科長に転じ、大正二年［1913］に海軍技師を退官した。なお、櫻井は海軍での業績に対して、同年九月に正五位勲四等を授与され、大正四年［1915］二月には工学博士に推挙されている。

海軍時代に櫻井が手掛けた建築に関しては、「海軍が擴張に擴張を重ねた際とて、直接の軍事上の建設物の外に、學校、病院、廳舍、工場等君の（櫻井の）手

上｜**静嘉堂文庫**［1924］
1階広間：正面玄関に続く1階広間は、壁面を板張りとした落ち着いた空間である。東側中央付近にタイル張りの暖炉が設けられ、上部には三菱2代目社主岩崎彌之助の号である「静嘉堂」の額が掲げられている（内部非公開）
正面全景：外壁はRC造スクラッチタイル張りで、正面にアーチを設け、左右に大きな妻壁とベイウィンドウおよび煙突を配する。その構成は櫻井が英国留学中に描いた田園住宅に原点が求められるが、素朴さと近代性を併せ持つ櫻井の自信作である
▼口絵p.084

に成つた建築は多種類に渉つて其量も極めて多い」[1]とされるが、軍港内の建設物であったことからその大半が不明である。櫻井が直接設計したことが知られるのは数件に限られるが、そのうち呉鎮守府司令長官官舎（現・入船山記念館）〔1905〕と横須賀鎮守府司令長官官舎（現・海上自衛隊横須賀地方総監部）〔1913〕は櫻井ならではの作品で、いずれも英国の郊外住宅を思わせる瀟洒な邸宅建築である。

三菱の建築家として

大正二年〔1913〕三月、櫻井小太郎は海軍の先輩でもあった曾禰達蔵の推薦を得て三菱合資会社地所部の建築顧問となり、翌三年二月、正式に同本社技師に就任した。当時の地所部に在籍した建築家のうち、技師は櫻井一人であった。大正七年〔1918〕八月には新たに設けられた技師長に就任している。

櫻井が地所部で最初に手掛けたのは帝国鉄道協会と台湾銀行東京支店〔いずれも1916〕、そして三菱仮本社（二十二号館）〔1918〕である。このうち台湾銀行東京支店は外壁に赤煉瓦を張った華麗な建築であったが、平坦な壁面と垂直線を強調した内外部の意匠は明らかに明治の赤煉瓦建築とは異なっていた。三菱仮本社もまた、中央付近に塔屋を設けながらあえて左右対称を崩し、外壁から古典的な装飾を払拭した当時としては斬新な大正建築であった。入社早々に担当となった石原信之によると、当初はチューダー風の外観であったが、櫻井からもっと近代的にせよと命じられたという[4]。自らのスタイルにこだわらず、若い建築家に新しいデザインを求めた櫻井の配慮がうかがえる。翌年竣工したゼツェッシオン風の三菱仲十五号館〔1919〕も事情は同じであったのかもしれない。

大正期に櫻井を筆頭とする地所部が総力を挙げて取り組んだのは、三菱銀行本店〔1922〕と丸ノ内ビルヂング〔1923〕の建設であった。三菱銀行本店は鉄骨鉄筋コンクリート造四階建ての大建築で、正面にイオニア式の古典式列柱を設けて外部を石積みとし、内部に吹抜けの大空間を持つ丸の内初の本格的な銀行建築で、昭和初期に次々と建設された古典的な銀行建築の先駆けとなるものであった。同様の銀行建築は、すでに長野宇平治設計の三井銀行神戸支店でも実施されていたが、三菱銀行本店では、極力装飾を排して古典建築の単純さや荘厳さを強調する姿勢が際立っており、むしろ新古典主義の影響を感じさせるものであった。

［4］石原信之・桜井広一・野生司義章「人物風土記 第20回 日本で最初のARIBA受賞者 櫻井小太郎先生」『建築士』1960.12

三菱仮本社（22号館）〔1918〕：三菱本社の旧館で、完成直後に新館の増築工事〔1921〕が開始されている。外壁を石張りおよび白色煉瓦張りとし、装飾を排除した簡素で軽快な建築であるが、左右非対称にこだわったのは櫻井の意図であろうか〔出典：『丸の内百年のあゆみ 三菱地所社史 上巻』三菱地所社史編纂室編、三菱地所／1993〕

一方、丸ノ内ビルヂングでは徹底した合理性が求められ、米国式の高層オフィスビルが導入された。大正八年［1919］に入って地質調査が実施され、櫻井を中心に設計が行われた。翌九年一月、櫻井は石原と川元良一を伴って米国に渡り、フラー社と設計の打ち合わせや工事方法の検討、地所部との合弁会社（東洋フラー社）の設立準備などを行っている。着工は大正九年七月、わずか二年七ヵ月という当時としては驚異的な短期間で竣工した。機械を駆使した米国式の近代的施工方法は、わが国の建設技術の発展に大きな役割を果たしたとされる。

大正十二年［1923］四月、櫻井は地所部を依願退社し、石原を始めとする一〇名程度を引き連れて櫻井小太郎建築事務所を設立した。丸ノ内ビルヂング竣工に伴なう技術系職員の整理にあたって自ら率先して退社したものとされるが、その際、櫻井の設計ですでに工事中であった東洋文庫［1924］と、計画あるいは設計中の三菱銀行京都支店［1925］および静嘉堂文庫［1924］が櫻井小太郎建築事務所に受け継がれた。その後も櫻井は銀行や住宅を中心に多くの建築を手掛けたが、昭和十年［1935］竣工の横浜正金銀行神戸支店（現・神戸市立博物館）を最後に現役を引退している。

横浜正金銀行神戸支店（現・神戸市立博物館）［1935］［国登録有形文化財］
上―大ホール：旧営業室は博物館の大ホールとして改修し、2階には周囲にギャラリーが新設されて窓も展示用パネルでふさがれている。しかし、古典的な装飾を施したメタルシーリングの格子天井やイタリア産大理石の床と列柱はそのまま保存され、吹抜けの大空間と共に当初の面影をとどめている
右―正面全景：三菱銀行本店［1922］の構成を受け継ぐもので、単純な構成によって正面の古典式列柱と花崗石積みの壁面を強調している。1982年に増改築が行われ、神戸市立博物館に転用されたが、外観は当初の姿である

建築家・櫻井小太郎

櫻井小太郎は、明治期に海外で学んだ数少ない建築家であり、日本人としては初の英国公認建築家として知られている。しかし前半期を海軍鎮守府で過ごし、主として軍事施設の営繕に携わったこともあって、同じ海外組でも山口半六や妻木頼黄のように記念碑的な明治建築を残したわけではなく、その業績は公的な評価（勲位や学位）にとどまっている。櫻井の本格的な活躍はむしろ三菱合資会社に入社してからで、地所部を率いて明治期には見られなかった新しい大正建築を丸の内オフィス街に次々と生み出していった。その業績は建築家としてだけでなく、組織の長としての管理能力や経営面にまで及んでいる。もちろん、この時期の代表作が三菱銀行本店と丸ノ内ビルヂングであることに異論はない。

その一方で、建築家・櫻井小太郎を特徴付ける一連の作品が存在する。海軍時代の呉鎮守府司令長官官舎に始まり、横須賀鎮守府司令長官官舎、荘清次郎別邸（現・古我邸）[1916]、東洋文庫、静嘉堂文庫などに至る比較的小規模な建築である。いずれも大屋根の左右に妻壁やベイウィンドウを非対称に配したピクチャレスク風の建築である。邸宅ではハーフティンバーやチューダー様式を採用し、文庫ではより簡素で近代的な表現を試みている。櫻井は、海軍でも三菱でも、むしろ米国とのかかわりが強かったが、これらの作品は見事に一貫して英国風であり、丸の内の本格的な建築とは明らかに異なっている。

櫻井を最も良く知る石原信之によれば、櫻井は当初から「スマートなジェントルマン」であったが、言い出したらきかない頑固な性格も持ち合わせていたという。[4] 文学（漢詩）や芸能（能、謡曲、鼓）を趣味としたこともよく知られている。このような櫻井の人物像は、彼が教えを受けたトーマス・ロジャー・スミスやジョサイア・コンドルに重なる点が多い。櫻井は、終生、英国で学んだことと、二人の英国人ジェントルマンを師としたことにこだわりを持ち続けたのではないだろうか。

晩年になって世田谷区用賀に引っ越した櫻井は、弁当を持って静嘉堂文庫に通い漢籍を読むのが日課であったという。その静嘉堂文庫こそ、櫻井が設計し自ら図面を引いた自信作でもあった。

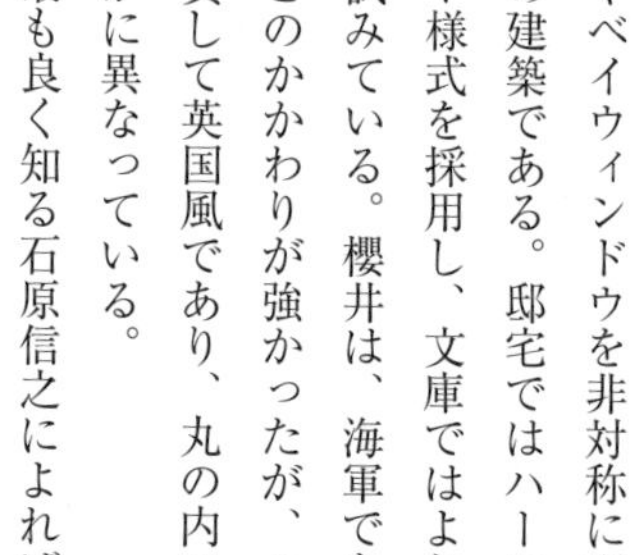

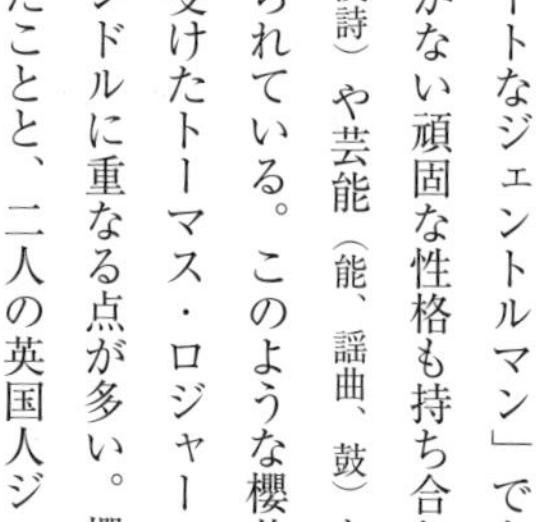

右―三菱銀行本店[1922]：正面のイオニア式列柱と営業室の大空間が人々を圧倒した
左―丸ノ内ビルヂング[1923]：鉄骨帳壁造8階建てのアメリカ式オフィスビル。1階は人造石、2階以上は煉瓦タイル張り。しかし関東大震災後の復旧工事で帳壁がRC造に改修され、外壁はモルタル吹付けに変わった
[出典2点とも：『明治大正建築写真聚覧』建築学会・明治建築資料に関する委員会編、建築学会／1936]

鈴木禎次

Teiji Suzuki

名古屋をつくった建築家

瀬口哲夫｜Tetsuo Seguchi

右ー［出典：『鈴木禎次及び同時代の建築家たち』瀬口哲夫・20世紀の建築文化遺産展実行委員会編著、20世紀の建築文化遺産展実行委員会／2001］

▼個別年譜 p.366

大学と横河民輔の元で耐震建築を学んだ建築家

明治維新に伴い徳川宗家の静岡移封が行われ、徳川慶喜（第十五代将軍）などの駿府下りに随行した人数は約六五〇〇人といわれる。約七〇〇万石から七〇万石に減封された徳川宗家に多くの家臣を養う力はなく、明治政府への仕官や帰農など、自立の道を模索させざるを得なかった。このような状況下で、旧幕臣・鈴木利亭《りとう》[1]は明治政府に出仕することとなり、静岡から東京に戻った。利亭の長男として静岡で生まれた鈴木禎次は、こうして東京で育ち、旧制第一高等中学校（後の第一高等学校）で学ぶことになった。この時期、禎次は江戸文学にひかれ、尾崎紅葉などが創設した硯友社の同人となり、文学に傾倒したと伝えられている。[2]

その後、建築を志し、明治二十六年［1893］、帝国大学工科大学造家学科（現・東京大学工学部建築学科）に入学する。日本の建築教育の父といわれるジョサイア・コンドルはすでに退官していたが、ゴシック風レンガ造の校舎があるキャンパスで、主任教授の辰野金吾（意匠、設計）や中村達太郎（一般構造）から本格的な建

［1］利亭は、明治政府に奉職し、最後は、大蔵省監査局長を務めたという。退官後は、帝国商業銀行専務に就任。建築家となった禎次は、帝国商業銀行本店［1916］を設計しているが、こうした縁であろう

［2］『日本の建築［明治大正昭和］8 様式美の挽歌』伊藤三千雄・前野嶤著、三省堂／1982

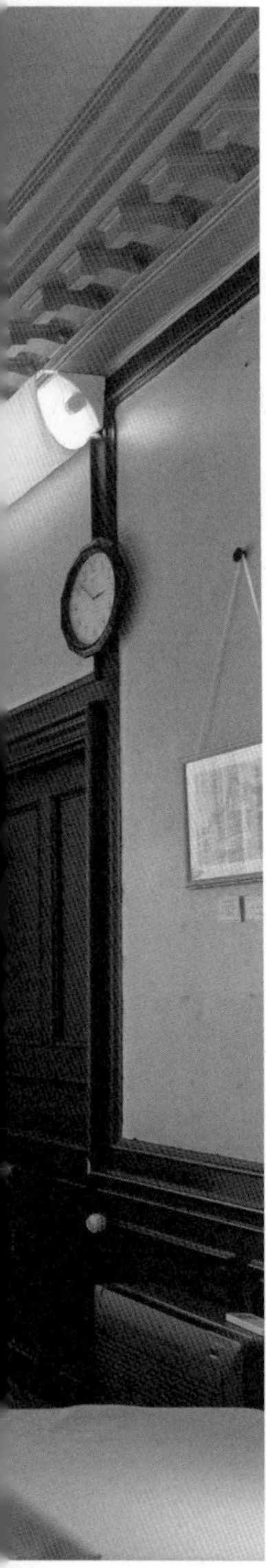

築教育を受ける。明治二十九年［1896］、四名の同級生[3]とともに卒業した。

明治二十四年［1891］の濃尾地震の際、レンガ造の建物が大被害を受けたこともあり、西洋建築の技術をそのまま適用するだけでは不十分ということが認識され始めていた。そこで明治二十年代には、レンガ壁体の鉄材による補強技術や防火床構造が展開され[4]、日本でも耐震建築についての関心が高まっていた。こうした建築の変わり目に遭遇したことから、禎次は大学院に残り、辰野の勧めもあって耐震建築の研究を行うことになった。

一方、鉄骨構造による三井総本店の設計にとりかかっていた横河民輔は、大学院で耐震建築の研究をしている禎次に目をつけ、自分の元で三井総本店の設計に参加するように誘った。この建物は、屋根と床の垂直荷重をレンガ壁の中に埋め込んだ鉄骨で支える仕組みで、建築家の設計した鉄骨構造の大建築として、明治三十五年［1902］に竣工した[5]。

明治三十六年［1903］、横河民輔は帝国大学工科大学造家学科の講師として、日本の大学で最初の鉄骨構造の講義を行った。こうして、横河の元での三井の仕事を通して、禎次は耐震構造と大規模建築物の設計実務を確実なものとしていった。

建築を志した義兄・夏目漱石と、文学を志した鈴木禎次

鈴木禎次は、三井就職後、旧福山藩士の中根重一の次女・時子と結婚するが、時子の姉・鏡子は文豪・夏目漱石に嫁しており、禎次は漱石の義弟になった。若い頃の漱石は建築家を志したといわれ、鏡子も、「最初は建築をやる積もりでいたことは、確かに当人の口から聴いたことがあります[6]」と言っている。若い頃、建築家を志した漱石と小説家を志した禎次とが、義兄弟になったのも偶然とはいえ、相互に良い影響を与えたに違いない。禎次の実家は本郷西片町にあった

［3］同級生の堀池好之助と橋本平蔵は海軍、池田賢太郎は陸軍、福岡常治郎は警視庁へと官庁に奉職している。この時期の工科大学造家学科の卒業生は、1879年の第1回卒業の辰野金吾を含めた4名以来、第15回卒業生（1895年）まで、わずか46名しかいない。卒業が1名の時もあり、1学年平均3人という少人数教育であった

［4］『近代日本建築学発達史』日本建築学会編、丸善／1972

［5］禎次は三井総本店に引き続き、三井大阪支店［1901］や北浜銀行本店［1904］などの建築を手がけている

［6］『漱石の思ひ出』夏目鏡子口述、松岡譲筆録、岩波書店／1929

旧中埜家住宅［1911］［重要文化財］
上—客室：第10代中埜半六がイギリス留学中に見た木造住宅の美しさにひかれ、そのような住宅をつくりたいと禎次に設計を依頼したとされる邸宅で、1911年5月上棟の棟札がある。客室内は、白大理石の暖炉、2本の角柱とその上に載るエンタブラチュアからなる窓周り、天井コーニス、天井の大きな丸い花飾り、中心飾りと格調高く出来上がっており、半六も満足したに違いない
右—南側全景：南庭に面して、出窓とベランダがある。鱗形や角形の天然スレートで葺いた急勾配の屋根を持つ。白い壁面の外側に、柱、梁、斜材を現したハーフティンバー様式。軽快なリズム感のある住宅である

が、漱石一家も明治三十九年［1906］から翌年にかけて西片町に住んでおり、両者は親しく行き来していた。「西片町の家というのが鈴木のお父さんの居られる家とすぐ目と鼻の間なので、名古屋から上京して来ると、夜などよくぶらりと訪ねて来たものです。そうして机の上のノオトの細かい字を見て驚きながら訊ねるのです［6］」と鏡子が書いている。漱石の家を訪ねた時に、赴任先の名古屋駅前の情景を話したのであろうか、名古屋を訪れたことがない漱石が、小説『三四郎』で、主人公の三四郎が九州から上京の途次、名古屋で途中下車し、駅前の旅館に泊まる話があるが、そこに当時の名古屋駅前の描写がなされている。これは、義弟である禎次からの話によるといわれている［2］。漱石は明治三十三年［1900］九月、横浜港から英国留学に出発した。が、翌年、禎次夫婦は漱石に「雑誌『太陽』を送るから、絵葉書を二十円ばかり買って送ってほしい［6］」という主旨の手紙を出している。絵葉書を通して、英国の建築を知ろうとしたのであろう。

禎次は明治三十六年［1903］一月、漱石と入れ違いのかたちで横浜港より讃岐丸に乗船し、留学のために欧州へ旅立つ。そして、英国滞在に慣れてきた明治三十七年の夏、グラスゴーなどの諸都市を旅行している。さらに九月には、同じ留学生の下村観山［7］と共に、ケンブリッジ留学中の一高・工科大学の同窓生である中條精一郎［8］を訪ね、ケム川での舟遊を楽しみ歓談したと、一年先輩で工科大学造家学科助教授の塚本靖［9］に便りしている。明治三十八年［1905］二月頃にパリへ移動。パリからの便りで、禎次は、「美人がいれば、美なる観念も養われ、それゆえに建築が美しいと思うがどうか。しかし、フランスの建築は御化粧した美人の如しさね［10］」とやや批判的な主旨の意見を述べている。

日本の近代建築家の第一世代にあたる辰野金吾らと異なり、禎次の世代にとってヨーロッパは、単に建築の様式を無批判に学ぶ対象ではなく、客観的に観察する対象となっている。いずれにしろ、欧州留学は、禎次にとって、工科大学で学んだ西洋建築の知識を実地に確かめることができ、自分の能力に自信を持たせたに違いない。

成長する名古屋が求めた建築家

明治三十九年［1906］六月、鈴木禎次は三年半に及ぶ欧州留学から帰国し、前年に新設された名古屋高等工業学校（以下、名高工／現・名古屋工業大学）建築科教授、

［7］下村観山［1873–1930］
本名は晴三郎。東京美術学校（現・東京藝術大学）第1回卒業で、卒業後、同学校助教授。1903年–05年にかけて、文部省給費留学生として英国留学。日本美術院の創設に尽力した日本画家

［8］中條精一郎［1868–1936］
1898年、帝国大学工科大学造家学科を卒業。1903年–07年、英国留学。帰国後、曾禰達蔵と曾禰中條建築事務所を開設する。慶應義塾創立五十年記念図書館（現・慶應義塾図書館旧館）［1912］［重要文化財］や上杉伯爵邸（現・米沢市上杉記念館）［1925］［国登録有形文化財］などの作品がある

［9］塚本靖［1869–1937］
京都生まれ。1893年、帝国大学工科大学造家学科を卒業。1899年から母校の助教授として辰野金吾を支える。作品に、東京帝国大学工学部講堂、教室［1919］、京城停車場本屋［1925］などがある

［10］「会員異動動静／消息」『建築雑誌』1905.4

［11］「回顧座談会 第2回座談会」『建築雑誌（建築学会創立50周年記念号）』1936.10

建築科長として赴任した。この時、満三十六歳。当時、名古屋は駅前に木造三階建ての旅館が何棟も並び、繁華街の栄町（現・栄）まで路面電車が走る人口約三一万人の都市であったが、ロンドンやパリに留学を経験した禎次にとって満足できる街ではなかった。それだけに自分の力を発揮できる格好の地と映ったに違いない。設計の最初のチャンスは、明治四十三年［1910］の第一〇回関西府県連合共進会である。この時の経緯について、禎次は「丁度名古屋に居て、学校に居りましたが色々御相談を受けました。結局、博覧会の木造建築も急いでやると云うことは迚《とて》も出来ない相談ですから、丁度東京の中條精一郎君と云う人に頼んだら宜かろうと云うので、中條君が引受けました。そうしてあとに残るものだけを私がやると云うことになりました。併しそれは噴水塔と奏楽堂だけです[1]」と語っている。中條精一郎は、大学時代からの親友であるとともに、英国留学中、歓談した仲である。

明治四十三年の春、曾禰中條建築事務所設計の近世ルネサンス式のパビリオンが姿を現すのと同時に、名古屋の目抜き通りに禎次の設計した複数の建物が姿を現した。すなわち、栄町に名古屋で最初のデパートメントストア・いとう呉服店、大須では共進会のサブ会場に位置付けられた愛知県商品陳列館、本町通では桔梗屋呉服店などである。いずれも木造ながらルネサンス風意匠の白い大建築で、市民の目を驚かせた。まさに、名古屋の都市景観を一新させるものであった。

松坂屋本店［1925］：1924年、いとう呉服店は名古屋市南大津町で新店舗の工事を始め、翌年、地下2階、地上6階、延床面積約2万平方メートルの建物を完成させた。6階に宴会場、ホール、屋上に庭園、動物園、水族館、さらに9階に展望室（眺望閣）を設けた。2月の総会で新店舗の開店を機会に各店舗の名称を「株式会社松坂屋」に統一した。さらに1937年に増築をし、地下2階、地上7階、一部8階建て、延床面積約3万3千平方メートルの大規模百貨店となった［写真：松坂屋］

上｜岡崎銀行本店（現・岡崎信用金庫資料館）［1917］［国登録有形文化財］南西の交差点から見る：屋上のドーム、岡崎産の白御影石と赤レンガのコントラスト、開口部などに採用されている形態の多様さを上手にまとめている。1階中央部は、1階半分の2本の柱と櫛形のペディメントを採用しており、重厚さが演出されている。左右は、パラペット、ペディメントと開口部などに、種々の形態要素を用いているが、絶妙なバランスが保たれているところに、禎次の設計の冴えが見られる

共進会会場として使用された鶴舞《つるま》公園は、当初設計[12]から、敷地の一部を割譲するなどの変更があったため、改めて禎次に設計が依頼された。禎次案は、自らが設計した噴水塔と奏楽堂を結ぶ線を軸線とし、噴水塔を中心にほぼ円形の周回道路と放射道路を設け、軸線の南側を洋風庭園とし、北側を日本庭園（春景庭、夏景庭）とする公園[13]で、名古屋市内で最初の大規模な和洋折衷公園[14]となった。こうして、禎次の設計により、繁華街の新しい都市景観とともに、噴水塔と奏楽堂[15]のある、市民の憩いの場となる大公園がつくられた。欧州留学の成果が名古屋の地で花開いたのである。後年、禎次は子どもや孫を鶴舞公園に連れて行き、「どうだ、いいだろう」と言っていた[16]というから、それらは若き日の自慢の作品だったのであろう。禎次は、名古屋の成長と共に活躍の場を与えられ、建築家として成長していったのである。

百貨店建築の名手

鈴木禎次は、名古屋の経済界から信頼を得たが、その中でも、松坂屋創業者・伊藤次郎左衛門祐民《すけたみ》の信頼が最も厚かった。明治十一年［1878］生まれの祐民は、若いだけに進取の気性に富んでおり、江戸時代初期から続く、いとう呉服店を発展させ、名古屋で最初のデパートを開店した。禎次はその期待に応え、室内庭園、屋上庭園のあるデパートを登場させた。その後、東京、名古屋、大阪の店舗名称が異なるため、松坂屋に統一された。

松坂屋上野店の再建にあたって新しい構想を得るため、禎次は大正十四年［1925］十二月から五ヵ月間、アメリカの商業事情視察を行っている。西海岸のサンフランシスコを始めとし、シカゴ、デトロイト、ニューヨーク、フィラデルフィア、ボストンとアメリカの主要都市をまわり、各地の最新の商業施設やエレベータメーカーのオーチスの工場などを視察している。百貨店は常に新しいデザインや流行する機能を取り入れることが要求され、その性格から、最新設備を備えた大規模建築となる傾向がある。こうした時代の要請に応え、禎次は帰国後、東京、名古屋、大阪を始め、全国の松坂屋の建物を次々に鉄筋コンクリート造化する。これらの活躍は、「百貨店建築の名手」にふさわしいものであった。禎次の設計人生の大半は、松坂屋百貨店の設計に捧げられたといっても過言ではない。

[12]　鶴舞園内を5区に分け、天寿園（英字形の道路、浪越川）、地寿園（大運動場）、風寿園（丘山、泉水飛瀑、奏楽堂）、山寿園（浪越山、龍ケ池、望府台、日本式庭園）、水寿園（十字池、芝庭）をつくる和洋折衷式の庭園計画であった（『名古屋都市計画史・上巻』名古屋市建設局編、名古屋市建設局／1957）

[13]　『名古屋市史・地理編』名古屋市編、名古屋市／1916

[14]　名古屋では1879年、大須門前町に開設された浪越公園が最初の公園。1914年、名古屋市の公園として再スタートし、那古野山公園と改称された

鶴舞公園噴水塔［1910］［名古屋市指定文化財］：小高く土盛りしたところに高さ9メートルの噴水塔をつくり、円形の出っ張りを端に持った長方形の池を正面に配す。噴水塔は、8本のドリス式の大理石製丸柱のあるローマ様式の堂々としたもの

都市に風格をもたらした銀行建築

鈴木禎次の設計は、名古屋銀行、伊藤銀行、浜松銀行、中埜銀行の本支店など、銀行建築が多いことでも有名であるが、そのほとんどは地元経済人からの依頼による。禎次の銀行建築の多くは、ジャイアント・オーダーのある古典様式を基本としている。しかし、

名古屋銀行本店(旧三菱東京UFJ銀行貨幣資料館)[1926]:SRC造5階建てで、禎次の代表的作品のひとつ。正面に4層分のジャイアント・オーダーのイオニア式円柱が並ぶ

上|諸戸家住宅洋館[1918][重要文化財]
ベランダ:明治期、初代諸戸清六[1846-1906]が江戸時代の山田彦左衛門屋敷を購入して整備した邸宅。これを諸戸精太が引き継ぎ、大正期になって禎次に設計を依頼し、主屋に付属する洋室が増築された。タイル張りのベランダを介して、江戸時代に作庭された旧山田氏林泉につながる。ベランダは、エンタシスの円柱、吹寄せにされた手摺、欄間の等間隔の組子など、端正なデザインでまとめられている
室内:小さい洋室であるが、植物模様の天井布、歯飾りの付いたコーニスなど、密度の濃い設計となっている。珠玉のような部屋である
▼口絵p.086

単に古典様式をこなすというだけでなく、新しい建築技術の導入も積極的に行っている。例えば、大正二年［1913］の共同火災名古屋支店は、名古屋で最初の鉄筋コンクリート造建築[17]であり、大正四年［1915］の北浜銀行名古屋支店は地上七階、地下一階で、八層閣ともいわれ、名古屋で最初の高層建築で最上階に展望レストランがあった。[18]禎次が設計した銀行建築は、名古屋だけでなく、岡崎、一宮、半田などの名古屋市近郊の諸都市においてもつくられ、それぞれの都市に風格をもたらし、街角を飾った。

名古屋の経済人からの信頼は、彼らの住まいの設計にも及んだ。名古屋商工会議所会頭の上遠野《かどの》邸、半田の有力者の中埜家住宅［いずれも1911］、桑名の山林王の諸戸家住宅洋館、伊藤次郎左衛門祐民の別荘・揚輝荘伴華楼［1929］、名古屋瓦斯の重役の岡本邸［1931］などがある。

名古屋に巨大な足跡を残した

鈴木禎次は大正十年［1921］に名高工を退官するまで、建築の教育者としても若き建築家を数多く育てた。[19]その多くは、全国各地で建築家として活躍した。禎次の元で育った建築家としては、島武頼三と佐藤三郎、日本郵船などの船の内装で力量を発揮した中村順平[20]、三井物産門司支店などを設計した松田軍平、昭和初期の名古屋においてモダニズム建築の名手と言われた城戸武男、戦後、日建設計の社長となった伊藤鑛一などがいる。

禎次の設計した建築の数は八〇棟にも及び、その半数以上が名古屋を中心とする東海地方にある。なかでも名古屋には四四棟と集中しており、そのほとんどが、目抜き通りにあたる広小路通を中心に点在している。日本の大都市で、これほど一人の建築家に依存した都市は極めて珍しいといえる。名古屋にとっての建築家・鈴木禎次の存在は、成長する名古屋に欠かせない建築家であっただけでなく、まさに、「名古屋に育てられ、名古屋をつくった建築家」といえるであろう。

［15］　今に残る鶴舞公園の噴水塔（名古屋市指定有形文化財）と奏楽堂（1997年復元）は、名古屋市民の目を楽しませている。鶴舞公園全体は、国登録記念物。最近では上空から見た姿がポケモンGOの形と似ているため、ポケモンGOの聖地として、若者が集まっている

［16］　『名古屋をつくった建築家・鈴木禎次』瀬口哲夫、C&D出版／2004

［17］　共同火災名古屋支店は、1912年起工し、翌年に完成した3階建てで、ドームのある塔屋を持つ。ウェブ材などで骨組みを組み、その周りにコンクリートを流す工法が用いられ、名古屋で最初のRC造建築とされている（『東海の明治建築』日本建築学会東海支部編、名古屋鉄道／1968］など）

［18］　北浜銀行名古屋支店は、エレベータも備えていた

［19］　名高工退官後、キャンパス内に功績を記念し、記念碑が建立された。また、名古屋工業大学創立100周年を記念して、2009年、鈴木禎次賞も設けられた

［20］　中村順平［1887–1977］　1921年、名高工建築科を卒業。曾禰中條建築事務所に入所後、フランスのエコール・デ・ボザールで学ぶ。1925年、横浜高等工業学校（現・横浜国立大学）建築科主任教授。客船・橿原丸やリオデジャネイロ丸などの内装設計を行った特異な建築家

武田五一

Goichi Takeda

日常の中の前衛建築家

石田潤一郎｜Jun'ichiro Ishida

右―［提供：博物館明治村］
▼個別年譜 p.363

備後国福山藩七代藩主阿部正弘は二十歳代半ばの若さで老中首座の地位に昇る。彼はこの後、開国か攘夷かの対立の中で日本の命運を担わされて、日米和親条約を結んで鎖国を破る当事者となる。ついには奔命のあまり、安政四年［1857］に三十九歳の若さで世を去る。八代、九代藩主も早世したため、福山藩は幕末維新の混乱期に際して、薄氷を踏む思いの藩運営を強いられる。この事態を乗り切るべく、有為の人材を出自にかかわらず登用するシステムがつくられた。身分流動化の象徴といえるのが、十石扶持の下級武士から権大参事（いわば副知事格）を務めるに至った武田平之助である。平之助は廃藩置県後は、阿部家の家令職を務める一方、警察官僚から司法官となって、西日本各地を転々とする。その幕開けの明治五年［1872］に長男を儲ける。他でもない、今回の主人公、武田五一である。いち早く新時代の気流をつかまえた男が父であったことと、五一が常に新しくあり続けようとしたことの間に、繋がりを見てみたい。

　五一は明治二十七年［1894］、帝国大学（まだ東京は付かない）造家学科に入学し、建築家としての自己を形成し始める。それまでの五一についても語ることは多いが、ここでは割愛する。ただ書き付けておくべき事

［1］　塚本靖［1869–1937］
建築学者。京都市出身。明治26年、帝国大学造家学科卒業。同大学助教授を経て、明治35年より教授。日光東照宮の調査を主導するなど、建築装飾に通暁する。また早い時期のアール・ヌーヴォーの紹介者としても知られる。実作には京城駅［1925］、御料車（明治天皇乗用鉄道車両）など

［2］　クイーン・アン様式
19世紀後半の英国における建築様式。赤レンガの壁体と反転曲線で縁取られたオランダ風の破風、上げ下げ窓などを特徴とするが、全体としてはさまざまな様式を折衷する。五一の卒計は石張りだが、ダッチ・ゲーブルや平アーチの多用に、強い影響が見える

［3］　野口孫市［1869–1915］
建築家。姫路市出身。明治27年、帝国大学造家学科卒業。逓信省を経て、明治32年に住友に入社し、住友家須磨別邸［1903］、伊庭貞剛邸（現・住友活機園）［1904］、田辺貞吉邸（現・武田薬品百草園迎賓館）［1908］など住友関係の邸宅を多く手掛ける。また大阪府立図書館（現・大阪府立中之島図書館）［1904］［重要文化財］の設計も担当する。古典主義からアール・ヌーヴォーまで自在に駆使する意匠力を備えていたが、46歳で世を去る

［4］　グラスゴー派
19世紀末から20世紀初頭、スコットランドに興った建築・工芸運動。C・R・マッキントッシュを中心人物とし、緩やかな曲率の曲線、縦に引き延ばされたプロポーション、正方形モチーフなど、独自の造形言語を展開する。代表作にグラスゴー美術学校［1899］、ヒルハウス［1904］など

柄が二つある。一つは書画に趣味のあった父の感化で、早くから絵画の手ほどきを受けていたこと。もう一つは、三高の先輩に後に東京大学建築学科教授となる塚本靖[1]がおり、建築へ目を向けさせるきっかけとなったこと、である。

明治三十年［1897］、五一は東京帝国大学建築学科（この年名前が変わった）を卒業する。卒業論文は「茶室建築」、卒業設計は「ACADEMY OF MUSIC AND CONCERT HALL」であった。卒論は茶室を系譜論的に見た最初であり、文献に基づく最近の研究の精緻さとは次元を異にするものの、この時点では実に体系立った叙述であった。また卒計は英国のクイーン・アン様式[2]の潮流を取り入れたものとしては明治二十七年［1894］の野口孫市[3]に次ぐ作品で、よくその骨法を理解していて、グラスゴー派[4]に接近する彼の未来を予感させる。パースのドローイングの巧みさは言うまでもない。

明治三十年に卒業するとそのまま大学院に進学するが、妻木頼黄から日本勧業銀行本店［1899］、伊東忠太から台湾神宮［1901］、の設計の補助を依頼される。中でも日本勧業銀行本店は和洋折衷の意欲作として広く知られ、〝製図監督〟として紹介された五一の実力を

右｜名和昆虫研究所記念昆虫館［1907］
南西面全景：名和昆虫研究所は〝日本のファーブル〟名和靖［1857–1926］が明治29年に開設した。五一は明治17年に岐阜市の華陽学校に入学し、助教諭試補だった名和と出会っている。なお、五一は高校生の頃は生物学者志望であった。単純化された形態に、この時期の五一の関心がよく表れる。特に屋根窓のガラス面を外壁と同一平面で納める手法は、今見ても斬新。屋根の破風板は当初は刳形（くりかた）が施されて、より装飾的だった

上｜名和昆虫博物館［1919］［国登録有形文化財］
正面外観：名和靖の還暦を記念して建設されたもの。あらゆる要素が直線と直方体へ還元されている観があり、1910年代のP・ベーレンスに通ずるものがある。一方で、車寄は様式的であり、次第に折衷性を強める傾向をうかがわせる。京都高等工芸学校での教え子である吉武東里［1886–1945］が実施設計を担当したことが分かっている

世に知らしめることとなる。明治三十二年［1899］七月に東京帝国大学助教授に任官する。この年の一月に同じ意匠学の塚本靖が助教授になっているから不思議な人事なのだが、塚本の欧米留学（明治三十二年十二月出発）が決まったので、つなぎに起用されたものと推測される。ところが五一自身がすぐに留学を命じられる。京都に高等工芸学校が設置されることになり、その図案科教授に起用されたのである。明治三十四年［1901］三月に出発、一年余を英国で過ごす。そこではカムデンスクール・オブ・アート・アンド・サイエンスに籍を置く。この頃、英国で行われていた学生向けのコンペ、英国国民図案懸賞競技に応募して「皇后賞（silver medal）」を得ている。この他にも演習課題として描かれたと思われるインテリアデザインや家具の図面が残るが、いずれもチャールズ・レニー・マッキントッシュらグラスゴー派の影響が色濃い。その後パリに転じ、更に明治三十六年［1903］二月以降ヨーロッパ各地を歴遊する。四月に立ち寄ったウィーンではゼツェッション展[5]のポスター七点を購入している。

明治三十六年七月に二年四ヵ月ぶりに帰国する。既に五月には本人不在のまま、京都高等工芸学校教授に任命されており、帰国後はそのまま京都に向かう。高等工芸の同僚には浅井忠がおり、共に京都の伝統工芸の近代化を目指す遊陶園、京漆園[6]に参加している。〝工芸〟の教育者、啓発者としての五一の業績も大きいのだが、ここではそれに深入りしている紙幅はない。語るべきは建築家としての活動である。関西美術院［1906］、福島行信邸、清野勇邸、名和昆虫研究所記念

[5]　ゼツェッション展
十九世紀末、ドイツ、オーストリアで生まれた芸術運動。日本では「セセッション」と表記された

[6]　遊陶園・京漆園
それぞれ京焼と京漆器の意匠の革新を目指した研究団体。前者は明治36年、後者は明治39年結成。浅井忠、五一の他、京都高等工芸学校長の中沢岩太、画家の神坂雪佳など多くの人材を糾合した

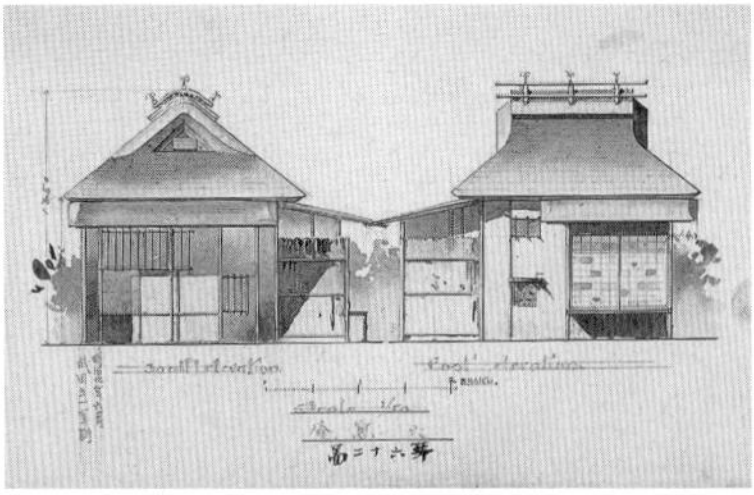

帝国大学卒業論文「茶室建築」（明治30年7月提出）：東京国立博物館敷地内にある「六窓庵」の実測立面図［所蔵：東京大学大学院工学系研究科建築学専攻］

求道会館[1915][東京都指定有形文化財]

上─大会堂：明治36年に設計に着手したが、工費難などから二度にわたって設計変更を行っている。いすを用い、ハンマービームトラスの小屋組を現しにして、周囲にギャラリーを巡らすというキリスト教会堂的な骨格であるが、そこに六角形の厨子を壁から突出させ、卍文様の高欄を配して、特異な空間を現出させた。この無国籍性は、しかし求道学舎の創設者である近角常観が推進する仏教運動の革新性と照応する

右─正面外観：骨格が長方形や三角形、半円といった幾何学的な形態に還元されている。半円アーチの連続や、柱と梁を分節せずに一体的に見せる手法は初期の五一の好み

昆虫館［いずれも1907］、京都府記念図書館［1909］、京都商品陳列所［1910］と矢継ぎ早に作品を完成させている。いずれも形態の抽象化とグラスゴー派的装飾を有していて、欧米の新機運をありありと反映している。もっとも京都府記念図書館、京都商品陳列所の二作は、かなり歴史様式寄りである。大規模な公共建築を世紀末造形でまとめることが難しかったのかもしれない。この時点では五一はウィーン郵便貯金局[7]もダルムシュタットの芸術家村[8]も見ていない。そもそも新造形がどこまで勢威を拡大するか、その帰趨も読めない時期だった。

　明治四十一年［1908］六月から翌年三月まで、五一は大蔵省技師の立場で国会議事堂ほかの調査のために再び渡欧する。これから戻ってきた後の五一は、ゼツェッション支持の旗幟《きし》を鮮明にする。五一がゼツェッションを評価するのは単にヨーロッパの風潮に従っただけではない。彼はいみじくも「一番自分がセセッシヨン式を好む所以[9]」を述べている。それはすなわち「セセッシヨンの標榜する根本主義」が「使用材料の性質を犠牲とせず、どこまでも其の材料のよき点を発揮するように努めること」にある点だと説明するのである。そして「日本的セセッシヨン式の出来上がるのは決して遠い将来ではあるまい」、「自分も努めて其の方面に向こうて奮闘してみたい」と宣言する。その言葉通り、一九一〇年代前半には、ウィーン・ゼツェッションの影響の強い作品が続く——同志社女学校静和館［1911］、求道会館［1915］、山口県庁及び県会議事堂［1916］など。

　しかし、一九二〇年前後から、「斬新であること」は主題の中心から外れていく。ゼツェッションは、ある時は歴史様式と併存し、ある時は和風と重ね合わされる。更に彼はフランク・ロイド・ライトを日本にいち早く紹介し、またスパニッシュ様式導入の立て役者となる。それら新造形は確かに見慣れない形態をもたらすが、既成の建築を否定するような激しさは持っていない。歴史様式の堅苦しさ、重々しさをそっと和らげていくにとどまる。格式ではなくくつろぎを、規範性ではなく闊達さを、彼はもたらそうとしていた。

　そのことと表裏をなして、五一は建築から量塊性をなくし、物質感を薄めようとした。彼は早くから鉄筋コンクリート構造に注目してきた。この新構造を用いると、レンガ造に比べて、壁体は薄くでき、かつ形態の自由度は格段に高まる。また、彼はタイル使用の先駆者であり、テラコッタ導入の唱道者でもある。薄い

［7］ウィーン郵便貯金局［1906］O・ワーグナー
［8］ダルムシュタットの芸術家村［1907］J・オルブリッヒ、P・ベーレンス
［9］武田五一「アール・ヌーボーとセセッション」『建築ト装飾』第2巻第6号、1912
［10］東京大学大講堂［1925］内田祥三＋岸田日出刀

帳壁に表面だけの材料が張られる時、建築は奇妙に輪郭をあいまいにして、視野の中を漂う。そうした操作によって、彼はお気に入りのモチーフを駆使する自由と、穏やかに表現の幅を広げていく力を獲得した。一例として、京都帝国大学本館（現・京都大学百周年時計台記念館）［1925］を挙げよう。これは合作ではあるが五一が意匠を主導したことは間違いない。そこには、東京大学安田講堂[10]のふてぶてしい存在感とも早稲田大学

藤山雷太邸［1932］［愛知県指定有形文化財］

上｜池に向かって張り出した月見台：藤山雷太邸は元来東京都港区芝白金にあったが、昭和50年に至って取り壊しの危機に瀕した。当初は洋館と和館が並立しており、そのうち和館部を名古屋市の龍興寺に移築して、本堂として再建した

前頁｜襖引手：職方の驚くほどの技能、材料の良さ、それらを存分に発揮させる緻密なデザイン。数多い五一の作品の中でも屈指の優品であることが、この小部分からも見て取れる

南面全景：月見台を張り出す構成は醍醐寺三宝院書院を踏まえたものといわれ、楼閣も東福寺昭堂や銀閣などを参照していると思われる。当初の施工は棟梁・魚津弘吉が担当しており、名古屋での保存が成し得たのは弘吉の紹介による。再建にあたっても魚津社寺工務店が手掛けている

▼口絵p087上

客間：17畳敷きの客間に2間幅の床、2畳の付け書院を設ける。卒論で茶室を扱い、更に平等院鳳凰堂の修理を手掛けた五一の古建築の知識は正統的なものであった。ガラス戸の外に見えるのが、月見台である

▼口絵p087下

大隈講堂[11]の人懐っこい叙情性とも違う、乾いた明るさが漂う。それは、左右対称の中軸に高塔を構える保守的な骨格を平滑なタイルで包み、そこにゼツェッションとサラセン[12]趣味とライト風という〝新機軸〟を精一杯詰め込んだ成果である。いわばどこにも帰属しない気軽さがもたらす明るさなのである。

しかし、日常性への下降は、彼のデザインから尖鋭さを薄めたことは否めない。弟子からも「先生には代表作がない」と面と向かって言われもし、ブルーノ・タウトから「いかもの芸術家[13]」呼ばわりされたりもする。五一自身は、意にも介さずに〝千変万化〟の細部意匠を楽しんでいたであろう。社会は彼の甘やかな装飾と該博《がいはく》な知識とを求め続けていたのだから。

ところが、五一は晩年に至って再び変わる。昭和六年〔1931〕、六度目の外遊に出て、ヨーロッパを巡歴する。そこで急速に地歩を固めつつあるモダニズム建築を目の当たりにする。その成果が京都電燈株式会社（現・関西電力京都支店）〔1937〕である。構造体を意識的に強調するその立面は、それまでの五一作品に見られなかった力感に富んでいる。

ここで得たであろう手応えを確かめる間もなく、翌昭和十三年〔1938〕二月、武田五一は急逝する。誰も予期しない死であったが、常に新しくあり続けようとしたその生き方は、間違いなく一つの円環を閉じたのである。

京都帝国大学本館（現・京都大学百周年時計台記念館）〔1925〕：五一の原設計を、藤井厚二や構造の坂静雄が参加してまとめた。大正期の日本建築界を席巻したゼツェッションの最後の大作というべき存在。タイル・モザイクやテラコッタ、内部のサラセン風装飾など見所は多い

[11]　早稲田大学大隈記念講堂〔1927〕〔重要文化財〕佐藤功一
[12]　サラセン　イスラム教徒、あるいはアラビア人。及び彼らの文化
[13]　『日本タウトの日記』1934年1月30日。〝T教授〟と伏せられているが、前後の記述から五一であることは明らか

森山松之助

Matsunosuke Moriyama

斜めに構えた人生 親しみやすい作風

古田智久｜Tomohisa Furuta

右—［所蔵：森山慶之助］
▼個別年譜p.350

はじめに

片倉館［1928］の入り口は、斜め四十五度内側を向いている。まるで森山松之助が斜めに構えて「よう、また来たか」と言っているようだ。設計者・森山松之助は明治二年［1869］に生まれ、昭和二十四年［1949］に亡くなった。いわば日本近代をほぼすべて生きた人物だが、回り道が多い遅咲きの人生だった。結核のため病弱だったが、学生時代から遊郭に入り浸った。しかし、建築家としての腕は確かで多くの代表的な台湾の公共建築を設計した。洋風建築に優れていたのはもちろん、帰朝後は和風からモダニズムまで高いデザイン力を見せた。設計に向き合う姿勢は実直で、宮家の御殿から工場や倉庫まで同様に取り組んだ。建築作品は多彩、人生も波乱万丈であった。

名家に生まれるが地位や権力に反抗

森山松之助は外交官・森山茂[1]の長男として生まれたが、両親の離婚から叔父の五代友厚[2]の家で育てられた。家庭の愛情に恵まれず、父への反抗心から、以後も地

［1］　森山茂［1842–1919］明治2年から10年まで日朝関係を専門とする外交官として活躍し、元老院議官、富山県知事を経て、明治27年から亡くなるまでの25年間は貴族院議員を務めた

［2］　五代友厚［1836–85］薩摩藩士として英国留学。倒幕に活躍し、明治維新後は判事となるが、1年で官を辞し、以後、大阪財界人として活躍した

位や名声には興味を示さず斜めに構えた人生を送った。姉の愛子は、高山歯科医学院を創設した高山紀齋[3]と結婚する。森山は学習院尋常中学校、第一高等学校を経て、明治二十六年［1893］に帝国大学工科大学造家学科に入学する。この年の三月、一高時代の後輩・中條精一郎の下宿で、生涯親交が続く血脇守之助[4]と出会い、高山歯科医学院への入学を勧めた。その後、血脇は高山歯科医学院の経営を引き継ぎ、東京歯科大学の創始者となる。森山は二十八歳で大学を卒業し、以後大学院に五年間在籍し、「造家上換気及び暖房」を専攻した。大学卒業後の十年間は、結核のせいか定職に就かず、仕事としては嘱託、講師、執筆活動などしか確認できない。一方、私生活では芸者遊びで散財し、親から勘当されて借金取りに追われ、友人宅を転々としていた。この間、岡田時太郎の家に四年ほど居候する。[5]岡田は辰野金吾のもとから独立し、岡田工務所を設立した直後なので、設計を手伝っていたのであろう。その頃の岡田の作品は牛久シャトーと軽井沢の三笠ホテルだが、両者とも森山らしい意匠であり、関与の可能性がある。岡田が満州へ行くことになり、森山は自らが設計した血脇邸兼診療所に居候をした。そこへ医者仲間の後藤新平[6]が訪れ、診療所の建物を気に入り、設計者を尋ねたところ森山が居合わせ、台湾行きを勧められたと伝えられている。[7]辰野金吾推薦説[8]もあるが、血脇の影響も考えられる。血脇は明治三十三年［1900］に台湾渡航を願い出たが、日本の歯科界のため

［3］　高山紀齋［1851–1933］
明治5年–11年までアメリカで歯科医学を学んで帰国し、黎明期の日本歯科医学教育の体制づくり、歯科界の結束づくりに尽力。東京歯科大学の前身、高山歯科医学院を創設した

［4］　血脇守之助［1870–1947］
24歳で歯科医師を目指し、高山歯科医学院に入学。明治34年に高山歯科医学院を継承するかたちで東京歯科医学院（後の東京歯科大学）を設立し、血脇歯科診療所を開設。以後、歯科医学教育はもちろん、日本歯科医師会会長として歯科界の運営に尽力した。野口英世を支援したことでも有名

［5］　森山と岡田時太郎の接点は不明だが、明治34年10月号の『建築雑誌』の転居欄に「岡田時太郎方」とあるため、居候していたと思われる。また同誌明治38年3月号の転居欄には「血脇方」と記載がある

［6］　後藤新平［1857–1929］
愛知県医学校で医者となり、24歳で学校長兼病院長となる。明治15年、その実績と才能から内務省衛生局に入り、医者よりも官僚として活躍する。明治31年、台湾総督府民政長官となり、明治39年、南満洲鉄道初代総裁に就くまでの間、台湾の都市基盤整備、阿片・マラリヤの撲滅など、医師ならではの衛生・都市政策を行った

［7］　血脇の長男・日出男氏の回想による

久邇宮御常御殿（現・聖心女子大学パレス）［1924］［国登録有形文化財］
上―殿下御書斎：窓ガラス上部の装飾が美しい。廊下は幅4尺、長さ3間の欅の1枚板である。曳家前は遠方まで遮るものなく見渡せた。廊下との建具も透明ガラスなのは、閉めたまま書斎から景色を楽しむためであろう。3枚引き戸の書棚とレコードキャビネットも保存が良い。欄間の透かし彫りは、14弁の菊の家紋とは異なり16弁である
右―正面外観：入母屋に千鳥破風が特徴的である。東側から見ると、1階の大屋根と小振りな2階のバランスが良く、安定感がある

にと高山他から慰留され断念した経緯があった。森山は三十七歳でやっと嘱託とはいえ定職に就いたが、台湾行きは結核患者として相当な冒険だった。

台湾総督府営繕課での活躍

日本占領時代の台湾は、児玉源太郎が第四代総督だった明治三十一年［1898］から明治三十九年［1906］に、民政長官・後藤新平により都市基盤が整備された。当初、日本人は木造建築を主体に考えていたが、白蟻被害により数年で建て替えざるを得ない建築も出てきた。また、台風の度に大被害を受ける経験から、風土に合った建築が求められていた。日本にとって初の植民地となった台湾経営は、本土でできない理想の都市を実現しようとしたもので、営繕組織も新進気鋭であった。その代表例が鉄筋コンクリートの導入であった。尾辻國吉が書いた「明治時代の思ひ出」[9]によると、それまで台湾総督府営繕課では、鉄筋コンクリートを床や屋根など部分的に用いてきたが、台北市電話交換局で最初の全鉄筋コンクリート造に踏みきった。これは、森山松之助の台湾での初仕事で、明治四十二年［1909］に竣工した。日本初の全鉄筋コンクリート造事務所建築は、遠藤於菟《おと》設計の三井物産横浜支店と言われているが、それより二年早いことになる。つまり、日本人建築家で最初に全鉄筋コンクリート造事務所建築を設計したのは森山であると言えるだろう。もちろん台湾総督府営繕課の技術蓄積があってこそだが、後年、辰野金吾も視察に来て、壁の薄さに驚いている。ただし、台北市電話交換局は小規模な二階建てだったため、試験的に全鉄筋コンクリート造にしたようである。同年竣工の土木部庁舎は大規模であったこともあり、壁体は煉瓦造で、各階床を鉄筋コンクリート造にして手堅く設計された。

台湾総督府の営繕課は組織で設計しているため、個人名を出していない。意匠の決定権は課長にあったと考えられるが、帝大卒の技師が何人もいた中で、担当者が誰だったか、つまり誰の筆で誰のデザインかは、興味深いところである。担当者を知る資料には、前出の尾辻の文章、および中條精一郎の文章[10]などがあり、それを参考に裏付けするしかない。担当者を推測するもう一つの目安として意匠がある。森山は卒業設計の「UNIVERSITY HALL」で、背面入り口両側に二本の塔を付け、その上に反りがある方形屋根を用いている。この形は独特で、他の建築家の作風にはあまり見

［8］辰野金吾推薦説については、『建築人国雑記』高杉造酒太郎著［日刊建設工業新聞社／1973］、『師と友―建築をめぐる人々』森井健介著［鹿島出版会／1967］に記述がある
［9］尾辻國吉「明治時代の思ひ出」『台湾建築会誌』1941.8
［10］中條精一郎「台湾の建築」『建築画報』1915.1
［11］『総督府物語』黄俊銘著、遠足文化事業股份有限公司／2004

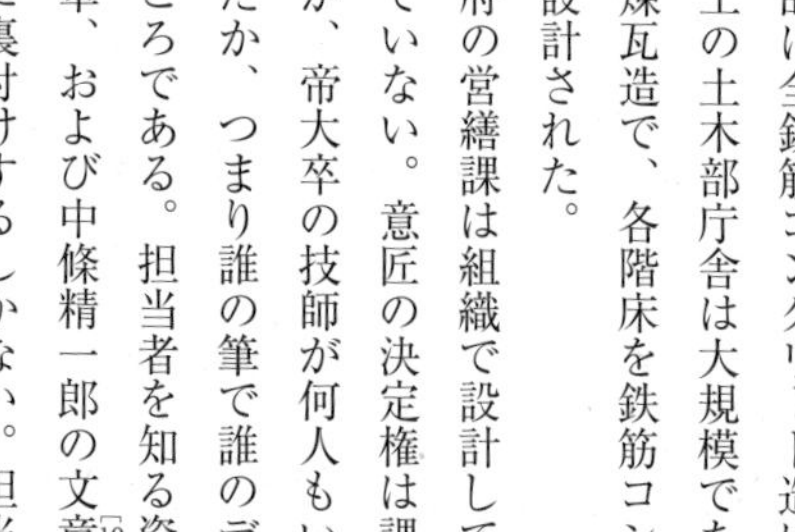

台湾総督府新庁舎（現・中華民国総統府）［1919］［国定古蹟］：RC造、一部煉瓦・石造4階建、地下1階。長野宇平治案とは大きく異なり、中央・両翼部の強調が中央政府にふさわしい意匠となっている。ルスティカオーダーによる過多な装飾が南国らしい
［写真：古田智久］

られない。台湾総督府営繕課の建築でこの方形屋根が現われた場合は、森山の関与が考えられる。

台湾総督府新庁舎建設への道

森山松之助は多くの作品を台湾に残したが、台湾総督府新庁舎（現・中華民国総統府）［1919］を建てるために台湾へ行ったと言っても過言ではない。台湾総督府新庁舎のコンペは、森山が台湾に来た翌年の明治四十年［1907］に行われた。結果は甲賞なしで乙賞に長野宇平治案が選ばれた。『総督府物語』[11]によれば、台湾総督府時代の公文書により、森山が実施設計の中心人物だったことが判明している。長野案と実施では大きく異なり、地上六〇メートルの塔、両翼を強調するペディメントやオーダーなど、南国らしい華やかさに中央政庁の威厳が備わった。床にカーン式鉄筋コンクリート[12]を用いるなど、構造面でも先進的であった。

他の作品は台湾総督府新庁舎の仕事と並行して進められたが、どれも森山らしい個性的な意匠で興味深い。台中［1913］、台北［1915］、台南［1916］の各州庁の意匠が異なっているのも面白い。これらは南国の建築らしく通風が良い。さらにマンサード屋根は通風に

台中州庁（現・台中市政府）［1913］［市定古蹟］：煉瓦造2階建。縦長の伸びやかなプロポーション。マンサード屋根は通風冷却用と考えられる［写真：古田智久］

上―御成婚記念御涼亭（現・旧御涼亭（台湾閣））［1927］池越しに見る：台湾に住む日本人有志が、後の昭和天皇のご成婚を記念して献金を集め、造営・献上した。木造建屋を鉄筋コンクリートの脚で持ち上げ、水の上に建つように見せている。屋根の反りや燕尾瓦がいかにも台湾風である。主な構造材の杉や、天井の鏡板の檜は台湾材で、卍型平面床の敷瓦は中国製である。欄間には、ブロンズ製の格子とガラスを嵌め込んでいる。当初、開口部には氷裂模様の斬新な意匠の折戸が入り、中国風の家具が置かれていた。竣工時に台湾総督府から贈られた台湾杉が、背景に大きく枝を伸ばしている

よる冷却効果をねらったものと考えられる。専売局庁舎（現・台湾菸酒公司の本社）［1922］の設計担当者が文献上で確認できないものの、森山の設計と推定しているのは、その個性的な意匠からである。

この頃課長に推されたが、「印判押すのは嫌だ」と断った。一技師として自ら設計し、現場も見たかった森山にとって、地位や名誉は眼中になかった。台湾総督府新庁舎竣工後、森山は五十二歳、「もう台湾には何もつくるものはない」とあっさり台湾総督府を辞して帰朝したと言われている。しかしその足跡は大きい。森山の台湾での作風は、赤煉瓦に白い石で横縞を入れる辰野式を基調としながら、過多な装飾を施す。この独特な装飾が、赤をラッキーカラーとし万事派手好きな台湾人の趣味や南国の風土に調和している。

東京で建築事務所を開設

森山松之助は帰朝後、建築事務所を銀座にある義兄の高山歯科医院の一角に開業する。医院の建物は間口三間ほどの二階建てで狭かったが、設計した建築は大小取り混ぜて相当数に及ぶ。しかし、事務所や所員に関する記録は確認できない。

帰朝後最初の仕事が、学習院の後輩だった久邇宮《くにのみや》邦《くに》彦王《よしおう》の御常《おつね》御殿［1924］である。現在、二階建ての御常御殿と、謁見の間のある平屋を併せて聖心女子大学パレスと称しているが、森山が設計したのは御常御殿のみである。昭和二十四年［1949］に大学敷地内で現在地に曳家された。他にも数寄屋風住宅を設計し、また多くの住宅スケッチが残されている。東洋風作品は、東京神田にあった旧中華料理店の杏花楼［1929］、新宿御苑に今も建つ御成婚記念御涼亭（現・旧御涼亭（台湾閣））［1927］で、台湾時代の名残を感じさせる。

片倉館は、欧州の温泉を視察した二代目片倉兼太郎が、チェコのカールスバートのような施設を実現しようと、地域住民のために建てた福祉施設である。台湾時代に森山が手掛けた北投温泉公共浴場[13]（現・北投温泉博物館）［1913］には、プールのような深い浴槽と、洋風建築の中に畳敷の大宴会場があり、これを知った片倉が、森山に設計を依頼したのかもしれない。片倉館の隣に建つ片倉別邸（現・諏訪湖ホテル）［1928］は、別邸兼迎賓館として建てられ、洋館は板の間に暖炉が付き、シャンデリアが下がる華麗な意匠であった。対して和館の客室は、久邇宮邸と同じ台湾風の障子もあり、森山らしい意匠となっている。また、前後して設計さ

［12］カーン式鉄筋コンクリート　カーンバーという鉄筋を井桁に組んでカマボコ型のフロアタイル鋼を置き、コンクリートを打設する独特なシステム。関東大震災で被害を受け、以後衰退した

［13］昭和19年の『台湾建築会誌』に掲載された座談会では、北投温泉は藤井某の設計で、森山は設計を監修したとされている

東京歯科医学専門学校［1929］：SRC造6階建。建物の前面に歩道橋があり、スクラッチタイルの質感を間近に見ることができた。汚れるほどに風格を増す、時の流れに耐え得るモダンデザインだったが、昭和61年に解体された［出典：『建築写真類聚 第6期 第23回 学校建築 巻3』洪洋社／1929］

れた蜂須賀侯爵邸［1927］は、戦後しばらくオーストラリア大使館公邸として使われていた。鉄筋コンクリート造らしく南面する窓が広く、室内が明るい。内部はヴォールト天井にステンドグラスといった豊かな装飾で、和室も組み込まれており、鋳鉄の扉がとりわけ美しかった。その他、鉄骨大空間の本所公会堂［1926］、佐世保市公会堂［1932］、そしてスクラッチタイルとテラコッタによる豊かな装飾に包まれた東京銀座の米井商店（現・ヨネイビルディング）、丸嘉ビル［いずれも1929］、朝日石綿ビル［1932］といったモダン建築の佳作も多く設計した。さらに、全く無装飾の明治乳業両国工場［1927］や明治製菓銀座売店［1933］も設計している。

森山の帰朝後の代表作は、親友・血脇守之助のために設計した、東京歯科医学専門学校［1929］であろう。水平連続窓をデザインの基軸として水平線を強調する。それだけでは単調なため垂直線をアクセントとして入れている。装飾はないがスクラッチタイルによる確かな質感がある。垂直連続半円形出窓は相当高価であったと察するが、その見事な構成美により昭和戦前モダニズムの傑作として定評がある。同様に垂直連続出窓を用いた上伊那図書館（現・伊那市創造館）［1930］を森

上―片倉館［1928］［重要文化財］
浴場棟1階大浴場：千人風呂と呼ばれる深さ1メートルの浴槽の底に石が敷き詰められている。テラコッタのスクリーンやステンドグラスが美しい。彫刻なども西洋風で、昭和初期には類のない洒落た温泉だった
同外観：入り口は45度内側を向いている。RC造の角張った躯体を賑やかに飾るため、ゴシックを基調としながらモダンデザインを随所に取り込んでいる。テラコッタの破風飾りは、モルタルを塗って補修している。庭園が充実しているのは、中欧の湯治が散歩を重視していることにある
▼口絵p.088

山が基本設計をしたことが判明した。

現在残されている資料の中には、森山が施主に増額理由を説明し、苦労して承認を得る姿がありありと分かるものもある。五十三歳から七十二歳までの二十年間、施主の要求に着実に応え、どんな建築にも手を抜かず、真摯に設計活動を展開した背景には何があったのだろうか。大正八年［1919］には二十五年間貴族院議員だった父・茂が亡くなり、金銭には困っていなかったと推測されるが、楽ではない設計の仕事がよほど好きだったのであろう。

森山松之助の作風と評価

戦争により建築の仕事がなくなった森山松之助は、空襲が始まった昭和十九年［1944］に港区高輪から世田谷区代田に転居し、昭和二十年［1945］、山形県鶴岡市に疎開した。途中、荷物を載せた車両が爆撃を受け、多くの設計図面が失われた。戦後は東京に帰ることなく、昭和二十四年［1949］、鶴岡市の齋藤方[14]で逝去した。若い時から結核に苦しんだが満七十九歳であった。

日本近代建築史を彩る建築家たちは、〝古典主義者〟、〝何々様式を得意とし…〟などと一つの様式を追求し完成度を高めたことや、意匠と思想を結び付けて評価される人も多い。しかし日本近代建築の歩みは、西洋の組積造と様式の急速な導入、地震国であるための構造の工夫と鉄筋コンクリート造の導入、植民地を獲得し地域が拡大したことによる異なる文化・風土への対応と、絶え間ない刺激と変化の連続であった。森山はこれらに柔軟に対応し、洋風、和風、モダニズム、どれも高いレベルでこなした。二つ年上の伊東忠太、長野宇平治、同世代の中條精一郎、鈴木禎次、武田五一らが、最後まで歴史様式の作家であったのに対し、森山が新構造技術やモダニズムを柔軟に吸収していったのは、台湾総督府営繕課が新進気鋭で鉄筋コンクリート造の先進地であったこと、民間の建築家として限られた予算の中で施主の要望に応える努力をしていたこと、さらに森山自身が欧米のモダンデザインをよく研究していたことが原動力であった。多彩な作風は、老いてなお新しいものを取り入れる気概にあった。

［14］　彫刻家・齋藤静美の実家。齋藤は彫刻家として銅像などを制作していたが、森山と知り合い、建築鋳物を手掛けるようになった。代表作にニコライ堂の十字架がある

上伊那図書館（現・伊那市創造館）［1930］：RC造4階建。森山の基本設計図面が数年前、神田の古書店から発見された。設計者名は実施設計を行った黒田好造とすべきだが、この建築の魅力である垂直連続窓が、いかにも森山らしい［写真：古田智久］

保岡勝也

Katsuya Yasuoka

〝婦女子〟の領分に踏み込んだ建築家

内田青藏｜Seizo Uchida

右―[出典:『日本近代建築史再考 虚構の崩壊』村松貞次郎著、新建築社／1977]

▼個別年譜p.348

〝オフィスビル専門家から〝住宅作家〟への変転

建築家の生涯を見ていくと、時期や立場で全く異なった建築を志向した生きざまに出会うことがある。明治期の建築界で絶大な力を持っていた辰野金吾も、そうした建築家のひとりであった。ジョサイア・コンドルの後継者として留学を命じられ、帰国後、東京帝大教授におさまるものの、五十歳を前にその職を辞してフリーアーキテクトとなった。〝辰野式〟と称される赤いレンガと白い石を組み合わせた軽やかなデザインは、このフリーアーキテクトとしての作風であり、国家を背負っていた時期の重厚な作風とは明らかに異なっていた[1]。

保岡勝也も、そうした変転を繰り返した建築家のひとりであった。辰野に席を譲ったコンドルが新たな活動の場として選んだのが三菱合資会社[2](以下、三菱)で、辰野と同期の曾禰達蔵が建築部門の丸ノ内建築所の所長となっていた。保岡は、そうした由緒ある三菱に入社し、しかも、曾禰の後を継いで所長にもなった。当時の三菱は丸の内に近代的なオフィス街を開発中で、しかも建築そのものもレンガ造から鉄筋コンクリート

[1]『日本の建築[明治大正昭和]3 国家のデザイン』藤森照信著[三省堂／1979]参照

造へと移行する、まさにそのただ中で、保岡は陣頭指揮をとっていたのである。しかしながら、明治四十五年［1912］、突然その三菱を去り、嘱託を一年ほど続けた後の大正二年［1913］に保岡勝也事務所[3]を開いた。新しい事務所で扱った建築は、上流層の大規模な屋敷もあったが、保岡が力を注いだのは、当時、台頭しつつあった中流層の中小規模の住宅であり、かつ、その作風も洋風よりもむしろ伝統的な和風へと、扱う建築もスタイルもそれまでのものとは全く異なる方向へと向かったのである。

大正期以降、建築家たちの扱う建築は、国家的建築から民間の建築へ、住宅も大邸宅から中小規模住宅へと向かい始めていたし、建築様式も様式建築からセセッションなどモダンなものへと移行しつつあった。そうした中で、それまでの洋風一辺倒から伝統的な和風を志向し、あるいは新しい和風の創出を試みようとする建築家たちが出現したのである。

大正期前後の建築家たちの変転の多くは、アプリオリに定められた宿命としての〝近代化〟を、自らの価値観によるものとする作業であった。保岡の場合も、時代の求めをいち早く感じ取る中で、中小規模の住宅を初めて建築家の領分として見極め、活動を開始したのである。現在、住宅は建築家の重要なテーマとなった。しかしながら、保岡の三年後に東京帝国大学を卒業し、耐震構造学を確立した佐野利器は建築学科のデザイン教育について、幼い時から色や形の善し悪しは婦女子のすることと教えられて育ったこともあって、失望して転科も考えたと述べている[4]。この佐野の回顧に端的に見られるように、主婦を相手に生活や住まいを考えるという保岡の変転は、この婦女子の領分に身を投じることであったのである。まさしく、保岡がわが国初めての〝住宅作家〟と称される所以がここにある。そして、彼の変節のおかげで、その後に続く建築家たちは中小規模の住宅を〝作品〟と呼べるようになったのである。恐らく、保岡にとって住宅の設計は、国家を代表する建築のそれと同等、あるいは、それ以上の価値があったし、女性に合理的な住宅知識を普及させることは、まさに国家の大事であったのである。

〝住宅作家〟への道程

三菱時代

保岡勝也の卒業設計は「Design for a National Bank」、

［2］　三菱社（1893年、三菱合資会社に改称）は、1890年に丸ノ内建築所を設け、オフィスビルの設計に当たることになる。所長は曾禰達蔵で、保岡が入社して働いたのもここだった。曾禰が顧問となった段階で、保岡は所長となった。丸ノ内建築所は1910年10月に三菱合資会社地所課営繕係となり、その後、1937年に本社から分離独立し、三菱地所となった（『丸の内百年のあゆみ』三菱地所社史編纂室編、三菱地所／1993）

［3］　事務所の名称は、『建築世界』（1913.8）の広告に「和洋建築之意匠設計建築士・工学士 保岡勝也事務所」とある

［4］　佐野利器［1880–1956］1903年、東京帝大卒業後、大学院に進学。1915年、「家屋建築耐震構造論」で学位を取得し、東京帝大教授となる。佐野の回顧は『日本近代建築史ノート 西洋館を建てた人々』［村松貞次郎著、世界書院／1965］参照

［5］　内田四郎は逓信省技師、土屋純一は大学院に進学後、奈良県技師などを経て名古屋高等工業学校の建築史担当の教育・研究者、日高胖は住友本店臨時建築部技師となった

［6］　大学院進学は、上司の曾禰達蔵も理解を示していた。そのため、曾禰は1902年11月5日に、社長である岩崎久彌に大学院進学のための一時金を与えるべきであるという「贈与金申請書」を出している

［7］　1904年–05年には、建築学会機関誌『建築雑誌』の編集を担当し、多くの記事を寄せている。その中で、「本邦劇場舞台改良の進路」

卒業論文は「Few Glimpse on the Bank Building」と、ともに銀行建築に関するものだった。同期は内田四郎、土屋純一、日高胖《ゆたか》の三名で、それぞれ活躍し、名を残している。[5] 明治三十三年［1900］、三菱に入社した保岡は、三菱合資会社四・五号館［1902］の建築にかかわった。しかしながら、明治三十五年［1902］末、大学院進学のために退社願いを提出した。[6] 大学院での劇場建築の研究や学会活動で充実した二年間を過ごした[7]後の明治三十七年［1904］、再び三菱に入社した。そして、再入社後の明治三十九年［1906］には曾禰達蔵が退社したため所長に就任している。また、設計活動のかたわら、明治四十一年［1908］三月から翌四十二年一月までの約一年間、「工学研究ノ為」にアメリカ・ヨーロッパに海外視察[8]に出かけるなど充実した時を過ごしていた。しかしながら、その三年後の明治四十五年［1912］、突然、依願退職したのである。その理由は解雇通知に記された「病気」以外に分からない。[9]

さて、この三菱時代には、保岡は三菱合資会社八号館から二十一号館の設計に関与した。[10] また、三菱合資会社の門司支店［1906］、長崎支店唐津出張所［1908］、大阪支店［1910］、若松支店［1913］なども手掛けた。これらの仕事のうち特に注目されるのは十四号

上—三菱合資会社長崎支店唐津出張所［1908］［佐賀県指定有形文化財］北面全景：1908年9月、三菱合資会社長崎支店唐津出張所として竣工したが、1910年には唐津支店に昇格した。平面図は、1908年3月27日の日付とともに、内田祥三と現場監督の小寺金治の印がある。唐津は、顧問であった曾禰達蔵の故郷でもあり、曾禰の関与も考えられる。1980年、佐賀県指定有形文化財。外壁や破風に柱や長押状の線材がくっきりとその姿を見せる、いわゆるハーフティンバー様式を基調としたデザイン。大隈重信伯爵邸洋館［1902］でもハーフティンバー様式を採用しており、保岡の好んだスタイルであったことをうかがわせる。また、屋根が独創的で、中央に配された急勾配の塔屋根や、リズミカルに配された縦長窓の外観は、初期の丸の内のオフィスビルを彷彿とさせる。一方、全体は伝統的な入母屋造りの大屋根のため、遠くから眺めると和風の御殿建築のようにも見えるなど、不思議な印象を受ける

(1903.12)、および「泰西劇場の火災年表」(1904.2–5、1905.12)を発表している。これらは、大学院でのテーマである劇場研究の成果の一部と推察される

［8］欧米視察の様子を、上司の曾禰達蔵(「会員動静」『建築雑誌』1908.6)と三菱の重鎮であった荘田平五郎に手紙で報告している

館［1913］以降、当時の最先端の工法である鉄筋コンクリート構造を採用していたことであり、わが国最初期の鉄筋コンクリート構造による建築の出現であった。[11]

一方、こうしたオフィスビルの設計の合間に、住宅の設計も行っていた。すなわち、保岡は、一時退社の直前に大隈重信伯爵邸洋館［1902］を設計した。明治三十四年［1901］に自宅を焼失した大隈は、翌年、新しい住まいとして当時の上流層の間で定着していた和館と洋館からなる和洋館並列型住宅を計画した。洋館は木造平屋でハーフティンバー様式を基調としたものであった。和館の設計には関与しなかったが、洋館には食堂があり、和館の台所の位置や設備にも大いに関心を抱いていたものと思われる。ちなみに、この大隈邸の台所には、点火も火力の調整も簡単と謳われていた最新式のガスストーブが設置されており、明治三十六年［1903］の村井弦斎のベストセラーで知られる『食道楽』で模範台所として紹介されていた。後に、保岡は住宅作家として台所設備の必要性を主張するが、新設備の重要性は、恐らく、この大隈邸から学んだものだったのである。[12]

また、明治四十二年［1909］の欧米視察の帰国後、岩崎家深川別邸の池辺茶亭[13]（現・清澄庭園内の涼亭）［1909］を設計した。池に迫り出すように配された数寄屋風の建物で、それまで手掛けていた建築とは全く異なる伝統性を意識したものであった。いずれにせよ、保岡の三菱時代の業績は、わが国最初期の鉄筋コンクリート造建築を手掛けるなど輝かしいものであったが、結果的には、本格的な仕事の合間に出会った住宅と数寄屋風の茶亭に、新しいテーマを見ていたのである。

事務所時代

三菱の嘱託を終えた大正二年［1913］、保岡勝也は個人事務所を開設した。専門とする中井銀行の浦和支店や千住支店［いずれも1914］の傍ら、大正三年［1914］の東京大正博覧会の第一会場内の明治屋売店などを手掛けていることから、事務所開設当時は、曾禰達蔵の協力もあったように推測できる。[14] なお、この第一会場の建築はセセッション様式の代表例として知られており、欧米視察の際にウィーンでセセッション建築を視察してきた保岡の経験が発揮できたといえるだろう。

こうした中で、大正四年［1915］、保岡は〝住宅作家〟の宣言ともいえる『理想の住宅』を出版した。これは〝主婦〟を読者とした「婦人文庫刊行会」の出版によるもので、鳩山春子・津田梅子ら当時の著名な女子教

［9］　『社史』によれば、「5月24日保岡勝也解雇並嘱託」とあり、保岡は1912年5月24日に退職したが、同時に嘱託として契約している。その期間は「当分」とのみ記されている。なお、この時の1年間の報酬は1800円であった。ちなみに、入社時の1900年の給料は50円で、1905年12月には月給140円、退職時は185円に昇給していた。『値段史年表』［週刊朝日編、朝日新聞社／1988］によれば、1907年当時の高等文官試験に合格した高等官の月給は50円であったから、かなりの高額といえるであろう

［10］　藤森照信は、保岡の業績として、①赤レンガ時代の丸の内を完成させたこと、②クイーン・アン様式の仲通りをつくったこと、③RC造を先駆的に展開させたこと、の3点を挙げている（藤森照信「丸の内をつくった建築家たち―むかし・いま」『三菱地所（別冊新建築 日本現代建築家シリーズ15）』新建築社／1992）

［11］　保岡は12・13号館の紹介の中で「こういう貸家建築には煉瓦を用いずに鉄筋コンクリートを使用すると壁厚が減じられるので、貸部屋のほうはそれだけ大きくなり、営業上好都合であるわけで、目下建築中の14号館ないし20号館は全部鉄筋コンクリートにするはずである」（『建築雑誌』1911.7）と述べており、14号館以降の建物では、RC造を積極的に採用しようとしている様子が記されている

［12］　保岡は、大隈重信伯爵邸洋館［1902］竣工後の1903年－06年、『建築雑誌』に、「室内の採光に就て」、「住家の室内装飾に就て」（1－

育家に交じって保岡が担当した[15]。この『理想の住宅』は、恐らく、建築家が主婦に向かって書いた最初の本格的なものであったのである。構成は二十一章からなり、その中には住宅の歴史や住宅用語の解説、製図法の章も含まれており、まさに主婦に住宅建築全般の知識を伝えることが意図されていた。この中で、保岡は、いかに趣味は異なっていても便利なことは誰も反対しないと、住宅の諸設備の設えの重要性を主張した。具

上—三菱合資会社若松支店（現・上野ビル）[1913][国登録有形文化財]
内部の吹抜けと光天井：2・3階部分の吹抜けの周囲には廊下がまわり、そこから各事務室に出入りできる。吹抜けの周囲には、光天井を支えるように細い鋳鉄製の柱が配されている。2階の柱の上部を帯状の格子で連結しているのに対し、3階の柱は両脇に曲線のブラケットが付き自立している。上部の方がより軽やかなデザインでまとめられており、視覚的にも開放感が感じられる。格子状の光天井は、中央部分が直線モチーフのステンドグラスとなっている。それも含め、全体のデザインはセセッション風で、当時の建築界の流行をそのまま持ち込んだ感がある

11)、「室内の採温及び換気」(1-5)と、海外文献をもとにした住宅の意匠、および諸設備についての記事を寄せている。この頃から、住宅の研究を独自に進めていた様子がうかがえる

[13]　作品集『新築竣工家屋類纂』では深川区所在某邸内池辺茶亭と紹介されている。ここではその名称に従った

[14]　東京大正博覧会の第一会場は、曾禰達蔵と共同事務所を開設していた中條精一郎が担当していた。このことから、曾禰を介して仕事が依頼されたと思われる

体的には、台所は最も重要な部分であるとし、必要な近代的な諸設備について詳細に紹介した。また、伝統的な住宅と洋館の間取りの紹介でも和洋の違いは問題とせず、間取りの部屋配置や廊下などの位置をもとに、利便性や経済性を重視した。このように、和洋の問題を個人の趣味性として基本的には問わず、機能性や経済性といったことを重視した考え方を明確に示したのである。こうした姿勢をもとに保岡は中小規模の住宅設計を積極的に行い、大正後期には『欧米化したる日本小住宅』と『日本化したる洋風小住宅』を始め、多数の作品集も残し、他の建築家はもとより、一般の人々の住宅への関心を喚起させたのである。[16]

茶室建築の研究家へ

施主の趣味性を重視するという姿勢とは別に、実は、保岡自身の趣味性は伝統的な方向に確実に向かっていった。[17]そして、それに合わせるように多方面の活動も開始した。すなわち、保岡勝也は、伊東忠太らとともに大正八年［1919］の日本庭園協会設立に参加し、[18]また、大正十三年［1924］に開校した東京高等造園学校（現・東京農業大学）では、茶室と茶庭に関する講義を担当し、昭和六年［1931］には常任理事にも就任することになる。こうした庭園や茶室への興味がいつ頃からのものかは不明だが、大正十二年［1923］の『最新住宅建築』には「他日稿を改めて茶室に関する拙著を公にしたい」と記されており、既に茶室研究の成果を得ていたことが分かる。そして、昭和二年［1927］には『茶室と茶庭』、昭和三年［1928］には造園叢書の『茶席と露地』を刊行することになる。戦前期には伝統的な和風建築を扱う単行本が多数刊行されるが、その中でも保岡の茶室に関する単行本刊行は極めて早く、[19]また、その内容はともに茶道の歴史から始まり、流派、茶室の大きさとその内部、茶庭というように、現存する京都の茶室や茶庭の実測をもとにした研究書的色合いの濃いものであった。

このように、保岡の変転は、住宅作家ではとどまらず、晩年は茶室建築の研究家と称されるまで伝統建築に没頭し、茶室に関する多数の著作を残した。この伝統建築への傾倒も、他の建築家よりも早いものだった。この時期の作風を伝えるものとして、川越に現存する山崎別邸［1925］がある。小規模な和洋館並列型住宅であるが、本邸はもとより、庭園と茶室もすべて保岡の手になるものである。洋館部分も魅力的ではあるが、

［15］　保岡と「婦人文庫刊行会」の出会いの経緯は不明だが、既に大隈重信伯爵邸洋館［1902］を設計し、また、独立後も岩崎彌太郎の次女と結婚した政治家・木内重四郎の住宅（木内重四郎邸和館［1914］）の設計に関与しており、建築家としての存在は広く知られていた可能性がある

［16］　相反する志向の作品集を同時に刊行していることが、和洋といった趣味性に関して問わないという設計姿勢を示しているといえる。なお、その後の1927年にも同様に『和風を主とする折衷小住宅』と『洋風を主とする折衷小住宅』という単行本を同時刊行しており、その意識は変わらなかったことが分かる

［17］　保岡の著作を見ると、大正末期以降は茶室に関するものが主となっており、興味が茶室に向かっていた様子がうかがえる

［18］　「保岡勝也氏を偲ぶ」（『庭園』1942.9）では、「保岡さんは大正昭和の御代に茶室建築の研究家として自他共に許していた大家であった。而して庭についても造詣深く、私どもが庭園協会を起すと直に協力せられ、役員として晩年まで会のために力をつくされたことは今更いふまでもあるまい」と記されている

［19］　大川三雄によれば、戦前期の茶室に関する単行本としては、1935年の北尾春道の『数奇屋聚成』［洪洋社］が早い例であるという

数寄屋の手法を駆使した和館と建物を取り囲む庭園と茶室こそ、保岡の志向性がよく反映されているのである。

結びにかえて　保岡の設計スタイル

保岡勝也は独立後、住宅以外の作品も手掛けた。代

山崎別邸［1925］［川越市指定有形文化財］
上―応接室：玄関ホール脇に位置する。照明器具は異なるが、家具やカーテン、壁紙などはオリジナルデザイン。花をモチーフとしたステンドグラスは、別府七郎の別府ステンド硝子製作所（1920年設立）の作品と思われる。保岡が川越の作品を多く手掛けることになったきっかけは、亀屋5代目である山崎嘉七との出会いによる。山崎は、親交深い友人宅を訪れた際、その家の設計者・保岡に感銘し、以後、かかわりのあった川越貯蓄銀行本店［1915］、第八十五銀行本店［1918］、自らの別邸を依頼したという
右―南面外観：建物全体は、2階建ての洋館と平屋の和館がつながる和洋館並列型住宅。なお、山崎家には、陸軍演習の際に11回にわたって皇族が宿泊されている。この別邸の竣工を記念し、1925年11月17日-21日まで梨本宮守正王殿下と李王世子垠殿下が泊まられ、ベランダで撮影した記念写真が残っている

表的なものとしては中井銀行本店［1917］などの銀行建築や商業建築が多かった。現存する建物が多く見られる川越では、山崎別邸とともに、川崎貯蓄銀行本店［1915］、第八十五銀行本店［1918］、山吉デパート［1936］を手掛けた。このうち、第八十五銀行本店と山吉デパートが現存し、山吉デパートの設計図面も残っている。山吉デパートの図面で注目されるのは、外観パースを描いた図面が六種類確認できることである。[20]現存する建物は、ファサードにイオニア式の大オーダーを配したルネサンス様式を基調としたものだが、他には、ゴシックを基調としたものや、インターナショナルスタイル風のものが見られる。恐らく、保岡は、数種類の案を用意して施主に見せ、その中から施主の求めるものを選ばせていたのである。それは、利便性や経済性の追求という責任は負いつつも、趣味性は施主の意志を優先させることを意味している。こうした設計方法に、[21]独立後の建築家としての姿勢が見て取れるのである。ともあれ、保岡は、商業建築の専門家から住宅作家へ、そして、茶室研究家へと歩んだ。そうした中で、藤井厚二のように独自のスタイルを確立させ得たかと問われれば、否と言わざるを得ない。強いて言えば、〝和洋折衷〟を設計方法として普及させ、和洋折衷化により伝統性を意識した設計の道を切り開いたのである。いずれにせよ、こうした変節により、保岡は一般大衆の生活の器としての住宅が建築家の重要なテーマであることを示し、その後の建築家の活動の場を確実に押し広げたのである。

住宅作家という新しいタイプの建築家像の存在を示した保岡も、晩年は脳溢血で倒れ、昭和十七年［1942］八月二日、その変転の人生を終えた。

上―岩崎彌之助深川別邸　池辺茶亭（現・涼亭）［1909］
全景：この庭園は、「三菱創設者である岩崎彌太郎の亡き後、弟の彌之助によって社内の親睦園、貴賓接待の場として利用された。１８８６年に整備を始め、庭池は１８９１年、J.コンドル設計の洋館は１８８９年に竣工した。3代目の総帥となった岩崎久彌は、英国陸軍元帥・キッチナーを歓待するために新たに小亭を建てた。その設計意図として保岡は、①靴のまま入れるように絨毯敷きとした、②内法寸法は6尺5寸だが外国人に低い印象を与えないように障子はすべて艶消ガラスとした、③建物は純日本風とした、と述べている
池辺茶亭から庭を望む
▼口絵p.089

［20］　外観パースは1－6までの番号が付されているが、5の1枚が失われている。現存する5枚には現状の外観に近いものはなく、そのため、この失われたものが現状に近いものだった可能性がある。なお、1－3は「10.7.18」の記述があり、これから本設計の前の昭和10年7月18日に描かれたことが推察できる

［21］　スケッチを数種描いて施主に見せるという方法は、熊本に現存する長崎次郎書店［1926］でも行われていた。ちなみに、長崎次郎書店では、異なった外観が4種類描かれたといわれている（「熊本県の近代化遺産」熊本県教育委員会／2000）

佐藤功一

Koichi Sato

生活者の視点で建築・都市を捉えた建築家

米山 勇｜Isamu Yoneyama

右―［所蔵：早稲田大学理工学術院創造理工学部建築学科］
▼個別年譜 p.367

住宅を重視した〝プロフェッサー・アーキテクト〟

佐藤功一は明治十一年［1878］七月二日、栃木県小金井市に生まれた。後に上京し、明治三十三年［1900］、東京帝国大学工科大学建築学科に入学する。帝大の同級生には、佐野利器、大熊喜邦、田辺淳吉らの優れた人材がいた。彼らは卒業後も「丼《どんぶり》会」と名付けて集まり、家族ぐるみの親交を続けた。[1] 明治三十六年［1903］、卒業と同時に三重県技師となり、津に赴任する。明治四十一年［1908］には宮内省内匠寮御用掛として入省するが、その年に依願免官。翌年、早稲田大学理工科建築学科本科創設の顧問だった辰野金吾の推薦により、早稲田大学から在外研究員として欧米に渡る。明治四十三年［1910］に帰国した佐藤は、同年に開設された早稲田大学理工科建築学科本科の講師に就任、まもなく教授となる。この時、佐藤は三十三歳であったが、実質的には欧米留学前からすでに建築学科の創設を託されていた。

今でこそ、大学で教鞭を振るう建築家は少しも珍しくないが、当時は建築学科自体が貴重な時代であり、

［1］ 伊藤三千雄「佐藤功一―都市景観への視点」『日本の建築［明治大正昭和］8 様式美の挽歌』三省堂／1982

早稲田大学は私学として初めて建築学科を持つ大学となった。佐藤は、ジョサイア・コンドルや辰野らと同様、黎明期の〝プロフェッサー・アーキテクト〟として活躍した。そして建築史から法規、計画、構造、製図、そして一般教養の英語に至るまで、二〇を超える講座を受け持った。なかでも、学科創設まもない大正二年［1913］から開設された「住宅建築」の講座は、日本での大学カリキュラムへのいち早い導入事例として特筆される。本稿は、建築家としての佐藤功一について記すことを旨としているが、その創造背景に彼の教育観、ことに住宅を重視した姿勢が通奏低音として流れていたことをまず確認しておきたい。

様式の引き寄せと〝佐藤張り〟

今井兼次によれば、建築家としての三十九年間に建設（設計ではない）された佐藤功一の作品は二三三件に及ぶという[2]。これは二ヵ月に一作のペースで地上に現れていったということであり、〝多作の建築家〟と言って差し支えないだろう。佐藤の活動期をおおまかに区分すれば、初期（明治三十六―大正十二年）、中期（大正十二―昭和七年）、後期（昭和七―十六年）となろう。

初期の出発点は、東京帝国大学工科大学建築学科の卒業設計「A PHOTOGRAPHIC STUDIO（写真館）」である。早稲田大学で教鞭を振るうようになった佐藤は、今井が「台頭しつつあった新様式に対しては、『諸君！　ルネサンスの建築は諸君の考えるような冷たいものではない』と古典建築の美を力説した[1]」と述べるように、西洋建築様式の教育に向けた情熱がみてとれる。だが、卒業設計に様式的性格は薄く、むしろモダンで自由な佐藤の造形意欲を見ることができる。

帝大を卒業してから関東大震災直前までの初期は、佐藤が早稲田大学建築学科の草創に尽力した時期であり、「博士自身が建築教育に心魂を傾むけて子弟教育に没頭せられておられたから、作品を世に出す機会も比較的少なく、おもむろに創意を錬り、その学的蘊蓄を実社会の建築に適用せられていた程度であった[3]」。大正七年［1918］八月、小石川の自邸に建築事務所を開設するが、当時の所員はわずか二名。住居の一部を製図室としていたこともあり、この時期の作品は、震災後と比較し明らかに精彩を欠く。同世代の岡田信一郎が様式に生き、殉じたように、西洋建築様式の呪縛はいまだ強く、佐藤もまた下野《しもつけ》新聞社［1922］のような古典主義の作品を手掛けていた時期である。

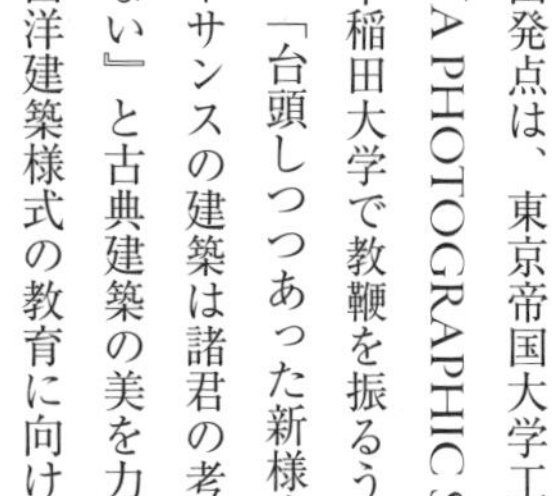

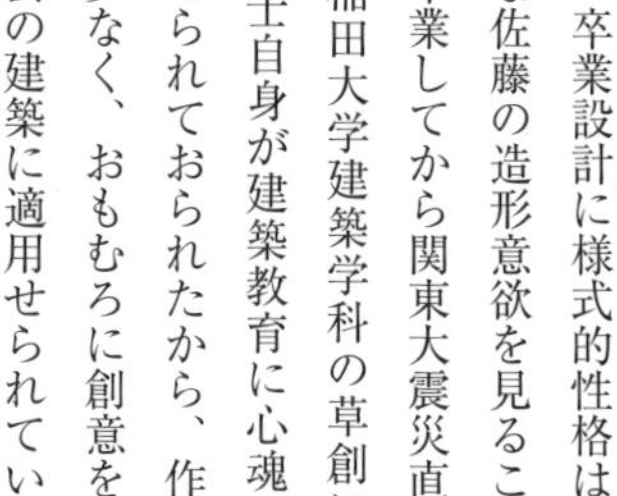

右―下野新聞社［1922］：ドリス式の大オーダーが並ぶ古典主義のオフィスビル。古典主義の列柱は本来円柱だが、角柱としているところに〝佐藤張り〟の萌芽が見られる［所蔵：下野新聞社］
左―三会堂［1927］：柱を外観に露出することなく、また装飾を廃することにより、様式色を弱めている。ロンバルディア帯を思わせる軒下飾りや、建物の角を削りエントランスとする手法も佐藤好みである［出典：『佐藤功一博士』］

大正十二年［1923］の関東大震災以降、設計依頼が急増し、佐藤は住居部分をすべて事務所に使って白山《はくさん》匠房《たくみぼう》と名付けた。以後の十年間（中期）は、盟友の佐野利器が「丸みや、膨らみの感じでなく、どこまでも直線が通って、角が立って、明暗がはっきりした佐藤張り」[4]と評したようなデザインが質量ともに開花した時期と言ってよいだろう。三層構成のアメリカ式オフィスビルの形式をとりながらピラスター（付け柱）を廃し、モダン化を図った三会堂［1927］、コリント式の列柱を円柱ではなく多角形断面とし、古典主義の原則を大胆に打ち破った日本勧業銀行有楽町支店［1928］と協和銀行芝支店［1930］、三会堂と同様に柱と壁を一体化させながら、最上階をペア・コラムの列柱として詩情豊かな陰影を建物に与えた名作・丸の内野村ビル（日清生命館（現・大手町野村ビル））［1932］など、様式の骨格を残しつつ徐々に解体しモダン化していく手法を、この時期の作品に見て取ることができる。また丸の内野村ビルとほぼ同時期に竣工した富山房［1932］は、書店ビルであることにちなんで本の背表紙を形態化したファサードがユニークであり、佐藤の自由な遊び心を顕著に体現している。

上｜早稲田大学大隈記念講堂［1927］
［重要文化財］
西面全景：塔屋の垂直性、3連のチューダー・アーチがゴシック様式の特徴を示す一方、スクラッチタイルを全面に張った重厚な外壁は、ロマネスク様式の雰囲気を醸し出している
大講堂の演壇から客席を見る：大きくカーブする壁面はそのまま天井と一体化する。天井は宇宙、巨大な天窓は太陽系を表現しているとされる。表現主義的な造形がちりばめられた豊潤な空間である。佐藤武夫による建築音響学の成果を反映した、日本最初のオーディトリアムでもある
▼口絵p.090

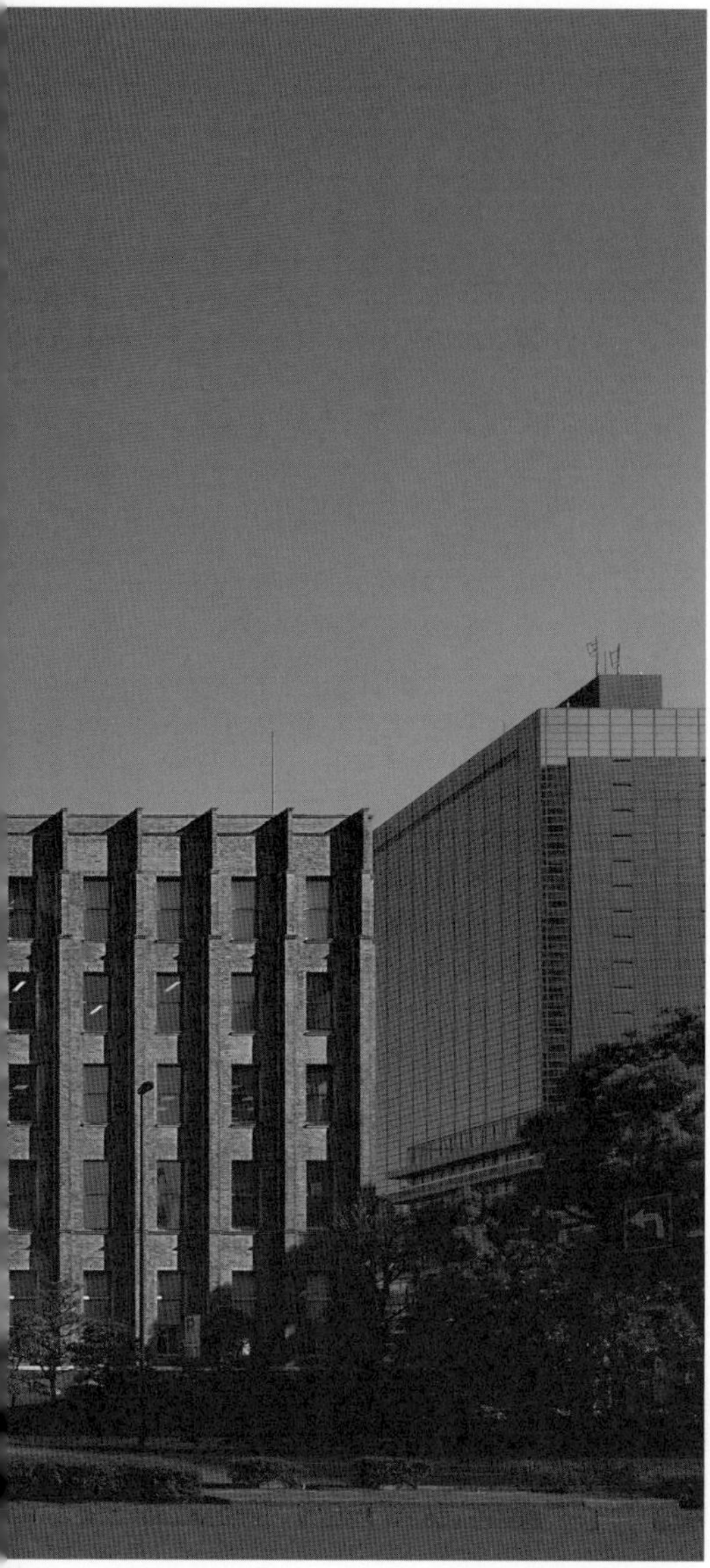

2つのオーディトリアム
——〝都市美観〟の創造へ

中期の作品で最も重要なのは、二つのオーディトリアム、すなわち早稲田大学大隈記念講堂［1927］と市政会館および日比谷公会堂［1929］であろう。前者は建築音響学に基づく日本初のオーディトリアムであり、後者は東京の先駆的な公会堂として、長らく演劇・音楽・芸術文化の中心的舞台となった。そうした機能的役割のみならず、これら二つの建築は、佐藤功一がいち早く注目した〝都市美観〟の理念を実践した事例としても重要なのである。

大隈講堂は当初懸賞設計競技が行われ、前田健二郎・岡田捷五郎の案が一等に選ばれたが実施されず、懸賞委員の一人であった佐藤の指導の下、佐藤武夫が実施図面を担当することとなった。三八メートルの高塔、三連のチューダー・アーチなど、ゴシック様式を基調としながら、重厚な壁面や軒回りのロンバルディア帯など、ロマネスク様式の性格を加味している。左

［2］今井兼次「故佐藤功一博士の作品」『建築雑誌』1941.11

［3］今井兼次「佐藤功一先生と作品」『佐藤功一博士』田辺泰・猪野勇一編、彰国社／1953

［4］池原義郎「佐藤功一—万古不易を求めて」『光跡—モダニズムを開花させた建築家たち』新建築社／1995

日清生命館（現・大手町野村ビル）［1932］：ルネサンス様式の骨格を残しながら、交差点に面する角に時計塔を、他の3つの角にも小尖塔を配し、ゴシック的垂直性を加味している。外壁のテラコッタや各部の装飾など、佐藤の作品の中でも特に質の高いもののひとつである。なお、この建物は改築に伴い、現在はファサードのみ保存されている［出典：『佐藤功一博士』］

市政会館および日比谷公会堂［1929］
上―市政会館南面全景：佐藤の作品の中でも、ゴシック様式のダイナミックな垂直性が最も際立って感じられる外観である。バットレスの寸法と間隔は上層になるにしたがって逓減（ていげん）し、ファサードの上昇性を高めている
右―日比谷公会堂北面全景：日比谷公園に面した正面。市政会館側のファサードとは対照的に低く抑えられたヴォリュームが、公園の緑の中に自然に溶け込んでいる。壁面のバットレスが、市政会館との連続感を強めている

右対称を打ち破った大胆な正面構成や大学校舎群の中央軸線からずらした配置など、ピクチャレスクな手法が目覚ましく、建物全体が周囲の景観に動的に連続していく。

　さらに重要なのは、大隈講堂と通りを隔てて建っていた早稲田大学出版部［1927］との関係である。外壁に張られた同質のタイルやテラコッタ、腰回りの石張りの素材的統一など、各部に見られる造形的統一などの点において、両者はデザイン上の連続性が明らかに意図されている。佐藤は、「長い街路が通つている場合には、横丁の有る毎に、様式を変化させても宜しい」とし「広場とか、街路の交差点」にはむしろ「変化を必要とする」と述べている[5]。大隈講堂と早大出版部は、細部の意匠や素材感に連続性を持たせながら、積極的に様式や高さなどに変化を与えることによって、ゴシック様式の高塔を持った大隈講堂と低層の早大出版部との対比を企図したものと考えられよう。つまり、複数の建築が生成する〝都市美観〟を志向・実践したものであると同時に、大隈講堂単体で表現した〝高―低〟の構成を、複数の建物がつくり出す風景に転移させたものと捉えることもできるのである。

　一方、日比谷公会堂の設計競技は大正十一年［1922］十一月に行われ、佐藤が一等当選したが、地盤軟弱のためと建築認可の遅延などによって予想以上の時間を費やし、昭和四年［1929］十月十九日に落成した。実施建物は当初の設計競技時とは別の敷地に建設され、意匠も大きく異なるものとなった。この変更について考える時、興味深いのは日比谷公会堂が面する交差点の形状である。突き当たりを持つ交差点の形状は、「都市の美観に就て[6]」で佐藤が提示する第五図、すなわち「街路の交叉すべき所、しかも其の交叉路の各が一直線をなし得ぬ場合」に合致する。そこで佐藤は「交通の支障さへなければ、そこに集る街路はこういふやうに喰違ひになる方が美観上に於ては却ってよい場合があるといふ事がいひ得らる丶のであります。なぜかといふと各の街路からそのつき当りの美しい建築が望み得られるからであります[6]」と述べている。日比谷公会堂の主たるファサードが面する道路が突き当たる地点には、渡邊節の設計によるルネサンス様式の重厚な日本勧業銀行本店が日比谷公会堂と同じ昭和四年［1929］に竣工している。水平性の強い日本勧業銀行本店を対面道路の突き当たりに持つ日比谷公会堂の設計に当たり、佐藤はそれとは対照的なゴシック様式の垂直的造形を投じ、両者のもたらすダイナミックな視覚

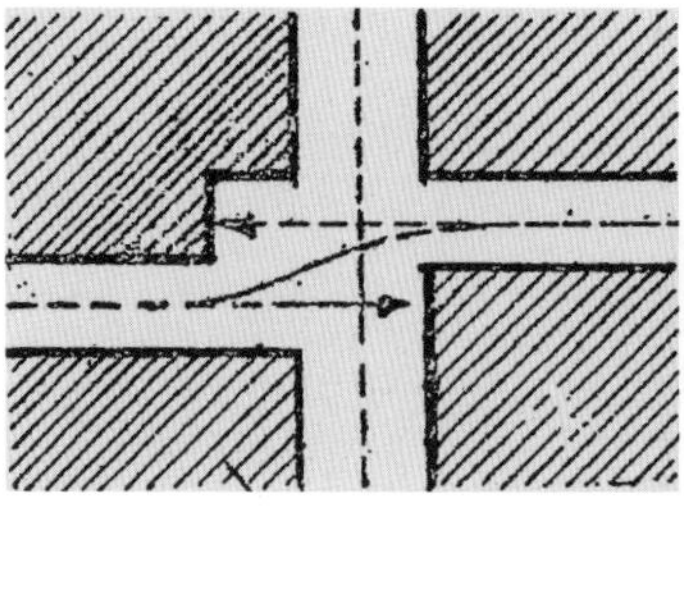

右―早稲田大学出版部［1927］：隣接する大隈講堂と同じ年に同じ設計者によって建てられた［写真：米山勇］
左―「都市の美観に就て」第5図［出典：佐藤功一「帝都復興と建築問題に関する講演会録―都市の美観に就て」］

効果を意図したのであろう。

大隈講堂、日比谷公会堂という二つのオーディトリアムで佐藤が企図したのは、多目的ホールがもたらす文化の近代化のみならず、複数の建築による都市美観を創造することであった。それは日本の都市認識において、官庁集中計画［1886–90］に象徴される明治期の俯瞰的な都市認識として、路上からの視点によるダイナミックな都市認識＝近代的都市認識への転換を先導するものであったと言えよう。

〝住み良さ〟の展開
——住宅の延長としての学舎・庁舎建築

佐藤功一の創造活動において、昭和七年［1932］という年は、中期から後期への展開を告げる画期となった。この年、前述の丸の内野村ビルや富山房といった〝佐藤張り〟の佳品が世に出る一方、津田英学塾（現・津田塾大学本館（ハーツホン・ホール））［1932］が竣工し、全く新しい方法論が示される。

津田英学塾は、佐藤が得意としたルネサンス様式のモダン化を基調としながら、池原義郎も指摘するように、いわゆる「帝冠様式的処理が加えられた」[4]独特の

滋賀県庁舎（現・滋賀県庁舎本館）［1939］［国登録有形文化財］
上—北面外観：水平性の強い左右対称の全体像は、ルネサンス様式が基調となっている。しかし、様式建築につきものの装飾はほとんど排され、全体的にモダンな性格が強い。中央部大オーダーの柱頭飾りも古典主義を逸脱した中世的なものである。軒上の要所要所に配されたアクロテリオン（ギリシャ・ローマの建物における屋根の隅飾りに端を発する装飾）がユニークな装飾効果を上げている
右—2階東側廊下：佐藤が晩年に到達した境地を如実に示す寄せ廊下。ロの字型のプランをとりながら、廊下は中庭を囲まず北西側に寄せられている。これにより、主要な居室のほぼすべてに南か東からの採光が可能となる

外観が特徴的な建物だ。しかしここで重要なのは、外観よりも平面計画である。全体的な形状は一般的なコの字型だが、通常なら中庭を囲むように配される廊下が、北西に寄せられていることに注意しなければならない。明らかに各居室の採光を優先させた、〝寄せ廊下〟ともいうべき特異なプランである。

この手法は、その後も一連の庁舎建築にことごとく適用される。昭和初期の時点ですでに佐藤は群馬県庁舎（現・群馬県庁舎昭和庁舎）［1928］、宮城県庁舎［1931］を手掛けていたが、それらのプランは取り立てて言及すべき特徴を持つものではなかった。一方、昭和十二年［1937］から十四年にかけて、帝室林野局庁舎［1937］、栃木県庁舎（現・栃木県庁舎昭和館）［1938］、滋賀県庁舎（現・滋賀県庁舎本館）［1939］という三つの庁舎建築が相次いで竣工しているが、いずれも寄せ廊下が採用されている。

冒頭で述べたように、佐藤はいち早く〝住宅〟の重要性に注目し、建築教育のカリキュラムに取り入れた建築家であった。おそらく彼は、住環境における最重要な要素である〝採光〟への配慮をまず、自邸［1926］、反町茂作邸［1927］などの住宅作品で実践した後、学校建築である津田英学塾の設計に応用し、さらに晩年に至り、庁舎建築にまで導入したのだと考えられる。

伊藤三千雄が指摘するように、「建築は生活を支える科学であるという立場」によって、「建築の機能性、合理性を実証的に論じ（中略）様式芸術に固執する伝統的な狭い世界から一歩踏みだし、次の時代の幕開けを告げるプレリュード」[1]を奏した建築家こそ、佐藤功一であった。都市を歩く個人の視線を重視した〝都市美観〟の創造、建物内で執務する個人の〝住み良さ〟を再優先させた〝寄せ廊下〟のプラン。その根底に、住宅をすべての基調としながら、生活者の視点に立って建築・都市を創造しようとした佐藤功一の建築観があったことは言うまでもない。

［5］佐藤功一「家並と街路樹」『新しい東京と建築の話』時事新報社／1924
［6］佐藤功一「帝都復興と建築問題に関する講演会録─都市の美観に就て」『建築雑誌』1923.12

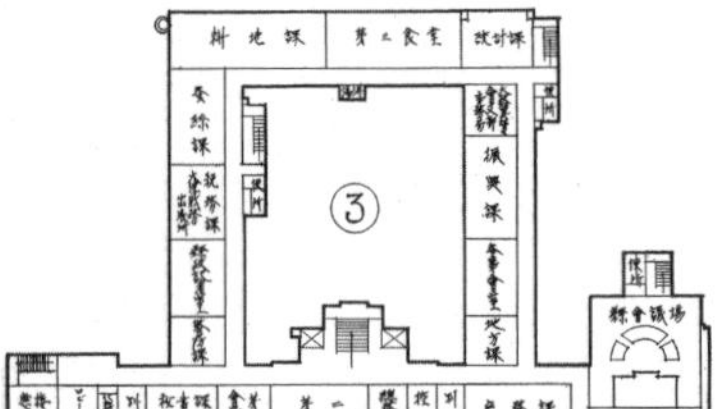
滋賀県庁舎3階平面図：方位は図の上が南である。〝寄せ廊下〟の手法によって、主要な居室が南および東からの採光を実現していることが分かる［所蔵：滋賀県庁］

田辺淳吉

Junkichi Tanabe

日本のアーツ・アンド・クラフツ建築を目指して

松波秀子｜Hideko Matsunami

右―［所蔵：渋沢史料館］
▼個別年譜 p.360

田辺淳吉は、明治十二年［1879］二月二十六日、[1]東京本郷区西片町に生まれた。西片町は福山藩主阿部家の江戸屋敷があった所。父・新七郎は元福山藩士で宮内省の役人、書画を能《よ》くした。明治三十三年［1900］、東京帝国大学工科大学建築学科入学。同期に大熊喜邦、[2]北村耕造、[3]佐藤功一、佐野利器、[4]松井清足らがいた。同期八人は特に仲が良く、同窓会「丼《どんぶり》会」をつくり、家族ぐるみの交流は終生続いた。学生時代から芸術的才能は抜きん出ており、佐野は「意匠が上手で天才的だった」[5]、佐藤は「（同級の内）大学へ来る迄最も美術的素養を多く受けて来た」、「所謂芸術家的本分といふ様なものがどこからともなく湧いて居る人」[6]と述べている。

明治三十六年［1903］七月卒業、十月に清水満之助店[7]に入店。九月には同期の北村も入店している。当時清水店技師長の岡本銺太郎が帝大卒業生の採用を希望、清水釘吉や岡本と昵懇《じっこん》の大沢三之助が田辺と北村を説得したといわれる。[8] 翌三十七年二月、第一銀行京都支店［1906］の新築の用務を以て京都へ赴任、[9]明治三十八年十二月下旬に本店勤務となり、帰京した。[10] 関西赴任中に設計した大阪瓦斯本社［1905］はセセッション式と言われるが、むしろアメリカ式で、時代を先取り

［1］　従来、六月二十六日生まれとされていたが、東京帝大在学証明により、二月二十六日生まれと判明
［2］　大熊喜邦［1877–1952］後に大蔵省営繕官僚となり、国会議事堂［1937］を完成させる
［3］　北村耕造［1877–1939］大正六年清水組を退社。後に宮内省内匠寮工務課長となり、那須御用邸、李王邸、朝香宮邸などの設計を指揮
［4］　佐野利器［1880–1956］後に東京帝国大学教授となり建築構造学の基礎を築く
［5］　『佐野利器―佐野博士追想録』佐野博士追想録編集委員会編／1957

した大きなショーウィンドウを持つ開放的なショールーム、わが国最初のグラベル・ルーフによる陸屋根が特筆される。いずれにせよ、入社して最初の意欲作である。清水組技師時代の作品には、東海銀行本店、澁澤倉庫第一期［いずれも1909］、第一銀行釜山支店［1912］、第一銀行深川支店、紅葉屋銀行［いずれも1913］などがある。澁澤倉庫（第一期）は、わが国最初の鉄筋コンクリート造建築とされる神戸和田岬の旧東京倉庫[11]と同年の着工で、清水組として鉄筋コンクリート造の初めての取組みであった。当時は、意匠設計だけでなく最新技術の導入と実施も技師の役割だったのである。

ところで、同じ福山藩士の家に生まれ、本郷西片に住み、セセッション様式や工芸に関心を持つなど、近い存在でありながら意外にその接点が知られていない田辺と武田五一だが、武田の初期の代表作でセセッション式の嚆矢《こうし》とされる福島行信邸［1907］の実施設計、同邸玉突場・附属家・外構の設計、八年後に同邸の増改築及び築庭（庭園整備）［1915］の設計を行っている。

明治四十二年［1909］八月、渋沢栄一を団長とする渡米実業団に随行、北米各地を訪問の後、単独で米国を視察、次に欧州各地を視察し、翌四十三年十月帰国した。欧州で流行していたセセッションに感銘を受ける一方、最も滞在期間の長い英国では、著名建築の他、一般住宅、特にアーツ・アンド・クラフツ建築、庭園、工芸等もつぶさに視察したと思われる。誠之堂《せいしどう》［1916］や晩香廬《ばんこうろ》［1917］、石井健吾別邸［1925］には、アーツ・アンド・クラフツ建築の影響が色濃く見られるのである[12]。

大正二年［1913］、清水組技師長となり、同社幹部としてますます多忙となる。作品の多くは銀行建築や事務所建築で、意匠設計上の好題材は後進の育成のために譲り、その指導に当たっていたが、、大正五年［1916］、田辺の本領を存分に発揮できる格好の題材として、誠之堂と晩香廬の設計に打ち込み、珠玉の作品をつくり上げた。この他、技師長時代の作品に、池田仲博侯爵邸［1918］、川喜田久太夫邸洋館改築［1919］、日本倶楽部［1921］、東京會舘［1922］などがある。

大正九年［1920］に退社。翌十年、恩師中村達太郎と「中村田辺建築事務所」を設立、丸ビルに事務所を構えた。中村と事務所を設立した経緯は詳らかではないが、中村は「手一度図面に触るれば、奇想忽ち溢流し、良案立どころに成る[6]」と高く評価していた。同年、

［6］『田辺淳吉氏作品集』佐藤功一編、洪洋社／1921

［7］現在の清水建設。1915年以降は合資会社清水組

［8］『師と友—建築をめぐる人びと』森井健介著、鹿島出版会／1967

［9］「消息」『建築雑誌』1904.2・5

［10］「消息」『建築雑誌』1906.1

田辺の設計とされる日本女子大学校講堂兼図書室（現・成瀬記念講堂）は①明治38年4月起工、同年11月竣工（落成式は翌39年4月11日）。起工の1年以上前から竣工直後までの設計および工事期間は、田辺の京都赴任時期と重なる。②田辺のスケッチブック（博物館明治村所蔵）に「Designe Stained grass（ママ）Nippon-Joshi-Daigaku Feb. 1 1906 J. T.」があり、落成式までの間にステンドグラスが製作されたのかもしれないが推測の域を出ない。③北村耕造の追悼記事（『建築雑誌』1939.9）の実績作品に日本女子大学講堂兼図書室及教育部校舎が記載されている。④明治38年竣工の同大学校桜楓会館（三井三郎助夫人・天寿子が寄贈）は北村の設計であり、清水店では北村が日本女子大学校を担当していた。以上のことから、北村の設計である

次頁｜高岡共立銀行（現・富山銀行本店）［1914］

正面外観：辰野式フリー・クラシックの意匠である。装飾を控え目にし、1・2階を貫く柱型を強調させ、全体をすっきりと端正にまとめている辺りは、田辺の手腕といえよう。化粧練瓦（現在の外装タイル）は、大阪市中央公会堂と同じ大阪窯業製。御影石は岡山県北木島産

TOYAMA
BANK

独立を機に畏友佐藤功一が『田辺淳吉氏作品集』を編み、洪洋社から刊行された。同書の序文で、大熊喜邦、佐藤とも、将来、田辺が本来の才能を発揮し、多くの傑作をものすることを期待している。この他、早稲田大学では「工事実施法」を、日本女子大学校では「建築学」を講義する一方、文部省の住宅改善調査委員会副委員長として平和記念東京博覧会［1922］の文化村をプロデュースし、住宅改善に関する多くの著述と講演を行っている。さらに、以前から関心のあった庭園・公園と建築との関係についてランドスケープ・アーキテクチャーの論考を深めていった。青淵《せいえん》文庫［1925］の他、大垣共立銀行、第一銀行小樽支店（現・協同組合紳装）、丸善バラック、松屋呉服店バラック［いずれも1924］、後川文蔵邸、石井健吾別邸［いずれも1925］などがある。

青淵文庫の完成間近の大正十二年［1923］九月、関東大震災により日本倶楽部、東京會舘など、清水組で手掛けた多くの建築が被災、その復旧のため多忙を極める。過労のため、大正十五年［1926］七月、四十七歳という短い生涯を閉じた。円熟した建築家として、また、住宅改善、建築と庭園・公園など、社会的な広がりのある活動が期待された矢先のことであった。

高岡共立銀行（現・富山銀行本店）

近代建築の案内書には、高岡共立銀行［1914］を辰野金吾の設計、あるいは監修と解説しているものが散見される。確かに、赤い化粧煉瓦壁に白い御影石の横縞が際立つ典型的な辰野式の外観であるが、辰野の関与はない。[13] 高岡共立銀行を含む明治四十年［1907］から大正四年［1915］までの五二件の銀行建築が収録されている『清水組技術部設計 建築作品集 銀行之巻』[14]には、ルネサンス系の意匠が大半を占める中、どうして高岡共立銀行だけが辰野式なのだろうか？

明治二十八年［1895］に設立された高岡共立銀行の初代頭取は、海運王として知られる馬場道久。馬場らは銀行業務に明るい、元第一銀行高岡出張所の主任大橋半七郎を支配人に迎え、開業初期を乗り切ったという。[15] 大正二年［1913］、増資を行い業務を拡充するとともに本店新築を決めたが、清水組に依頼したのは第一銀行、すなわち渋沢栄一の関係だと推される。その意匠については、創立時から第一銀行と縁の深かった当時の幹部の意向が強く働いたのではないかと思われるが想像の域を出ない。第一銀行京都支店の現場で辰野

［11］　三菱倉庫の前身
［12］　中村鎮は「晩香廬の記」（『美術写真画報』1920.3）で、田辺作品は英国の建築家ラッチェンスに共通すると述べているが、ベイリー・スコットの作品との共通性が顕著である
［13］　「巻末附図説明」（『建築雑誌』1915.6）工事経歴書（清水建設所蔵）に田辺の設計と明記されている。『創業百年史』［北陸銀行編、北陸銀行／1978］に「辰野金吾設計」とあるのは誤記
［14］　大正4年、清水組刊
［15］　『創業百年史』
［16］　大正9年、高岡共立銀行は（旧）高岡銀行と合併して（新）高岡銀行となり、（新）高岡銀行本店となった。昭和18年、高岡銀行を含む県内の4銀行が合併して富山市に本店を置く北陸銀行が設立され、北陸銀行高岡支店となったが、昭和39年、富山産業銀行（昭和29年設立）がこの建物を取得し同行本店となり、昭和42年、同銀行は富山銀行に改称され同銀行本店となり、現在に至る
［17］　現・みずほ銀行
［18］　誠之小学校の名は田辺家出身の福山藩藩校誠之館にちなむ
［19］　『建築工芸叢誌』第2期第24号、1916.9

の補佐をした田辺により、抑制された辰野式で手堅くまとめられている。大正二年［1913］九月起工、翌三年十二月完成、翌々四年一月に落成式が行われた。その後、富山銀行本店となり[16]、現役の銀行建築として建ち続けている。土蔵造りの町家が並ぶ中、北陸随一の本格的洋風建築として異彩を放っている。

誠之堂

埼玉県深谷市に建つ誠之堂は、東京世田谷区から移築されたものである。世田谷区瀬田にはかつて第一銀行[17]の保養施設清和園があり、その一隅に大正五年［1916］、第一銀行の創立者渋沢栄一の喜寿を記念して建てられた。渋沢により、四書『中庸』の「誠之者、人之道也」から命名された〝誠之堂〟の名は、田辺が通った本郷西片町の誠之小学校[18]に重なる。当時から名建築として名高く、佐藤功一をはじめ、松井貴太郎、中村鎮、前田松韻、大熊喜邦らも賞賛している。自作についてほとんど語ることのなかった田辺だが、誠之堂については『建築工藝叢誌』に長文を寄せ[19]、設計条件は、〝西洋風、田舎風、三〇坪前後、小集会としての設備の四点のみ〟で、設計上の苦心と称するものは

誠之堂［1916］［重要文化財］
上―広間内部：暖炉上の渋沢翁のレリーフは武石弘三郎作。両脇柱の装飾煉瓦は、三河平坂産（大阪窯業平板工場製）。暖炉両脇のステンドグラスは、中国古代の画像石に倣った意匠で「庶民、貴賓を祝すの図」。森谷延雄のデザイン。ヴォールト天井リブの石膏彫刻は、高麗青磁の雲鶴模様に松葉を散らし、壁際端部には「寿」を刻む。渋沢翁愛読の論語にちなみ、支那や朝鮮の好みを随所に取り入れている
右―正面外観：「大体の風趣は英国の田園趣味に基づき、これに朝鮮支那あたりの手法を巧みに取り入れている」（『田辺淳吉氏作品集』）

なく、質素を旨として心ゆくまでに意匠を立て、気の付いた処にある程度の試みをしたと述べている。

大正の名建築としてその保存が望まれていたが、平成九年［1997］やむなく解体されることになり、仮設シートに覆われた直後、危機一髪のところで、渋沢の出身地である深谷市への移築が決まった。壁体は練瓦一枚半積のフランス積、外部は洗い出し積であるが、色調の異なる窯変練瓦を巧みに配列して、小口を一つおきに前面に一〇ミリほど突出させ、素朴だが豊かな表情の壁面を構成し、誠之堂の大きな魅力となっている。練瓦を一枚一枚解体して搬送し、移築先で積み直す方法では、この味わいのある練瓦壁を復原することは不可能で、誠之堂の価値は損なわれてしまう。そこで、練瓦壁をそっくりそのまま移築設する〝大ばらし〟の手法が採用された。練瓦壁を大きなユニットに切断して搬送し、移築先に新設した鉄筋コンクリートの基礎の上に練瓦壁を積み（三層）、壁頂に鉄筋コンクリートの臥梁を廻し、臥梁から基礎までPC鋼棒を挿入し緊張を加えて構造補強された。なお、誠之堂の練瓦は、深谷の日本煉瓦製造会社のホフマン輪窯で焼かれたものであることが「上敷免《じょうしきめん》製」[20]の刻印から判明し、八十余年ぶりの練瓦の里帰りとなった。

晩香廬

東京都北区西ヶ原の旧渋沢家飛鳥山邸「曖依村荘」跡地[21]に現存する。同地に所在する渋沢史料館の施設として青淵文庫とともに活用が図られている。

渋沢栄一の喜寿を祝い清水満之助が献呈した小亭で、大正五年［1916］十月、「賀詞」、「献品目録」、「献品目録附表」が贈られ、目録には小亭バンガロー式壹[22]棟とあり、合わせて贈る「小亭用備品」の内容と点数、それらの工芸作家の名が列記され[23]、同附表には小亭附属品として家具等の一覧が記されている。小亭は翌六年十一月に完成した。晩香廬の名は渋沢が自作の漢詩の一節「菊花晩節香」からとって命名した[24]。

大熊喜邦は「数寄屋の洋館、茶がかったヴィラなどは、他人の到底企及し難い特技を示されている」[6]、佐藤功一は「作者の深い研究と黙想とから迸り出たもので、（中略）飽迄気の効いたそして自由な意匠と手法とを示してゐる。和洋の様式を渾然一和した恣なる手腕は羨望に堪えない」[6]、中村鎮も、「総ての部分が周到なる用意を以て意匠せられて居る」[25]、と誠之堂とともに賞賛している。そして洋風建築に、日本の茶室など

［20］深谷の上敷免（地名）に日本煉瓦製造会社があり、練瓦には「上敷免製」の刻印が付された

［21］現在は東京都北区飛鳥山公園の一部

［22］田辺は「抄訳 西豪州の住家」（『建築雑誌』1908.1）で、同地の「バンガロー」に着目し、日本の住宅との共通点を指摘している

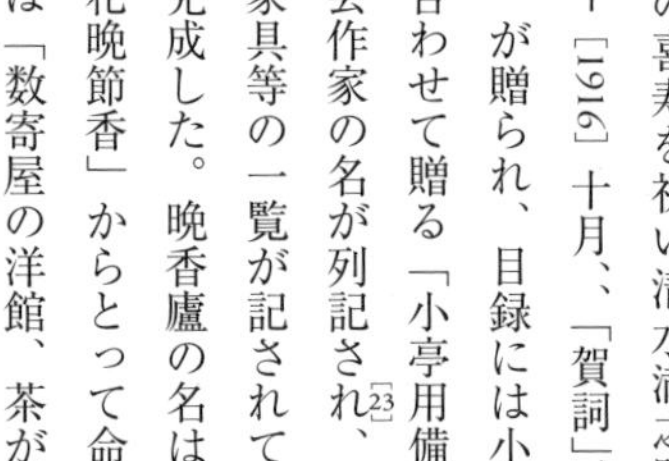

晩香廬［1917］［重要文化財］
右—東面外観：基本的に洋風の外観である。赤い塩焼瓦の屋根に煙突、大きな開口部、深い軒が特徴的
次頁上—談話室東面：柱は栗材で野趣を出している。佐藤功一によれば「コムポジションは単純だが、十二分に作者の技量を揮ったのであらう。見て行くほどに琢磨されたデテールを発見する。腰羽目は萩茎の立簾、壁は青貝交り、暖炉両側の小窓には淡貝を利用（後略）」（『田辺淳吉氏作品集』）

に見られる洗練された情趣を見事に融合させた田辺淳吉の手腕を評価するとともに、日本の伝統的な意匠や機能を単純に取り入れるのではなく、材料や細部意匠の隅々まで周到に配慮する田辺の設計の姿勢〝心尽くし〟に言及している。晩香盧は、洋風建築の知識もあ

[23] 晩香廬で特筆すべきは〝建築と工芸の提携〟という新しい試みがなされたことである。建物に併せて、茶器、花器、卓子敷などの備品も贈ることになり、藤井達吉、津田青楓、高村豊周、富本憲吉、河合卯之助、清水六兵衛ら、当時新進気鋭の美術工芸作家に、あらかじめ建物の目的、意匠の概要を説明して製作を依頼した

[24] 渋沢栄一の長女・穂積歌子の晩香廬談話室に掲げられた大額の撰文（大正7年菊月）による。なお、渋沢の父親の号「晩香」、渋沢の個人用箋の「晩香書屋」など、「晩香」は詩作以前に渋沢家で聞かれる語であった

[25] 中村鎮「晩香廬の記」『美術写真画報』1920.3

下―青淵文庫［1925］［重要文化財］
東面外観：高さの異なる直方体を前後に並べた端正な建物。東面前面に露台を張り出し、4連の大きな開口を設けている。その周囲は華やかな装飾タイルで縁取られ、5本の列柱が建ち並ぶような印象を与え、正面性を強調
装飾タイル：露台（テラス）に面した正面の柱型の装飾タイルは、京都の泰平窯製。渋沢家の家紋「違い柏」にちなみ柏の葉と実を描き、対角に走る金帯が印象的なデザイン。ボーダーやコーナーの図柄も、形を変えた柏と金帯で構成。愛陶家・田辺の装飾タイルに対するこだわりがうかがえる
▼口絵p092

り、伝統的な日本建築にも精通していた田辺が、洋と和にとらわれない自由な表現を求めた結果の珠玉の作品ということができる。

　誠之堂における田園趣味の英国農家風、晩香廬における建築と工芸の提携、質素で技巧に凝らない一方、意匠、材料・仕上を徹底的に吟味、工夫する設計態度。田辺の目指したものは、日本におけるアーツ・アンド・クラフツ建築であった。

青淵文庫

渋沢栄一の傘寿（八十寿）と男爵から子爵への陞爵《しょうしゃく》を祝い、当時の竜門社[26]の会員が贈った建物で、晩香廬に隣接して建つ。昭和二十年［1945］四月、空襲で渋沢邸の大半の施設が焼失したが、青淵文庫と晩香廬は戦禍を免れたのである。

　文字通り、渋沢の雅号「青淵」にちなむ文庫で、彼が収集した徳川慶喜の伝記史料と論語関係の書籍を収める予定であったが、兜町の渋沢事務所にあった史料や漢籍は震災で焼失してしまい、文庫でなく内外からの訪問客の迎賓館として使用された。

　大正十一年［1922］春に着工し、完成間近の翌十二年九月、関東大震災に遭い工事は中断、十四年五月にようやく完成した。文庫として堅牢性と耐火性が求められ、構造は練瓦一枚半積みの内側に鉄筋コンクリートの壁を増し打ちしている。外壁は月出石《つきでいし》張り[27]、外部建具は鋼製網入りガラス窓と鋼製開き窓の二重、二階書庫入口には鋼製防火戸を設けている。様式主義的な意匠は影をひそめ、装飾を抑制した端正なつくりだが、正面中央の四連の開口部上部のステンドグラスと、開口部額縁の装飾タイルが華やかさを与えている。

終わりに

田辺淳吉の建築家としての活動は、大学卒業の二十四歳から四十七歳で亡くなるまでの約二十三年間である。四十三歳で独立した後は震災復旧に忙殺された。同世代の建築家の主要作品の多くは震災後のものだが、田辺にはそれがない。現存作品が限られている中、彼の才能が遺憾なく発揮された代表作の誠之堂と晩香廬、そして青淵文庫が、大正期を代表する建築家・田辺淳吉の作風をよく示す作品として評価され、国の重要文化財に指定され、大切に保存されていることは、誠に幸運なことであるといえよう。

［26］現在の公益財団法人渋沢栄一記念財団の前身

［27］伊豆船原で産出した安山岩の一種

第III部

様式建築の新展開

ウィリアム・メレル・ヴォーリズ	1880-1964
ジェイ・ハーバート・モーガン	1868-1937
中村與資平	1880-1963
岡田信一郎	1883-1932
内田祥三	1885-1972
渡邊 節	1884-1967
安井武雄	1884-1955
木子七郎	1884-1954
渡辺 仁	1887-1973
高橋貞太郎	1892-1970
松田軍平	1894-1981

ウィリアム・メレル・ヴォーリズ｜駒井家住宅（駒井卓・静江記念館）［1927］▼p.181

ジェイ・ハーバート・モーガン｜ベリック邸（現・ベーリック・ホール）［1930］▼p.187

中村與資平｜静岡市庁舎（現・静岡市役所静岡庁舎本館）［1934］

▼p.198

岡田信一郎—東京復活大聖堂（ニコライ堂）［1930］▼p.207

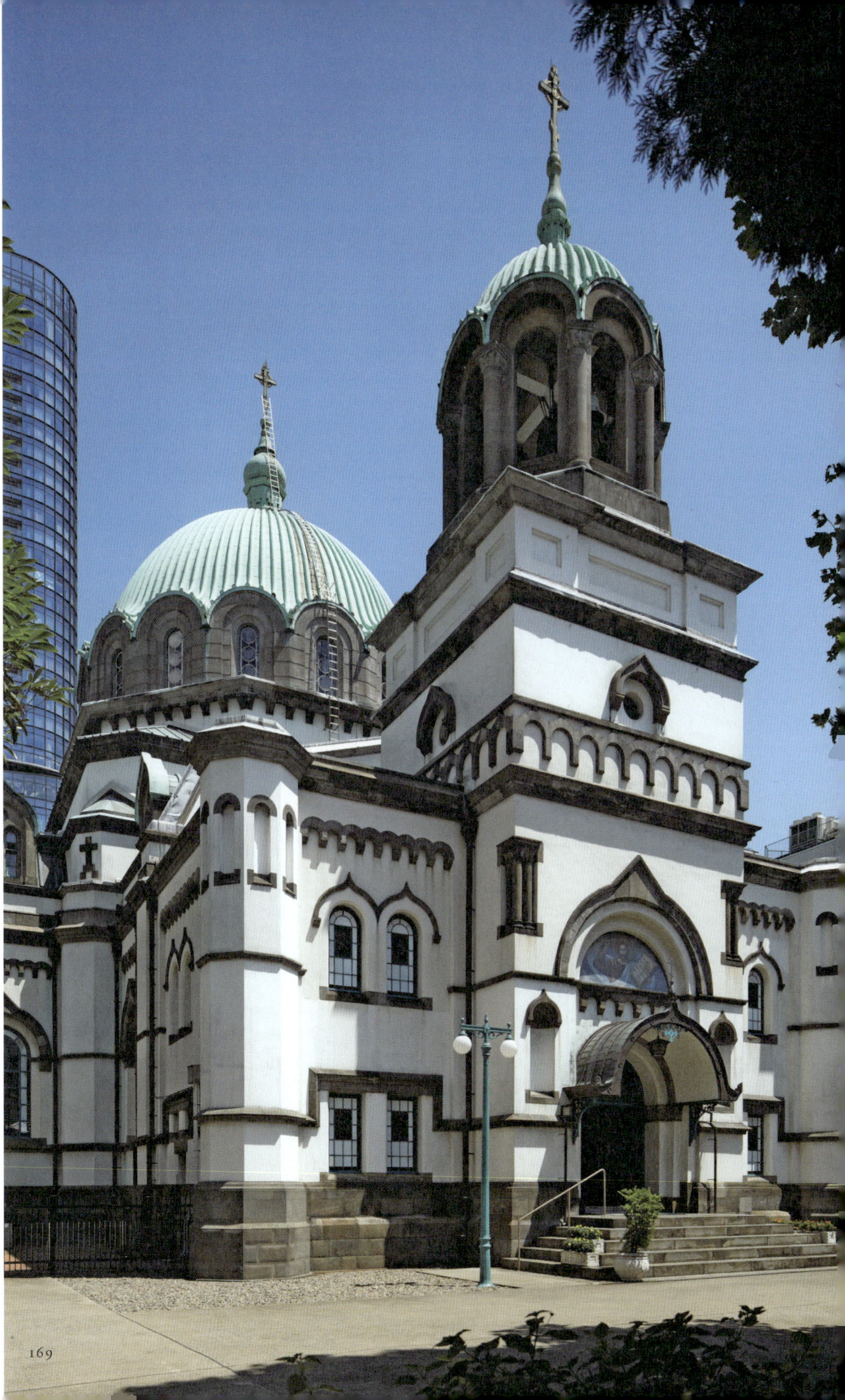

内田祥三｜東京大学大講堂［1925］
▼p.216

渡邊節｜綿業会館［1931］▶p.221

安井武雄—大阪倶楽部［1924］▼p.227

木子七郎─松山大学温山記念会館（旧・新田利國邸）［1928］▼p.239

渡辺仁—東京帝室博物館（現・東京国立博物館本館）［1937］▶p.245

高橋貞太郎―学士会館［1928］▼p.251

松田軍平｜石橋徳次郎邸（現・石橋迎賓館）［1933］▼p.258

ウィリアム・メレル・ヴォーリズ

William Merrell Vories

オーディナリー、そして「永続的満足」という賜《たまもの》

山形政昭｜Masaaki Yamagata

右―［出典：『近江の兄弟ヴォーリズ等』吉田悦蔵著、警醒社書店／1923］

▼個別年譜p.377

はじめに――英語教師からミッション建築家へ

ウィリアム・メレル・ヴォーリズは、明治十三年［1880］米国カンザス州レヴンワースに生まれ、高原の町アリゾナ州フラグスタッフに転居して成長し、コロラド大学哲学科を卒業後、在学中のＹＭＣＡ活動を通してキリスト教の海外宣教活動を志した。そして明治三十八年［1905］二月に滋賀県立商業学校英語教師として来日している。教員時代は二年で終わるが、その間に教え子たちに深い感化を与え、また独力で八幡ＹＭＣＡ会館［1907］を建てるなど、後の活動を予感させるものがあった。[1] 失職していた明治四十一年［1908］、支援者の紹介で京都ＹＭＣＡ会館（デ・ラランデ設計）の建築工事監督に就き、ここで建築設計監督事務所を始めたとされている。その状況は必ずしも明らかではないが、明治四十三年［1910］には欧州米国を巡る旅を行い、近江八幡に戻った十二月に教員時代の教え子の吉田悦蔵ら、それに米国人建築技師をスタッフに加えてヴォーリズ合名会社を設立し、独自のキリスト教主義事業を始めた。つまり湖畔伝道[2]を行いながらアメリカ建築の流れを引く建築設計、そして

［1］　ヴォーリズの自伝『失敗者の自叙伝』［一柳米来留著、近江兄弟社／1970］があり、氏の出自および成長期から来日時の様子について詳しく述べられている

［2］　琵琶湖周辺の堅田、今津、野田などにキリスト教会館を設けて活動した。ヴォーリズは本来の宣教師ではなく平信徒であり、近江八幡の教会、およびこれらのキリスト教会館で牧師の協力を得て布教に尽力した

メンソレータムや米国製ピアノなどの販売事業を進め、やがて大阪、東京に支所を置くヴォーリズ建築事務所、および近江ミッション（昭和九年［1934］より近江兄弟社）を率い、近江八幡では近江サナトリウムやさまざまな教育事業など、地域に根付き貢献した。

奇跡とも思える事業の広がり、建築活動の進展には目を見張るものがあり、ヴォーリズのもつ類い稀なる資質に惹かれるのである。

実際、建築活動ではキリスト教の関係者の間では厚い信頼を得て、全国各地のキリスト教会やミッション・スクール、そして宣教師住宅を建て、米国の伝統的住宅スタイルを応用した数多い住宅設計を行い、日本住宅の洋風化に影響を与えた。また大同生命ビルディング（大阪［1925］、横浜［1931］、札幌［1935］など）、百貨店の大丸大阪心斎橋店［1922・1933］や京都店［1928］、主婦の友社ビル［東京、1925］、矢尾政レストラン（現・東華菜館）［京都、1926］など著名な近代建築も残している。そして戦前期約三十年における建築数が一〇〇〇棟を超えるという多作を残した実務においても特色があったといえる。

ヴォーリズは少年の頃から絵画、音楽に才能を発揮し、とりわけピアノ、オルガンを自由に演奏し、また詩人でもあったという。そうした天性の資質と敬愛すべき明朗闊達な人柄は、幼少年期を過ごした敬虔なクリスチャン家庭と、アリゾナの清浄な空気と大自然の息吹によって育まれたものだった。

自然を求めたヴォーリズは、宣教師との交流を通して軽井沢を見い出し、明治四十五年［1912］よりコテージと事務所を置いていた。実際ヴォーリズの活動は夏の軽井沢を第二の拠点として進められ、山荘建築はもとより全国で活動していた宣教師の関係する建築を多く残したことも特色といえる。ヴォーリズは昭和十六年［1941］、満喜子夫人の生家である一柳家に入籍し、日本に帰化して一柳《ひとつやなぎ》米来留《めれる》となる。そして日米開戦の迫るなかで夫妻は軽井沢に居を移し戦中を耐え、近江八幡での活動も途絶える。一柳米来留は昭和二十一年［1946］に活動を再開するが、昭和三十二年［1957］、くも膜下出血で倒れ、病床の人となり、昭和三十九年［1964］に他界した。そうした晩年の喜ばしいことでは、近江八幡での功績により昭和三十三年［1958］に名誉市民第一号に推挙されたこと、そして新しい世代による建築の後継者が独立し、大阪で一粒社ヴォーリズ建築事務所を開設したことであろう。

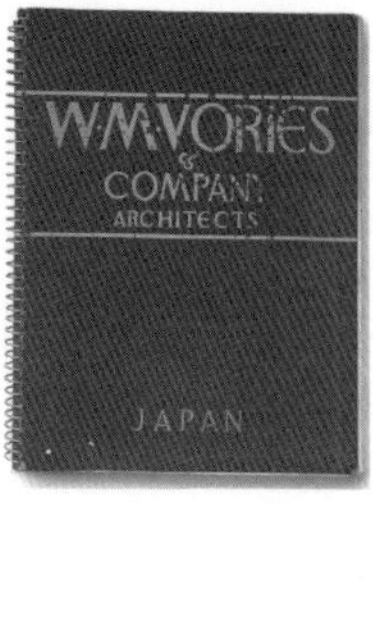

『ヴォーリズ建築事務所作品集』ヴォーリズ建築事務所著［中村勝哉編輯、城南書院／1932］：戦前期における代表的建築作品62件が収録され、その巻頭にはヴォーリズによる長文の「序言」が付されている。「あらゆる職務のうち建築は、いろいろなハンディキャップがあると同時に永続的満足を得る好機会も多い」という言葉で始まるもので、ヴォーリズ建築事務所の特色と、氏の建築観を表明したものとして知られている

軽井沢ユニオンチャーチ

軽井沢ユニオンチャーチは避暑地軽井沢の開拓期に

ヴォーリズ合名会社軽井沢事務所：ヴォーリズは明治45年に本通りに事務所を開き、また数年後には浅間隠しと呼ばれる一帯に、数棟の別荘を連ねた「近江園」を開いて、夏季の活動拠点としていた［出典：『The Omi Mustard-Seed』Omi Mission／1912］

軽井沢ユニオンチャーチ［1918］
上｜正面全景：ユニオンチャーチは同じくヴォーリズの設計による軽井沢テニスコート・クラブハウス［1930］と向き合う位置にあり、また軽井沢集会堂［1926］とも近く、旧軽井沢の中心に位置している。ここには大正、昭和初期の歴史と空気が今も流れている
下｜講壇から入り口方向を見る

活躍したカナダ人宣教師ダニエル・ノルマンらによって明治三十九年［1906］に設立されたもので、夏に集まった日本各地の宣教師たちが祈り、交流の場とした所である。現在の建物は大正七年［1918］、ヴォーリズの設計によるもので、その年に竣工したとすれば、当地でも数少ない歴史的建築である。

　木造で押縁付きのいわゆる南京下見板張りの建築で、度々の補修によって、さして古いものと見えない建物である。しかし内に入ると、トラス小屋組オープンルーフによる礼拝堂空間の大きさと、木の空間に感動を覚える。梁間六間のトラス梁に加えて桁方向にもトラス、そして連続する方杖が空間を生気づけている。そして特色は外壁の下見板がそのまま内部に表れていること、建具を納める枠材をほとんど用いない真壁納まりという簡潔さにある。実用に徹した長椅子、講壇上部の十字架は白樺丸太を組んだものであり、それらが相まって巧まざる意匠となっている。ノー・インシュレーションで気密性とは無縁の建築であるが、夏季使用の建築としては、真に合理的なつくりともいえる。

　キリスト教会であるが講堂のような建築で、当時からさまざまな集会や音楽会が行われてきたという歴史があり、その持続がこの建築の力となっている。

　ユニオンチャーチと前後する建築にアームストロング山荘（現・亜武巣山荘）［1918］と、ヴォーリズ山荘[3]（現・浮田山荘）［1922］がある。共に南京下見板張り、土管の煙突をもつ建物である。後者は大正十二年［1923］に出版されたヴォーリズの著作『吾家の設計』[4]の中で、「最小限の住宅を建て、実験的な生活をしているところ」と記された住宅である。実験的だったものとはいえ、昭和三十五年［1960］頃、画家の浮田克躬氏に引き継がれたが、今も健やかに活用されているだろうか。

駒井家住宅（駒井卓・静江記念館）

　ヴォーリズの設計活動では、初期における外国人宣教師の住宅から、大正中期に入ると日本人のための住宅が多くなる。その中の代表的な住宅作品には朝吹邸（現・東芝山口記念会館）［1926］や下村邸（現・大丸ヴィラ）［1932］など、スパニッシュ・スタイル、そしてハーフティンバーによるチューダー・スタイルなどの邸宅建築が知られていよう。その一方で中流と位置づけられる建坪三、四〇坪の住宅が数多くあった。それらは作品として必ずしも際立つものではないが、洋風を採り

［3］『婦人の友』（1922.9）に「文化的九尺二間」として紹介されている。約10坪の山荘でヴォーリズによる典型的な小住宅の作例

［4］『吾家の設計』ウィリアム・メレル・ヴォーリズ著、文化生活研究会／1923

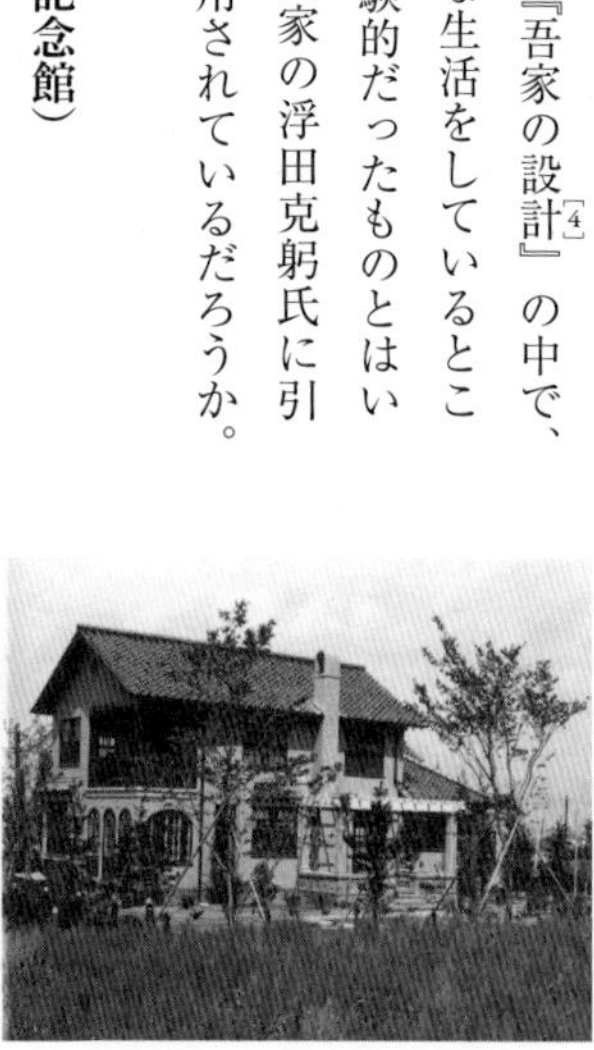

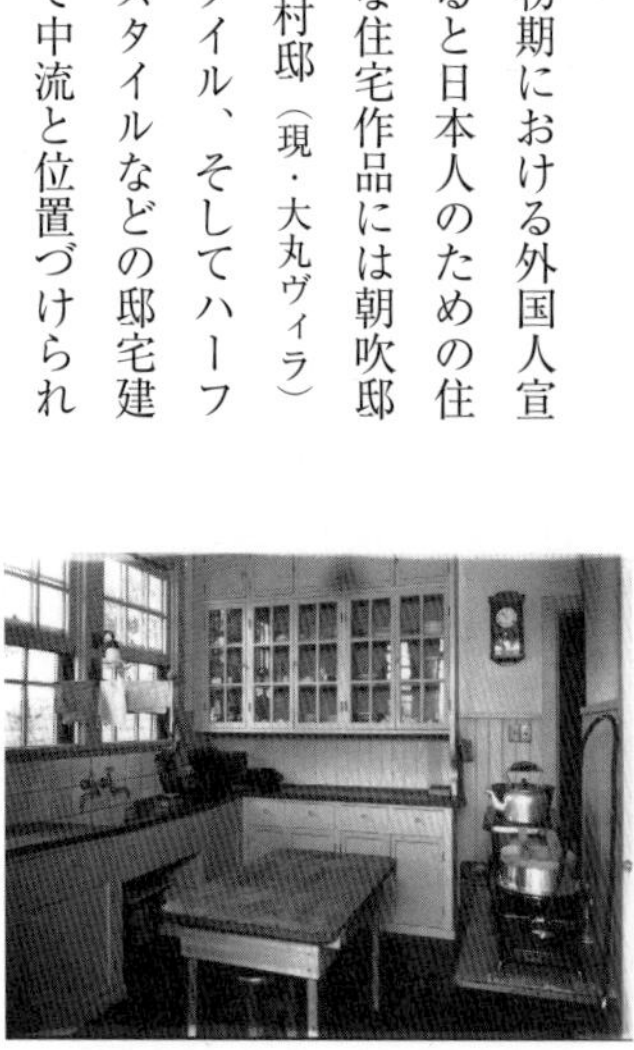

駒井家住宅［1927］：右―西面全景、左―台所
［所蔵2点とも：駒井家］

ながら和室を導入するなど、日本人の生活に即した近代住宅なのであった。

その代表的な作例が大正十五年［1926］に設計され、翌年竣工した京都大学理学部の教授だった駒井卓博士[5]の住宅で、京都大学の北辺に大正末に開かれた北白川の住宅地に建てられたものである。住宅は比叡山が一望される東に庭を広く配置し、主棟は建坪約三〇坪、切妻屋根の二階建て、加えて五坪ほどの付属屋などを

上―駒井家住宅（駒井卓・静江記念館）［1927］［京都市指定文化財］
玄関外部：ゴロタ石のアプローチを経て、玄関ポーチに至る。親しみ良く、小さく整えられているが、スパニッシュ瓦による装飾、特有の外壁面は味わい深い
食堂から居間、サンルームを見る：居間では、庭に面する東側に設けられた腰掛付出窓が部屋の中心となっている。南のサンルームは右手の和室へと通じている
▼口絵p.166上
東面全景
▼口絵p.166下

備えていた。スパニッシュと呼ぶにはあまりにも穏やか、そして愛らしい玄関構えの住宅だが、居間に入ると、その両側に食堂、サンルームへと続く思いがけない広さがあり、腰掛を造り付けたベイウィンドウ式の窓辺が心地良いコーナーとなっている。食堂から、赤レンガのテラス越しに明るい庭が広がる。加えて、この住宅の特色である六畳の間が玄関の東にある。竿縁天井で西面には床の間に並んで障子を立てた付書院のような窓をもつ、落ちついた和室である。この障子を開けると二連の洋式ガラス窓が現れ、洋館の中の和室であることに気が付く興味深い納まりとなっていることを発見する。ホールの一角、コの字型に収められた階段があり、二階に書斎と寝室がある。工夫といえば、東に面した明るい台所やユーティリティの設備にも細やかで見逃せないものがある。

つまり、駒井家住宅はこうした近代的生活に基づく設備と空間を過不足なく整えた良質の住宅[6]であり、そこに宿る温和従順な空間には際立つものがある。それは本邸の立地する環境と、建築主の進んだ住宅観から導かれたものでもあった。

横浜共立学園本館

建築家としてのヴォーリズの目覚ましい活躍は、日本各地のミッション・スクールの建築依頼に応じて生まれた、多数の学校建築[7]に見ることができる。実際、明治四十三年［1910］末に設立されたヴォーリズ合名会社にもたらされた最初の大仕事が関西学院神学部校舎であり、煉瓦造三階建ての建築が明治四十五年［1912］に竣工した。続いて煉瓦造によるコロニアル様式、さらにはミッション・スパニッシュ様式など米国建築を範とした多くの建築を残したが、ここでは特色あるものとして横浜の共立学園本館［1931］を挙げておきたい。

ヴォーリズによる本校の建築には大正十年［1921］のクロスビー講堂があったが、関東大震災で焼失した歴史がある。その後本格的な復興を期して昭和六年［1931］に本館校舎が建てられた。本館は木造二階、一部三階建て、赤瓦の寄棟屋根と重厚な木造意匠を備えたもので、スパニッシュとハーフティンバースタイルを併せもつ建築である。また、玄関ポーチの上部デッキには、擬宝珠《ぎぼし》付き高欄が付されており、屋根に設け

［5］ 駒井卓［1886–1972］ 東京帝大理学部を大正6年に修了後、京大へ転じ、大正12年より2年間、米国コロンビア大学へ留学するなど研究を進め、遺伝学に大きな功績を残した。また昭和天皇に生物学を教授された学者としても知られている。夫人の静江はクリスチャンの家庭に生まれ、神戸女学院に学んだ英語に堪能な才女で、留学に同行して当地の住宅と生活を学び、帰国後、米国式の生活を望んだといわれている

［6］ 本邸は近年、ヴォーリズによる文化的な中流住宅として注目されたことで京都市指定有形文化財となり、所有者は保存のために（財）日本ナショナルトラストに寄付され、現在公開されており、見学のできるヴォーリズ住宅なのである

［7］ 遺愛学院、明治学院、同志社大学、大阪女学院、関西学院、神戸女学院、西南学院、西南女学院、活水学院などに現在も設計作品がある

られた大きなドーマー窓は千鳥破風を意識したもののようにも思われる。つまり、和風を含めて種々の様式を取り合わせた珍しいデザインなのであるが、けれん味のない熟達した意匠にまとめられている。多彩だが優雅にさえ感じる建築で、内部にはベイウィンドウを備えた図書室や、トラス梁を見せる礼拝堂など上質の空間を備えている。

　また同年の建築に近江八幡の清友園幼稚園（現・近江兄弟社学園）の木造校舎がある。赤瓦切妻屋根、二階を白いスタッコ壁、一階を下見板張りとした外観をもつ。明るい建物で際立った装飾は見当たらない簡潔な建築であるが、新しい児童教育に専念したヴォーリズ夫人の一柳満喜子の望みに応えたものだった。本建築に続く昭和八年［1933］には神戸女学院と東洋英和女学院があり、この時期の設計活動は実り多い時期であった。

事務所組織と設計思想

　ここで再び近江八幡を拠点としていた近江ミッションの建築活動について触れておきたい。

　昭和五年［1930］に作成された『近江ミッション・

横浜共立学園本館［1931］［横浜市指定有形文化財］
上―本館2階に設けられたピアソン記念礼拝堂：ハイパネル（腰板壁）を導入し、格調高く清楚、そして温かい空間が息づく
右―正面外観：スパニッシュにハーフティンバーと和風をバランス良くブレンドした意匠に特色がある

ハンドブック』という記録誌[8]に次のような記述がある。「ヴォーリズさんが図面殊に平面図を引かれるときは、インスピレーションに満ち構図、計画は、忽然として、出て来る天才肌の人です。この大天才を中心として、総務として、村田幸一郎氏あり、美術的方面に佐藤久勝氏あり、構造方面に小川祐三氏あり、其他雑務に吉田悦蔵氏が当たることにして部員の総計は三〇名で、本店を近江八幡町に、支店を、東京と大阪に置いてドシドシ仕事をして居ます」。

ヴォーリズの建築活動に向けられる謎のひとつに、「素人の建築家?」という問いがある。確かに、始めのヴォーリズ合名会社[9]の実態がよく分からない。米人建築技師L・G・チェーピンの招聘によって始動した設計活動であったが、数年後には所員数一五、六名を数えており、ヴォーリズ自身も熱意と努力によって相当な力量に達していたのであろう。所員のいう大天才という賛辞はともかく、記述のとおり事務所最盛期の一九三〇年代には所員数三〇名ほどを擁し、東京と大阪、そして夏の軽井沢、さらに昭和十二年[1937]よりは京城にも支所を置く設計組織であった。そしてヴォーリズが目指したのは「統制のとれた団体で、必要な専門家達が、各自の専門の受持を担当し、又専門家同志の相互扶助をなしうる建築事務所[10]」であり、分業体制による統一ある組織によって〝ヴォーリズ建築事務所〟は当時、相当に合理的、高水準な設計力を備えていたのである。

そして設計の確たる指針としたのは、実用に即し調和のある快適環境をつくるという、分かりよく普遍的需目に応えるため、独創を慎み「建築設計の多くは、綜合的のもので、特定の型に囚はるる事を避け、各種異型の特徴を統一したるものである。即ち、古典型を選択し、これに近代的改善を施せるもの[10]」だった。普遍的、常用的なるオーディナリーな建築と述べられているが、それを高次なレベルに実現させたところにヴォーリズの非凡な能力があった。

神戸女学院[1933][重要文化財]

[8] 近江ミッション(近江基督教慈善教化財団)の刊行物で、近江ミッションの概要を記したもの。その元は1925年発行の「近江ミッション・ハンドブック草稿」にあり、団体の由来、綱領、組織などについて記されている
[9] L・G・チェーピン、吉田悦蔵ら、7名で始めた
[10] 『ヴォーリズ建築事務所作品集』序言より

ジェイ・ハーバート・モーガン

Jay Herbert Morgan

アメリカと日本を生きた建築家

水沼淑子 ─ Yoshiko Mizunuma

右─［所蔵：横浜都市発展記念館］

▼個別年譜 p.351

フラー建築株式会社の設計技師長

大正九年［1920］二月二十日、チャイナ・メール・SS所有の客船D・S・ナイル号から一人のアメリカ人建築家が横浜港に降り立った。男の名はジェイ・ハーバート・モーガン（Jay Herbert Morgan）、フラー建築株式会社（George A. Fuller Company of The Orient Ltd.）の設計技師長に就任するための来日だった。来日時のパスポートによれば年齢は四十六歳とあるが、アメリカの記録を辿ると実際には五十一歳だった。

フラー建築株式会社とは、アメリカ最大手の建築施工会社・フラー会社と三菱合資会社地所部が大正九年三月十九日に設立した合弁会社で、日本では丸ノ内ビルヂング、日本石油ビル（有楽館）、日本郵船ビル、クレセント・ビル［1921］、立憲政友会本部［1923］の施工を手がけた。時あたかも第一次世界大戦後の好況期であり、フラー会社にとってはアジア進出への足がかり、日本側にとっては近代的施工技術の修得、その思惑が合致して合弁会社は発足した。[1]

丸ビルの竣工は大正十二年［1923］二月で、鉄骨鉄筋コンクリート造地上八階建て、延床面積

［1］ フラー会社側はリスクが大きいことから乗り気ではなかったという

六〇四五一・二平方メートルと戦前期最大規模のオフィスビルであったにもかかわらず、工事期間はわずか二年七ヵ月と当時の常識を覆すものだった。[2]設計は三菱合資会社地所部の建築家・櫻井小太郎が担当した。しかし、フラー会社も日本進出に際しアメリカから建築家を連れてきた。日本で仕事を展開するためには自前の建築家が必要と判断したのだろう。それが、モーガンだった。

丸ビルや日本石油ビル建設に際してのモーガンの役回りは、意匠上重要な部分の施工図面の作成などにあったようだが、[3]クレセント・ビルや立憲政友会本部の設計はモーガンが担当した。

フラー会社は関東大震災後さまざまな要因で日本から撤退する。しかし、モーガンは日本に残り、日本で建築家として生きる道を選択した。

世紀末アメリカでの建築修行

五十一歳で来日したモーガンにとって、日本は第二の人生の舞台といえるだろう。モーガンの日本での足跡を紹介する前に、アメリカでの軌跡を確認しておこう。

モーガンは、ウェールズからの移民トーマス・モーガンの息子として、明治元年［1868］十二月十日、ニューヨーク州バッファローに生まれた。明治十八年［1885］十七歳の頃、両親と共にミネアポリスに移り住み、MIT出身で歴史主義建築を得意とするワレン・B・ダネル（Warren B. Dunnell）のもとで働き始めた。[4]ダネルは歴史に大きく名を刻むような建築家ではなかったが、AIA（アメリカ建築家協会）の名誉会員であったことから推測すると、多くを学ぶことのできる建築家だったのだろう。モーガンは二十歳の時に姉夫婦の住宅（ボーウェン邸）を設計する機会に恵まれ、雑誌にも取り上げられる。[5]モーガンは順調に建築家としての修行を積んでいった。その後、ミネソタ州建築課やシカゴ・グレート・ウェスタン鉄道会社などで経験を重ね、明治二十五年［1892］二十三歳の頃にはミルウォーキーに移った。

ミルウォーキーでは建築家ウィリアム・D・キンボール（William D. Kimball）の事務所を経て、ヨーロッパで建築教育を受けたドイツ人建築家オットー・ストラック（Otto Strack）の事務所で働くようになる。ミルウォーキーはビール生産で著名な町だが、ストラックは大手ビール会社のひとつパブスト社の仕事を多く

［2］1917年竣工の旧東京海上ビル（延床面積約6000坪）は工期4年7ヵ月、1922年竣工の三菱銀行本店（延床面積約3000坪）が5年10ヵ月を要したことから比べれば、この工期がいかに短かったかが分かる（参照：山下寿郎「わが国建築施工史からみた丸の内ビルディング建築工事（3編 施工）」『近代日本建築学発達史』日本建築学会編 丸善／1972）

［3］丸ビルを始め、モーガンがフラー建築株式会社の仕事として関与した建築はいずれも現存しない

［4］ワレン・B・ダネルの代表作としてはフェルグスフォールス州立病院、ミネアポリスウェストミンスター教会などがある

［5］「Northwestern Builder Decorator and Furnisher」1889.11 雑誌に紹介されたモーガンの肩書きはドラフトマンだった

［6］フラー会社におけるモーガンの仕事については、フラー会社の社史『George A. Fuller Company 1882–1937』掲載の一覧から判明する

手がける建築家であり、モーガンが在籍した十九世紀末には町の中心にネオ・ルネサンス様式のパブスト劇場を完成させていた。

モーガンは、アメリカ北東部を移り住みながら歴史主義を得意とする建築家のもとで修行を重ねた。ミルウォーキーの目と鼻の先、シカゴで万国博覧会が開催されたのは明治二十六年［1893］のことである。シカゴにはすでにリライアンス・ビルなど新たな時代に対応する建築が芽生えていたにもかかわらず、万国博覧会の会場を彩ったのは、アメリカン・ボザールの建築家たちによる古典主義の建築だった。結局のところ、十九世紀末という時代、そしてアメリカ北東部という場所で素直に建築を学んだ結果、モーガンは歴史様式を自在に操る建築家として成長したのだった。

さらに、三十歳の時モーガンに大きなチャンスが巡ってきた。フラー会社の招きでストラックと共にニューヨークに進出することになったのだ。その後は、ニューヨークやワシントンDCでフラー会社の仕事を数多くこなす[6]。ホテルから倉庫まで都市を彩る多様な建築を手がけることになる。

ニューヨーク時代の代表作はブロードウェイの大劇場ヒッポドロームである。古典主義を基調としながら

ボーウェン邸：ミネアポリス郊外の高級住宅地に建つ。勾配の強い切妻屋根を組み合わせた複雑な外観を持つなど、当時アメリカで流行していたクイーン・アン様式の住宅である［出典：『Jay H. Morgan—アメリカと日本を生きた建築家』水沼淑子著、関東学院大学出版会／2009］

上—ベリック邸（現・ベーリック・ホール）［1930］
正面全景：クリーム色のスタッコ仕上げの外壁、軒周りのタイルワーク、3連アーチ、クワトレフォイル、瓦を載せた煙突、ソテツやシュロの植生など、スパニッシュ様式の要素に満ちあふれた華麗な外観である。ベリック氏はイギリス人貿易商で、フィンランド領事も務めた人物
玄関ホール：スパニッシュ様式の特色のひとつに鉄製の装飾桟（アイアングリル）を挙げることができる。縦横桟の中に渦巻き状の幾何学紋様の桟を組み込んだ見事なグリルである
▼口絵p.167

イスラムや東洋の諸要素を取り入れ、外観に赤レンガやテラコッタを用いた華やかな建築だった。その後、建築家チャールズ・A・リード（Charles A. Reed）の導きで、ニューヨークのグランド・セントラル・ターミナルの設計にもかかわることになるが、リードの逝去を機に、マンハッタンのマディソン街で設計事務所を自営するに至る。モーガンは自身の才覚で運命を切り開き、アメリカン・ドリームを実現したのだった。

モーガンはミルウォーキー時代に同僚の女性と結婚し、三児をもうけた。長男には自らのミドルネーム、ハーバートを与える。建築家としての人生は順調だったが、この間、家庭生活は破綻する。自営して十年ほどが過ぎた大正九年［1920］、フラー会社の日本進出に際し招聘され、すでに別居状態にあった家族をニューヨークに残し、単身日本に向けて出発した。

震災後の横浜をつくる

モーガンは大正十一年［1922］、フラー建築株式会社から独立し、東京の日本郵船ビルに事務所を構えた。アメリカには戻らず、日本で建築家として生きる決心をしたのだ。モーガンは来日後すぐに、一人の日本人

東北学院専門部（現・大学本館）［1926］［国登録有形文化財］：東北学院2代院長D・B・シュネーダーの尽力によって専門部校舎として竣工。外壁には礼拝堂同様、地元産の秋保石を使用。パラペットのパトルメント（狭間胸壁）など、中世城郭風意匠は関東学院校舎などにも共通する

東北学院ラーハウザー記念礼拝堂
［1932］［国登録有形文化財］
上―内観：米国の一信徒、ラーハウザー婦人の寄付によって実現した礼拝堂。東北学院の講堂としての機能も併せ持ち、装飾を抑えた簡素な意匠である。正面のステンドグラスは英国製。当初のパイプオルガン（正面右手のみ）は米国モーラー社製
右―東面外観：本館に隣接して配置され、学院の歴史ある景観を形成する。外壁には地元で産出された秋保石を用いる。扁平の尖りアーチ（チューダーアーチ）、バットレスの表現などチューダー・ゴシック風の意匠を採用する

女性と出会う。日本での人生のパートナーとなった石井たまのである。英語に堪能だったたまのはモーガンの事務所では秘書を務め、公私にわたるパートナーとなった。大正十五年［1926］には横浜に事務所を移し、昭和十二年［1937］に横浜で逝去するまで、旺盛な設計活動を展開した。モーガンの日本での足跡は、北は仙台、南は松山まで確認できる。無論、その中心は横浜だった。

モーガンが日本で活動を開始した直後、関東大震災が起こる。震災はモーガンに多くのチャンスをもたらした。アメリカ北東部での建築家としての長いキャリアと実績、フラー建築株式会社の建築家として来日し丸ビル完成に貢献、近代的な技術を用いながらも歴史の中の様式を駆使し破綻なく建築を仕上げることのできる技量。いずれも震災後の横浜が必要としたものだった。

日本におけるモーガンの仕事は大きく四つに分けられる。一つ目は、横浜の外国人コミュニティにおける公的な建築。横浜のアメリカ領事館［1932］や根岸競馬場馬見所［一等馬見所：1929、二等馬見所：1930／一等馬見所のみ一部現存］、ヨコハマ・カントリー・アンド・アスレチック・クラブ（YC&AC）［1925／一部現存］、横浜一般病院［1937］、横浜外国人墓地正門［建設年不明／現存］などである。二つ目はミッション系の建築。東北学院校舎群（専門部（現・大学本館）［1926］およびラーハウザー記念礼拝堂［1932］のみ現存）、関東学院校舎群（中等部校舎（現・中学本館）［1929］のみ現存）、立教大学予科校舎（現・四号館）［1937／現存］、横浜クライストチャーチ・山手聖公会聖堂［1931／現存］、松山女学校（現・松山東雲中学・高等学校）校舎群（正門［1928］のみ現存）などである。三つ目は、オフィスビル。ニューヨーク・ナショナル・シティ銀行横浜支店［1929］やチャータード銀行横浜支店［1931］、同神戸支店（現・チャータードビル）［1937］などである。そして最後が日本に在住する外国人の住宅である。ラフィン邸（現・山手一一一番館）［1926］、ベリック邸（現・ベーリック・ホール）［1930］、軽井沢デビン邸［1936／現存］などである。

モーガンの作風はきわめて多彩である。公共的な建築や銀行建築では主として古典主義的な表現を用い、住宅にはスパニッシュ様式、ミッションの学校や教会では中世城郭風の意匠を用いるなど、持ち前の器用さが遺憾なく発揮されている。一方、松山女学校の建築においては、松山城内という場所性を勘案し、日本建築の要素を取り入れたミッションスクールをつくり上

［7］『日本建築士』1938.5　同誌にはモーガンの簡略な年譜や作品履歴も付されている。また同誌によれば、モーガンは自ら士会に入会した最初の外国人建築家であるという

根岸競馬場一等馬見所［1929］：横浜根岸に競馬場が建設されたのは1866年であり、1880年には日本レース倶楽部が組織され、天皇を始め貴顕（きけん）の社交場となった。関東大震災後にモーガンが再建した競馬場は、RC造で一等馬見所と二等馬見所からなり、屋根付きの大スタンドは以後の競馬場のモデルとなったといわれている。現在、競馬場一帯は根岸森林公園となっている。現存するのは一等馬見所のみである。付近には「モーガン広場」が設けられ、解説版が設置されている

げた。あえて言えば、日本建築もまた、モーガンが手にした歴史主義建築のカードのひとつだったのだ。

　モーガンの作品年譜を見ると、決して多作ではないものの、きわめて順調に仕事をしていた様子がうかがえる。モーガンの人柄によるところも大きかったのだろう。逝去の際に雑誌『日本建築士』[7]に掲載された追悼文の中で櫻井小太郎は、モーガンについて「米国人通有の性格の内多くの好い部分だけを多く持って居られて、きわめて明朗快活な紳士であった」と讃えている。

和洋折衷のモーガン邸

　モーガンは藤沢市大鋸に昭和六年［1931］頃、自邸を建設した。現存するモーガン設計の山手の洋館はいずれもスパニッシュ様式の華やかな建築だが、モーガン邸はやや趣が異なる。外観こそ、オレンジがかった瓦屋根に白いモルタルの外壁を持つ洋館だが、内部の主室である居間・食堂は広縁付きの続き間形式をとり、真壁で長押や欄間を備え、両室ともに床の間を持つ。一方、床は板床で、天井は中心飾りを持つ洋風天井、ラジエーターを内蔵する造付け食器棚、さらに居間の床の間に隣接するのは暖炉であり、和洋の折衷した室内空間が展開する。台所や浴室、その他諸設備は、モーガンが手がけた山手の洋館同様、きわめて機能的で当時の先端をいくものだった。

チャータード銀行神戸支店（現・チャータードビル）［1937］
上―南面全景：2層分の高さを持つピラスター（付け柱）がファサードを特色づける。モーガンが得意とした古典主義的意匠であるものの、上部は装飾を排除したきわめて簡潔な意匠とする。竣工はモーガン逝去後の1937年で、事務所設立時からのスタッフだった大須賀矢蕹が完成に導いたものと考えられる。また、本建物は阪神淡路大震災でもほとんど被害を受けず今日に至る。モーガンが得意とした銀行建築として唯一、現存する建築である
右―営業室：チャータード銀行（Chartered Bank of India, Australia & China）は1880年、横浜に支店を開設した後、居留地貿易に大きな役割を果たした外国銀行である。モーガンは同銀行横浜支店［1931］も手がけている。銀行営業室は現在、カフェとして利用されており、装飾を施した格天井や大理石張り金庫室、メザニン（中2階）の手すりなどに外国銀行時代の面影が残っている

外観と内部のあまりにも異なる印象。これこそがこの住宅の持ち味であり、また、自邸だからこそ実現できた日本建築と西洋建築の融合だった。

モーガン邸はその存在を長く知られずにいた。平成十一年［1999］、ラフィン邸の改修工事を担当していた建築家・菅孝能氏が深い緑の中に埋もれていたモーガン邸を発見した。当時すでに整理回収機構の管理下にあり、開発の危機にあった。その後、地元を中心に保存のための活動が展開され、日本ナショナルトラストと藤沢市が取得するに至り、モーガン邸は生き続けることになった。取得の記念式典が行われたのは平成十九年［2007］三月だった。しかしその二ヵ月後、モーガン邸は残念なことに放火によって大きく傷つき、さらにその半年後の再度の放火は、モーガンがたまのの両親のために設計した付属屋までも奪っていった。

モーガンが日本にもたらしたもの

モーガンが日本にもたらしたものを考えてみよう。

開港以来、多くの外国人建築家が来日した。モーガンもその一人である。しかし、モーガンは来日時にすでに成熟した建築家だった。ニューヨークを中心に多様な建築を手がけ、時代が要求する新たな設備や構造、施工に関する確かな知識も身につけていた。モーガンは、日本にありながら、同時代のアメリカの建築を導入することができた。施主が外国籍の企業やミッションの学校だったこともそれを後押しした。彼らもまた、それを望んだからである。

さらに、モーガンはアメリカそのものを日本に持ち込みながら、日本の建築に深い関心を寄せた。

先の追悼文の中で櫻井は「君が我国渡来の初めにおける作品は純米国式であったが、君が我国に同情深く恐らく永住のつもりでおられた結果は、君が晩年の作品の上にも現れ」[7]としている。

モーガンは経験豊かな建築家として来日し、日本建築の魅力を発見し作品に投影した。

残念ながら、モーガンは自らの言葉を何ひとつ書き残さなかった。したがって私たちはその建築をテキストにし、モーガンのメッセージを受け止めるしかない。モーガン邸はその格好のテキストである。いつかモーガン邸が復元され、モーガンのメッセージを多くの人々が受け取ることのできる日が来ることを願ってやまない。

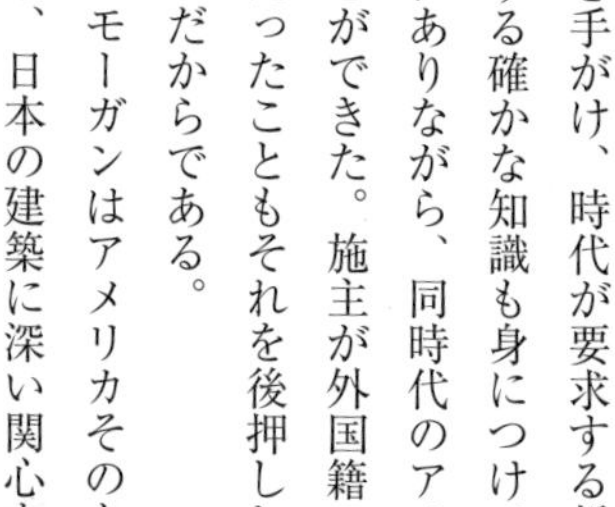

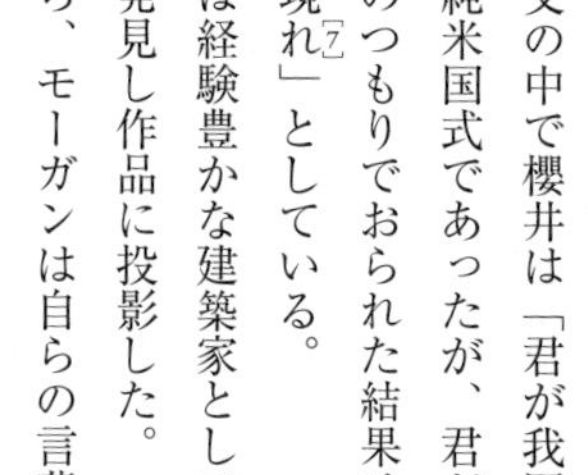

モーガン邸［1931年頃］
右―建設当時の外観：木造平屋建てだが、他のモーガンの住宅同様、ボイラー室や作業室の置かれるRC造の地下を持つ。屋根はオレンジ瓦、外壁は白色モルタル塗り。屋根窓や高く持ち上げた煙突は備えるものの、全体としては簡素な印象
左―同内観：奥が食堂で手前が居間。壺や絵皿を所狭しと飾り、日本趣味への傾倒をうかがわせる［所蔵2点とも：高橋利郎］

中村與資平

Yoshihei Nakamura

世界を見た日本人建築家

西澤泰彦─Yasuhiko Nishizawa

右─［出典：『営業経歴』中村工務所］

▼個別年譜p.356

国の登録文化財制度が始まった平成八年［1996］、静岡県で最初に登録文化財となったのは、静岡市役所本館（静岡市庁舎）［1934］であった。その設計者・中村與資平が、この建物と相前後してかかわった静岡県庁本館（静岡県庁舎）［1937］、静岡銀行本店（三十五銀行本店）［1931］、浜松銀行協会（浜松銀行集会所）［1930］、豊橋市公会堂［1931］も次々と国の登録有形文化財になった。

朝鮮銀行本店――人生を決めた最初の仕事

中村與資平は、明治十三年［1880］、静岡県長上郡天王村（現・浜松市東区天王町）に生まれる。第三高等学校を経て、明治三十五年［1902］、東京帝国大学建築学科に入学する。同級生に、日本国内で著名建築家として名を馳せた人物はいなかった。これは後述する。

明治三十八年［1905］、大学を卒業した中村は、辰野金吾が後輩の葛西萬司と共同で主宰していた辰野葛西事務所に入所する。ここで、最初に与えられた大きな仕事が、第一銀行韓国総支店の設計であった。これが、後の彼の人生を決定づけることとなる。

明治四十年［1907］、その設計が終わると彼は、工事現場のある韓国・漢城（京城、ソウル）へ渡る。辰野の代理者として、監理のためである。明治四十四年［1911］八月、朝鮮銀行本店と名前を変えていた建物は、明治四十五年一月に竣工した。この間、日本による韓国の保護国化と植民地化があり、この建物は、韓国銀行本店、朝鮮銀行本店と名を変えていた。

京城（ソウル）に建築事務所開設

朝鮮銀行本店の竣工後、中村與資平は日本へ帰らなかった。辰野葛西事務所を辞し、京城に中村建築事務所を開設した。と同時に、朝鮮銀行の建築顧問になった旨が、後に編集された『営業経歴』や戦後、彼が書き遺した手記〔いずれも浜松市立中央図書館所蔵〕に記されている。当時の建築学会（日本建築学会の前身）の名簿を見ると、明治四十五年［1912］の所属欄では「朝鮮銀行」と記され、大正三年［1914］から大正五年、大正九年の各名簿の所属欄では「朝鮮銀行技師」と書かれている。大正十年になってやっと「中村建築事務所」と記されている。これらを勘案すると、中村は、事務所開設の明治四十五年年当初、朝鮮銀行に技師として雇われながら、個人事務所も経営していたというのが実態だったと私は思う。

朝鮮銀行にかかわる肩書きの効力もあり、一九一〇年代後半、銀行はもとより、教会、公会堂、学校、新聞社という具合に、次々と設計の依頼が舞い込むようになった。彼が京城に事務所を開設していた時期（明治四十五年［1912］－大正十一年［1922］）に設計した建物数は、住宅を除いても朝鮮半島に四〇件あった。この中には、京城での社交場となった京城公会堂［1919］や朝鮮クラブ［竣工年不明］、韓流ドラマとして人気を博した「冬のソナタ」に登場する京城中央学校［1917］もあった。また、銀行については、朝鮮半島の一〇都市に合計二〇件の設計を行っている。これは、当時の朝鮮半島の主要な都市に行けば、必ず中村の設計した銀行が建っている、という状況を生み出していた。

大連に進出

このような彼の活動を支えた事務所の番頭役が、岩崎徳松［1889–1924］であった。岩崎は、明治四十一年［1908］に福岡県立工業学校を卒業し、文部省に入って、九州帝国大学の新築工事に従事し、その後、韓国に渡り、韓国税関釜山出張所員として、釜山港桟橋工事も担当していた。中村與資平は、朝鮮銀行大阪支店

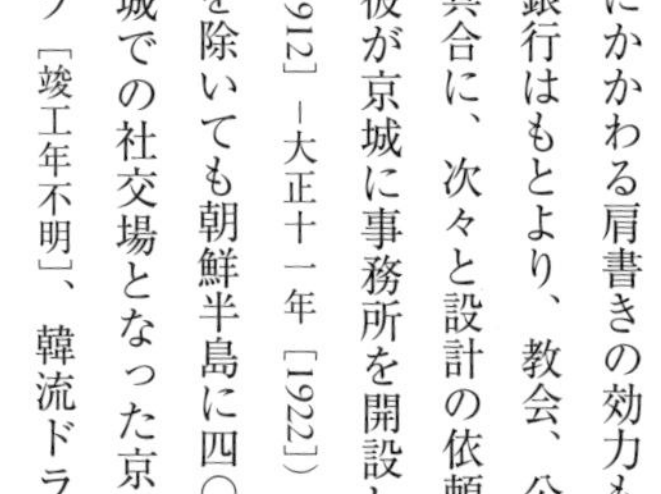

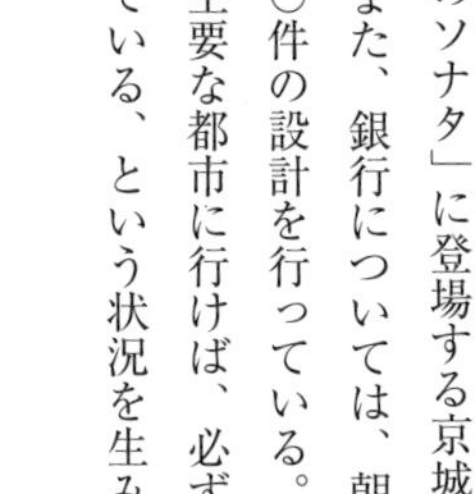

右―朝鮮銀行本店［1912］：漢城（京城、ソウル）の中心地に建てられた2階建て（一部3階て）のルネサンス様式の建物。構造はRC造の床を石造と鉄骨レンガ造の柱で支える混構造。戦後は韓国銀行本店となり、現在は、韓国銀行貨幣金融博物館に転用された
左―朝鮮銀行大連支店［国家重点文物保護単位］：大連の中心地である大広場（現・中山広場）に面して建てられた鉄骨レンガ造の建物。前面にはコリント式のジャイアント・オーダーが6本並ぶ
［写真2点とも：西澤泰彦］

〔1915〕の新築工事では、岩崎を大阪に派遣した。大正六年〔1917〕、中村が大連に出張所を開設した時、大連に送り込まれたのが岩崎であった。

大連出張所は、朝鮮銀行大連支店〔1920〕の新築移転に対応したものだった。しかし、朝鮮銀行大連支店が竣工しても大連出張所は存続した。彼の真意は、大連を拠点に満鉄沿線での活動を展開することであったと私は考えている。そのため、大連出張所では人員増

浜松銀行集会所（現・旧浜松銀行協会（木下惠介記念館））〔1930〕［浜松市指定有形文化財］
上—エントランス：建物の北側に開く玄関は、床をモザイクタイルで仕上げ、玄関扉上部には幾何学模様のステンドグラスが嵌まっている。床のモザイクは、浜辺に打ち寄せる波と松並木を連想させるデザインになっている。ちなみに、浜松では、市章を始め、波や浜、松をイメージさせるロゴマークが多いといわれる
右—北面全景：建物はRC造2階建てであるが、2階にある講堂の天井高を確保するため、屋根も高くしている。その関係で、建物正面の形態も、右側のパラペットが高くなり、その不自然さを補うため、瑠璃色のスペイン瓦の軒屋根をつくり、左側は、小さなアーチの連続するロンバルディアバンドをまわした

強が行われた。大正七年［1918］、岩崎を京城の事務所に戻し、それまで陸軍技師を務めていた久留弘文［1890–1933］を所長に迎える。さらに、この年に大学を卒業したばかりの宗像主一［1893–1965］を出張所員として雇った。しかし、大連出張所が担当した設計監理の物件は、朝鮮銀行の大連、長春の支店［いずれも1920］、横浜正金銀行の長春支店［1922］、奉天［竣工年不明］と開原の公会堂［1920］、だけである。

一方、京城の事務所では、チューリヒ・ポリテクニクム（Zurich Polytecnikmu、現・スイス連邦工科大学チューリヒ校（ETH））での修学経験のあるオーストリア人アントン・フェラー[1]［1892–1973］が住み込みの所員として雇われた。フェラーは、セセッションという新しい建築様式を持ち込んだ。彼が設計を担当したと確認できる天道教中央教会［1921］、朝鮮銀行群山支店と大邱支店［いずれも1922］、開原公会堂には、セセッションの意匠が施されている。

逆境からの再出発——東京移転

そのような状況下で、中村與資平に転機が訪れる。大正九年［1920］十二月二十五日、京城の事務所が、アントン・フェラーの失火によって全焼してしまう。失意の中で中村が次に起こした行動は、活動拠点の移転、すなわち、新しい建築事務所を東京に開くことだった。さらに、京城を引き払うにあたって、世界一周旅行をすることを考え、また、京城の事務所は岩崎徳松に譲り、大連出張所は宗像主一に譲った。

中村は大正十年三月二十五日、横浜を出発して、シアトルに向かい、アメリカを西から東へ横断し、大西洋を渡って、同年六月には、ハンブルクに到着。その後、ヨーロッパをあちこち旅しながら、オーストリアで、フェラーを両親のもとへ返し、大正十一年二月十一日には、日本に帰国。同年四月、東京に中村工務所を開設した。工務所と名乗ったのは、設計部と工事部からなるいわゆる「ゼネコン体制」を確立したためである。

結果として、この東京移転が当たった。最初の仕事は、当時、東京市が進めていた小学校校舎の鉄筋コンクリート造化に協力することだった。東京市は、岡田信一郎などにモデルとなる校舎の設計を依頼していた。その仕事が中村にも与えられ、番町小学校［1924］を設計する。そこで彼は、校舎にシャワー室と日光浴室をつくった。世界一周旅行の中で、ドイツの学校を見

［1］アントン・フェラーの没年については、松本隆永「二〇世紀前年を生きた技術者・建築家アントン・フェラー（修士論文）」［愛知工業大学／2012］に詳しい

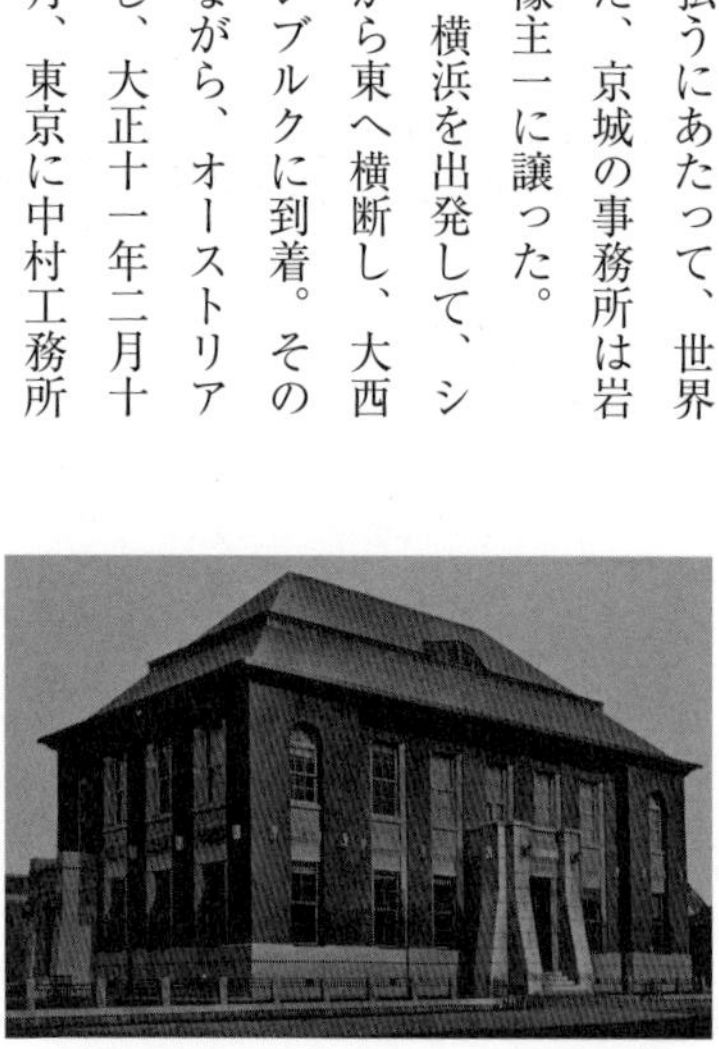

朝鮮銀行群山支店［1922］：当時の群山は、仁川と共に朝鮮半島と中国大陸とを結ぶ交易の拠点であった。建物は、レンガ造2階建てで、その設計はアントン・フェラーが担当した結果、セセッションの外観となった。特に、寄棟屋根の途中に付けられた櫛形の屋根窓は、ドイツで19世紀末から20世紀初頭に建てられた建物によく見られる形態であり、さらに、屋根全体をまわる細長い屋根窓によって屋根を二分し、上部を宙に浮かす手法は、新しい建築形態を提案したものとして注目される。建物は、２００８年に群山市の登録文化財になり、群山近代建築館として２０１３年から再利用されている
［出典：『営業経歴』］

学した際、校舎にシャワー室と日光浴室があったのをもとに、この提案を行った。衛生状態の悪い居住環境に置かれた子どもは多く、そのような子どもの健康を確保するため、東京市は中村の提案を受け入れ、その後、東京市が建てていく小学校校舎にはシャワー室と日光浴室が設けられた。日光浴室はくる病対策の意味もあった。

大正十二年〔1923〕九月一日、東京など関東地方は未曽有の震災に見舞われた。関東大震災である。官に職を得なかった中村が、震災復興事業に直接かかわることはなかったが、民間に建築事務所を開く建築家として、彼が民間の復興に果たした役割は大きい。彼が、東京に事務所を開いていた時期、彼の設計した建物のほとんどは鉄筋コンクリート造であった。関東大震災直後から、公共建築だけでなく、銀行やオフィスビルといった民間の建築にも鉄筋コンクリート造の建物が増えていくので、それは当然なのだが、今日の建築家が鉄筋コンクリート造の建物を設計するのとは状況が違う。中村は大学時代に鉄筋コンクリート造を習っていない。理由は単純明快で、彼が大学を卒業した明治三十八年〔1905〕、日本には鉄筋コンクリート造の建物がほとんどなかった。彼が就職した辰野葛西事務所

豊橋市公会堂〔1931〕〔国登録有形文化財〕

上―南面全景：公会堂が左右対称の正面を持つことはよくあるが、正面中央に大階段を設けて、来訪者を2階に誘導する手法は、日本の公会堂としては少ない事例。伊藤晴康氏（豊橋創造大学学長）らの研究により、別府市公会堂やアメリカのサンアントニオ公会堂との類似点が指摘されている。正面中央に5連の半円アーチを設けていることから、ロマネスク建築の影響を受けているという指摘が多々ある。正面のアーチを支える柱には、当時流行していた中村式グラニットと呼ばれるきれいな人造石が使われたが、外壁補修工事により、今は見ることができない。公会堂の建設は市制25周年記念事業であり、ドームの周囲にはばたく鷲は、豊橋市の発展を象徴している

右―建物正面の2階に設けられたエントランスポーチ：写真左手の大階段を上ってきた聴衆（観客）は、ここを通って写真右手の扉の奥にあるホワイエに入る。建物正面に連ねたアーチに合わせて、交差ヴォールトの天井としているところに、中村の西洋建築に対する理解度の深さがある

では東京駅の設計が行われていたが、辰野金吾は、生コンが固まることへの懐疑心から、東京駅をレンガ造で設計したと伝えられている。中村が就職した時代は、そんな時代であった。彼にとって、鉄筋コンクリート造の知識、技術は、独学に近い。

この努力が功を奏して、中村工務所の業績は順調であった。特に、銀行の設計依頼が多数あった。東京時代の中村工務所、中村與資平建築事務所が設計した物件のうち、住宅を除く物件は五九件あり、そのうち、一八件は銀行であった。

故郷に錦を飾る

この時期、彼の活動のもう一つの特徴が、活動範囲である。前出の五九件のうち、三〇件の所在地は東京とその周辺で、二五件の所在地は静岡県である。東京に拠点があるので、東京の物件が多いのは当然であるが、それに匹敵する数の物件が静岡県に建てられた建物であるのは、彼が静岡県出身であるからに他ならない。静岡県庁舎の実施設計を始め、静岡市庁舎、静岡市公会堂［1935］、浜松市公会堂［1927］、静岡県に隣接する豊橋市公会堂という具合に公共建築の設計に携わり、また、三十五銀行の本店や各地の支店、遠州電気軌道旭町駅［1929］、静岡県特産の茶を扱う組合の建物（静岡県茶業連合会議所、竣工年不明）、という具合に幅広く設計していく。

昭和十九年［1944］、彼は建築事務所を閉め、故郷に戻り、戦後もそのまま郷里で余生を送った。その中で、昭和二十七年［1952］、公選制度に基づいて行われた静岡県教育委員の選挙に立候補し、当選した。かつて旅したドイツで見た科学教育を日本で実践すべく教育委員になった。昭和三十一年［1956］には教育委員会副

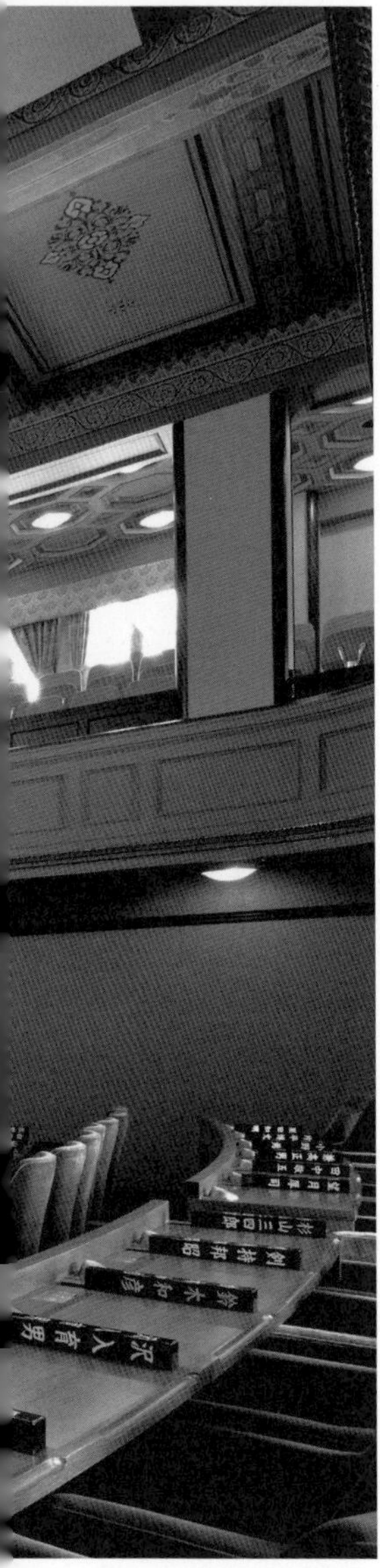

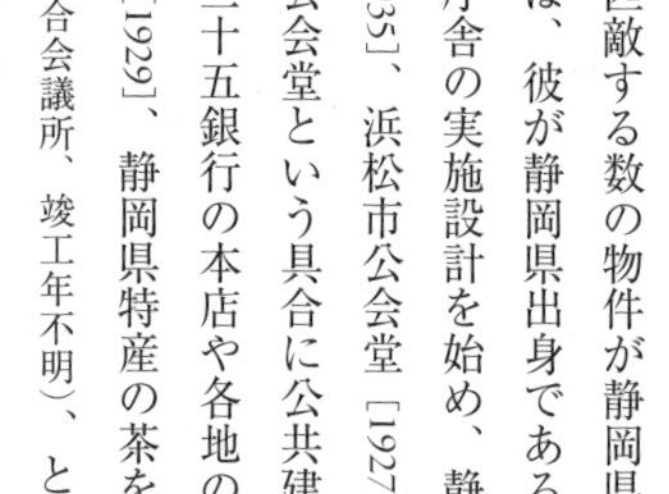

番町小学校シャワー室：東京府が１８７０年に開設した最初の小学校の６校のうちのひとつ。１９１１年竣工の木造校舎が１９２２年７月に焼失したため、ＲＣ造で校舎を新築することになり、東京市は、設計を中村に依頼。中村は、校舎の日影図を描いて校庭の日照を考えながら校舎の形態や位置を決めていった。また、シャワー室や日光浴室の設置を盛り込んだが、シャワー室は、学校の教員側からの要望もあって、意見が一致していた。「設計技師中村工学士は、学校建築に対して形式よりも実用に重きをおかれたようであった」と後に賞されている。工事は、１９２３年１月に起工したが、竣工直前に関東大震災に遭い、１９２４年３月に竣工した。震災で工事は遅れたが、被災したわけではなかったため、逆にＲＣ造校舎の耐火、耐震性が認められる結果となった［出典：『営業経歴』］

中村與資平　Yoshihei Nakamura

静岡市庁舎（現・静岡市役所静岡庁舎本館）［1934］

上—3階市議会議場：正面は議長席、その左右に市長など市役所幹部の席を置き、手前は議員席が並ぶ。これら座席上部を吹抜けとし、吹抜けを三方から取り囲むように4階に傍聴席を設ける。議員席背面が建物正面にあたり、窓にステンドグラスが嵌まる。議長席まわりの腰壁や天井の梁を意匠化したデザインは、チューダー様式に似せている

右—北面外観：市庁舎の正面であり、中央に塔を建て、左右対称の外観となっている。中央部分は4階建てで、2階は貴賓室、3階と4階は議場になっている。左右の翼部は3階建てである。薄いクリーム色のタイルを張った外壁、塔のデザインが温暖な静岡の気候に合っているという指摘や、それが南欧のイメージを醸し出しているという指摘もある。塔の先端の高さは、地上135尺（約40・9メートル）ある

本館ドーム
▼口絵p.168

委員長になっている。地元の静岡県、特に浜松市では、建築家としてではなく、教育家としての彼の名声が高いのは、このためである。昭和五十九年［1984］、浜松で中村與資平の調査をしていた時、「與資平さんは、学校の先生でしょ」と声を掛けてくれた方があったが、それは、彼が教育委員を務めたことに起因していた。

海を渡った建築家——一九〇五年五人組

さて、冒頭で「同級生に、日本国内で著名建築家として名を馳せた人物は、いなかった」と書いたことを説明しよう。在学期間の半分近くが日露戦争時期であったこの学年は、それがその後の歩みにも現れている。岩井長三郎は大蔵省から韓国に設立された統監府に派遣され、その後、朝鮮総督府技師になる。国枝博は、韓国政府に設けられた度支部《たくしぶ》建築所の技師となり、その後、岩井と共に朝鮮総督府技師となる。田村鎮は陸軍技師として樺太守備隊付となり、樺太に赴く。横井謙介は、住友臨時建築部を経て、明治四十年［1907］、南満洲鉄道に入社し、大連に向かう。明治三十八年［1905］、東大建築学科卒業の一三人のうち、海外に渡った者は五人。彼らを一九〇五年五人組と呼ぶ。

昭和六十年［1985］以来、私は、彼らのことを「海を渡った建築家」と呼んでいる。日本以外の地に拠点を置いて活動した日本人建築家である。彼らに共通することは、海外に拠点を置いただけではなく、日本国内での活動経験が短い状態で海外に赴いていることであり、かつ、日本国内での官歴に乏しいことである。その結果、官尊民卑の日本にあって、彼らの活動は、日本国内では記録に残りにくかった。

一九〇五年五人組のうち、横井と田村は昭和十七年［1942］に、岩井と国枝は昭和十八年、それぞれ他界した。中村だけが長生きし、昭和三十八年［1963］に没した。中村は、昭和十七年、田村が亡くなった時には『建築雑誌』に追悼文を書いた。[2] 植民地に暮らし、震災と戦災を経験し、復興と高度成長を見た中村の人生は波乱万丈であったと思うが、彼の人生はその縦糸だけでなく、私費を投じた世界一周旅行を横糸とし、そこに連なる見聞が縦糸に連なる経験と重なり、一九三〇年代には建築家として、一九五〇年代には教育家として大成したと私は思う。

［2］中村與資平「田村鎮君を悼む」『建築雑誌』1942.4

岡田信一郎

Shinichiro Okada

〝握飯〟と〝おかず〟――岡田信一郎の建築作法

本橋仁｜Jin Motohashi
中谷礼仁｜Norihito Nakatani

右―［所蔵：早稲田大学建築学科］
▼個別年譜p.373

［1］博物館動物園駅［1933］中川俊二
［2］旧東京音楽学校奏楽堂［1890］山口半六・久留正道

上野・三題

黒田記念館［1928］が、平成二十七年［2015］の正月に耐震改修を終え、再び来館者を迎えた。建物を覆うスクラッチタイルと、可愛らしいイオニア式の柱とテラコッタのレリーフで飾られたエントランスは、落ち着いた佇まいを見せる。向かい側に建っていた博物館動物園駅[1]が現役の頃は、上野を訪れる人々に、最初に上野を印象付ける建物であったろう。

この建築の斜め向かいには、初代・東京府美術館［1926］が建っていた。ちょうど、現在の旧東京音楽学校奏楽堂[2]が移築された辺りで、こちらはトスカナ式の柱が四周に配された重厚で威厳のある建築。この対極的な表情の両者を、たった二年の差、ほとんど同時期に設計したのが、岡田信一郎である。さらに、東京藝術大学裏手には護国院が、岡田の手によって、本堂の移築・庫裏の新築［1927］というかたちで、これもまた同じ時期に純和風で建てられた。こうした設計の多彩さを評して、岡田は〝様式の名手〟とも呼ばれる。

この多彩さはいかにして可能だったのだろうか。

建築の深い理解に根差した研究者として

岡田信一郎は、明治十六年〔1883〕十一月二十日、東京都芝区宇田川町に生まれる。[3] 青年期の夢は、応用化学者であったという。[4] 近所に住んでいた建築家・大沢三之助〔1867–1945〕は、岡田のことを「注意周到隅から隅まで行き届いた筆法は、藝術的といふよりは、寧ろ数学的に発達すべき人ではないかと、私をして考へさしたのであつた[5]」と述懐している。帝国大学では、学生にとって大変名誉であった恩賜の銀時計を賜るなど、最優秀の成績を残した岡田は、卒業後、「直ちに大学院に入り建築史上の古典主義の研究をはじめた[6]」。明治四十年〔1907〕には、東京美術学校で日本建築史を教え始め、明治四十四年〔1911〕に早稲田大学講師となる。大正元年〔1912〕には、大阪市中央公会堂指名設計競技に参加をし、名だたる建築家[7]を抑え見事一等を獲得した。こうして、岡田は設計者としての華々しいスタートを…と一筋縄ではいかないのが岡田である。

「たまたま用事があって教授室にはいると、岡田信一郎先生がせきをしながら外国の雑誌からしきりとメモをとっておられるのを見るくらいで、今日のように各教授が個室をもっているのでもなく、小学校の教員室を彷彿とさせるようなものであった[8]」、建築家・村野藤吾〔1891–1984〕は、学生時代の思い出をこのように語る。若き日の岡田は、設計そのものよりも、むしろヨーロッパの新興芸術運動に興味を持ち、海外の動向を雑誌や講義を通して紹介し始める。大正期には建築分野にとどまらず、美術や演劇など守備範囲の広

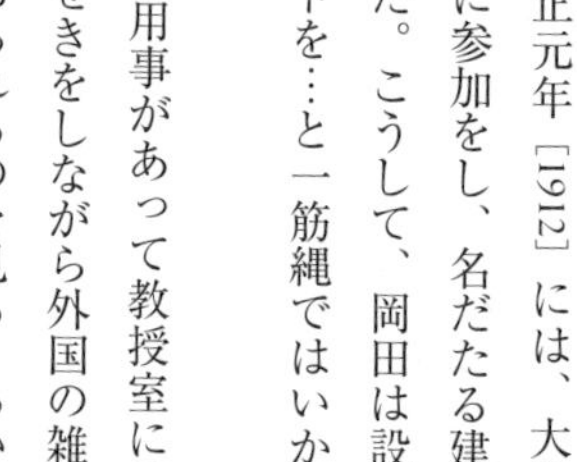

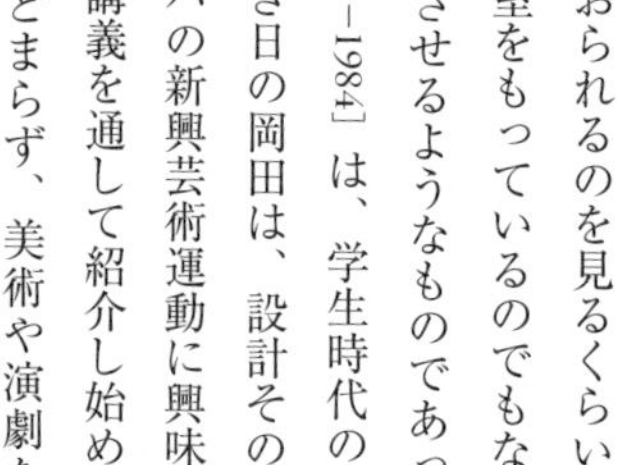

右―黒田記念館〔1928〕〔国登録有形文化財〕：日本の近代洋画家の父とも呼ばれる黒田清輝の遺言に基づき、美術の奨励のために、遺産の一部で建設された建築
左―東京府美術館〔1926〕：当時の東京美術学校校長であった正木直彦が中心となって構想され、九州の実業家であった佐藤慶太郎の寄付をもとに建設された美術館。1975年に、現在の前川國男による都美術館に建て替えられた
〔所蔵2点とも：早稲田大学建築学科〕

鳩山一郎邸（現・鳩山会館）［1924］
上─応接間：サンルームや食事室とは壁ではなく、折りたたみ式の戸で仕切られている。そのため、開け放つととても開放的な空間となる
右─庭から眺めた全景：外観の至るところに鳩山家を表すハトや、知恵の象徴であるフクロウのモチーフがちりばめられている

い批評活動を展開した。大正期の批評家・黒田鵬心[1885–1967]をして「口も八丁手も八丁」[9]と言わしめるほど、彼の批評は正鵠を射たものが多い。ここでは、大正期における分離派建築会と構造アカデミズムを巡る論争を引き合いに出し、岡田の批評眼を確かめたい。

　岡田が建築の道を歩み始めた大正期は、日本建築が明治以降の揺籃期から確立期へと移行する時期に当たる。構造アカデミズムが台頭し始め、明治の様式建築を捨て、科学主義をもとに耐震・防災化を目指そうとした。その芸術軽視の態度に反発した流れも生じた。例えば芸術に建築の本質を求めた分離派建築会もそのひとつである[1920]。建築の思想が工学VS芸術という対立図式に陥ってしまったのだった。岡田もまた、分離派の設計は「構造の軽視」であると仮借なく批判する。しかし一方で、「建築が構造的であればある程其の藝術味を発揮するのに都合のよい基礎を持つと信ずる、勿論構造だけが建築美の基礎をなすと云ふ構造万能には考へて居ない」[10]と、建築美を捨象するのではなく、あくまで芸術性の観点における構造の必要性を述べる。岡田が、統合的かつ実践的な方向性を目指していたことをうかがわせる一文である。こうした自身に内包される、科学、美術双方への深い理解こそ、その後の建築作品における構造と様式の矛盾ない統合を生み、岡田を〝様式の名手〟たらしめたのだろう。

研究者から建築家へ

　このような研究者肌の人物が、多くの作品を残す建築家に転身する。その経緯はどのようなものであったのだろう。とある日、岡田信一郎にとって一年後輩に当たる内田祥三[1885–1972]は、次のように問うた。「君は現在学問を主とし設計の方は単に余技としてやつて居る様だがこれを逆にいつてみる気はないか」。岡田は答える、「そんなことはおれはいやだ」。内田に限らず、岡田の才能は広く認められるところであった。しかし、帝国大学で岡田が教職に就くための「適当な位置がなかつた」[11]のである。

　岡田のキャリアにおいて、結婚がひとつの転機となる。その結婚は、社会的な事件でもあった。妻の名は、田向静、またの名を萬龍という。萬龍は花柳界で一世を風靡した女性であった。アカデミズムの世界で花柳界の女性を正妻に迎えることは前代未聞であり、[12]当時の新聞は格好のネタとして取り上げた。[13]このことで岡田のもとを去る友人も多かったようだが、中学以来の

[3]　父は、陸軍薬剤監・岡田謙吉。信一郎が15歳の時に病死、5人の子どもを抱えた母の苦労を間近に見ながら育ったという

[4]　岡田捷五郎「岡田信一郎兄を語る」『建築界』1965.12、p.23

[5]　大沢三之助「幼年時代の岡田君」『建築雑誌』1932.5

[6]　佐藤功一「逝ける岡田信一郎君」『建築雑誌』1932.5

[7]　他には、長野宇平治[1867–1937]、伊東忠太[1867–1954]、中條精一郎[1868–1936]、矢橋賢吉[1869–1927]、塚本靖[1869–1937]らが、このコンペに参加した

[8]　村野藤吾「ワセダの建築科」『佐藤武夫作品集』相模書房／1963

[9]　黒田鵬心「口も八丁手も八丁の岡田君」『建築雑誌』1932.5

[10]　岡田信一郎「分離派建築会の展覧会を観て」『建築雑誌』1920.9

[11]　内田祥三「思ひ出」『建築雑誌』1932.5

[12]　参照：『日本の建築［明治大正昭和］8 様式美の挽歌』伊藤三千雄・前野嶤著［三省堂／1982］、p.121

[13]　『東京朝日新聞』1917.6.28、p.5

[14]　鳩山一郎「岡田信一郎と自分」『建築雑誌』1932.5

[15]　後に東京美術学校教授となる

[16]　岡田の資料が、このような幸せな状況にあるのは、次のような経緯による。捷五郎が逝去した際に、自宅にあった図面一式を建築学会に収めようとした。しかし、当時、建築会館の移転計画のためうまくいかなかった。実は、捷五郎の従兄弟が国立国会図書館の館長をしており、所蔵に至ったという（2013年4月14日、相川東一氏より聞き取り、明治

親友であった鳩山一郎［1883–1959］は、そんな岡田を毎日家に迎え入れた。[14] 岡田が、音羽御殿とも呼ばれる鳩山一郎邸を大正十三年［1924］に設計した際は、その設計料を一切取らなかったという。こうした岡田の身辺の変化が、アカデミズムでの居場所を奪っていき、消極的に設計を本業へと向かわせた。しかしそれが結果として、今もなお残る多くの名作を残すこととなる。

岡田信一郎を、今探る

短命でありながら、多作。そんな岡田信一郎の設計活動を今、振り返ることができるのも、図面・写真が現在まで保管されてきたことによる。まず、図面。これはゴッソリ国立国会図書館に所蔵されている。現在、国立国会図書館には、信一郎と弟・捷五郎[15]［1894–1976］の図面が、全九八五九枚所蔵されている。驚くべきは、図面は丁寧にマイクロフィルム化され、図書館を訪れる誰もが自由に閲覧できることだ。日本における建築資料の収蔵機関の中でも最上級の管理がなされている。[16] 実際の図面は、美濃紙に烏口で丹念に描かれている。

また写真は、早稲田大学建築学科が所蔵している。

生命館にて）

大阪市中央公会堂指名設計競技の応募案［1912］：コンペで一等を果たした岡田案をもとに、辰野金吾が実施設計を行った。長く大阪市民に愛されている建築である［出典：『大阪市公会堂新築設計指名懸賞競技応募図案』公会堂建設事務所／1913］

上—護国院庫裏［1927］［国登録有形文化財］
大広間：右手の庭園と左手の中庭とに挟まれており、とても明るいが、繊細な格子欄間の存在が部屋に重みを与えている

数年前古書店から購入したもので、資料の来歴は追うことができない。総数は七一二枚。工事写真などを多く含む貴重な資料だ。

　こうした幸運な資料の状況もあり、後に示すような立体的な岡田像の復元が徐々にできるようになっている。現在、さまざまな建築アーカイブズの設立が活発であるが、資料の利用がしやすく、相互活用の機会が促進されれば、さまざまな研究成果が生まれてくることだろう。

関東大震災と復興事業に

閑話休題。岡田信一郎の建築家としてのキャリアスタート期は、大正十一年［1922］に起きた未曾有の大震災、関東大震災の復興事業で積まれていく。ニコライ堂[17]と護国院はいずれも関東大震災とは切り離せない。

　ニコライ堂の名前は、この教会を建設した宣教師・聖ニコライにちなむ。聖ニコライは、万延元年［1861］に来日、日本に正教を伝道した。明治十二年［1879］に帰国した際、日本に建てる大聖堂の設計を建築家ミハイル・シチュールボフに依頼する。その図面をもとに、日本でジョサイア・コンドル［1852–1920］が工事を担当、明治二十四年［1891］、聖堂は竣工する。しかしこの聖堂も、関東大震災で甚大な被害を受ける。早稲田大学所蔵の聖堂内で撮られた記念写真で確認できる。この写真を見ると、漆喰は剥がれ落ち、天井はすでになく、構造の煉瓦が丸見えである。起工式の様子を、当時の『正教時報』が伝えている。

「当日は当該工事の設計者岡田技師も数名の技師を同伴して参列、特に選抜した工事請負業者六名も参加した。而して其記念として献祷中に一回、式後に一回の撮影をなし、次いで岡田技師は請負業者と其同伴の技師等のため堂の内外に就いて現場説明をなし、大主教始め委員長及び委員等は皆之に立会つた」[18]。この一文で触れている「其記念」は、岡田を囲んで起工式後に撮ったと思われる集合写真を指すものであろう。一度は崩れ落ちた円蓋の設計、ましてやコンドルの設計以上の工学的な力量が試される状況である。その後、現在まで九十年の長きにわたり、風雪、さらには地震を耐え抜いてきたことは、岡田の腕の確かさを証明している。

　護国院は、東叡山寛永寺の子院のひとつ。上野公園が舞台となった戊辰戦争、彰義隊の戦いでも奇跡的にその戦火を免れた。関東大震災も耐え抜いたのだが、

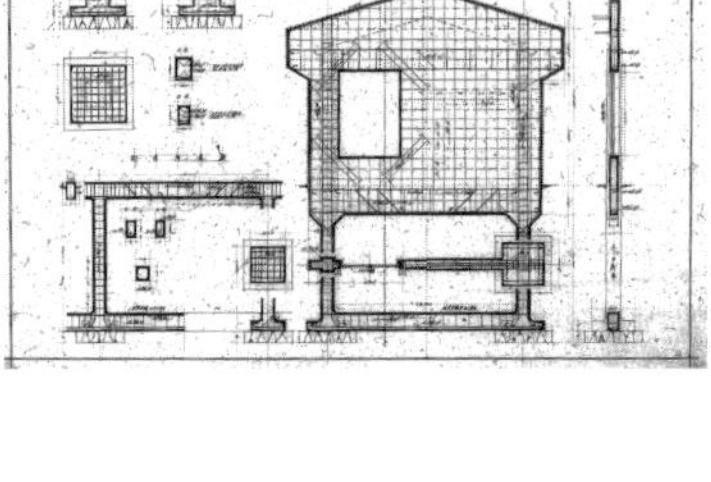

護国院釈迦殿及供所防火壁及基礎設計図：縦横に巡らされた鉄筋が図面から読み取れる。岡田は、この壁を鉄筋コンクリートでつくり、本堂と庫裏との間に挿入を試みた［所蔵：国立国会図書館］

［17］正式名称は東京復活大聖堂
［18］森田亮「敬告」『正教時報』1938.10
［19］日本工業倶楽部［1920］横河民輔・松井貴太郎
［20］岡田信一郎「耐震耐火建築」『建築雑誌』1923.1

震災後の学校不足のために境内を第二東京市立中学校（現在の都立上野高校）に供用することが市会で正式に決定され、移転を余儀なくされる。そこで、白羽の矢が立ったのが岡田である。岡田の護国院に関する図面をめくっていると、オヤッと、一枚の図面に目がとまった。「護国院釈迦殿及供所防火壁及基礎設計図」と書かれたこの図面には、家型をした壁に、一箇所穴がポカン。縦横に巡らされた配筋は、それがコンクリートの壁であることを示していた。平面図には、本堂と庫裏との間に「防火壁」の文字。これは見なければと慌てて上野に向かった。

〝握飯〟と〝おかず〟の耐震耐火

大正十二年［1923］十一月九日、日本工業倶楽部[19]にて、「帝都復興と建築問題に関する講演会」が開かれる。震災後、一年を経過して開催されたこの講演会で、岡田信一郎は「耐震耐火建築」という講演を行っている。岡田は、「災害の為に二日も三日も食はなかった人の先づ第一に要求するものは握飯である、耐火耐震建築と云ふものは、要するに握飯見たい《ママ》なものである、其他のものは先づおかずのやうなものであらうと思ふのであります[20]」と語る。さらには、帝都復興院総裁・後藤新平の政策を〝大風呂敷の亜米利加缶詰がガラガラ〟と言ってのける辺りは、さすがの口八丁である。岡田は、すべての建築を鉄筋コンクリート造にす

上｜東京復活大聖堂（ニコライ堂）［1930］［重要文化財］
聖所：正面に見えるのはイコノスタシス（聖障）と言い、儀式を行う「至聖所」と信者の祈祷する「聖所」とを隔てている。ニコライ堂のイコノスタシスは復興の際に製作されたもの
西面全景：ビザンチン様式の建築としては、日本で最大級のものである。この地は高台でもあり、昭和の初めまでは周りに比して、非常に高い建物であった。今ではビルの谷間となっているが、その迫力はいまだ健在である。入り口の両脇には、四角い窓、アーチの連窓など、さまざまな形が混在しつつも、水平の連続する庇により統一感を持たせている。屋根は銅板で葺かれており、きれいな緑青を葺いている。関東大震災前のドームは現在のものよりも、もう少し高かった
▼口絵p.169

るのは耐火の観点からは理想としつつも、当然予算的に折り合いがつかない。では、この握飯をどのように市民に配るのか、岡田は次のような提案を行う。「一つのものが完全であると云ふことよりも、総体として相集ったものが相寄って補合ってそれで完全になれば宜いと思ひます[20]」。震災前に、建設が始められていた歌舞伎座も、その先代が焼失したという経緯から不燃構造の和風意匠を試みている。耐火への意欲的な試みは震災を待たずして、岡田の中にあった。ただ、都市のスケールで耐火を試みる時、予算的に可能な一部を耐火とし、結果として延焼を防ごうという、経済性との折り合いの中での、合理的な発想がそこにはある。

結果的には、護国院にコンクリートの壁を見つけることはできなかった。しかし、本堂と庫裏の渡り廊下に、大きな耐火壁が立っていた。これこそ、岡田が目指した耐震耐火。この壁ひとつでも、護国院は、確かに岡田による震災復興のひとつとして数えられよう。

岡田の遺作は、明治生命保険株式会社（現・明治生命館）［1934］であるが、その頃、体調もいよいよ悪くなっていた。現場に行くこともできない岡田は、所員に現場を一六ミリフィルムで撮影させ、病床から指示を送っていた。岡田は生前、次のように語っていたという。「親がなくとも子は育つが、しかし建築だけはそうはゆかぬ。最後まで面倒をみてやらなければだめだ[21]」と。

東京駅の改修を象徴的にして、周辺の多くの近代建築は顔だけを残して高層ビルに変化した。しかし、その中で明治生命館は、高層ビルを背後に背負いながら、それ自体は頑として佇み、丸の内の顔となっている。分離派建築会に説いた、構造とそれを基礎とする建築美は、岡田の言葉を借りれば〝握飯〟と〝おかず〟。岡田は、今求められている握飯と、現実に見合った配り方を心得ていた。のみならず、日本建築から西洋建築まで広く精通し、それに彩りを添える最適なおかずの知識も豊富であった。しかし、最も大事なのは、その握り方なのかもしれない。建築家として、最後の一粒に至るまで責任を持って仕事をしていたからこそ、理論を超え、驚くべき数の実践へと至ることができたのではないだろうか。

［21］『近代建築の黎明』神代雄一郎著、美術出版社／1963

早稲田大学所蔵の資料に残る明治生命館のテラコッタを撮影した写真：こうした写真が数枚残されている。これも岡田が撮影させたものだろうか［所蔵：早稲田大学建築学科］

内田祥三

Yoshikazu Uchida

日本の建築と都市の行くかたを決めた巨人

速水清孝｜Kiyotaka Hayami

「内田祥三」の誕生

東京、本郷にある東京大学キャンパス。

今日ここに私たちが見る一群の建築は、関東大震災の少し前から第二次世界大戦までの間に、ひとりの建築家の指揮でつくられた。彼の以後、折に触れて続く建設にも、骨格はそのまま、である。

内田祥三。よしかずと読む。明治の辰野金吾、大正の佐野利器[1]の跡を受け、終戦を挟み昭和の建築界に君臨した巨人である。建築に携わるなら、程度の差こそあれ知らなければモグリというほどの人——。建築家としてはいわゆる名人上手のたぐいではない。が、それでも、これほど知られる建築を、群として遺した人もまたあるまい。

内田は、明治十八年［1885］、深川の米商いの家に生まれた。幼くして丁稚奉公に出るはずのところ、進学を勧められ、開成中学・一高を経て、明治三十七年［1904］、東京帝国大学工科大学建築学科に入った。

友人の父親で建築家の久留正道[2]に導かれた選択も[3]、いざ入ってみて驚く。というのも、この頃の建築学科は「絵が成果」で、にもかかわらず「私は本来絵を

右―［写真：川澄明男］

▼個別年譜p.375

［1］佐野利器［1880–1956］建築構造学者。山形県出身。1903年、東京帝大卒。芸術としての建築でなく、工学としての建築を標榜し、構造学を発展させた。作品に丸善［1909］など

［2］久留正道［1855–1914］建築家。東京都出身。1881年、工部大卒。作品に帝国図書館［1906］、東京音楽学校奏楽堂［1890］他、文部省技師として全国の旧制高校などを設計

［3］『内田祥三先生作品集』内田祥三先生眉寿祝賀記念作品集刊行会編、鹿島研究所出版会／1969

書くようなことはしたことがない」からだ。正しくは、一高で小島憲之[4]から製図の手ほどきを受けていた内田がそこで目にしたものは、絵そのものと呼ぶべき卒業計画だったのである。深い隔たりに、「たいへんなところに入った」、「辞めようか[5]」、そんな考えすら頭をもたげるが、似た経験を持つ佐野に自身を重ね、奮い立ち、多くの習作を積むことでこれを克服していった[6]。

母の意のままに丁稚に行っていたなら、また、挫折し、道を違えていたなら、内田の、はおろか、日本の建築界のその後もどうなっていたか分からない。

明治四十年［1907］、建築音響をテーマに卒業論文を書き、その反映とおぼしき卒業計画（「劇場」）で大学を出た内田は、三菱合資での三年の現場を経て大学院に戻る。そこで鉄筋コンクリート構造の研究に取り組み、以後、東大を活躍の場としていくが、渋い面持ちで「～しておもらいしたい[7]」と恭しく語り、定刻前には教室に現れ、規則正しく学内を動く、謹厳そのものの姿に、周囲は尊敬とともに畏怖の念すら抱いたといわれる。

自らを〝何でも屋〟と語る内田は、その言に違わず何でもやった。確かに、この時代の建築と都市にまつわるあらゆる場面に、ことごとく内田がいる。時に、何から何まで手を下すことにつながり、会長時代の建築学会では、「会長だか主計だか[8]」分からなかったとまで言われたほどに。生来の律義さと、講演や講義をこまめに稿にし、また資料を渉猟《しょうりょう》し、整理よく保管するといった陰の努力がそれを支え、豊富な仕事が円滑さを伴って残された。

それにしても、万事にわたるそうした姿勢はどうつくられたのだろうか。それを東大入学後に求めると、曾禰達蔵と佐野利器の影響が浮かんでくる。

市街地建築物法[9]と都市計画法［いずれも1919］の誕生に深く携わった内田の法規とのかかわりは、曾禰らの下で東京市建築條例案［1913］を編んだことに始まる。一七ヵ国四〇都市の法を集め、翻訳し、日本の実情に照らし、成案を求めた。ここで、膨大な作業にも慌てず一つひとつ進める曾禰に、周到さを学ぶ[10]。

一方の佐野には、合理主義者で強い信念に基づく行動力を始め、さまざまに啓発された。しかしながら、いかんせん喧嘩っ早くて、さきざきでぶつかっては席を立つ負の一面を持ち合わせた。その下にいた宿命で、慎重さは堅固となったに違いない。教授陣の退官が続く中、佐野までもが学内の衝突などで突如東大を去るという事態に出くわしても[11]［1929］、「建築学科はこの

［4］　小島憲之［1857-1918］建築家。栃木県出身。大学南校中退後、渡米し、1879年、コーネル大卒。工部大出身者に占められた建築界においては傍流となり、建築家としては不遇に終わるも、語学に長け、教育者としては一高で夏目漱石を育てる

［5］　内田祥三・関野克「続建築60年第一夜」『建築夜話』1966.2.6（ラジオ）

［6］　内田祥三・村松貞次郎「内田祥三談話速記録（1）」『東京大学史紀要』No.19,2001.3

［7］　内田の口癖。「～しておもらいしたい」は、～してほしいの意

［8］　『師と友 建築をめぐる人々』森井健介著、鹿島出版会／1967

［9］　大正8年法律第37号。同法の全面改訂となる建築基準法（昭和25年法律第201号）の立案に当たり、建設省でこれを担当する者たちは、何よりもまず最初に、内田のもとにあいさつに訪れたという。彼らが寄って立つ基本法の制定に尽力した内田は、神のような存在だった

［10］　内田祥三・村松貞次郎「内田祥三談話速記録（5）」『東京大学史紀要』No.23,2005.3

［11］　藤森照信「佐野利器論」『材料・生産の近代』東京大学出版会／2005

ままでは潰れると思った」と振り返ったほどの危機を、結果から見れば好機に変え、再建を果たしていった。

建築家の本領たる群造形

本郷の建築群は、ちょうどそうした時期に当たる。内田祥三は、しばらく前から想を練っていたキャンパスの再開発計画を、課長を兼ねる営繕課で、実現に向けて巧みに動く。震災によって再開発は期せずして復興となるが、この災難もまた千載一遇の好機に変え、同課を後進育成の場に充てながら、一気に進めた。

上—東京大学図書館（現・総合図書館）[1928]
大階段：現在でも〝荘厳な〟という形容が似つかわしいが、往時、ここは、光天井から降り注ぐ光に満ちていた。荘厳そのものの空間であっただろう。この図書館の設計では、弟子たちによる内輪のコンペも行われ、岸田日出刀の案が1等となるが、敷地の変更などの紆余曲折の中で、内田が「あまり名案ではない」として却下。最終的には内田主導の案に収斂され、「大学にある建物で僕が一番力を入れた」と語るとおり、渾身の一作の誕生となった。なお、工事では徹底した合理化に取り組み、浮かした分を九輪のある噴水やパーゴラといった現在に遺る設えに充てた。担当者に、岸田日出刀、大村巳代治、渡辺要ら
[撮影：2007年]

下—東京大学法文経一号館（現・法文一号館）[1935][国登録有形文化財]
法文経二号館[1938]のアーケードから法文経一号館を見る：この尖頭アーチのアーケードの連続する様は、いろいろ試みているうちに「ゴシックが一番しっくりくると感じるようになった」と語る内田の郡造形の醍醐味といえるだろう。なお、現在では大谷幸夫による文学部三号館[1987]も加わり、歴史の重層するアーチの競演が見られる。担当者に、日下部東一郎、柳瀬駿

まず、それまで正門付近にあった広大な前庭を惜しげもなく潰す。既に建て詰まりとなっていたキャンパスにとって貴重な広がりではあるものの、それによって軒を連ねることを強いられた校舎群は、類焼に弱く、ことごとく焼けたのである。この弱点を克服すべく、前庭に代えて、新たな建物にはそれぞれに十分な空地を取ることにしてバロック的な軸線を縁取り、それを銀杏並木で強調することで明確な骨格を与えた。

その象徴的な構想が、正門の突き当たりに大講堂を配し、これと直交する軸の両端に図書館と博物館を置くというもので、[12]ロックフェラーの寄付によった図書館に比べ、博物館は不十分にとどまるものの、他もこれに倣《なら》い進められた。こうして、震災の以前、いささか散文的ですらあったキャンパスは、現在見るかたちに変えられていったのである。

構造については、震災にもびくともしなかった工学部二号館［1924］で自信を付け、ひたすら鉄筋コンクリートで通す。東大病院では、居住性への不安から、木造で、と懇願されてもこれを蹴飛ばし、「任された以上、業者の選定・契約はおろか、設計についても一切口は挟ませない」[13]、と往き時代の建築家の在り方を押し通した。

それでも、カレッジ・ゴシックを基調とした意匠は、既に様式主義をはるかに超えて、モダニズムに突入していた建築界の潮流からは時代遅れになっていた。「個々のデザインに対する批判は甘んじて受ける」と語ってもいるが、その一方で「建築は一つ一つではダメだ。配置が大事だ。全体の構想こそ建築家の本領だ」と言い、[14]潤いを与える演出をぬかりなく加えながら、自身に誇れる群造形を築き上げていった。

そうして育んだキャンパスであったから、総長となって迎えた終戦の前後、陸軍と米軍による二度の接収要請を迎え撃った心の裡には、「この場所こそわれわれの死所と考えて」[15]、という大学人の心意気ばかりでなく、設計者の心情も強くあったことは疑うべくもない。大講堂に「催涙弾が打ち込まれたり、放水されるのをじっと見て」[16]いた東大紛争［1968］にあってもそれは同じであっただろう。

住宅と鉄筋コンクリート

内田祥三の作品は、戦前に集中する。その量たるや、風貌に似つかわしくない〝売れっ子作家〟とでもいう形容がしっくりくるほどだ。

［12］　内田祥三・村松貞次郎「内田祥三談話速記録（2）」『東京大学史紀要』No.20,2002.3
［13］　『日本建築家山脈』村松貞次郎著、鹿島出版会／1965
［14］　内田祥三・村松貞次郎「内田祥三談話速記録（4）」『東京大学史紀要』No.22,2004.3
［15］　内田祥三「東京大学が接収を免れた経緯について」『学士会百年史』学士会／1991
［16］　森まゆみ「黎明期の建築家たち 第17回 内田祥三（その2）息女、松下美柯さんに聞く」『住宅建築』2003.8

東方文化学院東京研究所（現・拓殖大学国際教育会館）［1933］
次頁右―北東面全景：企画の中心にいた滝精一からの「屋根をつけてほしい」との要望が決め手となったこの建物は、内田自身にとって、塚本靖邸文庫［1914］に始まり東大柔剣道場［1938］へと至る、屋根への取り組みの過程に位置する。しかし、それ以上に指摘しておくべきは、内田が、ここでの検討が審査を務めた東京帝室博物館コンペの要項に反映された、と語っていること。つまり、東方文化学院は、日本趣味意匠の一つの到達点である「東京帝室博物館」［1937、設計：渡辺仁］への実験的な意味合いを持つことになる
同左―玄関ホールから正門を見る

とはいえ、それらはたいてい、公的な建物であった。他でわずかに知られるものに麻布笄町《こうがい》の内田自邸がある。昭和二年［1927］頃ひとまず完成し、以後一年一室の割で仕上げていったこの自邸は、これまで、唯一の住宅作品と考えられてきた。けれど探してみると、これより前に一つある（和田小六邸［1924頃］）。構造はもちろん鉄筋コンクリート、である。

当時住み心地が懸念された鉄筋コンクリートの住宅を、ならばと、自ら実験台となり計測結果を示し、払拭しようとしたのが自邸であった。それに先んじたこの住宅は、実験台でこそなかったが、震災の経験から〝都心の住宅は鉄筋コンクリートにすべき〟と主張する内田の、信念の発露と評すべきものであろう。

木造モルタルは…

ところで、内田祥三の以前、火事の実態は地震以上に把握されていなかった。それは下町に生まれ、火事を「どっさり」[8]見た眼にもさすがに分からなかった。炎は、温度は、どんな性状を示すのか――。内田は学科を総動員し、学内に火を放つ大掛かりな実物実験を行った[16]［1933］。

こうして生まれたのが〝木造モルタル〟である。この、奇妙なつくり方は、木造都市のやむを得ない現実が生んだ。おそらく、焼夷弾対策となった戦時中の防火改修までのこと、くらいに考えていただろう。内田にとって、〝鉄筋コンクリート化〟こそが向かうべき道だったからだ。しかし、そこでジワジワと広がった

モノは、戦後、立派な〝擬土塗り壁〟と捉えられ、高度成長の下で爆発的に普及して、全国を覆い尽くした。
　結果的に、法をつくったことによって内田は、現在ですら日本中の建築を、あたかも営繕課でそうしたように彼の指揮でつくらせていることになる。けれど、木造モルタルについて、それが営繕課でのことと決定的に違うのは、全く本意ではないことだ。晩年にひと言、「木造モルタル塗構造はやめてしまったほうがいい。ああいうのは推奨すべきではない[16]」、と漏らした。

低層派による剛なる超高層

都市計画という群造形も随分手掛けた内田祥三はまた、ワイヤー・フレームでの都市の在り方も決めた。

　例えば、かつて日本の建物には、超えてはならない高さの規制があった。三一メートル、尺貫法ではキリのよかった一〇〇尺。これを曾禰達蔵と相談し、決めた。それは、市街地建築物法が導いた成果とされる丸の内の景観を生む。そのかたわらでこの規制は、内田のある限り決して揺らぐことはないとも考えられた。

和田小六邸［1924頃］：内田は、かかわり具合によって「あれは自分の設計とはいえない」と言うことがある。美しい姿勢と呼ぶべきだろう。とはいえこれは、当時の建築許可証によれば、内田の設計で、申請代理者は営繕課の奥田芳男。以後、内田が愛用していくスクラッチタイルが、暖炉周りにかすかに現れる。なお、施主の和田小六は、公爵・木戸孝正の次男。当時、東大航空研究所教授
［所蔵2点とも：東京都公文書館］

東京高等農林学校(現・東京農工大学農学部本館)[1934][国登録有形文化財]

上一講堂への渡り廊下
右一正面外観：内田の設計は、全部東大本郷キャンパスと同じ、と評されることがある。しかし、「同じものを」と求められ、そうなった面もある。それらの設計では、配置にこだわりを見せながらも、建築については、さまざまな配慮から仕上げや詳細の程度が落とされた。ここでは、ピナクル(小尖塔)や尖頭アーチが排除されるなど、ゴシックが強調されず、モダニズムに通じるものすら感じさせる。しかし、内田の設計姿勢に照らせば、そこを目指したものでないことは明らかで、その意味で内田らしさを十分に味わえる建築である。ちなみに東京高等農林学校は、昭和10年、東大農学部実科から独立して誕生

ところが事態はにわかに移ろう。経済成長の後押しによって、社会はこれを不当な抑圧と見るようになり、昭和三十八年［1963］、健在のうちに、取り除かれる日は訪れた。

こうして超高層の時代が幕を開ける。だが内田は、低層派の本丸として、その撤廃には最後まで反対を貫いた。あるべき都市に対する思いもあったに違いない。建物はガッチリしているのが一番と剛構造を信じる眼には、そこで主役に躍り出る、柳に風のごとき柔構造が受け入れ難く映っていたこともあっただろう。震災の洗礼を受けた彼には、それを経ていない発想との間に、越え難い一線があった、と言い換えてもいい。

そんな内田は〝保険の世界の恩人〟といえた。慎重な態度にも増して、先の火災実験以来の貢献は、何よりも彼らにとって貴重だったからだ。自身、防火には最後までかかわる決意でもあった内田に、彼らは有終の舞台を用意して報いた。第一生命大井本社[17]［1967］と安田火災海上本社［1976］。超高層である。

しかしこれを転向と見るのは早計で、前者では八〇メートルを剛構造で、二〇〇メートルの後者ですら揺れ幅の小ささを求め、完全には柔構造ではないかたちでまとめさせた。[18]剛なるものへの信仰は生涯変わらず、一徹を貫いたのである。

なお、内田の群造形の側面は、若き日の丹下健三のライバルと目された長男の祥文[19]が継ぐも、若くして逝く。一方、防火は内田で終わるが、構造、すなわちモノのつくり方については、次男の祥哉[20]が構法学として展開。納まりを追求した作品を送り続け、その流れは祥士[21]へと続いている。

上―東京大学大講堂［1925］［国登録有形文化財］
正面外観：安田講堂の通称で知られるこの建物は、設計者に岸田日出刀の名も挙がる。平成8年、国登録有形文化財の東京都第1号となった
内観：東大紛争で傷つき、以後長く閉鎖されるも、昭和63年に始まる改修によって原状を回復。昭和44年以来行われていなかったこの講堂での卒業式も平成3年、復活した。音響に効果ありとみて採用した、ワイヤーを使った光天井が美しい。舞台壁画は、小杉未醒（のち放庵）による「湧水」（左）と「彩果」（右）。知が湧き、果を採る、の図［撮影：1995年］
▼口絵p.170

［17］これは、60ヘクタールの都市計画でもあった

［18］星野昌一「人間性を追及した意匠設計と防災計画」『近代建築』1976.8

［19］内田祥文（よしぶみ）［1913–46］内田祥三の長男。日本大卒。東京帝大大学院で都市計画に才能を発揮するも、同大助教授在職中に急逝

［20］内田祥哉（よしちか）［1925–］内田祥三の次男。東京帝大卒、逓信省を経て東大教授。現在、同大名誉教授

［21］内田祥士（よしお）［1955–］内田祥哉の長男。早稲田大卒、東大大学院中退。現在、東洋大教授

渡邊 節

Setsu Watanabe

王道を歩んだ様式主義建築家

坂本勝比古｜Katsuhiko Sakamoto

右｜［出典：『渡邊節作品集』波紋社／1932］

▼個別年譜 p.344

その生い立ちと背景

渡邊節は明治十七年［1884］十一月三日、東京麹町平河町で生まれ、この日は明治天皇の誕生日であったので、節と名付けられた。父は後に陸軍少将となる渡邊祺十郎で、福島県相馬の出身。十二歳の頃、単身東京に出て、苦労して兵学寮に入り、独力で少将にまで昇り詰めたといわれるから、立志伝中のひとりであったといえよう。

節は父親の勤務の都合上、青森県弘前で小中学校を終え、明治三十七年［1904］仙台の第二高等学校に学び、続いて東京帝国大学工科大学建築学科に進んで、同四十一年［1908］に卒業している。

卒業制作は国会議事堂であり、その達者な筆致は、将来の片鱗をうかがわせるのに十分であった。就職先はなぜか日韓併合間近な韓国政府度支部建築所技師であった。

度支部とは日本の大蔵省のようなところで、釜山、仁川などの税関庁舎を手掛けている。彼が韓国政府機関に赴任した事情については明らかでないが、当時、日本の官庁営繕の頂点にあった妻木頼黄の世話で

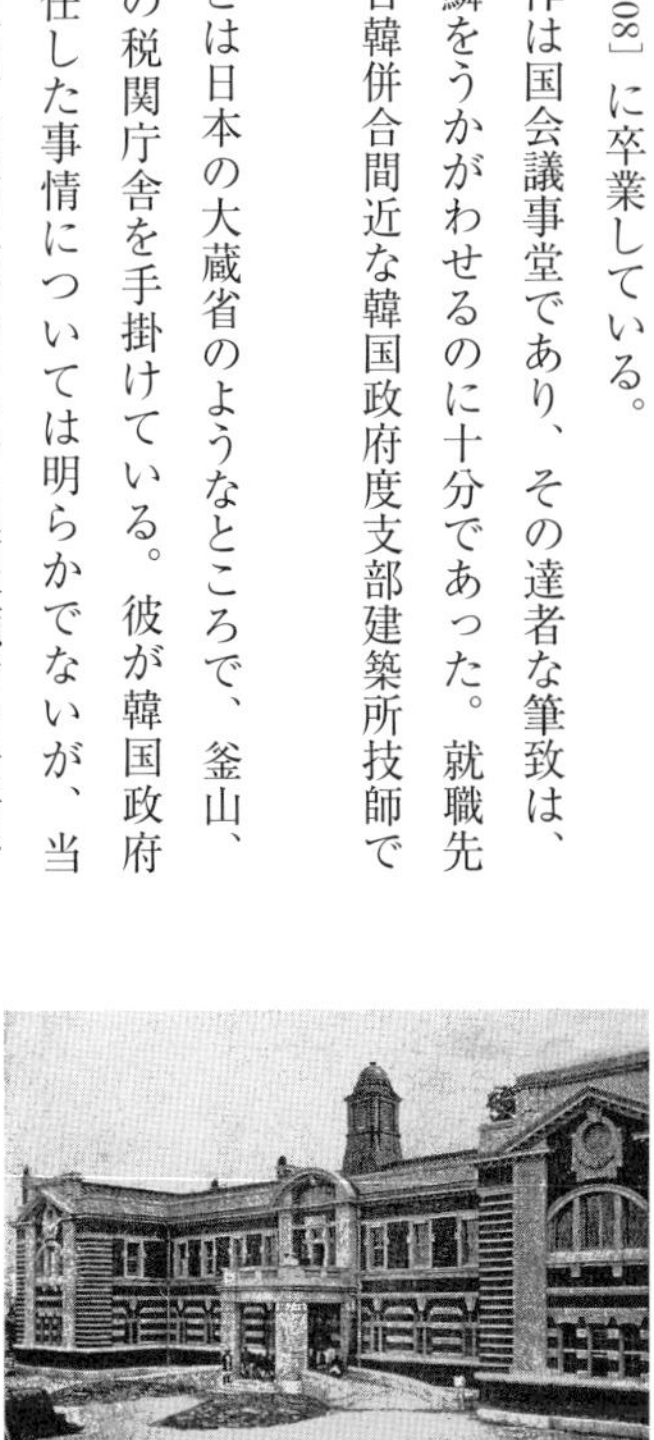

釜山税関庁舎［提供：坂本勝比古］

なかったかの説がある。妻木は辰野金吾や片山東熊と並んで明治の建築界三巨頭のひとりであった。このことを裏付ける理由として、妻木は渡邊が東大を卒業した明治四十一年に韓国度支部の工事顧問を委嘱されており、同年十月、韓国に渡って各地を視察することがあった。また妻木が渡邊を評価した理由として、当時、日本では国会議事堂の建設という大きなテーマが建築界に託されており、これを辰野は懸賞競技で公募すべしとし、民間の力または建築学会を後ろ盾とする意見を述べているのに対して、妻木は官僚の立場から、議院建築は大蔵省を中心とした官僚組織や官僚建築家たちの手で実現させることは可能であるとして譲らなかった。

妻木は明治四十一年に京都高等工芸学校教授だった武田五一を大蔵省技師として兼務させ、大蔵官僚であった矢橋賢吉らを同じ時期に欧米に派遣して各国の国会議事堂を見聞させていたことからも、渡邊の卒業設計は妻木の目に当然留まっていたであろう。妻木は部下の面倒見の良いことで定評があったといわれ、渡邊が大正三年［1914］十二月に結婚した時の媒酌人は妻木頼黄であった。

渡邊節と京都駅舎

渡邊節は明治四十五年［1912］、韓国を去って鉄道院西部鉄道管理局に移った。そこで彼が手掛ける機会を得たのが京都駅舎［1913］の新築であった。明治天皇が崩御し、大正天皇が京都で御大典を迎えるにあたって、駅舎の新築が急浮上したからである。当時、鉄道院に適当な人材がおらず、新任若手の渡邊にお鉢が回ることとなった。当時、中央では東京駅舎が辰野金吾の設計で進められ、三二〇メートルに及ぶ駅舎の中央に天皇を送迎する皇室専用の出入り口が設けられ、大正三年［1914］十二月に完成したばかりであった。ここで渡邊が定めた提案は、その中心を烏丸通りに設け一般乗降客の出入り口とし、皇室貴賓用の建物は西翼部に設け、その間に高塔をあげるという斬新なものであった。この提案に対し鉄道院の中央では猛烈な反対

京都駅舎［1913］：青年建築家としての渡邊の若々しい発想が偲ばれる作品［出典：『近畿建築士のひろば』1966.5］

上―大阪商船KK神戸支店（現・神戸商船三井ビル）［1922］
南面全景：神戸の海岸通り、海に面して建つ重厚で迫力のある外観である。旧居留地にあって、港町神戸のシンボル的存在となっている。ルネサンス風オフィスビルの特徴をよく示している。特に1階ベース部分のルスチカ（切石積み）風は荒々しく圧巻である。全体として3層構成で、中間部の外壁の柱型はフラットなテラコッタ張りで頂部に楣飾りが付き、その上にコーニス（軒蛇腹）があって最上階が形成され、南面の隅角部分は円弧状の破風となり、その中央にスクロール（渦巻き）を持ったメダリオン（飾り額）が付く

があり、駅舎の中央に皇室用の出入り口を設ける案が主張されたといわれる。これに対して渡邊は西部鉄道の幹部を説得し、西部の長谷川謹介局長と共に中央の副総裁、局長連中の前で検討会議が開かれ、いまだ雇われの身分であった渡邊は自説を主張し、その後ついに実現に漕ぎ着けるに至ったといわれる。この駅舎は写真でもうかがえるように、全体として非対称形の構成で、木造ながら抑揚があり、いかにも若き時代の渡邊の伸びやかな作風が印象付けられる建物であった。しかし、このような努力に対する鉄道院での褒賞は乏しく、渡邊をして独立への道を歩ませることとなる。

華麗なる様式建築の展開

大正五年［1916］、渡邊節は独立した建築事務所の創設を決意し、大阪、東京にて活動を開始した。当時の社会や経済状況として、第一次世界大戦の勃発によって一時不況に見舞われるが、まもなく復活し、戦争の景気に支えられて大きく成長する機運に恵まれた。大阪の経済や財界人の活動について詳しい宮本又次は、大阪の経済界について、「大正期はいわば大阪の経済的黄金時代であった。従ってこの期間には多くの企業家、実業家が輩出され、その財界活動は目ざましいものがあった」と述べている。いわば渡邊建築事務所の船出は日本の資本主義上昇気運に乗って、恵まれた時代にあったといえる。その効果はこの時期、次々と実施に移された多くの作品によって知ることができよう。彼の作品歴を順に追って見ていくと、目立ったものとして、神戸海洋気象台［1920］を皮切りとして、次に大阪商船ＫＫ神戸支店（現・神戸商船三井ビル）［1922］がある。彼はこの建物を設計するに際し、欧米の建築視察に出かけている。その時期は大正九年［1920］四月であり、彼は外遊中のいろいろな体験を神戸支店の工事に活かしていく。例えば外壁にテラコッタの使用、プラスターの輸入と国産化などがそれであり、外観は欧米のオフィスビルの伝統様式を採用し、神戸海岸通りに典型的なスタイルを表現した。この時の渡邊の取り組みは、引き続いて、大阪ビルディング本店［1925］や、同社の東京支店第一号館［1927］、第二号館［1931］につながっていくこととなった。〝大ビル〟と呼ばれた中之島の大阪ビルディング本店は、急成長を続け上位にあった日本郵船に比肩し得る勢いを持つに至った、大阪商船にふさわしい規模と内容を持つ出来栄えであった。低層部分にはルネサンス風のおよそ可能な

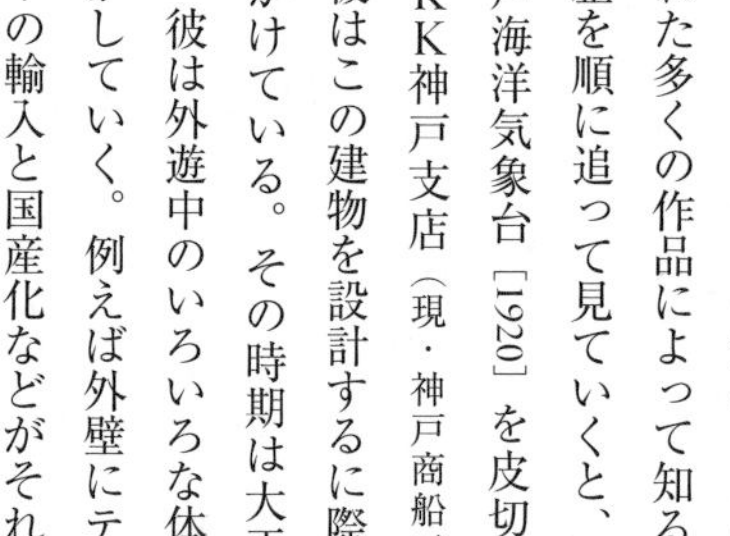

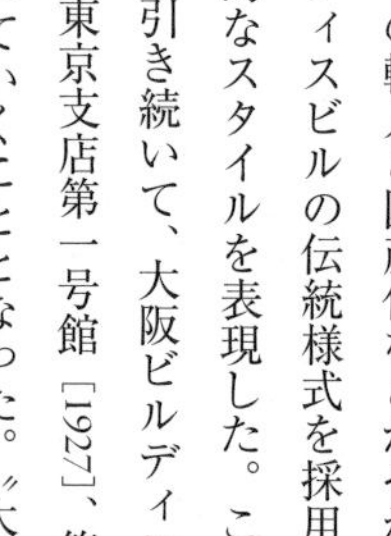

右—大阪ビルディング本店［1925］：貸事務所としての性格を持っていたこのビルは、豊かな装飾性を持つと同時に、シンプルなオフィスビルとしての表現も忘れなかった
左—大阪ビルディング東京支店第一号館［1927］
［出典2点とも：『渡邊節作品集』］

数々のモチーフを使って、装飾美の粋を凝らした意匠となった。また東京支店第一号館では、フィレンツェのパラッツォ・ヴェッキオのモチーフを上階に用い、第二号館ではゴシックの垂直性を強調した表現、これは日本興業銀行神戸支店［1928］の見事なポインテッド・アーチを用いたゴシック・イメージのオフィスビルと同時期の作品となった。この大阪商船系のオフィスビルの表現に共通しているのは、茶褐色のスクラッチ・タイルの多用であった。それは、渡邊節カラーとでも称すべきであろうか。そこに、彼の作品のユニークさが見られる。

ただ彼の作風にはもう一つの系譜があった。それは彼の代表作でもあった、政府機関との関係の深い日本興業銀行本店［1923］や日本勧業銀行本店［1929］の建築に見られるもので、それは古典様式を忠実に踏襲し、巧みにアレンジし、見応えのある作品を生み出したものである。

かつて分離派建築会の暁将《ぎょうしょう》として知られた滝沢真弓は、次のように記している。「関東大震災の後、東京の復興もほぼ目鼻がついたという頃、復興建築の見学会が建築学会大会の行事として催された。その時初めて私は『東京勧業銀行本店』を見た。正面中央部にイ

綿業会館［1931］［重要文化財］
上─会員食堂：この部屋には豊かな装飾が随所に見られる。天井梁型の古典モチーフの装飾、写真では見えないがアーチ状の開口部の欄間ガラスに透かし彫りの美しい飾りなど
右─正面外観
談話室：会館の最も重要な室内空間として設計された。高い天井、広い空間は、重厚な落ち着いた雰囲気を醸し出している。圧巻はやはり正面暖炉左側壁面を覆う窯変タイルによるタペストリー風の壁面装飾である。タペストリーは、本来、壁掛けなどに用いる絵模様などのつづれ織りを指すが、これをタイルで表現したもので、渡邊によると、タイルは京都の泰山が焼いたものを、自らが全体のコンビネーションを考えて一枚一枚、丁寧に張り上げたという
▼口絵p.171

オニア式オーダーが配されていた。それを見て私は『まるでクラシックの押絵だね』などと、若僧のくせに生意気なことをぬかしたが、一歩内に入ってバンキング・ホールに立った時は目を見張った。端正なクラシックの美しさというものを改めて教えられたからである」。ただ滝沢はこのように評した上で、さらにこのクラシック・スタイルは、〝日本的クラシシズムではないか〟との意見を加えている。[1]

滝沢は日本のモダニズムの先兵としての意気込みを持っていた時代であったが、様式建築の美しさを肯定せざるを得なかった所感がうかがえると同時に、渡邊の様式建築が、並々ならぬものであったことを汲み取ることができよう。

ただ忘れてならないのは、彼を支えた事務所のスタッフたちの存在であった。その中で傑出した人物として村野藤吾がいた。渡邊が新しく所員を求めて早稲田大学を訪ねた時、白羽の矢を立てたのが村野であった。村野はその時すでに大林組に内定していた中での出来事であったという。村野は大正七年[1918]入所するが、その翌年、「様式の上にあれ」との論考を発表し、様式建築を厳しく批判し「様式に関する一切の因襲から超然たれ!」と述べた。これは同八年、『建築と社会』五月号に掲載されたもので、同九年の分離派宣言より少なくとも半年以上早く出されたものであった。村野の主張は渡邊の考えと相いれないものであったが、仕事の上では見事に様式を取り入れた秀作が生まれた。村野は終生、自らが今日あるのは渡邊先生のおかげだったと謙虚に語っておられたのが思い出される。

綿業会館の誕生

渡邊節の代表的作品の中で、綿業会館[1931]はさらにその魅力を高める上で役立っている。昭和初期は大阪の綿業界にとって盛況の時代であった。紡織品(生糸、棉花、洋毛など)の輸出高は、日本の貿易額の六〇パーセントを超える勢いであった。元来、関西は日本紡績業発生の地で、特に大阪は〝東洋のマンチェスター〟と呼ばれるほどであったが、大阪に綿業界の交流に役立つ施設がなく、東洋紡専務だった故・岡常夫の遺志で百万円の寄付を受け、これを基金として有力者の協力もあり、倶楽部設立に至っている。この建物の外観は一見オフィスビルを思わせる構成だが、細部を見ていくと、精緻に計画された外壁の組み立てが見

[1] 滝沢真弓「菊と刀・そしてトラヴァティン」『建築家 渡邊節』社団法人大阪府建築士会/1969

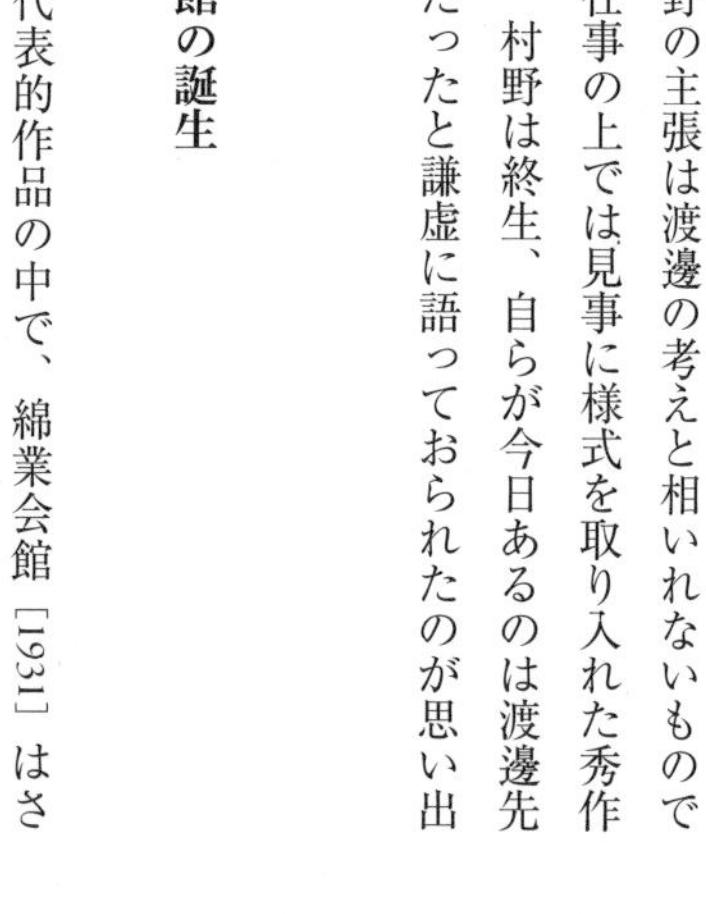

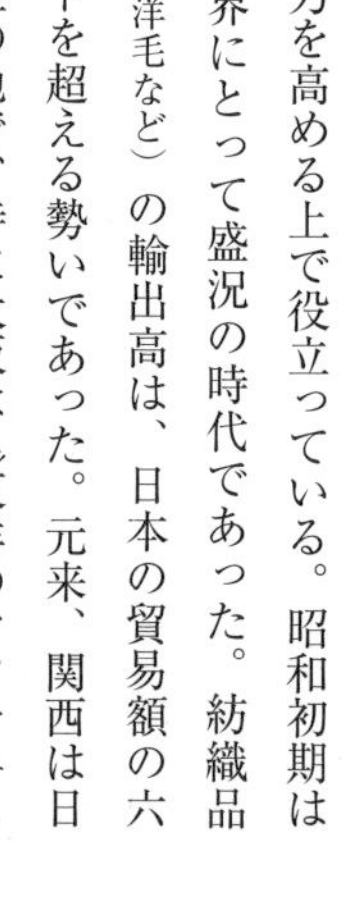

右―日本興業銀行本店[1923]:ルネサンス様式の特徴である左右対称、ルスチカ(切石積み)風の表現で、整然とした様式建築の安定した魅力を引き出すことに成功している

左―日本勧業銀行本店[1929]:銀行建築は様式建築を表現する上で最も適当な建築といわれていた時代、渡邊はその優れた感性によって、この建物を自他共に認める代表作に仕上げた

[出典2点とも:『渡邊節作品集』]

られる。全体は三層構成で、基層は石積みをイメージしたルスチカ風の目地切りとし、渡邊が言うコロニアル風としてベランダの手摺りをイメージした徳利束を並べた。窓などの開口部はアーチ（迫り持ち）とリンテル（楣式）を組み合わせ、薄茶褐色のタイルで全壁面を覆い、正面玄関周りはブロンズ製の菱形格子を持った重厚な鉄扉が付く。内部については、各所に見事な味わいのある空間が演出された。一階の玄関ホールは、

乾邸［1937］［神戸市指定有形文化財］
上｜車寄せ：乾邸を訪れて最初に抱く印象は、敷地の東南にある正門を入って主屋を左に見て玄関へと向かうアプローチで、前方に見えるポーチコ（柱の回廊）の存在である。ポーチコは普通、建物の正面にあって、中央玄関に相当する役目を果たすものであるが、この建物の場合、全く意表を突いて、建物の北向き玄関に導く上でのまさに巧みな配置をとっている。ポーチコの柱は太く、トスカナ風で黄竜山石を用いた重厚なもの。天井はトンネルヴォールト（長い丸天井）
右｜南面外観：外壁は黄竜山の自然石を用いた石造り風であるが、実際の躯体はRC造である。建物の中央の張り出し部分は、1階が居間、2階に主人の寝室が設けられ、ベイウィンドウ風の扱いとなっている

周囲をイタリア産トラバーチンで壁面構成がなされ、要所にトスカナ風のピラスター（半柱）が付いて分節される。このホールは二階まで吹抜けであるが、渡邊によるとトラバーチンは値段が高いので、上部の目が届かない壁面は擬似ボードでカムフラージュしたという。

さらに重要な空間が演出されたのが二階の談話室であった。高い天井、広い空間を持つこの部屋は、正面暖炉周りの左側壁面に天井にまで届く色鮮やかな窯変タイルを用いたタペストリーや、暖炉上飾りに取り付いた長方形の箱形の飾りによって、分節的なイギリス十七世紀初期のジャコビアン風の雰囲気を示している。この建物について渡邊は「綿業会館の設計と私[2]」という一文を寄せており、紡績人は多くイギリスを訪れているので、イギリス風とし、クィーン・アン、アダム・スタイル、アンピールなど部屋ごとに異なったデザインを行ったと述べている。この建物には事務所のチーフ・デザイナーであった村野藤吾も独立するまで、少なからずかかわっていた。

また渡邊がこの会館の設計を受けることになった背景として、彼の住んでいた地域での交友関係のあったことがうかがえる。それは親子二代にわたって日本綿業倶楽部の会長となった阿部孝次郎が「渡辺さんの思い出[3]」の中で次のように記している。「渡辺さんは阪神住吉に住んでおられたが、私も永年住吉に住んでいたので、毎日阪急電車で大阪に通うみちでよく同車するのであった。あのキチンとした端正な姿で、晩年はステッキをついておられたようだった。大学教授風でいわゆる英国紳士型であった」。

実際、住吉、御影には多くの財界人、実業家が住んでいて、乾新治についても、後継ぎの乾豊彦はゴルフを通して、渡邊との親交があり、そのことが広野ゴルフクラブ［1932］や乾（新治）邸［1937］の新築に結び付いたと回想している[4]。

渡邊は、大正の始めから住吉に住むが、その自邸は木造二階建ての古びた和風住宅であった。終戦後、渡邊は昭和二十一年［1946］大阪で事務所を開いて復帰した。翌年、渡辺道輝が入所して再出発するが、彼自身は同二十七年［1952］大阪府建築士会会長となり、建築士会の発展に尽力した。文字どおり伝統様式の大道を歩んだ建築家であった。筆者は、生前の渡邊節とは大阪府建築士会の会合で幾度かお目にかかったことがあった。写真に見られるとおりの風貌で、その品格のある姿は今でも忘れられない。

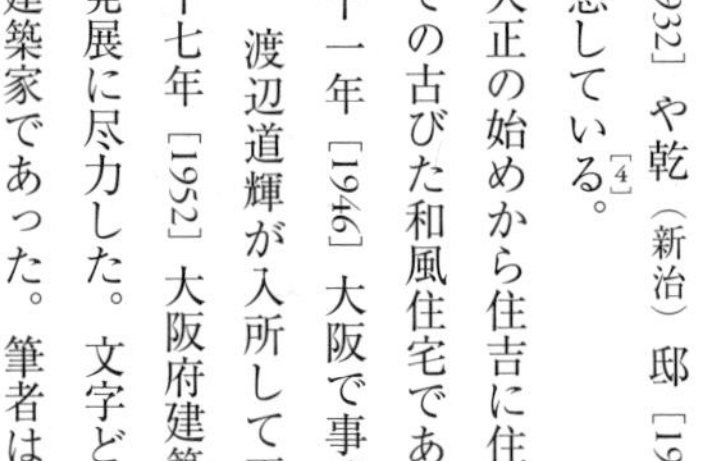

渡邊節（左）と村野藤吾（右）：村野は自らの主義主張とは異なりながら、師として渡邊を尊敬し、生涯自らの恩師としての立場を崩すことはなかった［出典：『近畿建築士のひろば』］

［2］渡邊節「綿業会館の設計と私」『日本綿業倶楽部・月報』1969.5

［3］阿部孝次郎「渡辺さんの思い出」『建築家 渡邊節』

［4］乾豊彦『建築家 渡邊節』

安井武雄

Takeo Yasui

自由を求め続けた不《ふ》羈《き》の精神

石田潤一郎｜Jun'ichiro Ishida

右―［出典：『自由様式への道―建築家安井武雄伝』山口廣著、南洋堂／1984］

▼個別年譜p.349

開きつつ閉ざす――大阪倶楽部

大正八年［1919］、安井武雄は南満洲鉄道建築課技師を辞して、大阪の片岡建築事務所に入所した[1]。この年、第一次大戦によって巻き起こった好景気は頂点を迎え、大阪の地価は前年に比べて三倍にも上昇する。西日本最大の建築事務所である片岡建築事務所はオフィスビルの設計に追われていた。

その九年前、明治四十三年［1910］の春、安井は東京帝国大学建築学科の卒業設計で木造住宅を主題とした。「他人の真似をするのが絶対に嫌いで何とかして自分自身のものを出そうとする努力と野心に満ちていた[2]」安井にとっては、その決断は、是非を問わないものだったのだろう。だが、今日でも卒計で個人住宅をテーマとすることははばかられるものがある。この時期の帝国大学では、レンガ造の大規模建築をこなせる能力を示すことが求められたから、彼の卒業設計「住宅設計製図」は教官陣の不興を著しく買うこととなる。卒業時、安井の席次は一四人中三位という好成績だったと見られるが、卒業設計が祟って、満鉄という創設後日の浅い〝外地〟の国策会社に就職することを余儀

［1］安井武雄の事績とその位置づけについては、『自由様式への道―建築家安井武雄伝』に多くを負っている

［2］長谷部鋭吉「安井君」『建築と社会』1955.8、p.51

なくされる。だが、結果的には、そのことで彼の満々たる覇気は矯められることを免れた。

帰朝当時の安井は三十五歳、満洲で幾つもの作品を任されていたとはいえ、まだ模索の時期であって、その個性を十全に完成させていたわけではなかった。その意味で、〝安井武雄が安井武雄になった〟決定的な作品といえるのが大阪倶楽部［1924］である。その意匠は「南欧風の様式に東洋風の手法を加味せるもの」と説明される。たしかにイタリア・ルネサンス初期の邸館を基調としており、そこに展開する装飾は、インド・サラセン風であったり、中国的であったりする。しかし、全体から受ける印象は「南欧風」という言葉の向日性から遠く、装飾の布置にしても「加味」といった微温性とはかけ離れている。福田晴虔氏が「沈痛な北方遊牧民的感覚」と呼んだ[3]、言いしれぬ暗さ――暗いというのが否定的ニュアンスを伴うとすれば、奥深さと言い直そうか――を感じずにはおれない。そういった印象を発生させる源のひとつは、正面の構成である。その一階には五連のアーチが並ぶ。それはまさに南欧のアーケイドの直喩である。だがアーチのうち、本当に出入りできるのは中央玄関の一ヵ所にすぎず、あとはくぼめられるだけで奥は壁でふさがれる。さらに前面に立つ四本の独立柱。この柱は満洲風とも称される不可思議な意匠ばかりが注目されるが、これが立つことによって生み出される仮想のスクリーン性にも目を向けるべきだろう。つまり、この建築物の立面は、内部空間に到達するまでに幾層ものバリアーを仕掛けているのであって、そのことが、理解されることを拒んでいるような晦渋《かいじゅう》さを建築に賦与していると見なせるのである。

「開いているようで閉じている」、「つながっているのに遮られている」、こうしたファサードの特色は内部においても展開されていく。球戯室と談話室を区切る柱列と床レベルの差、あるいは三階小食堂を横断する柱列など、大空間の中に、視野を遮る要素が導入されている。また鉄筋コンクリート構造の梁成とハンチがことさらに強調されて、分節感を強めている。これらの累層によって、この建築はその単純な平面とは裏腹の迷宮性を獲得しているといえる。

抽象性への転身――二つの野村ビル

安井武雄は片岡建築事務所の所員として野村銀行本店［1924］と堂島支店［1922］の設計を担当し、それ

［3］福田晴虔「安井武雄―近代日本、建築家の足跡10」『建築文化』1990.12、p.135

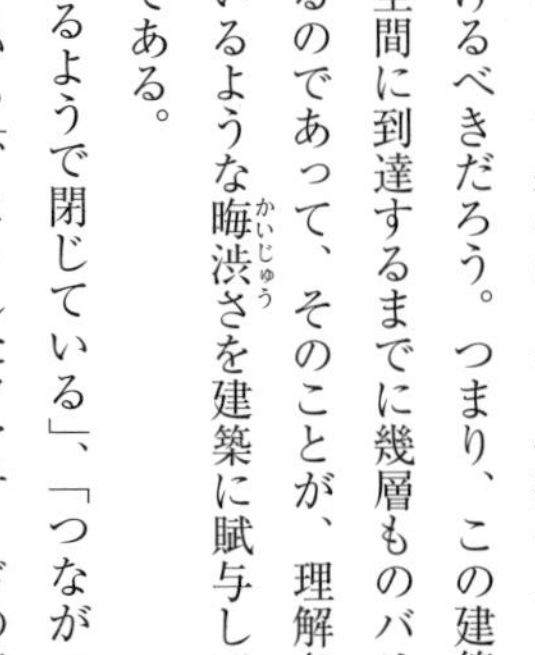

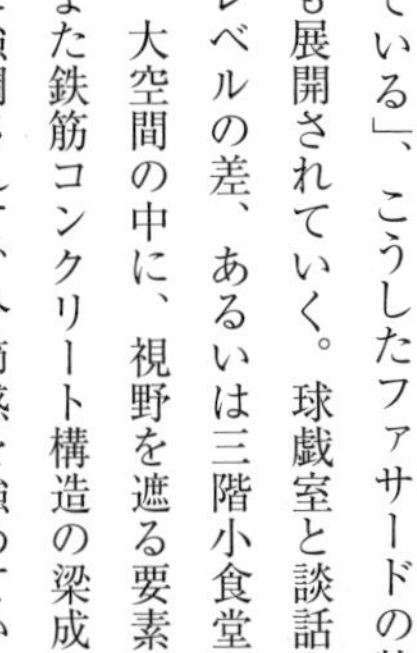

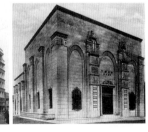

右―野村銀行京都支店［1926］：四条通りに異彩を放っていた。柱型の形態の奇妙さにとどまらず、その間のアーチは放物線をなし、迫縁は傾斜がつくといったように、造形は奔放を極める［出典：『自由様式への道―建築家安井武雄伝』］

左―高麗橋野村ビル［1927］：奥行きが浅く、高麗橋筋に沿った衝立のように見える。量塊的な材質感とのずれがこの建築を一層印象深いものにしている。現在は7層目が増築されている［提供：安井建築設計事務所］

を通して、野村徳七の信頼を得ていた。大正十三年［1924］四月、安井は片岡建築事務所から独立するが、その後も野村徳七は安井武雄建築事務所最良のクライアントとなる。野村銀行京都支店［1926］は極端に窓の少ない立方体の骨格と、そこに並ぶマヤ風の装飾を持ったピラスター（付け柱）、階段状の天井など、安井の独創性が最も直截に表れた建築といってよい。ただ、早くに失われており、ここではその圧倒的な異形ぶりを指摘するにとどめたい。

野村證券本社［1926］を経て、昭和二年［1927］に高麗橋野村ビルが出現する。この建築の骨格はごくありふれた箱形のオフィスビルなのだが、各階の間を巡るスパンドレルがオーバーハングして巡らされ、その上端は大ぶりな瓦で縁取られる。さらにその壁体はモルタル掻き落としと陶板によって仕上げられる。その土俗性と東洋性は、四合院の並ぶ中国都市の街路を垂直に立ち上げたといった感覚を与える。言い換えれば、細部の一つひとつがオフィスビルという全体像をかき消して、建築を見慣れない構築物に変容させているのである。ちなみに、安井は、原寸図を所員任せにせず、自ら描く珍しい建築家として知られた。

続いて日本橋野村ビル（現・野村證券日本橋本社ビル）

大阪倶楽部［1924］［国登録有形文化財］

上―1階広間：パティオにあるべき泉盤が、玄関を入るといきなり出現する。水を吐き出す鬼面も脈絡が分からない。一方、黒と白の市松模様の床は、この擬古性と対照的で、後年の安井を予感させる

右―南面正面外観詳細：半円アーチの曲率が異なっているのは初期イタリアルネサンス建築の特徴だが、そうした様式的講釈とは無縁な造形である。声低い語りかけに耳を澄ませば、晦渋さの魅力はきっと伝わってくる

ファサード見上げ

▼口絵p.172

［1930］を設計する。高麗橋と日本橋の両野村ビルを比べると、壁面を仕上げる材料はともにタイルとテラコッタ、一階まわりは石と特段の変化はない。もとより建築物の性格も執務室中心のオフィスビルであることは同じである。ただ、受ける印象は明らかに異なる。日本橋野村ビルでは曲面が控えられて、直交座標にすべてが載っている。テクスチュアも、最上階の白モルタルに現れているように、平滑で淡泊な材料が選ばれている。限りなく似ていて、しかしはっきりと原理的なところから違っているのである。

「同じ手法の繰り返しや取扱を避ける」というのが安井の信条だったと、片岡建築事務所時代から安井を助けてきた川村種三郎は回想している。[4] 設計期間が二年は離れているのだから、違っていてむしろ当然といえるかもしれない。だが、彼の活動を注意深く辿ると、非連続な変化への道筋がうっすらと見えてくる。

大正十二年［1923］、安井は「希臘古典芸術に関する一考察」を発表する。[5] 内容は「亜米利加の一芸術家ヂエーヘンブリツヂ氏」の比例理論の紹介である。現在ではジェイ・ハンビッジと表記される美学理論家は古代芸術の造形の中にルート矩形として説明できる比例関係を発見した。安井のこの小論は、今や広く知られるこの理論「ダイナミック・シンメトリー」の重要性を日本で最初に指摘したものである。このことは、この時点で安井が造形の抽象的な比例関係を重視していたことを如実に示すだろう。

一方、一九二〇年代後半に入って設計した作品には、水平のラインの繰り返し、また、ボックスの角を回り込む窓などがしきりと現れる。そこにはフランク・ロイド・ライトからの示唆を見ないわけにはいかない。なかでも昭和二年［1927］に「住宅に関する展覧会」に出品された「私の家」は、ライトの作風への関心が直截に表れている。ライトの幾何学性やその空間構成に触れたことも安井の跳躍のばねとなったのではないか。

安井の関心は、形態の抽象性からさらに空間の抽象性へと広がる。すなわち、ヘンリー・ラッセル・ヒッチコックとフィリップ・ジョンソンが『インターナショナル・スタイル』で提示した「ヴォリュームとしての空間」の追求である。昭和四年［1929］の関川貞雄邸、昭和五年の熊本石造邸でその萌芽が見えたが、昭和六年の自邸に至って、ヴォリュームの開示が設計の主題となる。そこでは、無装飾の白いボックスを相互に貫入させ、欠き取り、ずらすという操作が徹底的

［4］川村種三郎「安井先生追想」『建築と社会』1955.8、p.54
［5］安井武雄「希臘古典芸術に関する一考察」『柊』第1号、1923.6

安井武雄自邸［1931］：西宮市夙川の北向き斜面に建つ。一見、3階建てに見えるが、最下階は地階の扱いで、ここだけがRC造、上2層は木造であった。阪神淡路大地震後、撤去されたのが返す返すも惜しまれる
［提供：安井建築設計事務所］

に行われている。ただ、平面を見ると、主要な室ではL字形・T字形をなしている。この処理には、大阪倶楽部での視線の遮断と同質のねらい、すなわち空間の不均質さを生み出そうとする意志を感じるのであって、この建築がデ・ステイル的な抽象形態の構成のみを目指すものではなかったことを伺わせる。

日本橋野村ビル（現・野村證券日本橋本社ビル）［1930］
上―西面全景：日本橋川に沿って長く伸びる。その姿は船舶を連想させる。安井自身も、頂部の立面構成は艦橋を意識していたのではなかろうか。当初は各階の窓下端の位置で水平に刳り型が巡っていたが、戦後平滑な壁に変わった。1階まわりの開口も改修されている
右―1階階段室：直線が支配的になったこの建築の中で、曲面が現れる数少ない個所。石材と金属の手すりは改修されている

人間のための自由様式――大阪ガスビル

ちょうどこの転換の時期、すなわち昭和四年［1929］五月、安井武雄は大阪ガスの本社ビルの設計依頼を受け、翌五年四月に着工、八年［1933］三月竣工へ導く。大阪ガスビルは、完成した時から絶賛され、今に至るまで、その評価は揺るがない。白と黒の明快なコントラスト、同形の窓の繰り返しとそこを水平に分節する薄い庇、曲面の隅角部を回り込む大きなガラス。当時「簡素明快新時代の感覚に富む」と評されたように[6]、モダニズムの語法を駆使している。このデザインについて、安井は「使用目的および構造に基づく自由様式」と説明する。この言葉は、彼の合理主義的設計姿勢を宣言したものといってよい。

ただ、福田晴虔氏・酒井一光氏がそれぞれに指摘するとおり[7]、大阪ガスビルには一般的な「モダニズム建築」の枠に収まらない部分が存在する。合理主義では説明しきれない要素といってもよいだろう。特に注目したいのは、外周に沿った柱筋の処理である。外壁面を分節する柱は実は二本に一本はエアーダクトを納めるピラスターであり、二階のキャンティレバー部分まで（つまり室内にまで）このダミーの柱が立つ。なお、このピラスターの断面形は放物線形をなす。それが〝柔らかさ〟を生んでいることは池原義郎氏が指摘するところである[8]。ここまでたびたび指摘してきた空間のかげりやよどみを求める志向は、「簡素明快」な建築の中になお伏流しているというべきであろう。

大阪ガスビルの達成のその先へ、安井はさらに進もうとした。旧山口吉郎兵衛邸（現・滴翠美術館）［1933］、

［6］大阪瓦斯ビルディング『建築と社会』1993.7、p.7
［7］福田晴虔「安井武雄―近代日本、建築家の足跡10」p.138／酒井一光「成熟のモダニズム　関西のモダニズム建築第12回」『まちなみ』2001.12、p.13
［8］池原義郎「和洋の共生を超えて独自の自由様式へ」『INAX REPORT』No.96,1991.10、p.5

旧山口吉郎兵衛邸（現・滴翠美術館）［1933］：芦屋市に所在。戦後は滴翠美術館となった（建物内部は、美術館展観中の展示室を除き、非公開）。南を正面として、東側にL型の洋館、西側に木造平屋の和館が並立する。2階部分に旧宅の座敷を内包するなど建築主の複雑な希望も容れつつ、卒業設計以来の伝統住宅の再解釈を果たす［提供：安井建築設計事務所］

南満州鉄道株式会社東京支社［1936］：黒御影・白御影・クリーム色タイルの3種類の外装材によって壁面を分節する。その硬質な表情からは、大阪ガスビルからさらに新しいファサード表現に踏み出したことがうかがえる［提供：安井建築設計事務所］

上—大阪ガスビル［1933］［国登録有形文化財］
東南面全景：南側の平野町通りは東西方向の主要幹線であり、新しい中軸線である御堂筋側との交差点という位置はまさに大阪の中心といえた。1966年に佐野正一によって北側に増築されて、当初から目標とされていたワンブロック・ワンビルディングの理想が実現した。佐野の増築は本館に沿いつつ、現代的な感覚も表した実に巧みなもの

南満州鉄道株式会社東京支社［1936］、（日本競馬会）京都競馬場［1938］などでそれぞれに創意を見せたが、戦時体制化によって逼塞《ひっそく》を余儀なくされる。軍人の子弟でありながら軍人をひどく嫌った安井は、軍事施設を積極的に手掛けようとはしなかった。このため彼は戦中から戦後にかけて辛酸をなめることとなった。一九五〇年代に入って、大和紡績本社［1952］、日綿実業本社ビル［1953］などで、ようやくその手腕を振るえるようになったが、その途上で世を去る。

安井の著述は少なく、その少数の言説も分かりにくいところが常に残る。たとえばこういう文章がある――「私は現在の混沌なる状態を、やがて来る可き新秩序の胚子が発芽を待って居ると見たいのである。…今や吾々は其の胚子の発芽の為によき沃土を以て培わなければならない。其よき沃土こそは我々の全生活の衝動と万有の法則と而して人間の本能であるべきだ」[9]。あるいは「我等は自然の一胞子であり、而して自然の連鎖である。…我々は自然の中に終始すべきである」[10]。また「私は徹頭徹尾、様式といふものに対して反抗した、而して現実に触れたい一心を続けてきた」[11]。

「本能」や「自然」、「現実」という言葉が、具体的に何を意味するか、その先を安井は書いていない。しかし、安井作品の壁面のざらつきに手を当て、広間の隅のかげりに目を凝らしてみよう。やがて無機物の集積であるはずの建築が、静かに息づいている獣のように感じられてくる。その時、彼の言わんとするところに思い至る。「様式」は人間と空間・形象との関係を整序することによって成立し、洗練される。しかし、安井はそうした定式化を拒否した。彼が「本能」や「全生活の衝動」といった言葉で語ろうとしたのは、縛られることのない人間の行為の広がりではなかったか。そうした「自然」としての人間を受け止めて、うごめき出す建築を彼は生み出そうとしたのだ。

彼は、歴史様式だけでなく、モダニズムの語法の硬直性をも、反抗すべき「様式」として見ていたはずである。「使用目的及び構造に基づく自由様式」という彼の自註を、「簡素明快」なモダニズムの建築観と受け取っては半面だけの理解である。むしろ合理性の先に立ち現われた、建築と人間との胸騒ぎするような交感にこそ、安井武雄の達成を見るべきだろう。

［9］安井武雄「昭和四年の建築界を顧て」『建築と社会』1930.1、p.14
［10］安井武雄「偶録」『建築知識』1936.1、p.38
［11］安井武雄「踏んできた道」『建築知識』1937.1、p.29

日本競馬会京都競馬場［1938］：戦前期最後の大建築。コンペによって獲得した。S造による23メートルに及ぶ片持ち梁とそこから吊り下げられた特別観覧席の緊迫感は、近代日本の構造表現の中でも特筆に値する［提供：安井建築設計事務所］

木子七郎

Shichiro Kigo

独自に生きた様式建築家

山形政昭｜Masaaki Yamagata

右─［所蔵：ニッタ株式会社史料室］
▼個別年譜 p.370

はじめに

大正二年［1913］、大阪において建築事務所を開設した木子七郎の事績について、世に知られることは多くはないようだが、松山城勝山の麓に建つフランス・ルネサンス・スタイルの萬翠荘[1]（旧・久松定謨伯爵別邸）［1922］や、西宮甲子園に所在する松山大学温山記念会館（旧・新田利國邸）［1928］など、それぞれ上質な様式建築として広く知られていよう。また先年、重要文化財となった琴ノ浦温山荘園[2]（旧・琴乃浦温山荘）の大規模な主屋（旧・新田長次郎別荘）［1915］など近代和風建築を残しており、それに愛媛県庁舎［1929］、新潟県庁舎［1932］など、昭和初期において二つ以上の県庁舎を残した建築家は多くない。木子はそうした際立った実績をかなり広範に残しながら、氏の建築活動は独自なもの故に、多くの謎を今も残している。

出自と独立、そして新田家建築顧問

木子七郎は明治十七年［1884］、宮内省内匠寮技師を務める木子清敬[3]の四男として東京に生まれている。

［1］『萬翠荘調査報告書』［奈良文化財研究所編、愛媛県教育委員会／2010］に詳しい
［2］『琴ノ浦温山荘園建築調査報告書』、『琴ノ浦温山荘園庭園調査報告書』［共に財団法人琴ノ浦温山荘園／2009］に詳しい
［3］木子清敬（きよよし）の経歴と作品に関しては、稲葉信子「木子清敬と明治20年代の日本建築学に関する研究」［東京工業大学（博士論文）／1990］に詳しい

父・清敬は宮内省技師として明治宮殿造営の中心を担うなど、皇室関係の建築にかかわる一方、各地の古社寺修理を行い、さらに東京帝国大学で日本建築学を講じるなど、明治期における和風建築の大家として知られた建築家であった。また十歳年長の兄・幸三郎は東京帝国大学建築学科を明治三十四年〔1901〕に卒業し、住友建築部勤務を経て明治四十四年〔1911〕宮内省に入り、父に続いて宮廷建築家としての道を歩んでいた。七郎はそうした恵まれた木子家の環境の下で育ち、明治四十四年に東京帝国大学建築学科を卒業し、大林組に入社した。

　入社後まもなく担当した建築に北浜銀行堂島支店〔1912〕がある。鉄骨煉瓦造四階建てルネサンス・スタイルの建築で、当時の大林組の設計・施工の作品としても傑出したものとなった。この建築と前後して、木子は新田帯革（ベルト）製造所[4]の建築を担当したことで、社主・新田長次郎の知遇を得て新田家の建築顧問となる。また長次郎の長女・カツ（勝子）との縁談が進み、結婚を控えた大正二年〔1913〕に大林組を退社し、大阪東区十二軒町に構えた自邸兼事務所（木子七郎自邸〔1913〕）において、木子七郎建築事務所を開設した。大阪の建築設計事務所としては、明治中期に開設されていた茂庄五郎《しげしょうごろう》の事務所、辰野片岡建築事務所に続き、藤田組に招かれて来阪し活躍していた宗兵蔵《そうひょうぞう》の独立と同じ時期であり、木子は黎明期の在阪建築家の一人となった。一方、実務においては新田家の建築顧問として種々の建築を担当することとなる。

　新田帯革製造所の煉瓦造三階建て新工場〔1913〕建設工事が進む大正元年〔1912〕頃から新たな仕事となったのが、長次郎自ら南紀の海南に好適地を求め、造園計画をすすめたという大規模な和風別荘・琴乃浦温山荘の建築であり、和の建築においても非凡なる技量を表したが、本格的な建築活動は大正十年〔1921〕における中国、インド、欧州、北米の建築視察大旅行

［4］現・ニッタ株式会社

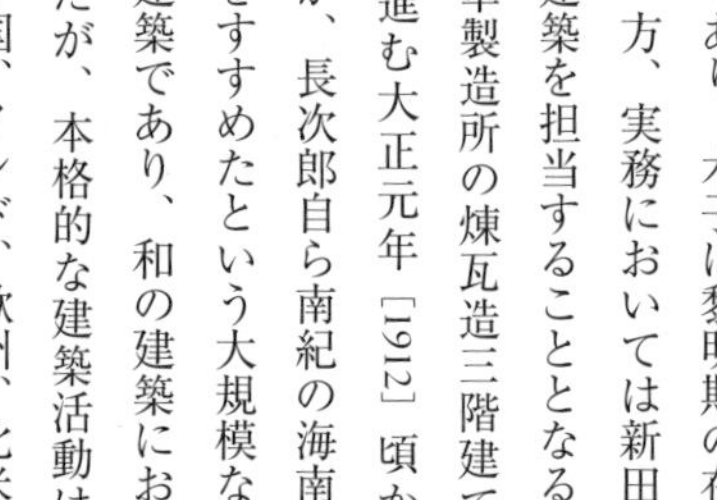

愛媛県庁舎〔1929〕：愛媛県4代目庁舎として、1929年に竣工。ドーム屋根の塔屋を置いた、左右対称形4階建ての建築。クラシック・スタイルを用いて全体に堅実な手法でまとめられている。内部においては玄関および階段ホール、3階貴賓室、4階正庁の特色ある意匠が注目される。1993年に外壁などを修理

木子七郎　Shichiro Kigo

新田長次郎別荘〔現・琴ノ浦温山荘園主屋〕［1915］［重要文化財］

上—主座敷：24畳の広間は天井高10.5尺、内法高6尺と高く、東に6畳2間を備えている。広間は琵琶棚付きの床、違い棚などを備えた書院造りで、三方に縁を回し、高欄手摺りを付けた西面からは池泉庭園が望まれる。東側6畳2間との境に「波と兎図」の雄大な木彫欄間を配し、西側欄間には東郷平八郎揮筆による扁額「琴乃浦温山荘」を掛けている

右—西側庭園から見る主屋：琴ノ浦の海水を導入した潮入り庭園が特色であり、加えて池を渡る飛び石、石橋などに注目されるものがある。この対岸から主屋の全景が見渡せる

の後に開花した。すなわち帰国の翌年に竣工したのが松山の萬翠荘であり、その翌年にセセッション・スタイルの新田帯革製造所名古屋出張所、さらに松山高等商業学校［いずれも1923］を建てており、和洋を含めた様式建築を巧みに扱う氏の本領を発揮した。

新田長次郎との絆

安政四年、愛媛県松山市（温泉群山西村）に生まれた新田長次郎［1857–1936］は、明治十年［1877］に大阪に出て、藤田組製革所勤務などを経て明治十八年［1885］に独立し、明治二十一年［1888］に我が国初の動力伝達用革ベルトを製造し、明治四十二年［1909］に合資会社新田帯革製造所を起こした在阪事業家である。氏は昭和十年［1935］に『回顧七十有七年』[5]を著わしており、氏の半生を記している。

その伝えるところ、町工場からの創業であったが、人一倍の努力に加えて、明治二十六年［1893］には単身渡米し、シカゴ万博を視察するなど世界の工業に目を向ける事業家であった。また郷里・松山を慕う長次郎は、旧藩主筋にあたる久松定謨《さだこと》伯爵を敬慕し、伯爵来阪時の滞在をひとつの目的として、琴乃浦温山荘［1913–16］の建設に着手している。その計画は長次郎自ら描いたと伝えられているが、茶室および庭園は武者小路千家の家元名代であった木津宗詮《そうせん》、主屋の計画は木子七郎によるものであろう。海水を引き込んだ珍しい潮入りの池をもつ和風庭園の中に主屋、浜座敷、茶室などを配している。主屋は鉄筋コンクリート造の高い基礎上に、洋式トラス小屋組の入母屋造りの二重屋根を架けた主座敷棟と寄棟屋根の内玄関棟を接続し、広大な庭園を一望する二十四畳の主座敷をもつ特色ある書院造り建築であり、木子による和風建築として注目されるものである。

また本建築は大正中期になされたとみられる増改築に際して、珍しいベニヤ合板が諸所に用いられている。そのベニヤこそ長次郎がつくり始めた国産初の合板ベニヤで、牛皮から取れるゼラチンを膠着剤に用い、米国製ベニヤ製造機を導入して大正八年［1919］、新田ベニヤ製造所[6]を設立していたのである。さらに後年、ベニヤ製造所にベニヤドア部を設置するなど、長次郎はベニヤの事業を通して建築資材の分野にも乗り出していたのである。

その別荘がほぼ整った頃、旧松山城内の一角に久松定謨伯爵の別邸となる萬翠荘の設計が依頼されたので

［5］『回顧七十有七年』新田長次郎著、新田帯革製造所／1935
［6］現・株式会社ニッタクス

右―新田帯革製造所新工場［1913］［所蔵：ニッタ株式会社史料室］
左―新田帯革製造所名古屋出張所［1923］［出典：『新田ベルト九十年史』新田ベルト九十年史編纂委員会／1975］

あり、大正十年［1921］の海外視察はそれをひとつの目的とした旅だったかもしれない。

大正十一年に建てられた萬翠荘は、鉄筋コンクリートと鉄骨小屋組の近代的構造を用いたものであるが、スレート葺きの腰高マンサード屋根に端的にうかがえるように、フランス・ルネサンス・スタイルを基とする歴史様式の建築で、我が国洋風邸宅の名作のひとつに数えられるものである。その精緻で古典的な表現は、

久松定謨伯爵別邸（現・萬翠荘）［1922］［重要文化財］
上—隣接する坂の上の雲ミュージアムのテラスから望む：鱗形天然スレート葺きのマンサード屋根、クラシックなバルコニーの表現など、典型的なフランス・ルネサンス・スタイルを表している。棟飾り、そしてドーマー窓の屋根の構成もマンサード型で、繊細な意匠に包まれている。一方、RC造の躯体とS造の小屋組、外壁には白色磁器タイルなど、近代的特色を備えている
右—食堂（現・晩餐の間）：濃く塗装された高い腰板壁、大梁、小梁で構成される天井など格調が高い。一方、果物図案のステンドグラス、優雅な暖炉構成など目を楽しませる意匠をもつ

玄関ポーチのコリント式オーダーや、窓まわりのアーキトレーブ、ベランダの構成、各室内の意匠に及んでいる。一方で白い小口タイル張りの外壁仕上げ、そして擬石研ぎ出し仕上げの独立円柱などの新しい表現もあり、さらに大階段室を飾る帆船をモチーフとした明朗な表現の木内真太郎[7]によるステンドグラスも見所となっている。

内藤多仲との縁

様式建築を得意としてきた木子七郎であるが、萬翠荘が鉄筋コンクリート造（以下、RC造と記す）であったように、氏のRC造への関心は高いものがあった。その背景には東大時代から同期生であった内藤多仲［1886–1970］との親交があったようだ。やがて耐震構造学の大家となる内藤博士は明治四十五年［1912］から早稲田大学教授に就いており、勤務地近くに我が国最初といわれる壁式RC造の自邸（内藤多仲邸（現・早稲田大学内藤多仲博士記念館））を計画し、その設計は木子に、そして今井兼次の協力を得て、大正十五年［1926］に建てている。[8]この設計を契機として木子はRC造による合理的な設計を目指したようで、昭和初期に数棟の業務ビル、学校建築など、そして各地の日本赤十字社病院の建築を残している。

木子の個性がうかがえる代表的なものに、大阪で拡張整備の進んでいた御堂筋の本町近くに建った祭原商店［1930］がある。スクラッチタイル張りの壁面にロマネスク調意匠を織り込んだ地上六階建ての印象深い外観が知られている。また同年、祭原商店と同種スタイルの外観で、塔屋をもつ五階建ての存在感ある新田帯革製造所東京出張所[9]（通称・新田ビル）［1930］が、外堀川（昭和三十年頃埋め立て）沿いの銀座八丁目角地に建てられた。

一方、氏と日本赤十字社との機縁は不明であるが、大正十五年［1926］に日本赤十字社大阪支部嘱託、同支部病院建築主任となっている。そして、日本赤十字社から派遣されて朝鮮半島および中国の病院建築視察を行い、昭和初期には各地施設の設計で活躍した。最初に建ったのが大阪市東区の日本赤十字大阪支部［1929］で、続いて天王寺区に昭和四年［1929］より三期六年を要して建設された日本赤十字大阪支部病院があり、大型スチールサッシュを用いて明るく、機能的・計画的デザインを追求したと共に、弓形に張り出した壁面構成やステンドグラスの装飾など諸所に個性

祭原商店［1930］［出典：『近代建築画譜』近代建築畫譜刊行會／1936］

［7］　木内真太郎と木子との仕事上の関係は、木内家資料により１９１６年から種々認められる［参照：『萬翠荘調査報告書』］

［8］　『内藤多仲博士の業績』［鹿島研究所出版会／1967］による。住宅は１９８６年に整備され、「早稲田大学内藤多仲博士記念館」となっている

［9］　新田ビルは２００５年の建替えに際して、『銀座八丁目の75年』［山形政昭監修、ニッタ株式会社／2007］が作成されている。本誌において「追憶新田ビル」を記した丸山雅子博士は、本ビルの外観をスパニッシュ・スタイルの展開と解釈している

的造形を配した建築で、木子による赤十字病院における代表作であり、大阪随一の白亜の大病院といわれたものであった。

「スパニッシュとアール・デコと和風の家」

木子七郎が書き留めた設計業績には、先の久松定謨伯爵別邸を始めとして一三件の住宅名が列記されている。しかしながら所在地、建築年の記録はなく内容が分かるものは多くないが、新田長次郎の五人の息子にそれぞれ建てた五棟の住宅があり、種々の記録を留めている。その代表的な住宅が昭和三年［1928］に建てられた新田利國（長男・利一の子）邸であり、平成元年［1989］松山大学に寄贈され、温山記念会館として維持されているものである。

車寄せを備えた正面外観は、スパニッシュ瓦葺き、クリーム色のスタッコ壁、玄関まわりを飾るアラベスク模様のタイルと重厚な木製扉によって、本格的なスパニッシュ・スタイルをとっている。しかし内部に入ると優雅なクラシック・スタイルの談話室、アール・デコのインテリアが目を惹く撞球室など室内意匠は多彩であり、さらに一、二階ともに南西の一角は和室の

新田帯革製造所東京出張所［1930］：JR新橋駅近くの角地に建てられた、角に塔屋を設けた5階建ての建築。外壁をスクラッチタイルとテラコッタで装い、半円アーチと壁面上部に付されたロンバルディアバンドによってロマネスクの要素をもつ。一方、窓まわりの装飾やアイアングリルの扱いから、スパニッシュ・スタイルといわれていた［出典：『建築世界』1930.6］

上―松山大学温山記念会館（旧・新田利國邸）［1928］［国登録有形文化財］

南面全景：ベイウィンドウ状に突出した壁面と深い軒のつくる陰影がコントラストを生み出す外観。庭は南欧風だが、この南西部分には和室が納まっている

玄関：玄関ポーチから玄関まわりは、伝統的なスパニッシュを目指したインテリアとされるところ。重厚な木製扉、アラベスク装飾のタイルも本格的であるが、アーチ型小窓の装飾ガラスは特色がある。ビン底のような円形ガラスは、中世の教会堂以来の伝統的製法のガラスで、クラウンガラスといわれ、それをつないだ飾り窓はロンデル窓と称されている

▼口絵p.173

ゾーンとされ、二階十畳座敷にはモダンな違い棚、サンルームのような広縁を備えている。こうした本邸の特色について、平成四年［1992］にここを訪れた藤森照信博士は、簡潔に「スパニッシュとアール・デコと和風の家」と表題を付けて紹介されている。[10] つまり、スパニッシュを基調に種々のスタイルを適切に、かつ本格的に導入しているところに特色があり、とりわけ洋と和の並存が鮮やかなことである。

そうした特色は庭園にもあり、正面の西側は車寄せに向かう石畳みのアプローチを配した格調の高い構成、南の庭は広い芝庭に長円形の池を配置した南欧風、そして東に進むと灯籠を設置した和風の池泉庭園となっている。平地の敷地であるが、高い擁壁を土留めとして築山を設けて流れを回らせた凝った造園である。その指図は庭づくりを趣味とした長次郎によるものと伝えられており、ここは娘婿にあたる建築家・木子七郎との幸せな共作となっているのである。

木子七郎はモダンで洒落た紳士であったと伝えられている。大正十年［1921］の欧米を回る旅、そしてフランス生活の長い経験をもつ久松定謨伯爵の感化によるものかもしれない。氏は日本赤十字社への貢献が称えられ、昭和十一年［1936］にフランス政府よりシュバリエー・ド・ラ・レジオン・ドヌール勲章が授与されたのを始め、各国から受賞の栄誉に浴している。こうしたことで外国とのさまざまな交流をもっていたのであろう。伊達者な一面をのぞかせたものに木子による珍しい私家本がある。昭和五年［1930］につくられたもので『招健康像』と題する小さな絵本である。ベルギーから贈られたマネケンピス（小便小僧）が自邸のベランダに設置されたのを機会に、その像にさまざまな衣装を着せてみせた着色写真で構成した絵本で、像の来歴についてドイツ語の巻頭言を付すという凝った趣味があふれたものなのである。その自邸は現存しており、大正初期の建築と伝えられている、モダンにアレンジされたスパニッシュ住宅であるが、昭和二十年［1945］の戦災を受けたことなどで、当初の様子は必ずしも判然としない。被災後まもなく夫妻は熱海に移り、その後の消息は乏しく、昭和二十年三月に自らタイプを打った履歴書[11]だけを残して、昭和二十九年［1954］に木子は没している。

［10］『歴史遺産 日本の洋館 第5巻 昭和篇1』文：藤森照信、写真：増田彰久、講談社／2003

［11］ 木子家蔵。用箋10ページにタイプ打ちされたもので、文末に日付けと自筆署名が記されている。内容は、学歴、職歴、顧問嘱託歴、そして業績として「三百余ニ及ブモ主ナルモノ」75件の建築を列記している

内藤多仲邸（現・早稲田大学内藤多仲博士記念館）［1926］：木子の設計協力による、実験的なRC造の自邸。内藤多仲自ら「設計は同級で親友の木子七郎君にお願いし、今井兼次君の協力も得、構造は自分でやった。それで考えたのは、住宅程度のものでは柱はじゃまで不用だから、箱を作るように壁とスラブでだけで十分だろう。（中略）これが計らずも戦後の壁式構法の先駆第一号となった訳である」（『内藤多仲博士の業績』）と記している

渡辺 仁

Jin Watanabe

歴史主義の成熟とモダニズム

大川三雄 | Mitsuo Ohkawa

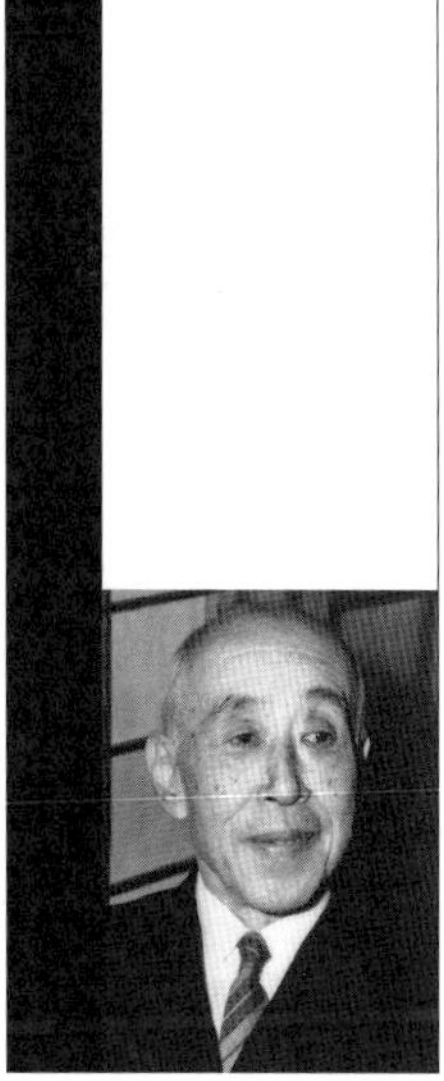

右——［提供：高木秀寛］

▼個別年譜 p.345

生い立ちから事務所開設まで

渡辺仁は、明治二十年［1887］二月十六日、渡辺渡と寿美の長男として生まれた。父親は日本の鉱業界の先駆者で佐渡支庁長、鉱山局長などを歴任した後、東京帝国大学工科大学学長を務めた人物である。渡辺は、明治四十二年［1909］に東京帝国大学工科大学に入学、同期生には竹腰健造、山下寿郎、武富英一、吉田亨二、西村好時などがいる。大学時代は、暇を見つけては関西方面への古建築見学に出かけ、また東京美術学校の吉田博画伯に師事して水彩画を学ぶなど、芸術的な感覚を身につける日々を過ごしていた。

卒業後は、建築家として独立することを願っていたが、父親に反対され、やむなく鉄道院に勤務。五年後には、同期の武富に誘われて逓信省に移っている。当時の逓信省は、吉井茂則、内田四郎を中心に、進歩的な人材が集まり、官庁ながら自由な気風にあふれていたからである。逓信省時代の渡辺の代表作は高輪電話局［1918］と日本橋電話局［1920］で、歴史主義からの脱却を目指したセセッションのスタイルが採用されている。岩元禄、吉田鉄郎、山田守といった次世代によ

家族写真：右から2人目が渡辺仁。中央に父と母［提供：福田礼、所蔵：日本大学大川研究室］

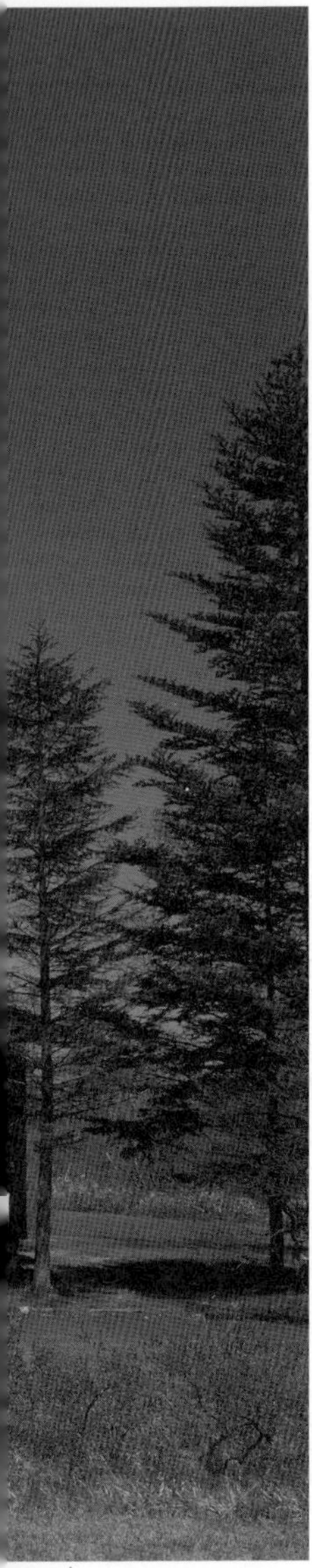

る逓信省モダニズムへの橋渡しを演じたのである。

渡辺は役所仕事のかたわら、大正デモクラシーの機運の中で急増した建築設計競技（コンペティション、以下コンペ）への挑戦を繰り返している。大正五年［1916］の日清生命保険相互会社と明治神宮宝物殿、そして大正七–八年［1918–19］の明治天皇聖徳記念絵画館、帝国議会議事堂などの一連のコンペを通じて、渡辺仁の名前は建築界に広く知れ渡ることになった。いずれも一等こそ勝ち得ていないが、応募したコンペでは必ず入賞、もしくは佳作の成果を上げ、聖徳記念絵画館では二案応募し、それぞれが二等首席と三等首席の成績であった。コンペの応募作品には、ドイツのユーゲント・スティル、あるいはウイーン・セセッションの影響を強く感じさせるものが多い。いずれも様式的な骨格を残しながら、細部における簡素化、幾何学化が進められた斬新な雰囲気の作品である。

独立後の活動

官庁での勤務は八年に及んだが、父親の逝去を機に独立、大正九年［1920］四月に念願の渡辺仁建築工務所を開設した。この大正九年には、日本建築界の父ともいうべきジョサイア・コンドルが亡くなる一方、日本のモダニズムの起点である分離派建築会が誕生した。その前年には辰野金吾が逝去するなど、新旧の交代が象徴的に行われ、歴史主義からモダニズムへという変化の結節点となった年であった。

この時期の作品は、住宅ではユーゲント・スティルとスパニッシュ様式、そしてチューダー様式が多く、住宅以外ではセセッションや表現派風のものが目立つ。商工省燃料研究所［1921］と龍角散本舗［1923］は共に表現派の作品である。新旧のさまざまな様式に挑戦する中、大きな変革期に際し、建築界の今後を考える必

明治神宮宝物殿コンペ応募案（佳作三席）［1916］：日本で行われた最初期の本格的なコンペ。明治神宮の境内という環境に対応し、かつ耐震耐火の建築が求められたことから、RC造による伝統表現の可能性を問うコンペとなった。最終的には、当選案を参考にして神宮造営局の大江新太郎が実施設計を担当した［出典：『明治神宮宝物殿競技設計図集』洪洋社／1915］

上―徳川義親侯爵邸（現・八ヶ岳高原ヒュッテ）［1934］
正面全景：イギリスの中世に生まれたチューダー様式で、直線、曲線、斜線などを組み合わせた軸部と、白壁の対比が美しい。大小4つの妻を重ねたリズミカルな外観意匠も秀逸で、頂部の塔には給水タンクが納まっていた。また、2階開口部の天端中央には、徳川家の〝三つ葉葵〟の紋が見られる

明治天皇聖徳記念絵画館コンペ応募案（二等首席）［1918–19］：帝国議会議事堂コンペと同時期に行われたことから、議事堂のミニ版ともいえる応募案が数多く提出された。明治神宮の境内である〝内苑〟に対し、葬場殿が置かれた場所に、明治天皇の業績を絵画として展示する絵画館が建てられ、〝外苑〟として整備された［出典：『聖徳記念絵画館・葬場殿址記念建造物競技設計図集』洪洋社／1918］

要から、大正十五年［1926］に英、独、仏、伊、米を一年余りかけて巡る海外の旅に出た。四十歳の時である。どのような建築を訪ね、何を感じ取ったのか、その記録は残されていないが、帰国後はさまざまな様式を自由自在に使いこなした上で、かつモダンな味わいが加味された独特の作風が生まれてくる。

歴史主義の習熟と展開

帰国後の昭和二年［1927］には代表作である電気倶楽部とホテル・ニューグランドが同時に竣工している。ホテル・ニューグランドは様式選択主義の渡辺仁の力量を今日に伝える好例である。

この時期の住宅作品では、学習院を通じて交友関係にあった徳川家の邸宅が注目される。昭和三年［1928］の『国際建築』誌には、麻布富士見町に建てられたスパニッシュ様式の徳川義親侯爵邸［1927］の写真と図面が掲載されている。徳川義親家は震災を機に、住居を麻布から目白に移したはずで、この麻布の邸宅の存在は謎である。現存する財団法人徳川黎明会［1932］のある目白の敷地には、チューダー様式の徳川義親侯爵邸（現・八ヶ岳高原ヒュッテ）［1934］が建てられた。その邸宅は、昭和四十年代に目白から移築され、八ヶ岳高原ヒュッテとして使われている。昭和戦前期の上流層の住宅に最も好まれたチューダー様式とスパニッシュ様式という二つのタイプが、同じ徳川義親家のために設計されていたことになる。外観、インテリア共に渡辺の住宅におけるデザイン力を示す作品である。また、ブルーノ・タウトの設計した地下空間で知られる熱海の旧日向別邸の上屋［1935］は、渡辺の設計したもので、貴重な和風作品の遺構である。

昭和七年［1932］以降になると本格的な作品、服部時計店（現・和光）［1932］、産業組合中央金庫［1933］、日本劇場［1933］、大阪放送会館［1936］、第一生命保険相互会社本館［1938］などが次々と建てられた。

服部時計店は、当時の高さ制限で一〇〇尺、その上に三〇尺の時計塔が載る。通常、八－九階建てに相当する高さを七階としている。ネオ・ルネサンス様式で、角地に対し丸みを持たせた外観は、古典主義の三層構成の美学にのっとった格式と威厳のある表情を見せる。〝銀座の顔〟として定着している所以である。一・二階を下層部、三－六階を主要階（ピアノ・ノービレ）、七階を頂部とし、それぞれがコーニス（蛇腹）によって分節され、開口部の意匠と壁の仕上げによって変化が

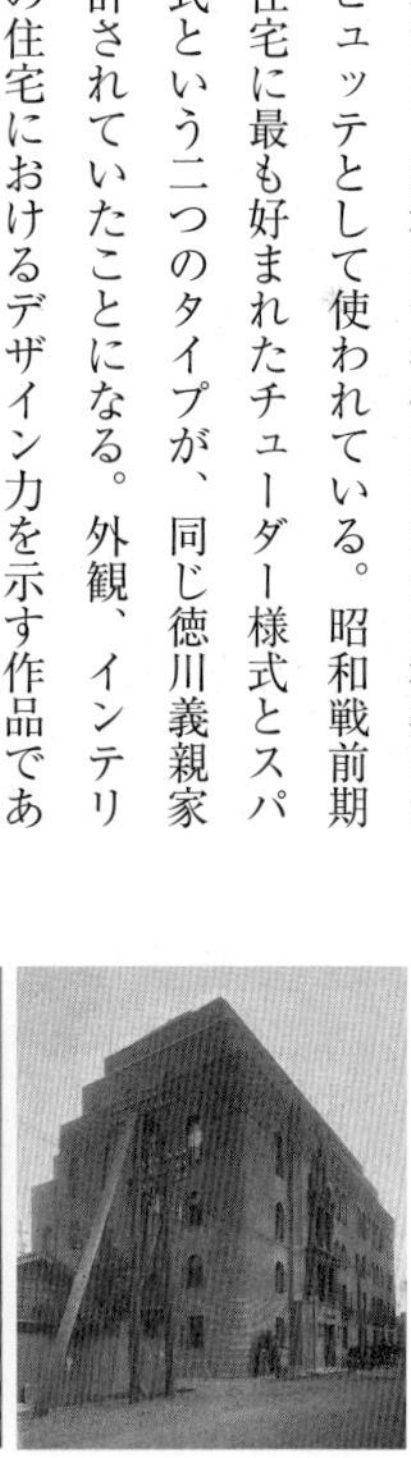

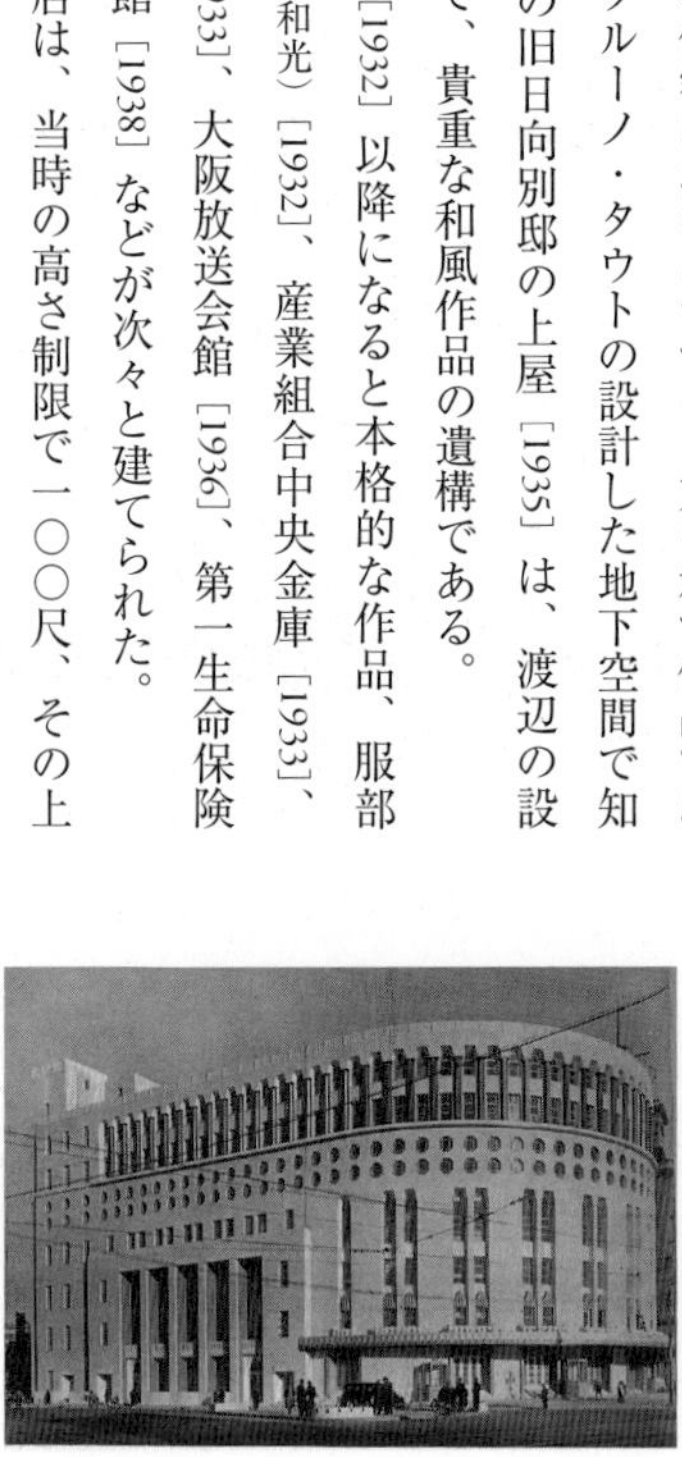

右―電気倶楽部［1927］：ロマネスク風の半円アーチ、外壁に付けられたイスラム風の装飾文様など、渡辺の自由闊達な作風を伝える［出典：『建築雑誌』1927.10］

左―日本劇場［1933］：かつては朝日新聞社本社屋と並んで建ち、数寄屋橋周辺の豊かな都市空間を形成していた。大きな円弧状の形態を用いることで巧みにまとめ上げられたモニュメンタルな外観。内部はアール・デコ調の華やかなインテリアで彩られていた［出典：『建築の東京』都市美協会／1935］

与えられている。中央部では、軒蛇腹の線を一部ずらし、半円アーチの開口でアクセントをつけることで中心性を強調、その上部に時計塔が載る形式を採っている。時計塔のデザインは最後まで決まらず、着工一年後まで決定が延ばされた。その大きさと位置、そしてデザインは全体計画の中で要となるからである。起工から竣工まで二年余り、世界各地からの豪華な材料を内外に使用、請負金額は当時の金額で七八万八三七〇円、坪単価約三五〇円、今日の坪単価で三〇〇万円を超える。日本における歴史主義の習熟を示すモニュメントである。

コンペティションへの挑戦

渡辺仁は、昭和初年より昭和十三年［1938］までの期間を最盛期として数々の名作を世に送り出した。その一方で、略歴に見るとおり、多くのコンペに積極的に参加し、入賞・入選を果たしている。その中でも注目すべきは、軍人会館と東京帝室博物館の二つの日本趣味、東洋趣味を掲げたコンペである。

〝帝冠様式〟という言葉がある。軍人会館のように、洋風の外観に社寺建築や城郭建築の屋根を載せた建築

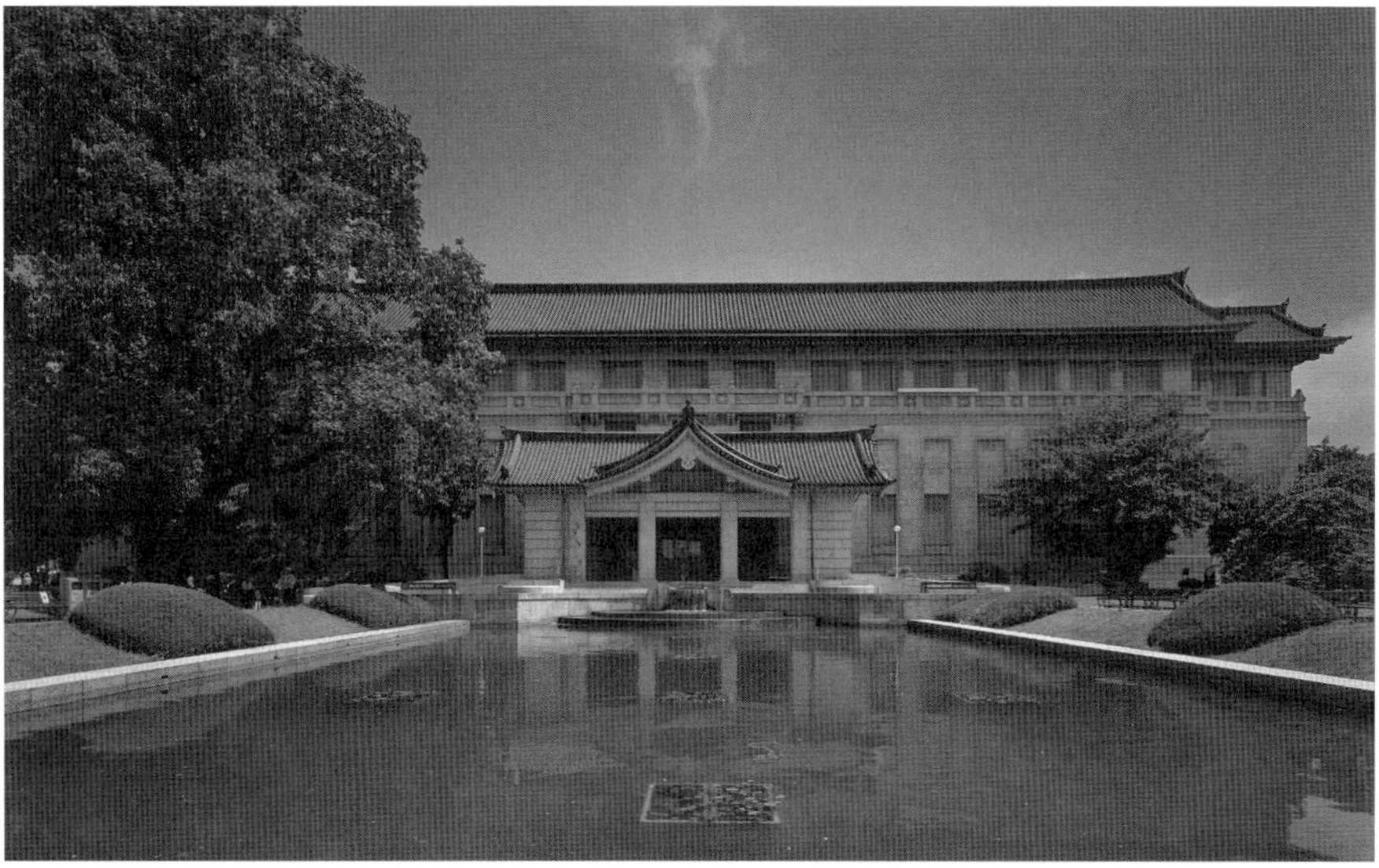

服部時計店（現・和光）［1932］：銀座4丁目の交差点という立地条件を最大限に活かし、隅切りを用い、緩やかな曲面のファサードとしてまとめ上げている。古典主義の持つ普遍性と格調の高さが十分に活かされた名建築。明治期以来の〝銀座の時計塔〟としての歴史を受け継いでいる

上—東京帝室博物館（現・東京国立博物館本館）［1937］［重要文化財］正面全景：実施段階で正面玄関部に妻飾りが付けられ、中心性を強調したデザインに変えられた。真正面の2階に皇族を迎えるための部屋「便殿」が置かれている

壮大なバロック風階段：コンペ時には、「線図」と称された略平面図が与えられていた。競技の狙いは外観デザインにあり、内部空間としての最大の見せ場が階段まわりである。格天井の仕上げや照明器具、さらに壁の装飾など、随所に日本風あるいは東洋風のモチーフが採用されている

▼口絵p.174

スタイルを指す。帝冠様式の建築はコンペで選ばれ実現したものが多い。そのルーツは、大正八年［1919］の帝国議会議事堂コンペの折に、欧米直輸入の入選案に反発した、洋行帰りのナショナリスト・下田菊太郎が提案した〝帝冠併合式〟に始まる。当初は建築界の冷笑を受けた下田の提案は、満州事変以後のナショナリズム高揚期に、コンペを舞台として再び返り咲いた。昭和五年［1930］には名古屋市庁舎、大礼記念京都美術館、日本生命高島屋、軍人会館など、当時の言葉でいう〝日本趣味建築〟を求めるコンペが相次いだのである。

〝日本趣味建築〟とは何か。新技術（鉄筋コンクリート造）を用いた新しい建築に日本の伝統的建築の具象的モチーフを採用して日本的表現を試みた建築であり、建築における日本的表現を真摯に追求する姿勢から生まれた和風コンクリート造の建築である。〝日本趣味建築〟と〝帝冠様式〟とは同根異種の存在として考えるべきである。造形上の相違点は躯体と屋根の関係にあり、〝日本趣味建築〟は両者の融合を目指しているのに対し、〝帝冠様式〟の方は両者の対比を意図的に際立たせている点に特徴がある。ナショナリズム高揚期に、日本趣味建築の流れの中から〝徒花《あだばな》〟のように誕生したのが帝冠様式である。

渡辺が応募し選外佳作となった軍人会館案は、入選案の中では最も洗練された案である。隅部の塔も城郭の屋根を換骨奪胎したデザインで、嫌味なく、日本的な気分が表現されており、渡辺の卓越したデザイン力を示す好例である。戦前期の建築界を最も騒がせたコンペが昭和六年［1931］の東京帝室博物館である。応募規定に〝東洋風〟を掲げたことから、モダニズムの洗礼を受けていた若い世代から反発が起き、応募拒否の動きにまで発展した。最優秀に選ばれた渡辺案は、従来の日本趣味建築の傾向を十分に研究し尽くした上での提案で、その集大成と呼ぶにふさわしい内容を持っている。渡辺によれば、それまでの日本趣味建築は、木造建築の形式（柱梁構造）を鉄筋コンクリート造に写し替えるものが主流であったという。それに対し、渡辺案は石造表現を基本として、そこに日本や東洋の趣味を加えることを意図したものである。軒の出を抑えた直線的な傾斜屋根と、古典主義美学に基づく躯体部分とが巧みに融合されている。残念ながら、実施段階で若干の手が加えられてしまったが、日本趣味建築の最後を飾る作品であることに間違いはない。

［1］前川國男「負ければ賊軍」『国際建築』1931.6

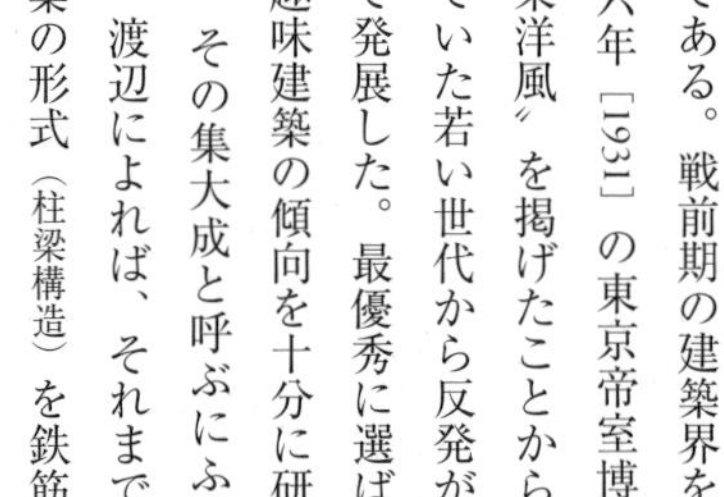

軍人会館コンペ応募案（選外佳作）［1930］：1930年をピークとする〝日本趣味〟を求めるコンペにおいて、それまでは社寺建築の具象的なモチーフを採用することで〝日本〟を表現することが多かったが、皇居のお堀端という立地条件を背景としたこのコンペを機に、〝城郭〟をモチーフとする提案が初めて登場した。渡辺案は塔屋部分の傾斜屋根と壁面下部に城壁を思わせる意匠を採用。抑制の効いた日本的デザインとなっている［出典：『軍人会館競技設計図集』洪洋社／1931］

歴史主義とモダニズム

東京帝室博物館のコンペでは、ル・コルビュジエの元から帰国したばかりの前川國男が、規定を無視したモダニズムの提案で応募し、落選したことはよく知られている。『国際建築』誌は、その落選案を大々的に取り上げ、前川に「負ければ賊軍」[1]という論文を書か

原邦造邸（現・原美術館）［1938］
上―2階から3階展示室に上がる階段：緩やかな曲率を描く壁面と曲線的な階段手すり、そして光の効果などによって演出されている。以前は、階段を上ると屋上庭園への出入り口があった
右―アプローチからエントランスを見る：RC造に白い小口タイルをまとった外観は、明らかにバウハウス・スタイルであるが、随所に手堅いスチールワークと色大理石を用いた豪華な仕上げを見せる。歴史主義の美意識が反映されたモダニズム作品

せ、歴史主義（あるいは日本趣味）とモダニズムとの相克を描き出した。モダニズム建築の推進を意図した編集人・小山正和の思惑であった。狙いは的中し、〝日本趣味建築〟＝〝帝冠様式〟＝〝日本ファシズムの建築〟という図式が出来上がり、民主主義を標榜する戦後の評論家たちによって、モダニズム側の闘いの象徴的な出来事として記録された。渡辺は、自分の建築思想をほとんど書き残していない。古今東西の様式に精通し、それらを自在に駆使しながら、独自の作品として提示できるたぐいまれな才能を持ちながら、その建築観や建築思想は全く不明である。それ故〝主義と主張の建築〟であるモダニズム陣営からは、格好の標的とされてきたのである。

原邦造邸（現・原美術館）［1938］は、無装飾の壁、吹抜けのある応接室、屋上庭園、大きなガラスの開口部など、モダニズムの建築言語を身にまとった建築である。当時は中庭側に和館が建っていたが、大部分は空襲時に焼失している。緩やかな曲面が生み出す空間のシークエンス、大理石やタイル、ガラスなどの材質と細やかなディテールからはアール・デコの香りが漂う。歴史主義の骨格をわずかに残し、虚飾をそぎ落とした初期モダニズム住宅の傑作である。

渡辺は、セセッションや表現派、日本趣味、そしてモダニズムと、スタイルにおいて果敢な挑戦を繰り返してきた。インターナショナルスタイルという建築界の新しい動向も、選択すべき様式のひとつにすぎなかったのである。しかし、明治以来の建築界の宿願でもあった歴史主義の習熟という課題に取り組み、様式建築の円熟化と簡略化を経て、新時代の造形へとつながる数多くの名作を残した業績は大きい。渡辺仁の建築家としての生涯は戦前期において終結していたようだ。戦後は何人かと協同体制を繰り返しながら事務所を続けたが、特に注目すべき建築作品は残していない。昭和四十八年［1973］九月五日、脳血栓症により死去、八十七歳の生涯であった。

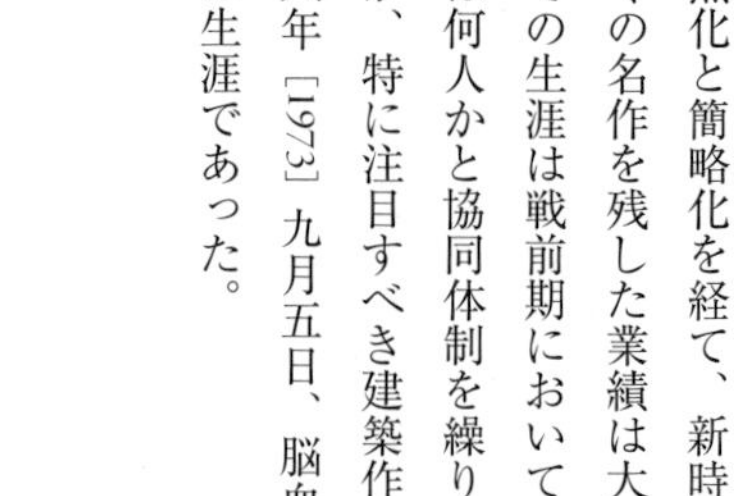

東京帝室博物館コンペ応募案（一等）［1931］：日本趣味建築のデザイン上のポイントは、傾斜屋根と躯体部分との融合にあり、そのために軒先周りや柱梁構造の真壁風のデザインが工夫されてきた。渡辺案では、組積造の意匠を用いながらも、両者の融合が意図されていた。柱型を想起させる躯体から、軒先の表現に至る変化が巧みである［出典：『東京帝室博物館建築懸賞設計図集』東京帝室博物館復興翼賛会／1931］

高橋貞太郎

Teitaro Takahashi

建築家としての進むべき道を模索

砂本文彦 | Fumihiko Sunamoto

右―［出典：『近江人要覧』近江人協会／1931］

▼個別年譜 p.364

高橋貞太郎を巡る言説

高橋貞太郎を最も社会的に有名にしたのは、あの帝国ホテル「ライト館」解体後の新本館［1970］設計者だったことではないだろうか。彼の晩年における建築家としての行動は、建築界を敵に回すのに十分だった。一方で、敵に回してでも帝国ホテル新本館の設計に取り組んだ高橋の人生を真正面から扱った論考は、ほとんどない。なぜなら高橋の晩年のかたくなな姿勢は「社会的存在としての建築の芸術的価値（中略）をまったく無視している[1]」、「建築家としては公正ではない[2]」という評価を導き出し、それが高橋の建築家人生まるごとそうかのような、建築家としての資質や自律性に欠け、資本に盲従した印象を与えたからである。ライト館の保存を推進した建築史学界にもたらした〝敗北経験〟もこれを揺るぎないものにし、佐野利器との関係は〝子飼い〟の面ばかりをクローズアップしてきた。彼が没して約五十年。高橋を見直してみたい。

［1］「座談会：帝国ホテル旧館の保存について」（『建築雑誌』1967.11）の中の池辺陽の発言

［2］桐敷真次郎「帝国ホテル旧館の保存問題と保存運動の経過」『建築雑誌 建築年報』1968.5

日本を代表するホテル建築家

高橋は、日本を代表するホテル建築を手がけてきた。戦前には、今も現存する著名なゴルフのための川奈ホテル［1936］を筆頭に、上高地ホテル［1933］、赤倉観光ホテル［1937］、京城の半島ホテル［1938］などがあり、戦後も芝パークホテル［1956］、帝国ホテル新館二棟（ライト館解体以前の増築部分のこと）がある。さらに新大阪ホテル［1935］や名古屋観光ホテル［1935］、松島のニューパークホテル［1939］では基本設計や設計アドバイザーもこなしている。いわば戦前戦後にまたがるホテル建築のスペシャリストだった。その事業背景に目を転じると、大半に帝国ホテルの経営やその関与がうかがえ、そこには高橋を重用し続けた犬丸徹三[3]の姿があった。

犬丸は世界中のホテルを渡り歩いた後、帝国ホテル支配人、社長に上り詰めた人物である。フランク・ロイド・ライトによる帝国ホテルの設計に心酔した林愛作[4]とは対照的に、犬丸はライト館に冷徹だった。林は帝国ホテルを去った後も甲子園ホテルの設計に遠藤新を起用してライトの幻影を追い求めたが、犬丸は早々とライト館の不具合を指摘した[5]。そんな折、犬丸が新大阪ホテルの建設計画に関与することとなり、その設計者を求めて高橋に出会ったのである。

学士会館、犬丸徹三との出会い

犬丸徹三と高橋貞太郎の出会いは、神田神保町の学士会館だった。学士会館は帝国大学卒業生のための建築で、懸賞競技設計を経て昭和三年［1928］に高橋の設計により竣工していた。学士会館の斜向かいに東京商科大学（現・一橋大学）同窓会による如水会館があったが、犬丸は同大のOB。ここを訪ねた際、向こうに見える新築の学士会館に気を取られ館内見学をしている。帝大卒の名士の意見が飛び交ったであろうその計画を、これほど手堅くまとめ上げたのは一体誰なのか。犬丸は設計者の名を求めて高橋に辿り着いたのである。確かに学士会館は集会室や食堂だけではなく宿泊室もあったから、犬丸は図らずも〝ホテル建築〟としての可能性を見い出したに違いない。

犬丸の回想によると、高橋はその時、「ホテル建築に関しては、経験も多からず、さほど精通してはいなかった[6]」と述べている。確かに高橋の設計経験だけで

［3］　犬丸徹三［1887–1981］
東京高等商業学校卒業後、長春ヤマトホテルを皮切りに世界のホテルを渡り歩く。1919年、帝国ホテル副支配人。その後、支配人、社長

［4］　林愛作［1873–1951］
若くして渡米し、1909年に帝国ホテルの支配人として招かれる。F・L・ライトとの親交が深い。ライト館の工事延期の上に、火災の責任をとって辞任

［5］　犬丸徹三は1924年に建築学会の通常大会で「ホテル経営と建築」（『建築雑誌』1924.6）と題して講演を行っている。そこではホテル経営上の要求を建築設計者は丁寧にくみ取る必要があるとし、F・L・ライトの設計した帝国ホテルについては「パブリックルームに於ては宜しいが、プライベートルームが悪い、御客様に総てお前斯うしろ、ああしろと命令してある」と否定的に述べている

［6］　『ホテルと共に七十年』犬丸徹三著、展望社／1964

［7］　新大阪ホテル［1935］の設計は二転三転し、高橋の位置づけは平面計画を中心とした基本設計となった

［8］　『激動の昭和観光史』河西静夫著［オータパブリケイションズ／1990］に、犬丸の言葉として伝えられている

［9］　佐野利器［1880–1956］
第二高等学校を経て、東京帝国大学建築学科卒業。東大で教鞭を振るう傍ら、明治神宮造営局、宮内省、帝都復興院、東京市建築局などで活躍した

は犬丸の構想には対応できなかったかもしれない。そこで二人は帝国ホテルの「屋根裏の四百一号室」に籠居して新大阪ホテルの設計を進め、特に来客とスタッフの効率的な動線計画や留意事項について徹底的に検討し、ここで作図までしたという。場所が場所だから、きっと犬丸はライト館を批判的教材として活用しただろう。こうしてまとめ上げられたのが新大阪ホテルの設計だった[7]。

　その後、犬丸との関係は晩年まで続いたわけだが、決して犬丸は高橋を単に使いやすかったから名指しし続けたのではないことは、指摘しておきたい。世界中の名士と向き合ってきた犬丸が、高橋を最も信頼できる三人のうちの一人と公言するぐらい[8]、高く認めているのである。

東大からの佐野利器とのつながり

犬丸徹三との関係が築かれる前の高橋貞太郎は、東大在学中から佐野利器の影響下にあった[9]。これは疑いようのない事実である。

　高橋は東大を出る時に恩賜の銀時計をもらった秀才だったが、佐野の差配により不本意ながらもマイナーな滝川鉄筋コンクリート工務所に就職。そのためか一年ほどで同社を辞職し、内務省明治神宮造営局技師に転じた。ここでは外苑の聖徳記念絵画館などの設計監督に従事するが、数年後にはまたもや宮内省内匠寮技

上―学士会館［1928］［国登録有形文化財］

南西面外観：スクラッチタイルを張った外装は当時の流行スタイル。コーナーを丸くとったマッシブ、かつシンプルな外観。だが、上部に行くに従い絞り込んでいく開口は最上階で小刻みなアーチの2連窓となって、建物全体に上昇感も与えている。学士会館は学士会会員に対する懸賞設計競技で設計案が求められた。それ以前の建築案は岡田信一郎が設計。岡田案は関東大震災を契機に構造計画などの要因から廃案とされた

旧正面玄関：高橋は、学士会館を「大家族の一家庭の如き親しみと落付き」を持たせるため、1階を「会員の居間」、2階を「御客用」、3階を「書斎」、4階を「寝室」と見立てて、「住宅に於ける間取と気持とを其儘」に「アットホーム」になるよう設計したという。くり抜いたような半円アーチをくぐって入るこの玄関が建物の大きさに比して小さいのは、会員が戻るべき家の感覚を演出しようとしたためなのだろう

▼口絵p.175

師に転職。関東大震災の後、佐野の肝いりで設立された復興建築助成株式会社に就職している。高橋のこの転職のすべてに佐野は関与していて、明治神宮造営局では外苑計画を主導する立場にあり、宮内省では技師として兼務していた。復興建築助成株式会社は、佐野が東京市建築局長として震災復興後の建築の耐火を都市レベルで進めようとした社会政策的建築組織である。このように高橋の職歴の随所に佐野が見えるため、その〝子飼い〟の印象が強く、自律した人間性を見い出し難く感じるのも無理はない。

その一方で、高橋は住宅設計やコンペに個人的に取り組んでいる。大正十四年［1925］に学士会館懸賞競技設計に一等当選、昭和三年［1928］に竣工するとともに、駒場につくり上げた英国式洋館、前田利為侯爵邸［1928］や前田育徳会の関連施設、平林金吾との住宅設計など、立て続けに手がけている。個人的な活動が順調に続く中、昭和五年［1930］には日本生命館（現・日本橋高島屋［1933］）懸賞競技設計にも当選し、都市建築の華も手がけた。新大阪ホテルの依頼も昭和五年である。佐野の門下としての仕事よりも、個人の建築家としての活動が軌道に乗っていく。佐野の影響を逃れて華々しい個人の活動と共に犬丸との仕事に活路を見い出して独立するのだが、実は高橋はけんかっぱやいところがあって、公的な場からつまみ出されたのも事実である。彼は決して寡黙な建築家ではない。

一例に、建築会館の懸賞競技設計［1927］がある。審査会の席上、委員長の中條精一郎が「委員の中に自分に関連のある某氏案を入選せしむる為めに暗躍《あんやく》をした人がある」という発言をして、高橋は二周り年上の中條と一悶着起こしている。[10] その某氏案とは高橋と同じ職場にいた矢部金太郎の案であり、中條が非難したのは同僚の矢部案を推す高橋だった。高橋は中條発言に憤慨し、これを失言として糾弾。発言を取り消すまで議事進行を停止させ、発言撤回を取りつけてから矢部案の当選を決定している。高橋はこの騒動をきっかけに「爾後余り（表に）出ない方がよいだろう」ということになったという。それまでにも言葉の災いは多かったらしく、自身の置かれた様を〝追放〟と自嘲的に述べている。こんな性格だから、権威や資本に〝盲従〟して佐野や犬丸との関係を築いたとは思えない。彼なりの考えがあってのことなのである。

独立以前の高橋は、芸術作品としての建築だけでなく、社会の器としての建築の可能性も探っていた。震災復興に際し、建築の不燃化だけではなく、空中防備

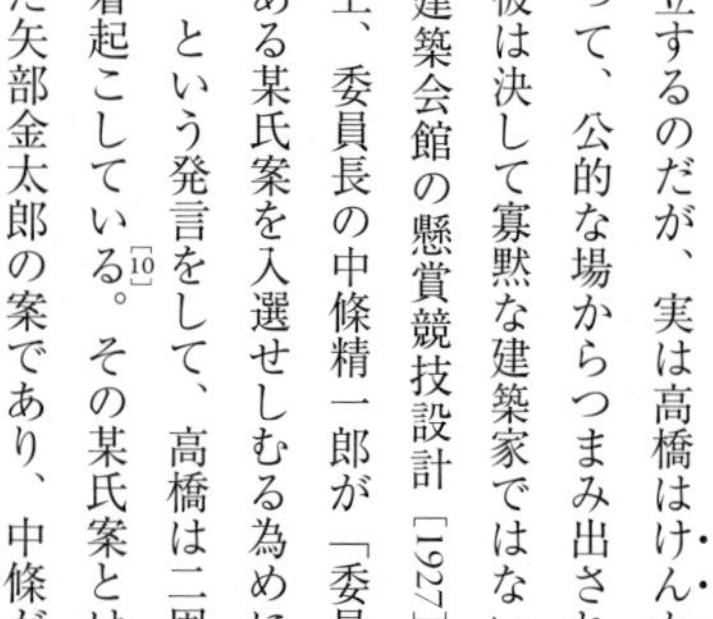

日本生命館（現・日本橋高島屋）［1933］：高島屋が入居予定のビルが懸賞競技設計になり、高橋の案が当選した。募集要項で和風意匠が求められたため、ルネサンス様式を基調にしながらも、軒蛇腹の垂木や天井のデザイン、柱頭飾りの細部意匠や屋上庭園など、そこかしこに和風要素が現れる百貨店建築となっている。コンペを主催した日本生命の役員に建築家・片岡安がいたため、実施設計段階で片岡が設計顧問となった。後に増築計画を行った村野藤吾も高橋を設計顧問にしている［所蔵：高島屋］

次頁｜前田利為侯爵邸［1928］［重要文化財］
西面外観：尖りの多いにぎやかな稜線にスクラッチタイルを張った外観、玄関ポーチはチューダーゴシック様式の特徴である扁平アーチとなっていて、ずっしりとした感じと軽やかな雰囲気が同時に演出されている

高橋貞太郎　Teitaro Takahashi

の観点からの復興の在り方を示したり[11]、震災復興で商店建築が供給過剰になっていることに懸念を示したりもした[12]。

そもそもこの時代は、内務省にしても宮内省にしても、震災後の復興建築助成株式会社にしても、巨大な建築組織がそこかしこに生まれた時期である。建築組織での経験の後、関東大震災後の民間建築、商業建築が建ち始めた東京で個人事務所を設立する建築家は多かった。

高橋は組織の建築家として、個人の建築家として、各々の要請に対して極めて忠実に応えていった建築家だったのではないだろうか。佐野と犬丸との関係から高橋のイメージは他律的に見えた点は否めないが、師匠とパトロンとの関係だけから評価をするわけにはいかない。

育て、協働する設計スタイル
——矢部金太郎と平林金吾

こうした見方を少し覆すのに、高橋貞太郎本人が世話をした人物との関係を見たい。高橋のそばにはいつも有能な建築家がいたが、彼らは高橋が機会を与えて育てた建築家だった。

先に見た建築会館懸賞競技設計で、高橋は同じ職場の矢部金太郎[13]の案を推したが、矢部とは明治神宮造営局の技師時代に出会っていた。その後、高橋が復興建築助成株式会社に移ってしばらくして矢部も入った。その就職採用に高橋の関与はあったであろうし、矢部は当選を機に昭和二年［1927］に独立もした。高橋も遅れて独立してからは、川奈ホテルや上高地ホテルの設計でその内装を矢部に委ねたと言われる。さらに矢部は高橋とのつながりから犬丸徹三の自邸も田園調布に設計するなど、矢部の建築活動の端々に高橋の影響を見てとれる。昭和初期の帝国ホテル解体・増築計画[14]では、帝国ホテル会長・大倉喜七郎と共に矢部が欧米のホテル事情の視察に赴いている。まさに高橋の右腕だった。

平林金吾[15]も高橋と近い関係にあった。二人は滝川鉄筋コンクリート時代に出会い、高橋が明治神宮造営局に赴任すると平林を技手として引き抜き、高橋が宮内省に移ると再度、平林を引き抜いた。高橋が復興建築助成株式会社に赴いてもまた平林を技師として招くなど、高橋は常に平林に信頼を置いていたことが分かる。平林は大阪府庁（岡本馨との連名）、名古屋市役所、朝

[10]『佐野利器─佐野博士追想録』佐野博士追想録編集委員会／1957

[11] 高橋貞太郎「帝都の空中防備と建築」『建築雑誌』1923.12

[12]「商店は出来ましたが住宅―都市住宅―の復興が出来ていないのです（中略）多くの大家さん達が矢鱈に商店を建てたがるのですが、これは大いに考ふべき事です」（『建築画報』1930.3）。同様の記事は『建築世界』（1930.1）にもある

[13] 矢部金太郎［生年不明－1976］東京美術学校図案科卒業。明治神宮造営局を経て、大正末期に田園調布の開発にかかわる。建築会館懸賞競技設計で1等。戦後は地元の静岡で公職などに就いた。代表作に田園調布駅などがある

帝国ホテル第二新館［1958］：それまでのライト館とは全く異なるデザイン。客室数を大幅に増加させた［絵はがきより］

鮮貯蓄銀行の設計で名を馳せたが、それぞれ大正七年［1918］、昭和五年［1930］、昭和七年の懸賞競技設計での当選作であり、組織の建築家としての活動の傍ら、高橋同様、個人の建築家としての技量を磨き上げた。高橋は世話されてきただけの受け身の建築家では決してない。

再び帝国ホテルへ

戦時中、高橋貞太郎は朝鮮半島で事業を興していたと言われる。昭和十三年［1938］竣工の半島ホテルが契機となって渡鮮したのだろうか。昭和十五年［1940］、平壌の郊外鎮南浦に鎮南浦ホテルの設計もしていて、朝鮮でもホテル建築家としての名は轟いていたようである。終戦後、帰国し、昭和二十四年［1949］には事務所を再開。昭和二十六年［1951］には自身が設計した西川ビルに事務所を移転した。ちょうど事務所移転後、帝国ホテルに新館建設の計画が起こり、後の第一新館［1953］、続いて第二新館［1958］の計画が進んだ。

この時、アメリカの『TIME』誌のインタビュー[16]を高橋は受けている。高橋はライト館を「リキシャ時代

川奈ホテル［1936］［国登録有形文化財］

上―東面外観：戦前、伊豆は「東洋のリビエラ」と呼ばれ、その外観も明るいスパニッシュ風になった。空に高くそびえる望楼はかつて入母屋造の和風だったが、それは国際観光局が「和風を加味しろ」と設計過程で注文を付けた結果。ここを訪れた外国人の目には、望楼が和風なだけで「川奈ホテルは和風テイストだ」と感じたという

右―サンパーラー：円弧を描く開口に取り囲まれ、川奈の明るい風景を室内化した空間

の素敵な設計だった」と述べた。ライトは、高橋が設計した帝国ホテル第二新館の無機質な客室棟を見て、「Gosh awful（ひどい！）」と声を上げたという。帝国ホテルはことあるごとにライト館の破壊もいとわない計画を立て続けたが、ジャンボジェット機時代の到来に向けての新本館計画は、いよいよライト館の取り壊しを伴うものだった。世論の反対を意識してか計画は秘密裏に進められ、昭和四十二年［1967］、新本館建築計画が表面化、その設計者も高橋だった。同年に組織された「帝国ホテルを守る会」の設立総会は、なんと犬丸徹三が高橋を見い出した学士会館で開かれた。高橋は批判を浴びて建築家協会を脱会しながらも、設計・監理を成し遂げ、竣工後、高橋は次のように述べた。

「半世紀に一度あるかないかの一大事業ですからね。そうした一大エポックメーキングに設計者として参画できたチャンスは、身に余る光栄[17]」。

昭和四十五年［1970］、高橋の設計になる新本館は完成。その年、高橋は京都で倒れ、帰らぬ人となった。

［14］ 帝国ホテル解体・増築計画とは、1940年の東京オリンピック誘致計画を念頭に1936年頃に持ち上がった増築計画である。1923年に竣工したライト館は、客室207室、大量の外国人が訪れることが期待されたオリンピックには太刀打ちできる規模ではなかった。そこで、日比谷公園側の20室程度を解体し、8階建て、300室の客室棟を増築しようとしていた。この時の設計の主担当は高橋である。高橋に対し、F・L・ライトの愛弟子にあたり、ライト館の設計にもあたった遠藤新は「大倉男は帝国ホテルを増築なさるといふ、世を挙げてオリムピック招致に懸命なる折柄、時宜を得たものとして誰しも異論がない。ただその増築が噂の如く現ホテルの一部を破壊し、全体の調和を顧慮する所なく、日比谷公園側に障壁の如く建つものとすれば、多いに異論なきを得ない。（中略）高橋君は、建築家として自ら揣（はか）らず調和を破るが如き不遜を敢てせらるるのは、徒らに資本家に聴従して、斯界の大先達に敬意を失するの誹りと共に、建築家の矜持と徳義とにおいて甚だ間然とする所がある」（『新建築』1936.7）と本計画に憤慨している。結局、この解体・増築計画は資材の高騰や時局の悪化により1938年に中止。オリンピック計画も返上された

［15］ 平林金吾［1894–1981］東京高等工業学校建築科卒業

［16］ 『TIME』1958.8.11

［17］ 「帝国ホテル開業パンフレット」［1970］所収の座談会の中の発言

松田軍平

Gumpei Matsuda

アメリカ帰りの古武士

丸山雅子｜Motoko Maruyama

右―［出典：『松田軍平［回顧録］』松田平田坂本設計事務所／1987］
▼個別年譜 p.353

父の教え

古武士――これは多くの人が語る松田軍平像である。洋行帰りには見えなかったとか、むしろ保守的な学者に見えたとか、羽織姿に絵筆を持たせれば日本画の大家の風貌だったと言う人もいる。パートナーの平田重雄[1]が繊細でダンディで、いかにも芸術家然としていたので、その対比が軍平の古武士ぶりを一層際立たせたのだろう。だが、アメリカの話を抜きに松田軍平は語れないし、平田との縁も、その後の事務所の発展もなかったかもしれない。そして、古武士のような建築家のルーツは彼の父親にあった。

父・武一郎は東大出身の鉱山技師で、教育について明快な考えを持っていた。昌平[2]・軍平兄弟に、勉強のためなら財産を使い果たしても構わないと言い遺したが、決して学問最優先ではなかった。「一般の人間は学問をするために生れて来たものではない」がモットーで、年数のかかる大学ではなく、専門学校を出て、早く実地で経験を積むことを勧めた。「専門学校出でも努力次第で立派になれる」とドイツの例を挙げたという。おそらく、当時欧米各地に次々と新設された鉱

［1］　平田重雄［1906–87］
建築家。1931年、コーネル大学建築科卒業後、松田建築事務所に入所。1942年、松田平田設計事務所に改称。主な作品に、平田重雄邸［1936］、平田家箱根仙石原別邸［1936–］がある

［2］　松田昌平［1889–1976］
建築家。松田軍平の実兄。1911年、名古屋高等工業学校建築科卒業。南満州鉄道建築課、日本ゴム嘱託、福岡市嘱託を経て、1931年、松田建築事務所を開設。福岡を拠点に活躍した

山学校や、ドイツのフライベルク鉱山学校[3]のことが念頭にあったのだろう。武一郎自身、卒業後直ちに三菱に就職し、英国人技師の下で実地経験を積んでいる。さらに武一郎は、旅をすること、特に海外で知見を広めること、「余裕が出来たら上級の学校で勉強」することを勧めた。建築家の道を勧めたのも武一郎だった。海外を視察した際、「日本は欧米に比べて建築が一番遅れている」と実感したからだ。より具体的に、「学校を出たらコンドルさんか曾禰博士でもいいから、俺が話をしてやるからそこへ行って、二、三年仕事をやり、それから外国へ行って、向こうのものを早く身につけたらいい」とまで話していたという。余談だが、武一郎の大学の先輩の渡辺渡[4]も、息子・渡辺仁の進路に少なからぬ影響を与えたようである。

武一郎は晩年、南満洲鉄道撫順炭鉱の初代所長として、集中暖房式の住宅群、上下水道、病院、学校、公会堂、社寺、教会、生活物資配給所などを備えた町づくりを計画するが、病のため志半ばで帰国し、明治四十四年［1911］自宅で亡くなった。その数ヵ月後、名古屋高等工業学校建築科を卒業した昌平は、生前の父が話していたジョサイア・コンドルの下で働くチャンスを振り切って、南満洲鉄道建築課に就職する。父への思いが強すぎたのかもしれない。このことを昌平は後日「一生の不覚に思えた」と語っている。

［3］フライベルク鉱山学校(Bergakademie Freiberg)
ドイツ・ザクセンに1765年、設立された鉱山学校。優秀な鉱山技師を数多く輩出し、当時鉱山界で影響力が最も大きかった

［4］渡辺渡［1857–1919］
鉱山技師。建築家・渡辺仁の父。1879年、東京大学理学部採鉱学科卒業後、同助教授。1882年から3年間、フライベルク鉱山学校に留学。1886年、工科大学発足と同時に同教授。1902年–18年まで同学長

上｜石橋徳次郎邸（現・石橋迎賓館）
[1933]
南面外観：明るい色の外壁に、スパニッシュ瓦葺きの、緩やかな勾配の屋根が載る。典型的なスパニッシュの外観である。竣工時の外壁は、淡いクリーム色だった。屋根瓦が青緑色なのは、日本のスパニッシュ作品にたまに見られることである。また、庭には造園家・戸野琢磨によって、スイミング・プール、壁泉、パーゴラなどからなるスパニッシュの庭園が設けられ、現存している。松田建築事務所の第2号作品で、設計に先立ち、石橋徳次郎は軍平の案内で「東京中の目ぼしい邸宅を片端から熱心に見て歩き、スパニッシュの様式が断然気に入って」、設計を依頼したという。施工は、当時スパニッシュの邸宅を数多く手掛けていた、軍平にとっては古巣の清水組（現・清水建設）。「理想の家を作るには建築主と設計者と施工者の完全なテームウォークが何より大切な事と思はれます」と軍平は記している

サンルーム：書斎とテラスの間に設けられた明るい空間。床はタイル張り、壁と天井は白色プラスター塗りで、天井は柔らかな曲線を描く。テラスに面した開口は大きな放物線アーチ形で、アメリカのスパニッシュ・コロニアル・リヴァイヴァル様式の作品には見られる要素だが、日本のスパニッシュでは大変珍しい

▼口絵p.176

武一郎の教えはいかにも明治の技術者らしいものだった。なるべく早く実地で経験を積み、社会の役に立つ人間になること、そのために海外で知見を広め、常に学ぶ姿勢でいること、そのために全力を尽くすこと。まず兄・昌平が父の教えに導かれ、兄を追うようにして軍平もまた、建築家への道を邁進するのである。

アメリカで得たもの

父の死から七年後、松田軍平は兄と同じ名古屋高等工業学校建築科を卒業し、二年足らず働いた後、海外に旅立つ。大正十年［1921］六月、ニューヨークに到着すると、曾禰達蔵の紹介状を持って現地の建築家・妻沼岩彦[5]を訪ね、妻沼からコーネル大学建築科[6]に在学中の横河時介[7]を紹介されると、今度は横河から建築科長のボスワース[8]に紹介され、早速九月から第三学年への編入が認められる。当時のコーネル大学建築科は、横河時介曰《いわ》く「日本でいえば高等工業学校みたいなもの」で課題が多かったというから、軍平の望むところである。言語のハンディキャップをものともせず、わずか二年で卒業し、クリフトン・ベックウィズ・ブラウン牌[9]を受賞している。卒業後、さらに知見を広めるべく、建築史の教授が引率するヨーロッパ建築見学ツアーに参加し、旅程終盤の滞在先のエディンバラで関東大震災の報を知り、直ちに帰国するつもりでニューヨークに戻ると、父親代わりの兄・昌平から「暫く貴地で働いてみたら」との手紙を受け取り、そのままニューヨークの設計事務所で実務を積んだ。

そしてアメリカでの総仕上げは、トローブリッジ&リヴィングストン建築事務所[10]（以下、T&L）での三井本館［1929］の仕事である。二年間ニューヨークで基本設計に従事し、六年ぶりに帰国すると、竣工までの二年間、三井本館の工事現場で働いた。このことが建築家としての自信となり、昭和六年［1931］九月の松田建築事務所（現・松田平田設計）開設に至るのである。

軍平がアメリカで得たものは計り知れない。建築家としての成長、自信、そして誇り。人との縁も、その後の建築活動に大きな影響を与えた。まず、初期の建築主にはアメリカ時代の知人が多い。〝時さん〟こと横河時介との関係は生涯続く。コーネル大学では同じ製図室で学び、一緒にゴルフを楽しんだ。軍平が三井本館の現場で働いていた頃、時介が横河工務所で図面を引いていた交詢社ビルが竣工すると、いつかは自分もこんな建築をと羨ましく思い、昭和八年［1933］、交

［5］ 妻沼岩彦［Thomas S. Rockrise 1878–1936］建築家。1912年、シラキュース大学建築科卒業後、ニューヨークに上京。T&L、バレル・ホフマン建築事務所などを経て、1918年、独立した。長男・George T. Rockriseも建築家で、松田兄弟と親交があった

三井本館［1929］［重要文化財］：軍平の建築家としての出発点となった作品。米国で2年間設計に携わり、帰国後2年間現場監理副主任として働いた。「私としては出来るだけアメリカのいい所を生かしたつもりでした。当時の最高級の大建築を、設計のスタートから完成までのやり方を直接身を持って体験できたということは、本当の幸運だったと思います」と軍平は語っている［出典：『東京・横浜復興建築図集 1923–1930』建築学会編、丸善／1931］

詢社ビルに入居する。そこにはコーネル大学からの友人の造園家・戸野琢磨[11]もいた。横河と松田の両事務所に注目すると、三井高修伊豆別邸［1934］の工事監理をした菰田喜三郎（1932入所）は横河工務所からの転任で、不景気の最中にコーネル大学を卒業して帰国した平田重雄（1931卒）と藤井羊三（1934卒）は松田建築事務所に、依田高義（1929卒）は横河工務所に入所し、両事務所はコーネル大学の後輩たちの受け皿になっている。建築主に注目すると、共に三井系（鐘紡を含む）の仕事を多く手掛けている。戦後の日比谷三井ビル［1960］に至っては、横河工務所と松田平田設計事務所の共同設計である。そして軍平とともに事務所を牽引する平田との出会いも、コーネル大学を介して得られた縁である。

利害を超越したパトロン

一方、兄・昌平は九州で建築活動を続けていた。松田軍平と同じ昭和六年［1931］九月に松田建築事務所を開設し、軍平の松田建築事務所が九州や満州で仕事をする時には、何かと協力している。また昌平は、以前より石橋徳次郎・正二郎兄弟[12]の建築顧問をしており、

三井高修伊豆別邸［1934］
上｜外観：白い塗り壁、軒の出が少ない緩やかな傾斜の屋根、スパニッシュ瓦、外壁と同じ仕上げの煙突、アーチ形の開口、テラスに面したロッジア、外階段から上がることのできる屋根付きの木製バルコニーなど、スパニッシュとして実に密度が高い。竣工こそ遅れたが、松田建築事務所の第1号作品である。軍平が独立する半年前に設計を依頼されていた。三井高修からの依頼は実はこれが2度目で、前回の三井高修邸内アトリエ案［1925、実現せず］もやはりスパニッシュだった。それから9年を経て、やっと三井高修のためのスパニッシュ建築が実現したことになる。伊豆・須崎半島の人家から離れた場所に、山を背に、入り江を前にして建つ。1971年に周辺一帯が須崎御用邸となった
右｜階段室：建物中央を占めるホールに面した円形の間に、螺旋階段が優美な姿を見せる。軍平がニューヨークで一時働いた、ジョン・ラッセル・ポープ建築事務所の邸宅作品を彷彿とさせる
［所蔵2点とも：松田平田設計］

それによって軍平は石橋家という強力なパトロンを得る。軍平は、建築家には「利害を超越したパトロン的後援者」が必要で、それなしには「芽ばえもしないし、永続も発展もしない」、「そのパトロンが社会的に信頼される有力者であればあるほど、発展する」と後年語っているが、それはまさに石橋家のことである。その親密の度合いを示す興味深い事実がある。昭和十二年［1937］春、松田建築事務所は交詢社ビルから高千穂ビル[13]の二階に移転するが、それに前後してブリッヂストンタイヤ（現・ブリヂストン）の東京支店（後に東京本社）も、高千穂ビルの一階と三階に入居するのである。建築家とパトロンの同居は、ブリッヂストンタイヤ本社［1941］の完成まで続く。

ツーマン・コントロール

そして軍平が恵まれたのはパトロンだけではなかった。パートナーにも恵まれた。

建築評論家・浜口隆一は松田軍平と平田重雄について、「実際上にも、ならびたつ主宰者であり、まさにツーマン・コントロール」、「主宰者が建築家としての人間像を、もちつづけているのが、この事務所の特徴である」と述べている。

所員の証言から事務所における二人の役割を探ると、最初は軍平のワンマンで、「業務にデザインにドラフトにと活躍」していた。事務所第一号作品の三井高修伊豆別邸は、軍平によって既に基本設計が出来ており、第二号作品の石橋徳次郎邸（現・石橋迎賓館）［1933］も、プランと様式が決まっていた。一方の平田は、鉄筋コンクリート造の屋根スラブにスパニッシュの傾斜屋根を載せることに抵抗を感じたり、ハーフティンバーが本来の構造材ではなく化粧材でしかないことに矛盾を感じながら、軍平の指示通りに仕事をこなしている。

松田と平田――二人の建築家には、年齢差もあるが（ひと回り違う午年生まれ）、それ以上の世代のギャップを感じさせられる。共にコーネル大学建築科を優秀な成績で卒業しながら、軍平（1923卒）が学んだのは様式主義全盛のアメリカで、その後は、軍平曰《いわ》く「一九二九年から三〇年になってがらっと変わりだし」、平田（1931卒）は、「大学の上級生の頃、独逸に於けるグロピウス教授を中心に出来たバウハウスの影響が保守的なアメリカの建築界に芽ばえ始めた」という。アメリカで様式主義を修得した松田軍平と、モダニズムに傾倒した平田重雄[14]。日本の建築界でも昭和十

［6］　コーネル大学（Cornell University）
米国ニューヨーク州イサカ（Ithaca）に1865年、創立された私立大学。同建築科（College of Architecture）は1871年の設立で、国内3番目の古さ。早い時期に小島憲之（1879卒）、妻木頼黄（1884卒）らが留学している

［7］　横河時介［1896–1974］
建築家・実業家。横河民輔長男。1922年、コーネル大学建築科卒業後、横河工務所に入所。主な作品に安田岩次郎邸［1934］がある

［8］　ボスワース［Francke Huntington Bosworth Jr.　1875–1949］
建築家。1898年、イエール大学建築科卒業。コーネル大学建築科教授。1919年–28年、同建築科長。著書に『Study of Architectural Schools』［1932］がある。平田重雄は後年、恩師として、ボスワースをただ1人挙げている

［9］　クリフトン・ベックウィズ・ブラウン牌（Clifton Beckwith Brown Memorial Medal）
コーネル大学建築科で設計の成績が最も優秀な卒業生に贈られる賞。平田重雄も卒業時に同銀牌を受賞している

［10］　トローブリッジ&リヴィングストン建築事務所（Trowbridge & Livingston）
ニューヨーク出身の建築家・トローブリッジ［Samuel Beck Parkman Trowbridge　1862–1925］とリヴィングストン［Goodhue Livingston 1867–1951］による建築事務所。ニューヨーク市を拠点に活躍した。

年［1935］頃に前者から後者に主流が移行したことを考えると、事務所における平田の比重が、とりわけデザイン面で増大したであろうことは容易に想像できる。実際に小坂秀雄[15]（1935–37在籍）は、当時を振り返って、主に平田がデザインを受け持ち、軍平は「建築で一番大切なのはプランだよ」と言いながら、所員の製図台のところに来てはプランを一生懸命考えていたと述べている。後に版画家として名を成す駒井哲郎（1943–45在籍）も、平田から建築の設計について親しく薫陶を受けたという[16]。

昭和十七年［1942］、松田建築事務所は松田平田設計事務所に改称する。名実ともにツーマンである。まるでタイプの違う（されどウマの合う）建築家をパートナーにしたことが、事務所に発展をもたらしたことは間違いない。そして〝建築家としての人間像〟を持ち続けた軍平は、デザイン、プラン、ディテールはもちろん、設備、材料、構造にも深い関心を寄せ、建築主のためだけではなく、日本の建築、ひいては社会全体のために、新しい優れた技術の開発と採用に努めた。例えばブリヂストンビル第二期工事［1959］で、建築構造として日本で初めてハイテンションボールトが使用されたのも、中山競馬場観覧スタンド改築一次工事［1956］以降の各地の競馬場観覧スタンドで、柱のない大スパンの大屋根が実現したのも、軍平の指示に基づく研究の成果だという。

上―三井物産門司支店［1937］
正面外観：竣工時はタイル張りで、上下の窓の間と窓台は黒花崗石張りだったが、今は淡いピンク色のモルタルが吹き付けられている。松田建築事務所初の高層建築。この作品以降、松田建築事務所は三井物産の建物を次々と任されるようになる。ちなみに、田島繁二が当時の三井物産代表取締役で、三井高修が同取締役だった。門司港と門司港駅の目の前という好立地にある。その後、国鉄に売却され、門司鉄道管理局となり、国鉄が民営化されると、JR九州本社ビルとして利用された。現在は北九州市が管理している

日本での作品に、三井本館［1929］、三井銀行横浜支店、同名古屋上前津支店、同大阪川口支店、同船場支店［いずれも1931］がある

［11］　戸野琢磨［1891–1985］
造園家。1918年、札幌農学校卒業後、渡米。コーネル大学大学院でランドスケープ・アーキテクチャーを学ぶ。コーネル大学では日本庭園の講義も担当した。帰国後の1925年、日本初の造園設計事務所を開設する。主な作品に、石橋徳次郎邸庭園［1933］、著書に『趣味のパテオ』［共著、洪洋社／1930］がある。1931年、帰国した平田重雄に、軍平の事務所開設の情報を教えたのは戸野である

建築家は商人ではない

建築活動を通して社会に貢献することは、松田軍平の考える建築家の職責だった。

軍平は事務所開設の翌月に日本建築士会に入会している。日本建築士会は現在の日本建築家協会（JIA）のルーツに当たるが、当時は新規入会者が年に一〇名ほどの、ごく一部の建築家による組織だった。会員には海外経験者が比較的多く、軍平の場合も、アメリカでの経験が明らかに影響している。「建築家（アーキテクト）という職業の真の価値の欧米のように認められていないのは何故だろう」が彼の最大の課題であり、「建築家と請負業者は違う」が後々まで彼の口癖だった。昭和二十三年［1948］には日本建築士会会長に、昭和三十一年［1956］に（旧）日本建築家協会[17]が設立されると初代会長に、昭和五十年［1975］に日本建築設計監理協会連合会[18]が設立された時にも初代会長に選ばれている。晩年まで、建築家の地位の向上のために力を注ぎ、建築家に誇りと自覚を促し、建築家の信条と職責を説いた。彼が建築家の信条として最初に挙げたのは、「建築家の人格、才能、正義感並びに行動は社会の尊敬に価するものでなければならない」である。彼が古武士と呼ばれた所以であろう。

最後に彼の「建築家十訓」の第一項を引用して、建築家・松田軍平の紹介を終えたい。

建築家よ誇りを持って下さい。
建築家は商人ではない。
商人は金の為に働き、
建築家は仕事のために生きる。

［12］石橋徳次郎［2代目、1886–1958］と正二郎［1889–1976］兄弟
実業家。1918年、日本足袋（後の日本ゴム）設立。1931年、ブリッヂストンタイヤ設立。1966年までに松田平田設計事務所では、ブリヂストン関係の仕事を58件手掛けている

［13］高千穂ビルディング［1936］
岡田捷五郎
戦後米軍に接収されるが、接収解除とともに事務所を戻した。1960年に松田平田設計事務所ビルが完成するまでここを拠点とした。設計者の岡田捷五郎［1894–1976］は軍平が1915年、東京美術学校を受験した時の受験仲間

［14］平田重雄は後年、尊敬する建築家に村野藤吾、前川國男、丹下健三の3氏を挙げている

［15］小坂秀雄［1912–2000］
建築家。1935年、東京帝国大学建築学科卒業後、松田建築事務所を経て、1937年、逓信省営繕課に入省。1963年、丸の内建築事務所設立。代表作に外務省本庁舎［1960］がある

［16］『東の間の幻影：銅版画家駒井哲郎の生涯』中村稔著、新潮社／1991

［17］（旧）日本建築家協会（1956–87）
建築家の職能団体。前身は日本建築設計監理協会。1987年、新日本建築家協会（現・日本建築家協会）に引き継がれた

［18］日本建築設計監理協会連合会（1975–87）
建築設計事務所の職能団体。1987年、新日本建築家協会（現・日本建築家協会）に引き継がれた

第IV部

モダンデザインの先駆

本野精吾	1882-1944
藤井厚二	1888-1938
遠藤 新	1889-1951
アントニン・レーモンド	1888-1976
蔵田周忠	1895-1966
山田 守	1894-1966
堀口捨己	1895-1984
村野藤吾	1891-1984

本野精吾｜鶴巻邸（現・栗原邸）［1929］▼p.283

藤井厚二 聴竹居［1928］▶p289

遠藤 新―甲子園ホテル（現・武庫川女子大学甲子園会館）［1930］

▼p.295

アントニン・レーモンド｜東京女子大学チャペル・講堂［1938］
▼p.305

蔵田周忠―米川邸（現・野田邸）[1928] ▼p.310

▼p.310

山田 守｜長沢浄水場［1957］▼p.321

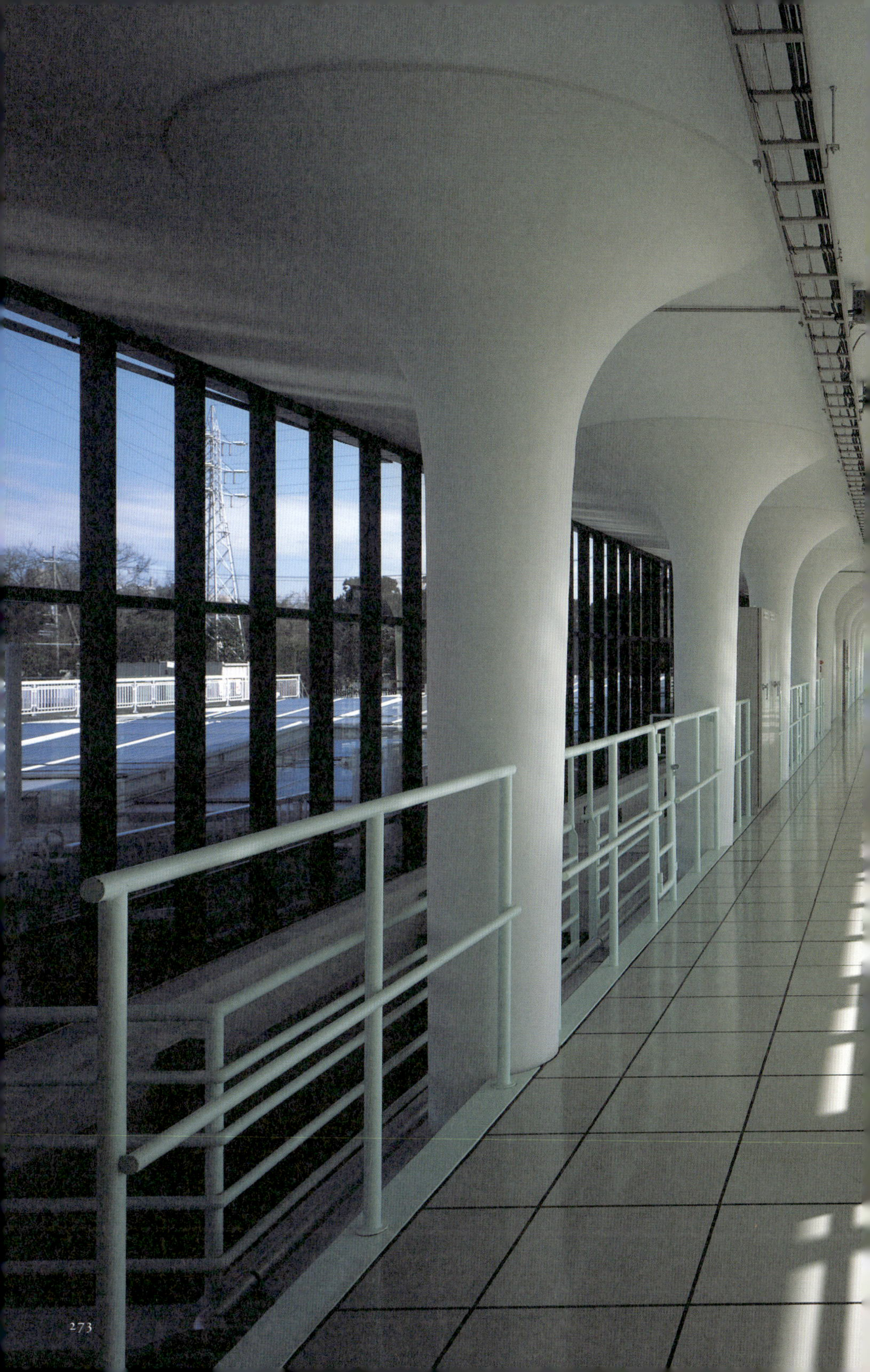

堀口捨己｜八勝館みゆきの間［1950］▼p.327

村野藤吾｜宇部市民館（現・渡辺翁記念会館）［1937］▼p.335

本野精吾

Seigo Motono

モダニズムへの振幅

笠原一人｜Kazuto Kasahara

右―［所蔵：京都工芸繊維大学美術工芸資料館］

▼個別年譜p.351

はじめに

モダニズム建築といえば、今でこそ〝機能主義や合理主義の理念に基づき、無装飾の抽象的な形態を用いて、鉄やコンクリートでつくる建築〟という、一定の定義やイメージがある。しかしモダニズムの黎明期にあっては、そうした定義やイメージが明確だったわけではない。建築家はそれぞれにモダニズムの定義やその実現の在り方を模索していたはずで、試行錯誤の連続だったに違いない。そんな過渡期に活躍した建築家の一人として、本野精吾は位置づけられる。

本野は明治十五年［1882］、本野盛亨《もりみち》の五男として東京に生まれた。盛亨は大蔵省に勤務した後、読売新聞社を創業した人物である。本野の兄弟も、外務大臣（一郎）や読売新聞社社長（英吉郎）、京都帝国大学教授（亨）を務めるなど活躍した。本野は、東京帝国大学建築科に学んだが、同級生には、後に大阪市中央公会堂や明治生命保険株式会社などの様式建築の名作を手掛ける岡田信一郎らがいた。本野も、卒業制作では「INSTITUTE OF ARCHITECTS」［1906］と銘打たれたゴシック様式の作品を制作した。大学卒業後は、三菱合資会社地所部（現・三菱地所）に勤務する。保岡勝也の下で、丸の内第十二号館［1910］など、やはり様式的な建築の設計に携わった。本野は同時代の他の建築家と同様、様式建築を習得することから、その活動をスタートさせたのだった。

　しかし明治四十一年［1908］に転機が訪れる。この年、京都高等工芸学校（現・京都工芸繊維大学）図案科教授であった武田五一の誘いを受けて、本野は同校の教授に就任する。その翌年には、武田がかつてそうしたように、本野も〝図案学研究〟のためヨーロッパに留学し、明治四十四年［1911］まで主にベルリンに滞在していたとみられる。この留学中に本野はペーター・ベーレンス[1]の建築作品に感銘を受け、また建築のみならず工業化を前提にしながらデザイン全般を革新していくベーレンスの活動に影響を受ける。本野はこれを機に、日本においていち早くモダニズムへと近づいていくことになる。

　帰国後の本野は図案科教授として、建築のみならずインテリアや家具、舞台デザイン、グラフィックデザイン、服飾デザインなど、デザイン全般のさまざまな教育や活動に携わった。また生来の多趣味や原理原則を徹底しようとする性格によって、バイオリン演奏、エスペラント語、社交ダンス、南画など、さまざまなことを試みすべてを極めた。そのためもあってか、本野が生涯で残した建築作品は一〇点余りを数えるほどしかなく、現存するのは四作品にすぎない。建築家と呼ばれる者にしては寡作だ。だが、数少ない建築作品からも、本野の建築における思考と実践の特質が浮かび上がってくる。ここでは現存する四つの建築作品を取り上げ、本野がモダニズムへ向かう試行錯誤の様子を考察することにしたい。

西陣織物館（現・京都市考古資料館）

　本野精吾が留学から帰国して最初に設計した建物は、西陣織物館［1914］である。通りに面して堂々と建つこの建物は、一見様式的で古風なものだが、そこにはモダニズムの方法が見て取れる。

　建物の入り口には、円柱のある古風なポーチを備えている。しかし建物の正面の壁は、円柱や窓枠などの古典的な要素が省かれ、壁と面を合わせるように大きな窓が設置されている。そのため壁全体が白い巨大な平面のように見える。この外観は、竣工当時驚きを

［1］　ペーター・ベーレンス［1868–1940］
ドイツの建築家、デザイナー。画家を目指した後、建築家となり、1907年設立のドイツ工作連盟に参加。同年、AEGの顧問となり工場や店舗、プロダクトデザインを手掛けた。ベーレンスの建築事務所には、W・グロピウス、ル・コルビュジエ、ミース・ファン・デル・ローエらが在籍していた

［2］　中村鎮式コンクリートブロック
1920年代初頭に中村鎮が考案し特許を取得した建築構法。現在のコンクリートブロックとは異なり、L字型やT字型のブロックを組み合わせて中空の壁体をつくり、そこに部分的にコンクリートを流し込んでつくる。型枠が必要なく、工場で生産され規格化された材料を用いるため、建設の合理性が確保できる。また不燃性や耐震性にも優れた構法である
［2の補注］　中村鎮［1890–1933］
1914年、早稲田大学卒業後、東洋コンクリート工業技師、日本セメント工業技師長などを歴任。1921年、中村建築研究所設立。「中村式鉄筋コンクリート・ブロック構造」で特許取得。1924年、京都出張所開設。主要な作品に、大阪回生病院［1925］、佐藤功一邸［1925］、本郷基督教会［1926］、福岡教会［1928］など

もって受け入れられ、人々に「マッチ箱のようだ」と形容されたというエピソードが残っている。内部の貴賓室（現・会議室）には、壁紙や装飾で飾られ様式性を備えた暖炉がある。いずれも簡素なデザインであり、円や正方形といった幾何学的な形態で縁取られている。ウィーン分離派に似たデザインだ。

この建物の外観は、ペーター・ベーレンスによって第三回ドイツ工芸展のパビリオンとして設計された音楽堂に似ている。本野の留学中の興奮や感動が感じられる作品だといえるが、細部に繊細なデザインを持つ独自のものにまとめられている。本野が、後のモダニズムに通じる方法を使いこなしていたことがうかがえる作品である。なお、この建物は、昭和五十九年［1984］に京都市の登録文化財に登録されている。

本野精吾自邸

その後、本野精吾は大正十三年［1924］に自邸を竣工させている。ここでは、合理性を考慮して中村鎮式コンクリートブロック[2]をむき出しにして用い、内部では生活動線の機能性を考慮して台所と食堂と居間をワンルームにし、建物全体をコンパクトにしている。ま

西陣織物館（現・京都市考古資料館）［1914］［京都市登録文化財］
上—3階貴賓室（現・会議室）：天井や壁面は、様式建築的な装飾は排され、円や正方形といった幾何学的な形態で飾られている
右—正面（南面）外観：装飾が排され窓の浅い巨大な壁面や、3階隅部の枠取りがなく側面に回り込んでいる壁面のデザインなどに、モダニズムの方法が見られる

た建物や窓の上部には、日本の風土を考慮した深い軒や庇を取り付けている。これは、後に本野らによって設立され、「様式の建設には伝統的形式に拠る事を排し狭義の国民性に固執せず真正なる『ローカリティ』に根底を置く」との文章を綱領に掲げた、日本インターナショナル建築会[3]の方法に直結することになる。

日本では、一九一〇年代から鉄筋コンクリート造の建物が建ち始めていた。しかしその多くは、冒頭で述べたようなモダニズム建築の条件すべてを備えていたわけではなかった。そんな中で本野邸は、同じ大正十五年に東京で竣工したアントニン・レーモンドの自邸と並んで、モダニズムのすべての条件を備えていた。理念とデザインの両者を徹底した日本で最初のモダニズム建築といっても差し支えないだろう。

本野が自邸でモダニズムに至った大きな要因として、竣工前年の大正十二年［1923］に発生した関東大震災が挙げられる。本野は震災発生直後から、中村鎮の発明による「中村式鉄筋コンクリート建築」（通称：鎮ブロック）で建てられた建物が震災で倒壊しなかったことに着目し、高く評価していた。[4] これを機に本野と中村との協働が始まり、その最初の成果として、大正十三年［1924］に京都高等工芸学校実習室[5]が完成している。また同年中村の手によって中村建築研究所京都出張所[6]と古城邸[7]が、本野邸の近くに完成している。いずれも鎮ブロック造であった。

中村鎮自身も数多くの鎮ブロック造の建築を設計していたが、そのつくりはいまだ様式建築の要素を残していたし、空間のつくり方に革新性があったわけではない。その点、本野邸は、理念から形態までモダニズムを徹底したことによる革新性と、更に風土をも考慮するという独自性を兼ね備えていた。なお、この建物は、平成十五年［2003］に日本を代表する優れたモダニズム建築のひとつとして、DOCOMOMO Japanの選定作品となっている。

鶴巻邸
（現・栗原邸）

本野は昭和二年［1927］に日本インターナショナル建築会を設立し、昭和八年［1933］に活動を停止するまでの間に幾つかの建築作品を設計している。その一つが鶴巻邸［1929］である。京都高等工芸学校校長で染織家だった鶴巻鶴一の自邸として建てられた。本野邸と同様、鎮ブロックをむき出しに用いたモダニズム

［3］　日本インターナショナル建築会
1927年に京都で設立された建築運動団体。本野精吾、上野伊三郎、伊藤正文、中尾保、新名種夫、石本喜久治が設立メンバー。W・グロピウスやP・ベーレンス、G・Th・リートフェルト、J・ホフマンなど外国会員10人を含め、最盛期には150名以上の会員を擁しており、当時日本最大の建築運動団体だった。気候風土による〝ローカリティ〟を考慮した〝インターナショナル建築〟を目指した。1933年、会員だったB・タウトを日本に迎えると同時に、その活動を停止することになった。本野は、会の宣言、綱領の策定を主導するなど、設立時から会長格として活躍した

［4］　本野精吾「鉄筋混凝土ブロックと住宅」『セメント界彙報』1923.12

［5］　1924年7月竣工。現在の京都大学吉田キャンパス内に立地していたとみられる。現存せず。本野と中村鎮の協働による最初の作品

［6］　1924年12月竣工。本野邸の南側に立地。現存している。本野が設計にかかわった可能性もあるが不明

次頁｜本野精吾自邸［1924］
正面（東面）外観：建物は北東の角が欠き取られており、モダニズムに特有の非対称の形態となっている。だが、玄関脇の柱はレンガタイルが張られて強調されており、古典を意識したデザインとなっている

建築である。そして本野邸で日本の気候風土を考慮して取り付けたコンクリートによる軒や庇が、ここでも南面部分を中心に採用されている。

　だが、モダニズムが徹底された本野邸に比すれば、鶴巻邸は大規模で複雑な形態を持ち、簡素なものではなくなっている。また部屋の配置は線対称に近い古風なものとなり、玄関ポーチのデザインやインテリアには、ウィーン分離派[8]やウィーン工房[9]など、モダニズム以前の要素が見て取れる。鶴巻の作による豪華なろうけつ染めの襖絵も、建築と一体化しているが装飾的だといえる。モダニズムの深度は、本野邸よりも減じているといえるかもしれない。

　だが、本野によってデザインされ、ほぼすべてが現存する家具とも相まって、鎮ブロック造としては、他に類を見ない魅力的な建築作品になっている。ここでは、モダニズムの徹底よりは、鎮ブロック造の造形的な豊かさや可能性が追求されたと見るべきだろう。なお、この建物は平成十九年［2007］にDOCOMOMO Japanの選定作品となり、平成二十六年［2014］には、国の登録有形文化財に登録された。

京都高等工芸学校本館
（現・京都工芸繊維大学三号館）

本野が勤務していた京都高等工芸学校は、明治三十五年［1902］の開校以来、現在の京都大学吉田キャンパスの敷地の一部に立地していた。しかし昭和五年［1930］に現在の松ヶ崎へ移転することになり、その際、本館が本野と文部省によって設計された。

　この校舎は、その計画案が、昭和二年［1927］に開催された日本インターナショナル建築会の展覧会で発表されている[10]。当時の案は、デッサウのバウハウス校舎にも似た、大きなガラス面を持つ打放しコンクリートによるものだった。しかし、建設に当たっては、本野のラジカルさが文部省の好みに合わなかったのか、正面の窓面が縮小された上、壁全面にスクラッチタイルが張られ、やや古風な様相を呈することになる。

　しかし本野は従来、モダニズムを徹底して即物的なものにしてしまうのではなく、〝感じ〟や〝精神性〟を表現するような建築を好んでいた。しかも本館の建物は、本野が感銘を受けたペーター・ベーレンスの重厚な作風に似ている。その平面計画は、学校建築とし

［7］　1924年12月竣工。中村建築研究所京都出張所の更に南に立地。現存不明。施主の古城氏とは、当時京都高等工芸学校教授だった古城鴻一。本野が設計にかかわった可能性もあるが不明

［8］　ウィーン分離派
1897年にウィーンでG・クリムトを中心に結成された、美術や建築など造形芸術の芸術家グループ。アーツ・アンド・クラフツ運動やアール・ヌーヴォーを引き継ぎながら、モダニズムへとつながる新しい造形運動となった

［9］　ウィーン工房
1903年に建築家・J・ホフマン、およびデザイナー・K・モーザーによって設立されたデザイン工房。建築や家具、食器、工芸などを手掛けた

［10］　1927年11月に大阪三越百貨店で開催された「日本インターナショナル建築会第1回作品展覧会」に、「或る学校建築への草案」と題して出品されたもの。『デザイン』(1927.12)および『新建築』(1927.12)にも掲載された

てつくられた本野の卒業制作の案にも似ている。竣工した本館の建物が、本野の意図や好みから遠いものだったわけではないだろう。なお、この建物は平成二十年［2008］に国の登録有形文化財に登録された。

おわりに

本野の建築作品を時系列に沿って見てみると、〝ある作品では特定の部分に革新的な試みをなし、次の作品では別の部分に革新的な試みをなす〟といった試行錯誤に由来する、振幅のようなものが感じられる。本野は、日本において最初期にモダニズム建築を成立させたものの、その後はモダニズムを徹底させることよりも、さまざまな可能性を試みていたといえるだろう。

一九三〇年代といえば、日本でも機能主義と合理主義に基づいた、白い箱のような典型的なモダニズム建築が建ち始めていた時期である。一方、本野の一九三〇年代の活動を見ると、木造で乾式工法に取り組んだ乾構造小住居（緑桂山荘）［1935］、高度な断熱性に取り組んだ川北化学企業研究所［1936］、流線型の船体で船舶史にも名を残す「橘丸」のデザイン[11]［1935］、宮崎家具店と共同で立ち上げた「京都家具工芸研究会」[12]

鶴巻邸（現・栗原邸）［1929］［国登録有形文化財］

上―玄関ポーチ上部居室：玄関上部は居室となっている。この住宅のために本野によってデザインされた家具は、ほとんど現存している。写真の2つの椅子とその間のテーブルは、クッションも含めて竣工当時のまま

右―北面外観：階段室の窓が階段に沿って配されており、モダニズムに特有の非対称的なデザインとなっている。暖炉のための細い煙突が造形的なアクセントを与えていて面白い

南面玄関ポーチ：半円形に張り出した玄関ポーチ部分は、ウィーン分離派の影響を思わせるデザイン。庇は、日本インターナショナル建築会の理念を反映している

▼口絵p.266

階段：北側にある階段は木製の重厚なもの。手摺子は、そろばん玉のような幾何学の反復によるデザインで、アール・デコ風のものとなっている

▼口絵p.267

［1931］、更には京都高等工芸学校図案科の教育プログラムの提案[13]［1932］、広告物研究を行う「プレスアルト研究会」の設立［1937］などが目立つ。一九三〇年代を通じて建築作品の数は減少する一方で、活動は建築からデザイン全般へと広がり、それぞれに独自の革新的な方法を試みている。

それはちょうど、ペーター・ベーレンスが中心となっていたドイツ工作連盟[14]や、後のバウハウスの広がりに似ている。本野の場合、徹底した即物化や工業化に向かうのではなく、どちらかといえばウィーン工房にも似た、手工芸的側面を残している。それを、モダニズムの徹底に欠けると評するのは簡単だ。しかし本野自身は、それを京都という歴史的な風土を考慮して、自覚的に行っていた[15]。

本野の活動の道程は、様式からモダニズムへの過渡期にあって、日本の京都という場所で、建築のみならずデザイン全般にわたってモダニズムを実践する際の試行錯誤と、その振幅を示している。

上—京都高等工芸学校本館（現・京都工芸繊維大学三号館）［1930］［国登録有形文化財］
南面外観：南面と北面の2、3階部分は、キャンチレバーを用いた横長連続窓になっている。戦後、アルミサッシの窓枠に改装された

［11］　橘丸
東京湾汽船（現・東海汽船）が発注し、三菱造船所神戸工場で製造、1935年に竣工した客船。本野は、船体デザインと室内デザインを担当

［12］　京都家具工芸研究会
京都の老舗家具店、宮崎家具の3代目宮崎平七が、1931年に建築や家具、図案の作家らとともに設立した研究会

［13］　京都高等工芸学校図案科の教育プログラム
〝家具工芸、室内工芸、染織工芸、商業美術、舞台芸術、文字〟といった図案の各分野を、「技」、「学」、「想」という3つの視点や方法から習得し、製作を行うという本野の独自の考えが著されている

［14］　ドイツ工作連盟
1907年にミュンヘンで設立された建築家やデザイナー、企業家らが参加した団体。工業化の時代にふさわしいデザインを生み出すために企業と建築家やデザイナーの協働を目指した

［15］　本野精吾「芸術の都京都」『中央美術』1922.7

藤井厚二

Koji Fujii

時代の先を駆け抜けた住宅作家

松隈章｜Akira Matsukuma

右―［提供：藤井家］
▼個別年譜 p.355

審美眼と思想を育んだ教育環境
――第一級の美術品と伊東忠太

藤井厚二は、明治二十一年［1888］十二月八日、現在の広島県福山市宝町に素封家の次男として生まれる。父・与一右衛門は、十数代続く造り酒屋、製塩業、金融業「くろがねや」を営んでいた、かつての御用商人。藤井家は堅実に家業を営むかたわら、円山応挙「瀑布亀」、竹内栖鳳「薫風行吟」、「御所丸茶碗」など第一級の絵画、書、茶道具を数多く所蔵。藤井は幼少の頃から日常的にそれらを目にしている。建築家・藤井厚二の鋭い審美眼は、海と山に囲まれた福山の豊かな自然環境と、この恵まれた家庭環境によって育まれていった。福山中学（現・福山誠之館高等学校）を経て、明治四十三年［1910］、岡山の第六高等学校を卒業。大正二年［1913］、東京帝国大学工科大学建築学科を卒業する[1]。

卒業設計は、中央にドーム状のロトンダを持った「A Memorial Public Library」［1913］を残している。様式建築的でありながらも新古典主義を志向したデザインである。一方、大学では「法隆寺建築論」を発表し

［1］同級生には堀越三郎、佐藤四郎などがいた。堀越は後に東京大学教授となり、著書には『明治初期の洋風建築』［小滝文吉／1929］がある。佐藤は横浜市技師として横浜市開港記念会館［1917］の実施設計などを手掛けた

た日本初の建築史家であり、平安神宮や築地本願寺を設計した建築家・伊東忠太に教わっている。西洋化一辺倒から脱し、日本独自の様式建築を生涯追い求めた伊東の思想に、大きく影響を受けている。その証しとして、第五回住宅（聴竹居）［1928］の入り口に、ちょうど藤井が大学に在籍していた明治四十五年［1912］、西本願寺の別院、真宗信徒生命保険会社のために伊東がデザインした〝怪獣〟の彫刻が置かれている。

将来を決定づけた二つのプロジェクト
——竹中工務店時代

当時、設計技術の近代化を急いでいた竹中藤右衛門が三顧の礼で迎え、大正二年［1913］、合名会社竹中工務店最初の帝大卒設計社員として入社する。

入社間もない時期に取り組んだ二つのプロジェクトが、藤井厚二の将来を決定づけることになる。大阪朝日新聞社［1916］と村山龍平邸（和館）［1917］である。前者は東京帝国大学で学んだ欧米の建築技術を、遺憾なく発揮して出来上がった先進的な〝オフィスビル〟。一方、後者は約一万坪にも及ぶ起伏ある広大な敷地を存分に活かしたランドスケープと、石田潤一郎氏のいう「和風のゼツェッション化[2]」が特徴的な〝住宅（邸宅）〟。若き藤井には、いずれも魅力的なジャンルであり、実践の中でさまざまな建築設計の知識を吸収する場であったであろう。

時代的にセセッション的な傾向があったとはいえ、まだまだ様式建築のスタイルに縛られ、国家の西洋化の意思を表出する必要があった〝オフィスビル〟よりも、欧米では既にモダニズムの萌芽が始まり、デザインの自由度を増しつつあった〝住宅〟に、より魅力を感じたということだろう。後に竹中工務店を辞めた藤井は、〝住宅〟（と環境工学）に没頭することになる。

神戸・御影に現在も残る、京都・西本願寺の飛雲閣を思わせる外観を持つ村山龍平邸（和館）の壮大なランドスケープと、書院や数寄屋を近代化した細部意匠へのこだわりを見ると、その設計にかかわったことが、天王山につながる大山崎に約一万二〇〇〇坪の土地を買い求め、次々と〝実験住宅・自邸〟を建てることを藤井に決意させたのではないかと思えてくる。

藤井の意思を記したものは見つかっていないので、いずれも想像の域を出ないが、〝神戸・御影〟と〝京都・大山崎〟には幾つかの共通点がある。①一万坪を超える起伏ある自然のままの土地、②御影では大阪湾

［2］　石田潤一郎「『科学』と『趣味』のはざまで」『「聴竹居」実測図集』竹中工務店設計部編、彰国社／2001

［3］　村山龍平邸（洋館）［1909］河合幾次［重要文化財］
1879年に創刊した大阪朝日新聞の社主・村山龍平の邸宅。当地で採れる御影石積みの長大な石塀に囲まれた約1万坪の広大で起伏ある緑豊かな敷地に洋館、和館、新館、香雪美術館ほかが建っている。竹中工務店の施工。地形を活かして地下1階と1階をレンガ造、2階を木造としている。延床面積757平方メートル。外観はハーフティンバー風の装飾、屋根は天然スレート葺き寄棟造り

［3の補注］　河合幾次［1864－没年不明］
1892年、東京帝国大学工科大学建築学科卒業。伊東忠太と高校・大学で同期。逓信省技師・台湾電信建設部技師を歴任し、大阪に移り河合工作所を開く

が、大山崎では三川合流（宇治川・木津川・桂川）が望まれる雄大な眺望が得られる土地、③六甲と大山崎の自然の水が豊かな土地などである。

村山龍平邸の敷地内には、起伏に富んだ敷地を活かして建てられた河合幾次設計の洋館[3]と、数寄屋建築・藪内家の茶室「燕庵《えんなん》」の写し「玄庵《げんあん》」といった第一級の建物があり、それらと対峙するかたちで和館の設計が進められたことも大きく藤井に影響しているだろう。

大阪朝日新聞社[1916]：セセッション風の外観に大時計の付いた塔が特徴的な、大阪・中之島の景観を代表する建物であったが、朝日新聞ビル建設のため昭和40年代に解体された。地下1階、地上3階、SRC造、延床面積12020平方メートル[提供：竹中工務店]

村山龍平邸（和館）[1917][重要文化財]

上—南面外観：起り（むくり）のついた瓦葺き屋根と水平に伸びた軒を持つ和館は、周囲の自然に調和している。縁側を支えている柱も極めて細く軽やかなものになっている。緑の足元には六甲の豊かな湧水を巧みに取り入れた池と小川が設えてある

更に決定的なのはプロジェクトを通じて関西の雄、建築家・武田五一に出会っていることだ。

武田は、藤井とは十六歳違いで、同じ福山出身である。また、大阪朝日新聞社プロジェクトの新聞社側の顧問を務めていた。当時、京都高等工芸学校（現・京都工芸繊維大学）の図案科教授であった武田は、ヨーロッパで生まれたアール・ヌーヴォーやセセッションなど、近代主義の建築に向けた新しいデザインの潮流を積極的に吸収し、福島行信邸や京都府記念図書館、芝川又右衛門邸といった作品を次々に発表していた。入社したての若き藤井には、脂ののりきっていた四十代半ばの武田の強烈な個性は大きく影響しただろう。そして大正九年［1920］、藤井は武田が創設した京都帝国大学工学部建築学科に講師として招かれ、「意匠製図」（後に「建築設備」、「住宅論」、「建築計画論」）を担当、翌年、助教授となる。

わずか六年足らずの竹中工務店在籍ではあったが、将来を決定づけた大阪朝日新聞社の他に橋本ビルヂング［1916］、明海ビルヂング［1921］、十合呉服店［1918］などの設計を担当、黎明期の設計部の基礎を築いた。緻密で繊細なデザイン感覚は、同期入社の早良俊夫[4]や藤井に勧められて入社した鷲尾九郎[5]をはじめ、設計部に脈々と受け継がれている。

五つの〝実験住宅〟
——自ら興し理論化した環境工学

藤井厚二は恵まれた財力を活かして、自邸を五つの〝実験住宅〟として建てている。竹中工務店に在籍していた大正六年［1917］、神戸市葺合区熊内に第一回住宅を建て、母・元と住む。翌年、出雲大社大宮司の娘・千家壽子と結婚。

大正八年［1919］、竹中工務店を退社し、翌年にかけて、〝建築に関する諸設備および住宅研究〟のため欧米を視察する。この視察には当時住宅改良会[6]の顧問を務めていた武田五一の助言があったとされ、藤井は欧米のモダニズムデザインの萌芽と最先端の建築設備に触れ影響を受けた。帰国後、京都帝国大学通勤途中に見つけた京都府乙訓郡大山崎町に約一万二〇〇〇坪もの土地（山林）を購入し、大正九年［1920］、第二回住宅を建て移り住む。

大正末頃、医学の世界では建築学よりもいち早く、住居衛生や建築環境研究の論文が発表されていた。京都帝国大学医学部には雑誌『国民衛生』を主宰する戸

［4］早良俊夫［生年不明-1982］
1913年、兵庫県立工業学校（現・兵庫県立兵庫工業高等学校）卒業。竹中工務店に藤井と同じ年に入社、黎明期の設計部に在籍した。現存する作品としては、神戸市にあるスパニッシュスタイルの大邸宅ジェームス邸［1934］、長崎県にある竹中工務店初の設計・施工のホテルとなった雲仙観光ホテル［1935］が有名

［5］鷲尾九郎［1893-1985］
新潟県生まれ。1917年、東京帝国大学を卒業後、藤井の勧めにより竹中工務店に入社。堂島ビルヂング［1923、現存］、宝塚大劇場［1924］などを手掛けた。1926年の設計部職制制定後の本店初代設計部長。1937年に取締役、1942年に常務に就任。1943年まで18年間にわたり設計部長を務め、非常にバランスのとれた良きリーダーとして数々の作品を世に送り出した。特にビッグプロジェクトや難工事、短期工事での調整力、推進力には定評があり、その真摯で篤実な人柄と芯の強さとで、竹中藤右衛門からも片腕として強い信頼を得ていた

［6］住宅改良会
輸入住宅を扱っていた「あめりか屋」の創立者・橋口信助が1916年8月に設立。洋風生活の合理性に着目し、在来住宅を洋風に改良する必要性から住宅改良の啓蒙・実践を目的にした機関だった。月刊の機関誌『住宅』は、わが国最初期の住宅専門雑誌

上―聴竹居[1928]
南面全景：デザイン的にも環境工学的にも聴竹居の顔となる部分である。日射調整を兼ね、水平に、軽やかに伸びた銅板平葺きの庇と、透明感のある縁側の連双窓。妻面には屋根裏の換気口と、縁側の足元には通風用の小窓。更に土台部分には床下換気口とともに部分的に自然石を埋め込み、周辺の自然との一体感を図っている
玄関のすぐ脇にある接客のための客室(応接室)：わずか10平方メートルの広さであるが、椅子座に合わせた床の間、造付けの腰掛、床(とこ)照らしを兼ねた照明など、聴竹居の中で最も和と洋が混然と一体化したデザイン密度の高い空間である。右手腰掛背後の窓は、視界が開けるように2枚とも右側に寄せることができる
▼口絵p.268
下―聴竹居内閑室[1928]
下段の間：〝閑室〟と名が付けられた藤井の書斎兼接客空間。コーナーサッシュのところに造付けの革張りの腰掛があり、コーナー部分には違い棚に似た小さな飾り棚が設けられている

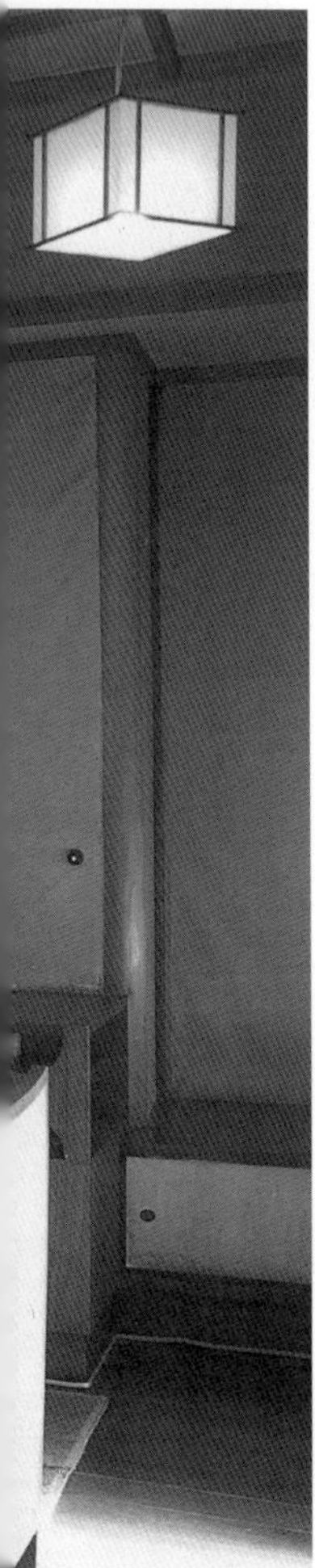

田正三がいた[7]。健康重視の世論の表れとして「ラジオ体操」が始まるのも昭和三年［1928］十一月のことである。

日本の伝統的な住まいで、経験的に行われてきた日本の気候風土に合わせる建築方法を、科学的な目で捉え直すことが、藤井の大きなテーマとなった。自ら着目し、理論化した環境工学の知見を設計に盛り込み、居住・実証し、改善を加えながら次々と実験住宅を建てていったのである。

木舞壁・二階建ての第三回住宅［1922］、土蔵壁・平屋建ての第四回住宅［1924］、そして最後に木舞壁の上に土を塗り、クリーム色の漆喰で仕上げた平屋建ての第五回住宅（聴竹居）。

実験住宅で実践の中から、真に日本の気候風土に適合した住宅の在り方を、科学的に環境工学の点から考察し、昭和三年［1928］、自著『日本の住宅[8]』にまとめている。

終生追い求めた〝日本の住宅〟の近代化
——洋風ではなく、和風でもなく

今からちょうど八十八年前に建てられた聴竹居は、時代を超え、いつの時代にも評価され得る〝日本の住宅〟としての普遍性を備えている。それはなぜだろうか。

藤井は竹中工務店時代を含め、二十五年間に五〇を超える建物を設計している。その大部分が住宅だ。住宅以外で現存するものは、京都・嵯峨野の大覚寺心経殿［1926］のみである。

環境工学の理論書『日本の住宅』、更に住宅設計の集大成、完成形として写真と図面で構成された『聴竹居図案集[9]』、『続聴竹居図案集[10]』を著し、理論と実践の成果を世に発表している。更に昭和五年［1930］には明治書房から、この三つの書物を統合し英訳した『The Japanese Dwelling House』を発行し、世界へ発信

［7］戸田正三は、予防医学に属する衛生学が専門。京都帝国大学には、住宅や都市にかかわる衛生学の土壌があった。教授である戸田の主宰する『国民衛生』には、衛生学者による研究論文が大半を占めるものの、建築衛生・計画原論関係の論文も多く発表されていた。藤井も1925年–26年にかけて、後に博士論文となる「我国住宅建築ノ改善ニ関スル研究」を発表している。なお、京都・北白川の戸田邸［1924］は戸田正三の自邸で、藤井の設計

［8］『日本の住宅』藤井厚二著、岩波書店／1928

［9］『聴竹居図案集』藤井厚二著、岩波書店／1929

［10］『続聴竹居図案集』藤井厚二著、田中平安堂／1932

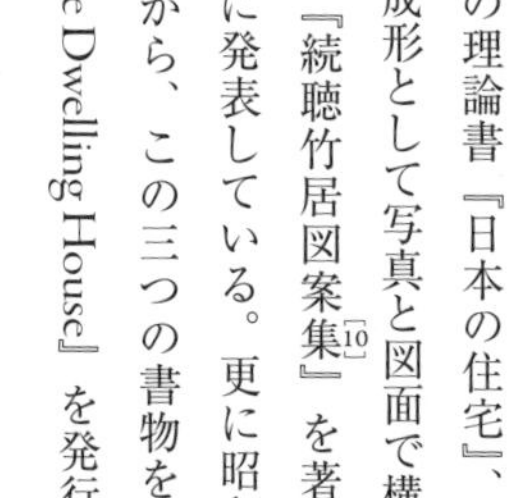

大覚寺心経殿［1926］：大覚寺は藤井の郷里・福山の名刹・明王院の本山。法隆寺の夢殿を連想させる八角堂。縦長のプロポーション、伸びやかな屋根がいかにも藤井らしい。RC造、構造は森田慶一

上—**八木重兵衛邸**[1930]
10畳大の広さを持つ居間：実験住宅が聴竹居をもって完了した直後の1930年に完成した木造2階建ての個人邸。造付けのソファ、地袋を持った床の間、幾何学的なデザインの天井など、極めて密度の高い空間となっている。聴竹居では失われている電気スタンド、テーブル、イス、絨毯などが竣工当時のまま残され、藤井が住空間の細部までデザインしたインテリアを、トータルに知ることができる。従来、八木市蔵邸とされてきたが、近年、正しくは八木重兵衛邸であることが判明した[提供：ふくやま美術館、©定藤元了]

している。藤井が世界の潮流に沿っていたことを示すエピソードの一つとして、昭和八年［1933］には、ブルーノ・タウト[11]もかの有名な桂離宮訪問から一週間もたたない五月九日に聴竹居を訪れている。その日記に「極めて優雅な日本建築」、「氣持のよい階段」、「この茶室は茶室建築の革新である」[12]と記している。翌、昭和九年にタウトも同じ明治書房から『ニッポン―ヨーロッパ人の眼で見た』を出版している。

藤井は環境工学による住宅研究と実践をこうして確信し、世界へ向けて公表。その後も実作を次々と設計していった。そして昭和十二年［1937］に完成した京都の中田邸（扇葉荘）が遺作となる。昭和十三年七月十七日没、京都・嵯峨野の二尊院にある、自ら病床でデザインした墓所に眠っている。完成形とした聴竹居に住んでわずか十年の短い生涯であった。

同じ年に生まれ、日本の伝統的な木造建築から近代建築のエッセンスを発見した建築家・アントニン・レーモンドは、戦後も目覚ましく活躍し、学生時代に聴竹居を訪れた吉村順三はじめ、多くの建築家を育てている。茶道、華道、陶芸を嗜み、家具、照明、書籍の装丁など身の回りのあらゆるものを日本の住宅に合わせるべくデザインし、生涯、住宅設計に専念した藤井がもし長生きしていれば、現代の住宅の様相も大きく変わっていただろう。

没後八十年を迎える藤井の残した〝生き続ける建築〟は、そのほとんどが個人住宅であるために小さく目立たない。しかし、「其の国の建築を代表するものは住宅建築である」[8]として、生涯、日本の住宅の理想を求めたその意思の持つ現代的な意味は、極めて大きい。環境がますます大きなテーマとなってきた二十一世紀に生きるわれわれにとって、藤井の住宅と、そこに込めた思想をくみ取ることの重要性は増すばかりである。

イタリアの哲学者であり、歴史学者でもあるベネデット・クローチェは、「すべての歴史は現代史である」と述べている。歴史を描くということは、過去を語ると同時に現代に生きる人々にとってもその意味を問うことであり、でき得れば未来への展望を示すことだ。

藤井の〝日本の住宅〟＝〝生き続ける建築〟を見つめることは、まさにそこに続いている。

［11］　ブルーノ・タウト［1880–1938］近代ドイツを代表する建築家。ナチス政権から亡命し、「日本インターナショナル建築会」の招待により1933年来日。タウトが桂離宮を訪れた時の言葉、「それは実に涙ぐましいまでに美しい」は有名。約3年半、高崎市を中心として日本に滞在、賓客として桂離宮をはじめ、伊勢神宮、飛騨白川など日本建築の美に触れた。静岡県熱海市の日向別邸［1936］［重要文化財］が日本に現存する唯一の作品

［12］　『日本タウトの日記 1933年』ブルーノ・タウト著、篠田英雄訳、岩波書店／1975

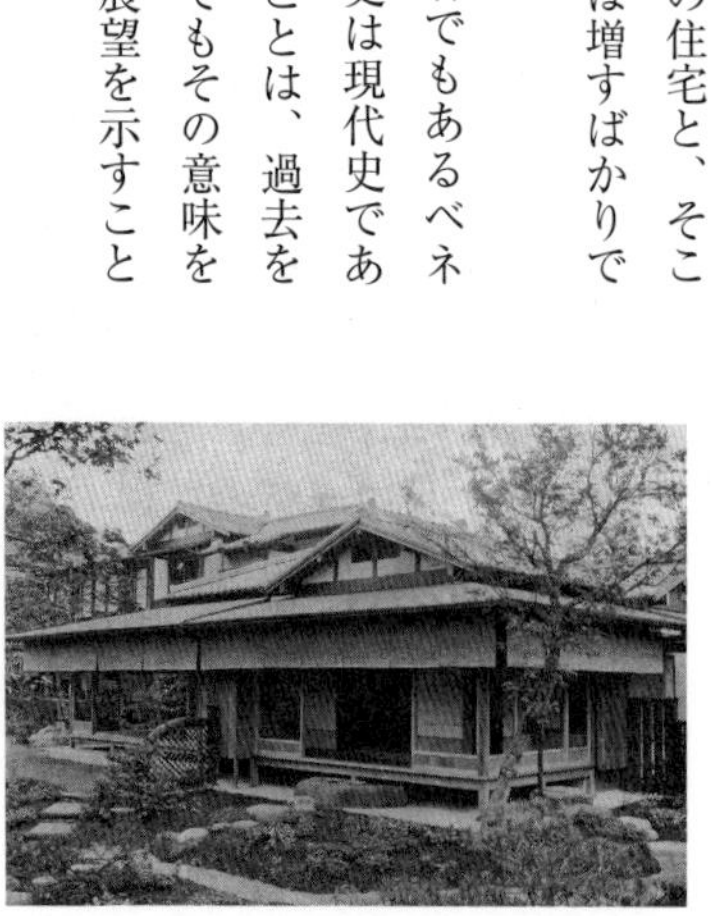

扇葉荘［1937］：京都御所の向かいに建てられた京都の繊維問屋・中田商店の中田余瓶の大邸宅。木造2階建て、藤井の死の前年に竣工した遺作。藤井の一周忌の法要はここで営まれた［出典：『扇葉荘』新建築社／1940、非売品］

遠藤 新

Arata Endoh

激烈さと慈父の優しさを持った建築の行者

井上祐一―Yuichi Inoue

右―［所蔵：井上裕二］
▼個別年譜 p.374

福田村から東京へ

建築家・遠藤新は、フランク・ロイド・ライトの愛弟子として知られる。元伊達藩の武士であった遠藤家は農業を営み、新は父・慶三と母・かしくの次男として明治二十二年［1889］六月一日に福島県宇多郡福田村に生まれた。利発な少年は、新地の郵便局長の支援を受けて相馬中学校を卒業し、次いで仙台の第二高等学校に入学した。ここで遠藤は教師であった土井晩翠[1]に出会い、生涯、親交を持つことになる。

東京帝国大学に合格して上野駅に着いた遠藤は、生まれて初めていなり寿司を口にし、「世の中にこんなうまいものがあったのか」と驚いたという。当時の農家の生活を物語るエピソードかもしれない。

大正期の遠藤の建築への姿勢と人物像

入学後は、東京帝国大学基督教青年会館に寄宿し、ここで親友となる星島二郎[2]と出会う。後に星島は、犬養木堂邸[3]［1922］、山邑太左衛門別邸[4]（現・ヨドコウ迎賓館）［1924］などの仕事の紹介者、日比谷三角ビル

［1］　土井晩翠［1871–1952］
詩人・英文学者。仙台に生まれる。第二高等中学校を経て、東京帝国大学英文科卒業。滝廉太郎作曲「荒城の月」の作詞で知られる。1900年–34年、第二高等学校教諭。遠藤は在学中に晩翠の影響を受けた

［2］　星島二郎［1887–1980］
弁護士・政治家。倉敷市に生まれる。東京帝国大学法科大学法律学科卒業。片山哲らと中央法律相談所を東京日比谷に開設。同相談所は遠藤の設計による。また、星島は犬養毅の秘書となり政治家への道を進み、戦後は法務大臣、衆議院議長を務めた。子息・光平氏はF・L・ライトに学んだ建築家

ディング[5]〔1922〕などの発注者となる。また、帝国大学で教鞭を執る吉野作造[6]は、自身の書斎の増築〔1920〕や東京帝国大学基督教青年会館〔1925〕、賛育会病院[7]〔1930〕などで直接あるいは間接的に遠藤とかかわることになる。

その後、下宿に移った遠藤新は、後に妻となる下宿の娘・江原都と出会う。

大正三年〔1914〕七月に卒業し、翌大正四年四月に明治神宮造営局に就職する前の一月に「東京停車場と感想」を伊東忠太の勧めで『読売新聞』に投稿し、掲載された。皇居の門前に建設された駅は、丸の内と銀座の往来を断ち切り、皇室用の出入り口を中央に設け、乗車口と降車口を別にするなど、都市計画上あるいは駅としての機能上などの問題点を論じていることは知られている。

この批評に対して、かつて「喜びの笑みを禁じえなかった」という帝国ホテルの現場事務所で遠藤の下にいた伊藤清造は、遠藤が口数少なく、ひたすら仕事に打ち込む〝芸術家〟、〝建築家〟であり、〝批評家〟や〝哲学者〟ではないとし、〝商買的〟な建築家とは根本的に異なると記している。また、フランク・ロイド・ライトとは異なる天才であり、「正しい事自然な事を唯一の基調とする稀れな天才」で、「謙譲の徳の大なる」、「平等無差別的で部下に対しては慈父の如く親しみのある」人物であると、遠藤を評している。[8]また、「拙新論争[9]」で知られる山本拙郎は、「ホテル仮館は吾々に多くを教へて呉れる」として「生気溌剌たる設計は沈滞しそうな自分の血を血気の中を跳り流れしめる」と述べている。そして、いつか遠藤の自宅を訪れると約束したので、「智慧を分けて貰つてくるつもりである」と締めくくっている。[10]いずれも、大正九年〔1920〕のことである。

前後するが、明治神宮に就職後、明治神宮宝物殿の競技設計に応募した遠藤の案は、三等二席に選ばれた。このことについての遠藤の日記がある。「辰野さんが、遠藤さんのを何故一等にしなかったと伊東さんに申されし由　松井彌太郎殿、いひ越してあり（中略）辰野さんが、うんと賞めたそふなり」、「辰埜（ママ）さんが賞めたそふなり　老人に賞めらるゝ事はよきものか、果してよきものか、嬉ゐ様にして、淋しさ湧く」と、複雑な心境を記している。[11]

遠藤は、大正十二年〔1923〕の関東大震災の後に賛育会産院[12]ほか、多数のバラック建築[13]を手がけたことで知られている。設計者が明記されていないものの、東

［3］　犬養毅（木堂）〔1855–1932〕政治家。岡山市出身。立憲政友会総裁、第29代内閣総理大臣。1932年5月15日、総理公邸で青年将校らによって暗殺された（五・一五事件）。犬養邸の設計は星島二郎を通じて遠藤に依頼された

［4］　山邑太左衛門（8代目）〔1873–1944〕山邑酒造（現・櫻正宗）社長。娘・雛は星島二郎の夫人。別邸の設計は、山邑→星島→遠藤→F・L・ライトへと依頼されたと推測される

［5］　星島二郎が中心となり企画された複合ビル。1923年秋に着工の予定であったが、関東大震災により区画整理が行われたため建設中止となった。山邑太左衛門別邸（現・ヨドコウ迎賓館）〔1924〕と同様、F・L・ライトのスケッチに基づき遠藤新建築創作所が実施設計した

［6］　吉野作造〔1878–1933〕政治学者・思想家。宮城県大崎市に生まれる。大正デモクラシーの代表的論客。民本主義の思想家として知られる。東京帝国大学法科大学政治学科卒業。大学院を経て、講師、助教授、教授となるが、辞任し再び講師となった。娘・信子は土浦亀城夫人

［7］　関東大震災後、本所にバラック（いわゆるツーバイフォー）方式の賛育会産院などが建てられた。1930年にはRC造地下1階、地上3階建ての賛育会病院が完成した。関連の大井病院〔1936〕なども遠藤の設計

［8］　伊藤清造「詩と哲学と建築と（遠藤工学士を論す）」『建築世界』1920.8

［9］　山本拙郎「住宅建築と宿命」

京市質店や公共食堂あるいは公衆浴場など、彼の設計とみられる震災後の建物があることから、遠藤の社会事業に対する活動を垣間見ることができる。賛育会理事長を務めた藤田逸男は、産院の建設について、「素より設計料など、頼む方でも、頼まれる方でも問題にはしてない」と両者の社会事業に対する姿勢を書き留めている。[14]

昭和期——日本と中国東北部での遠藤

遠藤新は記す。「空間の機微に精達して、それと人間心理の機微とが相応する所に初めて設計がある」と。[15] 例えば、横浜女子商業学校［1934］のかつての教員は、初めて学校に行った時に、よくあるような案内や矢印がなかったが、迷わずに道路から自然に校舎へ、そして教員室などの部屋へ導かれるように入っていくことができて驚いたと筆者に話した。

また、甲子園ホテル（現・武庫川女子大学甲子園会館）［1930］は、西洋のホテルの設備と日本の旅館のサービスを融合させたもので、帝国ホテルの支配人であった林愛作[16]の考えた理想のホテルとしてつくられた。ホテルは戦時の影響で用途を変え、戦後は進駐軍が使用し

（『東京朝日新聞』1925.1.17）に対して、遠藤新「建築啓蒙」（『東京朝日新聞』1925.1.20–22）で住宅設計について反論した

［9の補注］ 山本拙郎［1890–1944］ 高知県出身。早稲田大学建築学科卒業後、住宅設計・施工専門会社「あめりか屋」に入社。雑誌『住宅』主筆を務めた

［10］ 山本拙郎「二人の建築家とその作品」『建築評論』1920.7 後藤慶二と遠藤について述べたもの

［11］ 遠藤新「日記」『建築家遠藤新作品集』遠藤新生誕百年記念事業委員会編、中央公論美術出版／2001

［12］ 墨田区本所に内務省給与の材料で建設された

［13］ 東洋軒、陶陶亭、盛京亭、銀座ホテル［いずれも1923］など

［14］ 『賛育会物語』藤田逸男著、私家版／1953

上―甲子園ホテル（現・武庫川女子大学甲子園会館）［1930］［国登録有形文化財］

1階廊下：東西の客室などを結ぶ、玄関ホール脇の2ヵ所のホールが溜まりとなっている。彫刻の施された力強い柱と一体になった照明は、独特の雰囲気を醸し出す

南東面外観：この建物の正面ともいえる南面は、ダイニングルームとバンケットホールを両脇に、東西の塔、レリーフ、そして彫刻を施した列柱により印象づけられる。遠藤の仕掛けが、室内からテラス、庭園、池へとリゾート客を誘う

▼口絵p.269

た後、大蔵省の管理となったが、昭和四十年［1965］二月に武庫川学院に払い下げが決まり、武庫川女子大学甲子園会館として現在に至っている。

レセプションルーム（居間）、ダイニングルーム（食堂）、図書室（書斎）、そして客室（寝室）と、住宅のように設計され、「一般の住宅よりも廊下の短いホテル、日本人の風俗慣習に適合して家庭的な趣きの、婦人にも子供にも都合のよいホテルが出来上」った。[17] 客室塔は〝三葉形〟で、東西に配されて、〝パブリックスペース〟でつないでいる。水が低きに流れる如く、各室からの流れ、小さな溜まり、大きな溜まりが相まって部分と全体が一体となっていることが分かる。バンケットホール、およびダイニングルームからはテラスを介してさらに低い庭、そして池へとつながり、遠藤が仕掛けた客を誘《いざな》う〝魔法〟がそこかしこに見られるのは、彼の言説どおりである。

また、新京（長春）の帝国ホテルとも呼ばれた華やかな社交の場・満州中央銀行倶楽部［1935］も設計している。今は改築され、当初の面影は見られない。

またエピソードも多い。かつて林の三女・保子氏は、遠藤の印象を「よく恐い方とか言われていますが、私にはとても優しい方でした」、そして彼の風貌から「女学校に上がるまで、本当に鐘馗《しょうき》さまだと信じていました」と話された。また、旧満州（中国東北部）では、遠藤がよく訪れて囲碁や謡《うたい》を楽しんだ友人宅で、女学校のお嬢さんがカップに入れた紅茶を出した時「お嬢ちゃん、座布団を忘れたね」とソーサーを座布団と言って笑わせたという。そして冬のある日、遠藤が定宿にしていたホテル[18]から使いが来た。使いは、遠藤が毛皮のコートを間違えて着て帰ったのではないかと訪ねて来たのだった。遠藤は照れ隠しに「一番良さそうなのを借りてきた」と答えたという。夏には褌《ふんどし》だけでいることもよくあったという。ホテル客室で、素っ裸でいるところに入ってきたルームサービスの女性は、目のやり場に困ったという。豪放磊落と言われる話のひとつである。

話は変わって旧満州から佐賀県武雄の日満育英会如蘭塾[19]［1943］の現場へ同僚と向かった時のこと。風貌からか、スパイではないかと怪しんだ特別高等警察は、武雄まで彼らを尾行してきた。旅館の女将から有名な建築家であることを聞き、すごすごと引き上げていったという。

そして終戦間際、軍関係者に飛行機での脱出を勧められた遠藤だったが、自分だけ逃げるわけにはいかな

［15］　遠藤新「空に張るデプロマ―議院建築と建築家の領域」『建築知識』1937.3

［16］　林愛作［1873–1951］群馬県に生まれる。米国のマウントハーモン学校卒業後、山中商会ニューヨーク支店副支店長となりライトと知り合う。後に帝国ホテル常務取締役支配人となった林は、F.L.ライトに帝国ホテルの設計を依頼したが、完成を待たずに支配人の座を去った。1930年には林の理想とするホテル・甲子園ホテルが完成したものの、ホテルとしては短命であった。その後、南満鉱業取締役などを務めた

満州中央銀行倶楽部［1935］：緩やかな南下がりの敷地に従い、建物中央部に北から図書室・社交室・ベランダ（兼廊下）が階段状に配置され、テラス、池、パーゴラへと続く。遠藤は設計どおりの人の動きを見て「みんな俺の魔法にかかった」と得意げだったという［出典：『建築知識』1936.6］

いと脱出を断り、自ら残留したという。そして、終戦後一年三ヵ月が過ぎた昭和二十一年［1946］十一月に、病気を抱えた遠藤は帰国した。

住宅にまつわる話あれこれ

敷地を見に来た遠藤は塀のそばで、まず立小便をし

小宮一郎邸［1937］
上｜居間の暖炉：遠藤はかつて蔵が建ち並んでいた施主の出身地のイメージにつながる、蔵のような暖炉の部屋を提案した。暖炉は、国文学者の施主が読書に耽るための場所として設えられた。遠藤が1930年代によく使用した鉄粉入りのボーダータイルが張られた暖炉は、戸棚と飾り棚を一体としてつくられている。煙道周りの漆喰壁のひび割れは、戦時中の爆弾の衝撃によるもので、この家に刻まれた歴史のひとつである
右｜アプローチ：小宮邸に近付くと、大谷石の門柱が目に入る。門から続く踏み石の先に円窓の穿たれた玄関ポーチが見える。遠藤が「空間の機微」と「人間心理の機微とが相応するところに設計がある」というように、家が経路を示し、訪問者を玄関へと導く

た。施主の久保貞次郎[20]は記す。「この立小便の意味はそのときはぼくにはよく理解できなかったが、あとでもう一度同じ経験を重ねたとき、ぼくはいくらかこの建築家の心情に共感をいだくことができた」[21]と。施工についてては、タイル目地のやり直し、板壁の張り直しなど、壊してやり直させたという話を筆者は幾人かの関係者や建主から聞いている。遠藤は、久保貞次郎邸の現場に「一度やってきて、2、3の個所のやりなおしを命じた。その命令はしかしおだやかであった」[21]という。

　また、平面逆転の話もある。葉山にある加地利夫別邸［1928］は、海に近い側がスキップフロアの五層で、遠い側が二層であるが、施主のご子息である信氏によれば、設計はこの逆の配置であったという。現場での判断で、平面図が反転され、現在のように建てられたという。海からは幾分距離はあるものの、展望室から海を眺めやすくしたのだという。確かに変更のおかげか海が望めるようになっている。この建物は芸術に興味を持つ施主夫人の希望を取り入れ、設計変更された結果、当初の予算の二倍近い建設費になったという。

　一方、声楽家の矢田部勁吉邸[22]［1928］は、夫妻でのドイツ遊学後に国立の学校に通うに都合の良い武蔵野市に建てられた小住宅で、吹抜けの音楽室兼居間はピアノのために床板は二重張りされている。しかし、若い声楽家の要望で全体はローコストで出来るように考えられた。正子夫人にドイツ留学のことなどを伺ったことがある。「主人はこの家がたいそう気に入っていたようで、よく『この家にいるのが一番いい』と言っていました。ドイツから帰ってからは、一度も旅行に連れて行ってくれなかったのですよ」と楽しそうに夫人は話された。建築家冥利に尽きる話である。

[17] 遠藤新「甲子園ホテルについて」『婦人之友』1930.6

[18] 遠藤は、瀋陽（旧奉天）滞在時は奉天ビルホテルを定宿とし、1階の宴会場の改装［1943］も手がけた

[19] 日満育英会如蘭塾（国登録有形文化財）は、奉天ビルホテルの経営者・野中忠太の依頼により遠藤が設計した

[20] 久保貞次郎［1909–96］足利市に生まれる。1938年–39年、児童美術研究のためアメリカ、およびヨーロッパに遊学。創造美術教育会設立、跡見学園短期大学で教鞭を執るなどし、町田市立版画美術館館長となる。久保貞次郎邸［1935］、久保貞次郎邸ギャラリーは遠藤の設計

矢田部勁吉邸［1928］：暖炉の左上には室内バルコニーがあり、音響効果を考慮した凹凸のある平面、および断面形状の室内となっている。声楽家であるご子息の耕吉氏によれば、ここで歌うと上手になった気がするそうである［写真：井上祐一］

目白ヶ丘教会［1950］［国登録有形文化財］

上｜祭壇方向を見る：この教会は、外観、構造（内在骨格）、室内空間、および建設費などを一体として考え、遠藤が「三枚おろし」と呼ぶ方法で設計された。内在骨格である2つの大きなアーチ状の梁・壁（柱）・屋根が〝総持ち〟（一体構造）となっている。当初の設計では棟の部分は剛接ではなく、スリットとなっていた

右｜北東側外観：遠藤は教会の姿を「仁王様が金棒を持って立っている姿」と語り、塔の水煙のような飾りの下にある鐘はスピーカーで音を出す計画であった。塔の曲線は、現場で遠藤が合板に原寸で描いたという

命を削った戦後の奮闘

川喜田煉七郎[23]は「歴史にのせた人間 遠藤新[24]」で、「ライトのマッシブでスマートな線に対して、彼のはどこまでもマッシブだけであつた。デザインも姿もである。長髪に皮のきものに長靴、そしてくまそのようなひげである。この顔にはおりはかまをつけて、アメリカを歩いてきたのである」と、遠藤新について述べている。そして、満州でも「既成の原案を一晩で変更して全く新らしプランを展開してみせ、黒白をつける…という風である（新京に建てた中央銀行クラブは当時の傑作である）。そして常に《世間的通念に抗議して》この実践のあくことないつみかさね》につかれ、たおれて後止んだのが彼なのではあるまいか」と建築と社会に対する遠藤の憤りを解説し、戦後の新制中学校の校舎建築について「彼らしいやり方で既製の標準型を一々ぶちこわして個性のある改良案を比較してならべ、《建築家の領分》からげきれつに抗議している」。その様子は「十年前の彼と少しも変つていない」と、遠藤の変わらぬ行動ぶりを記している。

「遠藤先生の思い出」——ライトと遠藤

久保貞次郎がタリアセンにフランク・ロイド・ライトを訪ねた時のことである。久保は、ライトが「アジアの弟子エンドウサンを、この上なく愛していることを知って胸をつかれた。かつてライトの弟子であった土浦亀城氏やレイモンド氏の名もライトの口から出たが、エンドウサンとはずっと区別して語られ、エンドウサンの名はまるでライトのむすこのような響きをもっていた[21]」とライトの遠藤への親愛を伝えている。

遠藤新は、生涯を通じて〝全一〟という考え方を建築に込めて伝播しようとした建築家であり、自然環境および社会環境における建築のとるべき姿を求め続けた建築の〝行者〟であった。遠藤の作品や著述は、これからの建築と社会を考える上での指標となる歴史のひとつである。

[21] 久保貞次郎「遠藤先生の思い出」『建築』1963.7
[22] 矢田部勁吉［1896–1980］東京音楽学校（現・東京藝術大学）卒業後、ドイツ・ベルリンへ留学。帰国後はオペラ歌手として舞台に立つが、主な活動は音楽教育や声楽曲の翻訳、学内オーケストラの指揮など
[23] 川喜田煉七郎［1902–75］1932年「日本のバウハウス」と呼ばれた新建築工芸学院を設立
[24] 川喜田煉七郎「歴史にのせた人間 遠藤新」『新建築』1951.9

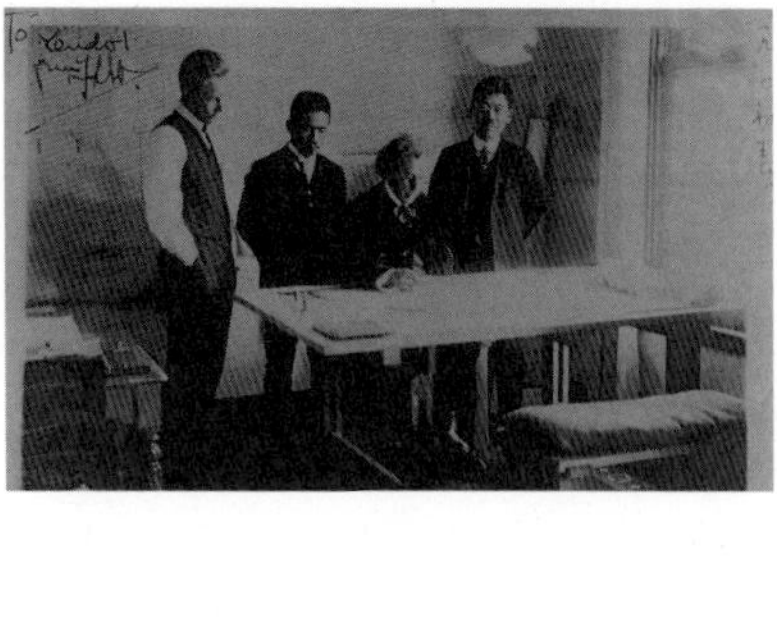

帝国ホテルの現場事務所にて：右から林愛作、F・L・ライト、遠藤新［所蔵：遠藤現建築創作所］

アントニン・レーモンド

Antonin Raymond

アントニン・レーモンドの建築作品の示すもの

三沢浩｜Hiroshi Misawa

右―［所蔵：レーモンド設計事務所］
▼個別年譜p.346

来日して発見した日本の民家の近代性

大正八年［1919］の大晦日の夕刻、フランク・ロイド・ライトに同行し、アントニン・レーモンドは東京の帝国ホテルの設計助手として来日した。横浜から東京に至る昔の狭い京浜国道には翌日に新年を迎える商店や民家が軒を連ね、松竹梅を飾り店先を開けて、祝いの宴を競っていた。レーモンドはそれに目をみはり、日本のまち並みの開放感とそれらの建築に存在する一定の規格に気付いていたのではないかと思われる。

一年余をライトのために働き、自立して東京で事務所を開き、設計の仕事を始めた。後に『アントニン・レイモンド作品集 1920–1935』[1]の冒頭で、日本にいる外国人建築家の特権は、開発途上の日本で建築文明が具体化するのを眼前に見られることだと言っている。これを裏返すと、日本にいて近代的な建築をつくれば日本建築界のトップを走れると考えたようだ。そして日本の伝統的な建築や民家には、当時のヨーロッパが模索していた〝国際・近代建築〟と同じ原理が存在した。単純な構造、同一材の仕様、規格に基づく構法などである。

［1］『アントニン・レイモンド作品集 1920–1935』アントニン・レーモンド著、城南書院／1935

レーモンドはチェコに生まれ、大学卒業後にアメリカに密入国し、以前、建築家のカス・ギルバートとパリで面識があったことから、彼のニューヨーク事務所で働いた。機を得て画家を目指しイタリアへ渡ったが、サラエボ事件でアメリカに戻る。同じ船に乗ったノエミ・ペルネッサンとその年に結婚し、彼女の友人がライトの愛人のミリアム・ノエルと親しかったことからタリアセンで働き、プレイリー・スタイル[2]を修得した。一年後、徴兵されるが、試験に通りスイスで情報将校に昇格。終戦後、アメリカに戻ると、ニューヨークのアパートにライトが現われ、東京行きに誘われる。

タリアセンでは、住まいと周辺の建物群の俯瞰図や「アメリカン・システム・ビルド」というプレファブ住宅の宣伝用透視図を数多く描き、高く評価された。帝国ホテルでも全体の俯瞰図を描いていることから、ライトがレーモンドを誘ったのは透視図の手腕を求めたからであると考える。当時三十二歳のレーモンドに才能があったのは当然だが、運の良さもあったろう。さらに続く彼の強運から、第二次世界大戦前の十八年間、戦時中の十年を挟んで再来日してから二十四年間、日本だけでも三〇〇余を建てた。こうして日本の建築家のひとりに数えられるばかりか、世界的にもユニークな存在とされるようになる。

帝国ホテルに始まる戦前の建築

帝国ホテルの現場で一年間働いたアントニン・レーモンドは、フランク・ロイド・ライトのマンネリズムに次第に飽きがくる。折しも親しくなった、ヴォーリズ建築事務所のアメリカ人、レオン・スラックの提案で彼の友人の資金提供を受け、〝米国建築合資会社〟を共同で設立した。出資者がレーモンドを東京倶楽部や東京ローンテニスクラブの会員に推し、その付き合いから名士たちの住宅、建築が次々に生まれた。

[2] プレイリー・スタイル　19世紀後半から20世紀初頭にかけて、F・L・ライトが提唱した建築スタイル。周囲の環境と調和し、溶け込んでいるような建築をプレイリー・スタイルと呼んだ。深い軒、緩勾配の屋根、煉瓦の外壁と直線窓など、水平性を強調した住宅デザインが特長

帝国ホテル全景俯瞰図：基本設計の際にレーモンドが描いたもの。F・L・ライトの片腕として透視図の他、詳細図なども描いた［出典：『自伝アントニン・レーモンド』アントニン・レーモンド著、鹿島研究所出版会／1973］

イタリア大使館日光別邸（現・イタリア大使館別荘記念公園）[1928][国登録有形文化財]

上｜居間：内部の壁もスギ皮が張られ、天井もスギ皮の網代、暖炉は湖岸のゴロタ石積みで、全体がいわゆる〝旅籠屋（はたごや）風〟となっている。中禅寺湖の東岸に建つ。1997年まで、イタリア大使館の別荘として使われていたが、栃木県が土地と共に購入、復元・改修し、2000年から、イタリア大使館別荘記念公園として一般公開した

右｜西面外観：担当に内山隈三を起用。図面に「注意、各部構造及造作共材料ハ指定セズ山材ヲ配スルコト妙味アリ」と記されている。外壁は、日光のスギ皮が市松に張られ、半割竹で留められた。レーモンドは、東京に幾つも大使館を設計し、各建物は本国の要請に従っていたが、この建物は別荘建築であることから、積極的に地方の特色を取り入れている

当初の作品には、今も品川区に建つ星商業学校（現・星薬科大学本館）［1924］があり、当時東京市長の後藤新平邸増築［1923］、そしてライトの影響が残る幾つかの住宅があった。

同じ頃、東洋の三ヵ所にキリスト教女子大学の建設を考えていたのがアメリカのロックフェラー財団である。その依頼を受けたカール・ライシャワー博士がレーモンドに持ち込んだのが東京女子大学であり、敷地選定に始まる全体計画であった。当初建設された東寮［1924、解体：2007］、西寮［1924、解体：1984］、体育館［1924、解体：2009］、西校舎（現・七号館）［1924］、自然科学棟（現・六号館）［1927］、職員住宅二戸（外国人教師住宅（現・外国人教師館（十六号館））［1924］、学長住宅（現・安井記念館（十四号館））［1925］はライトの影響を示してはいるが、関東大震災に耐えて建ち続けた。続いて理事住宅（現・ライシャワー館（十七号館））［1927］と図書館棟（現・本館）［1931］、そしてオーギュスト・ペレの影響が見られるチャペル・講堂［1938］が建設され、レーモンドの第二次世界大戦前の代表作となった。

関東大震災に耐えた帝国ホテルの建設に携わったことと、前記した建築の耐震的効果を示したことがレーモンドの名を高めた。その上、大正十五年［1926］にチェコスロバキア共和国名誉領事になったことも仕事の拡大につながった。イタリア大使館日光別邸（現・イタリア大使館別荘記念公園）［1928］、チェコスロバキア大使館計画に続き、ベルギー大使館［いずれも1929］、フランス大使館増改築、ソビエト大使館［いずれも1930］、アメリカ大使館及び官邸（現・アメリカ大使公邸）［1931］、カナダ大使館［1933］を設計した。この多くが本国からの要請で様式建築を踏襲したが、イタリア大使館日光別邸だけは別格で、日光の中禅寺湖畔に建つということもあり、レーモンドは意図して地元産の材料でデザインし、ユニークな存在として現存する。

様式建築として特記できるのは、アメリカ企業のスタンダード石油、ライジングサン石油各社の本社（紐育スタンダード石油会社ビル［1928］、紐育ライジングサン石油会社ビル［1929］）と、加えて二社の近代建築的な社宅であるが、現在はライジングサン石油会社社宅フラット（現・フェリス女学院山手十号館）［1929］の一つだけ残っている。また東京、大阪、兵庫、岡山に、ミッション・スクールの教室群と礼拝堂が今も残っている。

一九三〇年代の鉄筋コンクリート造の四住宅（赤星喜介邸［1932］、川崎守之助邸、赤星鉄馬邸（現・ナミュールノートルダム修道女会東京修道院）［いずれも1934］、福井菊三郎別

星商業学校（現・星薬科大学本館）［1924］：レーモンドが設計した東京における最初のRC造。ファサードはライト調、窓面にはチェコ・キュビズムの表現を取り入れ、講堂上部にドームを持つ。左右対称の平面、入り口の庇の大谷石など、F・L・ライトの影響が色濃く残っている［出典：『自伝アントニン・レーモンド』］

邸［1936］）は、いずれも〝国際・近代建築〟と呼ぶにふさわしい建築として評価された。ピロティ、横長の窓、屋上庭園を付け、開口部の材料や細部に工夫があった。

木造住宅では、当初、日本独自の直線構成である軸組構法の再現を考えた。しかし耐震性がないことから、変形棰木《たるき》構造、合板壁による補強、八寸角の通し柱など工夫を重ねた。やがてル・コルビュジエの発表した、石造で木造屋根のエラズリス邸計画案に示されたドミノ構法にヒントを得て、夏の家（現・ペイネ美術館）［1933］を木造で実現させ発表した。

東京女子大学図書館棟（現・本館）［1931］［国登録有形文化財］

上―正門から見る：正面に本館、左右に校舎を配置し、正門を入ってすぐ右手にチャペル・講堂がある。レーモンドの高弟・杉山雅則が担当した。本館の方形屋根は瓦葺き、頂には棟飾り。隅落としによって、大屋根を軽く見せる効果を高めている

東京女子大学チャペル・講堂［1938］［国登録有形文化財］

下―チャペル外観：オーギュスト・ペレのランシーの教会とモンマニーの教会を参考にした礼拝堂で、塔と内装を前者から、屋根と柱は後者から引用。ペレの建築哲学を尊重していたレーモンドはRC造の新しい方向性を取り入れ、自らのものにしたかったと考えられる

右―パイプオルガン方向を見る：チャペルと講堂を背中合わせに配置。パイプオルガンの背後の巨大な引込み扉を開けると、1000人を収容する講堂の最上部客席に出る

聖壇方向を見る：プレキャスト・コンクリート・ブロックに色ガラスをはめ込んでいる。色ガラスは42色で、聖壇上部は十字架を象っている

▼口絵p.270

ボルト締めの木造架構は、鋏状《はさみじょう》トラスとして軽井沢の聖ポール教会（現・軽井沢聖パウロカトリック教会）［1935］に応用したばかりか、第二次世界大戦後の、東京にある聖アルバン教会［1956］、札幌の聖ミカエル教会（現・札幌聖ミカエル教会）［1961］にも及んだ。特に鋏状トラスは、麻布のレーモンド自邸及び事務所［1951］の足場丸太の利用につながり、〝レーモンド・スタイル〟[3]と呼ばれ、戦後木造住宅の基本にもなった。

戦後日本における新しい構造の展開

日支事変が昭和十二年［1937］七月に勃発すると、日米関係の悪化を心配した日本のある友人は、アントニン・レーモンドに離日を勧めた。一家は自邸、別邸、事務所をそのままにして同年十二月に離日。インドの聖者、オーロビンド・ゴーシュの僧院宿舎の現場に向かった。八ヵ月後、日本に戻ることを諦め、チェコ訪問を含むヨーロッパ旅行を経て、昭和十三年十月、アメリカに戻った。

一家はペンシルベニア州ニューホープに広大な農場と、そこに残されていたクエーカー教徒による家屋や納屋などを求め、募集した若い建築家と共に晴耕雨読と設計の生活を始めた。

そして十年後、戦争を経て敗戦国日本との日米間郵便が再開されると、離日を勧めた友人からダム調査の打診があった。レーモンドは連合国軍最高司令官のダグラス・マッカーサーに手紙を書き、許可されて昭和二十三年［1948］に再来日した。調査依頼を受けて翌年十一月、専門技師と共に、福島と新潟の県境にある奥只見渓谷の視察を実施し、後年の発電用ダムの建設につながった。東京では旧所員たちと共に事務所を再建し、昭和二十五年四月、株式会社を発足させた。

第二次世界大戦後、初の大仕事はリーダーズ・ダイジェスト東京支社［1951］である。この斬新な長さ約六〇メートルの鉄筋コンクリート造二階建ては、その軽快さ故に批判され、〝リーダイ論争〟を引き起こした。「揺すってみたい[4]」、カラフルなところから「露悪的だ[5]」というのである。現在のパレスサイドビルの位置に建ち、皇居の景観を取り入れるために柱を細くしたことは伝わらなかった。昭和二十六年度日本建築学会賞（作品）を得たが、十二年後に解体された。

アメリカ大使館アパートのペリーハウス［1952］とハリスハウス［1953］は、治外法権の敷地であるため、日本の法規では許可されない柱なしの壁構造で、日本

［3］　レーモンド・スタイル　戦後、資材が不足していた時代に、安価な足場用の丸太を構造材として使用し、木造住宅に取り入れた。柱や登り梁を2つ割りの丸太で挟み込み、ボルトで締める鋏状トラスや、柱から敷居をずらした芯外しなどの特長がある。簡素ながらも直裁的な構成美を表現した

［4］　竹山謙三郎「揺って見たい建物」『建築雑誌』1951.11、p.3

［5］　森田茂介「一つの批評試案」『建築雑誌』1951.11、p.9

聖ポール教会（現・軽井沢聖パウロカトリック教会）［1935］：外観はスロバキア地方の教会の伝統を取り入れ、屋根は柿葺き、正面は竪板張り、躯体の一部は火山岩によるラバコンクリート打放し。内部の鋏状トラスの丸太材は、クリ材の手斧仕上げ［出典：『アントニン・レーモンドの建築』（SD選書246）鹿島出版会／2007］

人建築家の羨望と妬みを買った。そのあとがJR山手線目黒駅近くに現在も残る聖アンセルム教会（現・カトリック目黒教会）［1955］で、柱・梁が三角形の本格的な折板構造として、幅と高さが約一四メートル、奥行き三〇メートルの祈りの大空間となった。日本国内の反応は少なかったが、アメリカ建築家協会から賞が贈られた。折板とは、屏風状にした鉄筋コンクリート造の版を柱・梁の代わりにした構造である。

聖アンセルム教会を超える折板案が群馬音楽センター第一案の三六辺の折板円形アリーナになり、続いて第二案もつくられた。しかし、それら第一、二案は見送られ、第三案が現存の群馬音楽センター［1961］になった。五辺形の巨大な一一組の折板が正面間口約六〇メートル、最後部で二〇メートル幅に変化し、地上から立ち上がって扇形ホールを覆う、約二〇〇〇人収容の音楽堂である。この設計には三つの大きな特徴があった。第一は、バルコニー席なしで観客席と舞台とを一体化したこと。第二に、建設費の多くが市民の寄付によることに感激したレーモンドが、それに応えるために打放しの経済的な建築で、しかも長持ちするように考えたこと。第三には、城址の景観を損なわないように、全体を低くしたことである。最高の傑作だ

群馬音楽センター［1961］
上―北面外観：折り紙のような折板構造とし、建物を覆う構造体を内外に現す方法に徹底している。また、多くを市民の寄付によって建設されているため、無駄なく簡素であり、大らかで力強い空間であること、市民のためのホールにふさわしく舞台と客席が一体であること、城址公園に建つため、高さを極力抑えることを基本に設計された
右―ホール：群馬交響楽団のために設計されたホールで、歌舞伎などの伝統芸能も上演可能。建設費の3分の1は、市民などの寄付によるものだった。約2000人収容、プロセニアムは幅約28メートル、高さ9メートル

と言えるのは、第二次世界大戦後の日本や外国に出現した幾つかの折板構造の中でも、特に建築家の執念の集中が見られるからである。

また次に出てくる貝殻のように見えるシェル構造は、鉄筋コンクリート造の薄い版による半円や曲線の連続する特殊な構造である。その特殊構造で設計した、鉄筋コンクリート造の教会はいずれも現存する。例えば、折板が鞍型シェルの連続に変わる立教高校聖ポール教会（現・立教学院聖パウロ礼拝堂）［1963］、あるいは五つの立体半円シェルが覆う神言神学院及び教会［1966］へと表現が変化していく。

組織の一貫体制こそ個性ある建築の基本

アントニン・レーモンドが第二次世界大戦前から戦後にかけてこだわっていたのは、個性ある建築表現であり、構造や空間の変化についてであった。ひとつとして同じ型のものを設計しなかったばかりか、宗派の同じ教会であっても表現が異なり、はっきりした建築デザインの進歩を示そうとしていた。その達成のために常に努力していたが、事務所の組織力によることも大きかった。第二次世界大戦前からドラフトマンだけではなく、構造、設備、積算、設計監理の技術者を同一事務所内に置き、一貫した設計と監理の作業を進め、レーモンド自身がまとめてきた。彼は基本図から実施図を見るだけでなく、施工図、現寸図にまで目を通すのが常であった。加えてノエミ夫人が所員として加わり、インテリア、内装、家具、特に什器までもデザインしたことが大きかった。

このような所内における一貫作業は、組織事務所や建設会社を除くと、多くの建築家が下請けに頼っている日本では珍しい存在であった。この徹底した慣習があったからこそデザインの方向が維持され、レーモンドがそれを掌握し、表現と新しい方向への道筋がつくられていったのである。

この稿の冒頭近くで述べたレーモンドの強運とは、おそらく彼自身が機会をつくり、また次々にデザインの転換を図った結果ではないかとも思える。建築作品として至上のものにするために組織づくりを図り、第二次世界大戦前に働いた吉村順三、前川國男、ジョージ・ナカシマ、また戦後の増沢洵らの近代建築家を育て、後に師弟関係を例えた〝レーモンド・スクール〟が存在したことも、ひとりの建築家の並々ならぬ努力から生まれたことが分かってくるのである。

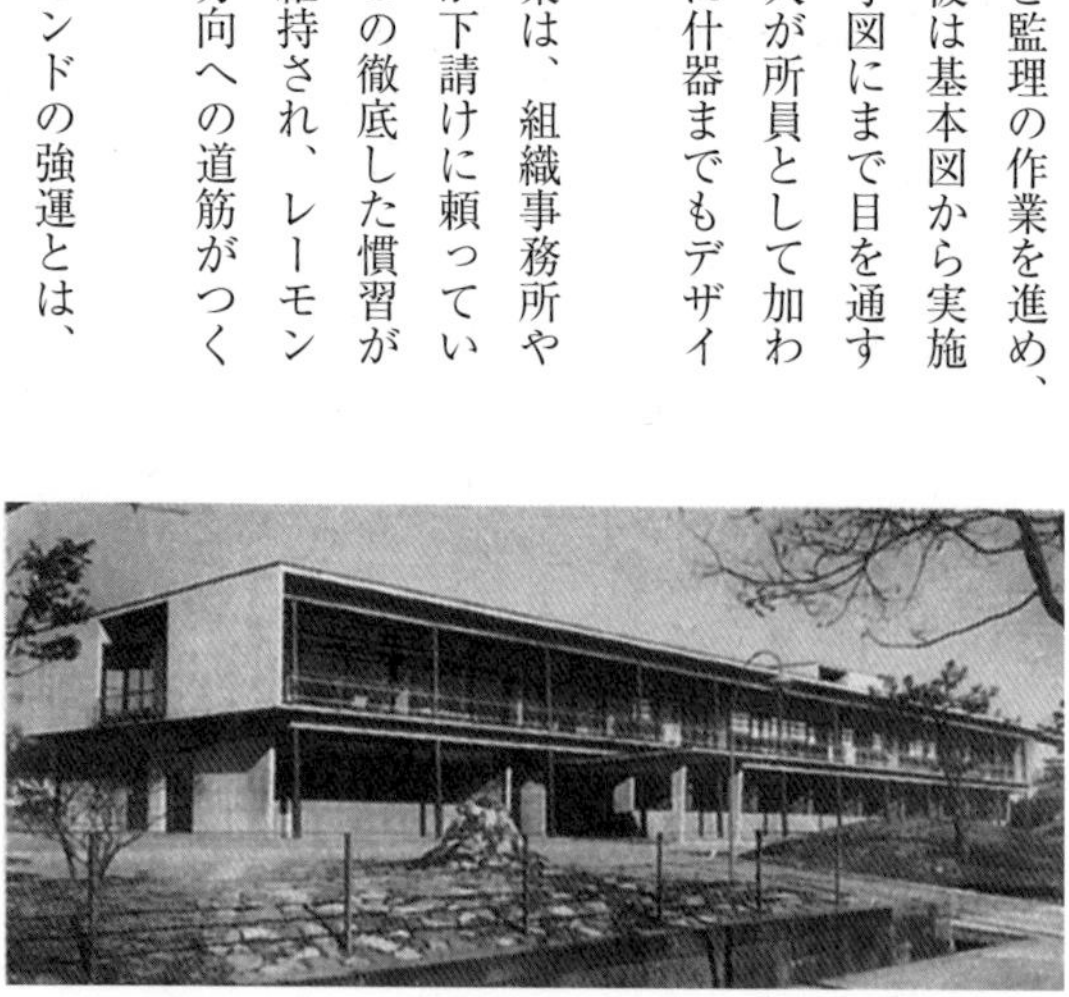

リーダーズ・ダイジェスト東京支社［1951］：戦後、初めての大型プロジェクトで、皇居北側の平川門正面に建てられた。東西長さ約60メートル、高さ8メートルのRC造2階建て。プラスチックタイルや蛍光灯などが初めて輸入された。また、トイレや物置き、ダクトなどを納める機能上のコア・スタイルを持った平面計画は日本初で、建築界に大きな影響を与えた。名建築と称されたが、1966年、パレスサイドビルに建て替わった［出典：『アントニン・レーモンドの建築』］

蔵田周忠

Chikatada Kurata

生活芸術を追求したモダニズムの啓蒙家

大川三雄 — Mitsuo Ohkawa

右—［所蔵：東京都市大学蔵田文庫］

▼個別年譜p.370

さまざまな出会い

蔵田周忠は、明治二十八年［1895］二月二十六日、濱岡家の長男として山口県萩市に生まれた。上京して工手学校（現・工学院大学）に学び、大正二年［1913］九月、卒業と同時に三橋四郎建築事務所に職を得た。三橋四郎[1]は東大卒で、草創期の逓信省営繕を担った逸材である。三橋は、早くから建築ジャーナリズムに対しても関心を示し、逓信技師時代には私財を投じ、民間の建築雑誌『建築世界』を支援し、所員の浜松義男に編集を任せていた。蔵田はその口絵デザインを担当していた。しかし知的な雰囲気に包まれた事務所時代は、大正四年［1915］九月、三橋が出張先のウラジオストックで逝去したことで突如中断されてしまった。

その後、事務所の先輩である関根要太郎[2]の紹介で、曾禰中條建築事務所[3]の製図員の職を得た。日本最大規模の設計事務所として優れた人材が数多く集まっていたが、製図員である蔵田を誰よりもかわいがってくれたのが高松政雄である。高松の東大での卒業論文「建築家の修養」[4]は建築論史に名を残す論文で『建築雑誌』にも掲載された。ジョン・ラスキンの思想を核と

［1］　三橋四郎［1867–1915］ 幕府旗本鈴木家の四男として生まれ、三橋家を継ぐ。東大建築学科卒業後、陸軍省、逓信省、東京市の技師を経て独立。論客で帝国議会議事堂の〝様式論争〟に参加。鉄網コンクリート造の考案や、わが国初の建築学体系『和洋改良 大建築学（全4巻）』［大倉書店／1904–11］の著者として知られる

したその建築論は、多くの若い建築家たちの心を捉えていた。高松と蔵田は仕事の合間をみては熱い建築論を語り合った。〝生活と芸術〟の理想を掲げたラスキンの影響下、蔵田はさらに向学心を高め、大正九年［1920］、中條精一郎の紹介で佐藤功一の率いる早稲田大学の選科生となった。分離派建築会が旗揚げされた年である。

大正十一年［1922］の「平和記念東京博覧会」[5]の仕事に技術員として参加したことをきっかけに、蔵田は分離派建築会のメンバーに加えられた。初の東大外からの会員である。猛烈な向学心、語学とスケッチの能力、雑誌編集に精通し、かつ建築の実務にも詳しいといった点が高く評価されたのであろう。

佐藤功一との出会いから、建築評論の世界にも関心を抱くようになった。早稲田系の出版社である南北社は、『建築と装飾』や『建築評論』[6]といった雑誌を次々と発刊。佐藤と縁のある今和次郎や美術評論の森口多里、建築評論の黒田朋信などが寄稿していた。『建築評論』は佐藤の愛弟子である中村鎮が編集長を務めていたが、中村の後は蔵田が最後の編集長を務めた。蔵田の編集者としての能力と感性は三橋四郎と佐藤功一、そして中村鎮らによって育てられたのである。

［2］　関根要太郎［1889–1959］
埼玉県生まれ。秩父郡立農学校を卒業後、請負の職を点々とする中、三橋四郎の事務所で初めて本格的に建築と出合う。東京高等工業学校卒業後、不動貯蓄銀行（現・りそな銀行）の子会社である日本建築に就職し、同銀行の支店を中心に設計活動を行った

［3］　曾禰中條建築事務所
曾禰達蔵、中條精一郎［1868–1936］が1908年に設立。大正・昭和戦前期を代表する設計事務所で、東京・丸の内の東京海上ビルディング［1918］、日本郵船ビルディング［1923］などを設計。英国帰りの中條は、大正・昭和戦前期において建築家の職能確立運動に尽力。若手所員も参加したことから、事務所は運動の拠点の趣があった

［4］　「建築家の修養（1–3）」『建築雑誌』1910.9–11

［5］　平和記念東京博覧会
1922年に上野の山を会場として開催された。この博覧会最大の呼び物は「文化村」の展示で、上野公園の一画に14棟のモデルハウスが展示された。建坪20坪、坪単価200円以内ですべてが洋風化された生活様式を想定して設計。1000万人以上の入場者を集めた。これを機に「文化住宅」という名称が生まれた

［6］　今和次郎［1888–1973］
青森県弘前市生まれ。東京美術学校（現・東京藝術大学）図案科卒業後、早稲田大学勤務。師の佐藤功一の誘いで、日本の民家研究の先駆者となる。後に視点を広げ、現代社会の風俗、習慣、生活等を研究対象とする考現学、生活学等の新しい学問領域を切り開いた

米川邸（現・野田邸）［1928］

上―玄関脇の応接室：ロシア文学者・米川正夫が１９４４年まで過ごした住宅。暖炉やステンドグラスの丸窓が文化住宅の香りを漂わせる。隣接してＲＣ造の書斎兼書庫がある。鉄製のドア、スチールサッシュ、鉄のシャッターを備える。震災の体験から貴重な外国文献を守ることに主眼が置かれた

右―外観：急勾配の切妻屋根を持つ文化住宅であったが、大きく改変した。しかし、玄関周りは旧状をとどめている

玄関周り：１９２０年代の作品では、特に玄関周りのデザインに力が注がれている。玄関床のタイルや照明器具はオリジナル

▼口絵p.271

大正十一年［1922］、猛勉強の成果を活かす機会が訪れた。洪洋社の建築文化叢書の『エジプトの文化と建築』[7]の執筆を担当した。さらに二年後には『印度の文化と建築』[8]、そして『近代建築思潮』[9]と続いた。後者は、日本初の近代建築史の通史であり、その後の近代建築の優れた紹介者としての地位はこの本によって確定した。

蔵田の初期の論考で注目すべきは『アルス建築大講座』の中に執筆した「建築論」[10]である。そこでは、マルクス主義芸術論の影響を受けて、表現主義の限界と、建築の社会性への重視が主唱されている。それは個人の創造性を高らかに謳い上げていた分離派建築会の芸術至上主義に転換を促すものであった。

海外渡航を契機として

蔵田周忠の建築思想に決定的な影響を及ぼしたのは昭和五年［1930］から六年にかけての海外渡航の体験である。編集同人であった『国際建築』誌の編集長・小山正和との約束で、ドイツを中心とする最新の海外情報を日本に伝え、即時的に雑誌に連載する約束が結ばれていた。およそ一ヵ月足らずのタイムラグで海外情報を伝える「国際雑記」は『国際建築』誌上を賑わせた。ワルター・グロピウスを始めとする新進気鋭の建築家へのインタビュー、数々のジードルンクの紹介、作品展や博覧会の報告、なかでも昭和六年［1931］の都市と住宅をテーマとした「ドイツ建築博覧会」に関する報告は、バウハウスに留学中の山脇巌[11]と協力してまとめ上げたもので、ドイツ本国やフランスなどの西欧諸国の報道に先んずるかたちで行われ、海外でも話題を集めた。これ以降、『国際建築』は海外の建築雑誌との交換が行われるようになった。

京都大学の学生であった西山夘三[12]は、当時を回顧して「私が蔵田氏を知るようになったのは、雑誌『国際建築』を舞台とする、その旺盛な文筆活動を通してであって、（中略）生の事情を知りうべくもない建築科学生たちにとって、彼は日本の建築界のボスたちが白眼視していた欧州の〝新興建築〟の息吹を目の当たりに伝えてくれる大変博学の解説者のように見えた[13]」と語っている。

設計活動にみる特徴

蔵田周忠の海外渡航以前の仕事は、そのほとんどが

［7］『エジプトの文化と建築（建築文化叢書 第1編）』濱岡周忠著、洪洋社／1922

［8］『印度の文化と建築（建築文化叢書 第7編）』森口多里・濱岡周忠著、洪洋社／1924

［9］『近代建築思潮（建築文化叢書第12編）』濱岡周忠著、洪洋社／1924

［10］ 蔵田周忠「建築論」『アルス建築大講座 第7巻（建築篇）』［アルス／1927］。蔵田の他にも、山崎静太郎、遠藤新、野田俊彦、滝沢真弓の4人が論考を寄せている

［11］ 山脇巌［1898–1987］ 藤田家の三男として長崎県に生まれる。東京美術学校図案科第二部（建築科）卒業後、横河工務所に入所。山脇道子と結婚し、夫婦でバウハウスに学び、1932年に帰国。新建築工芸学院を始めとする美術系の学校で教鞭を執った後、日本大学芸術学部教授

［12］ 西山夘三［1911–94］ 京都大学在学中に建築運動団体デザムを結成。卒業論文「住宅計画の科学的研究」以後、一貫して庶民住宅の研究と啓蒙活動に従事した。一度、石本喜久治の事務所に勤めるも退職。住宅営団を経て京都大学に職を得る。終戦後の1947年に出された『これからのすまい』［相模書房］は、戦後住宅の指標となった

［13］『建築学入門―生活空間の探求（上）』西山夘三著、勁草書房／1983

関根建築事務所の担当作品である。百十三銀行本店（現・エスイーシー電算センター）［1926］、京王閣遊園［1927］や旧多摩聖蹟記念館［1927］は、セセッションや表現派に強く影響されている。

蔵田にとっては〝新しい住宅〟が最大の関心事であった。ジョン・ラスキンとウィリアム・モリスの影響から生活と芸術の融和を求め、生活改善運動への関心を高めていたからである。住宅改善調査委員会が大

百十三銀行本店（現・エスイーシー電算センター）［1926］：関根建築事務所の担当作品。左右対称の外観、矩形の中に列柱を収めたユニークなファサードを特徴とする。これは不動貯蓄銀行の支店に良く見られる手法で、関根要太郎の好みが反映されている。幾何学的な細部装飾も印象的である。内部の階段周りは表現派風の曲線をみせる。様式崩壊期からモダニズムへの移行期を示す作品

上―勝野邸［1929］
玄関：当時の郊外住宅の一典型で、玄関脇に洋風応接室を持つ和洋折衷住宅。軒先周りに水平材をまわし、樋を隠すことでキュービックな形態表現を意図している。下見板の外壁、白ペンキ塗りの窓枠、竹を使った戸袋、そして構成的な意匠を見せる引戸、軒の水平材には銅版が張られている。構成主義のデザインによるガラス戸と欄間、そこからもれる光が、和洋折衷住宅にモダンな雰囲気を与えている

正九年［1920］に発表した「住宅改善の方針」が指標となっていた。①イス式の導入、②家族本位、③実用的な設備、④実用的な庭園、⑤実用的な家具、⑥共同住宅化、の六つの指針である。一九二〇年代に蔵田が取り組んだ住宅は、いずれもこの指針をもとに設計されている。家具と共同住宅に関しても生涯、特別の関心を抱き続けた。

一九二〇年代の住宅作品として坊城邸［1928］、米川邸（現・野田邸）［1928］、勝野邸［1929］がある。坊城邸は、関根建築事務所の担当作品で、モダニズム住宅の最初期のものである。木造ながら鋭角的なデザインを取り入れた外観、造付け家具、椅子、テーブルなどインテリアに構成の美学を展開している。

米川邸は、ロシア文学者・米川正夫の自邸である。米川の日記には、北欧文学の翻訳者の「宮原晃一郎の義弟に当たる建築家の蔵田周忠氏に設計一切を任せて、当時流行の分離派形式の家」を建てたとある。[14] 玄関ホールを始め、随所に構成主義の造形が採用され、食堂の造付けソファや本棚のデザインなどにも蔵田の感性が反映されている。

勝野邸は、平面計画上も外観も当時にあってはごく平均的な和風住宅であるが、道路側外観にモダンな雰囲気を演出する工夫が見られる。瓦屋根の軒先をシャープに見せるために軒鼻に銅板仕上げの水平材をまわしている。トップライトを持つ階段室は、漆喰と木部との対比が美しく、正面外観のポイントとなっていた。在来の和風住宅や文化住宅の中に、モダンな意匠を取り込むことを試みていたことがうかがえる興味深い事例である。

白い箱モダニズムの実践

海外渡航後、蔵田周忠は独立して設計事務所を構えた。と同時に、住宅作品の意匠は大きく変化し〝白い箱モダニズム〟と呼ばれる作風へと移行していった。

昭和十年［1935］以降は、市浦健[15]や土浦亀城[16]といった先人にならって石綿スレート板を用いた木造乾式工法による白い箱モダニズム住宅の実践が開始される。その最大の計画が「等々力ジードルンク計画」である。蔵田は、久米権九郎[17]と共同してジードルンクの計画立案を試み、その構想を東京横浜電鉄に持ち掛けた。全体計画は来日中のブルーノ・タウトに依頼し、一五人の近代建築家による日本版の「ヴァイセンホーフ・ジードルンク」[18]が計画された。等々力に設定された敷

［14］　『鈍・根・才―米川正夫自伝』米川正夫著、河出書房新社／1962

［15］　市浦健［1904–81］
東京都生まれ。東大建築学科卒業後、住宅営団に入り、研究部企画課長などを歴任。公共住宅の規格化、標準化の問題に取り組んだ。日本大学工学部予科教授。1952年に市浦建築設計事務所設立。1961年には都市開発コンサルタントを設立し、多摩ニュータウンなどの多くのニュータウン計画や都市計画、再開発を手がけた

［16］　土浦亀城［1897–1996］
茨城県水戸市生まれ。東大在学中、友人の遠藤新に誘われて帝国ホテルの仕事を手伝う。信夫人とともに、3年間F・L・ライトのタリアセンで働く。帰国後、大倉土木（現・大成建設）に入社。1934年に独立。作風は当初のライト風からインターナショナル・スタイルへと転じ、乾式工法による一連の白い箱モダニズムの住宅を設計。現存する自邸［1935］［都指定有形文化財］はその最良の作品。住宅以外では西銀座のトクダビル［1932］、強羅ホテル［1938］などがある

［17］　久米権九郎［1895–1965］
東京都生まれ。1923年に渡独。シュツットガルト州立工科大学で学び、「耐震法による日本住宅の改良」の研究で工学博士を授与。帰国後、友人の渡辺仁とともに渡辺久米建築事務所を開設。1932年、久米建築事務所開設。来日中のB・タウトと共同で大倉邸の設計を手がけた。中国大陸においても設計活動を展開した

地面積は五六〇〇〇平方メートルで、一区画約一〇〇〇平方メートルの三〇区画が用意され、電機変電所や暖房管理の中央統治プラント、食糧と薬品を扱う商店なども考慮されていた。住宅計画に関しては、外壁は石綿スレートあるいはモルタル仕上げとすること、屋根はフラットルーフを用いることなど、統一的な規定が設けられていた。一五人の建築家が、一定のルールの下で住宅群を計画し、理想的な住環境を実現しようとしたのである。

　最終的に電鉄会社の理解が得られなかったことから、計画は頓挫してしまった。しかし、蔵田の執念からか、当該敷地に蔵田の設計による四軒の住宅のみが実現された。「等々力住宅区計画」と呼ばれるものである。斎藤邸、三輪邸［いずれも1935］、古仁所邸、金子邸［いずれも1936］の四軒はいずれも、外壁には石綿スレート、内壁と天井にはテックスを用いた木造乾式工法によるものである。それらの外観を特徴づける大きな開口部と庇の出は、夏季と冬季の日照条件と雨仕舞を考慮したものである。小屋裏の換気を図るために軒を三〇センチメートル程度張り出させるなど、採光や通風などの基本的な居住性能に対する解決策も提示している。乾式工法の弱点である雨仕舞に対し、外壁の

古仁所邸［1936］：木造乾式工法で地下1階、地上2階。傾斜地の地形を巧みに活かした配置、平面計画で、実質的に3階建て。木造乾式工法の外装のスレートでそのまま外観を表現し、フラットルーフの特性を活かしている。2階に屋上庭園のようなバルコニーがある。写真は居間部分［出典：『現代住宅1933–40』国際建築協会編、国際建築協会／1941］

上―三輪邸（現・O邸）［1935］客間より：リタイアした夫婦のために和室を中心として、コンパクトに設計されている。畳に座って、庭が一番美しく見えるようガラス窓の枠は切ってある。腰板のない雪見障子と欄間の洗練されたバランスが見事。木々の向こうは、等々力渓谷。当時、4棟建設されたが3棟は取り壊され、今日残る、唯一のもの。陸屋根は、切妻に改築されているが、室内は多くオリジナルを保っている。洗練された蔵田の手腕が発揮されている

石綿スレートとその接合部であるジョイナーの改良をひとつの課題として取り組んでいた。

蔵田は「等々力住宅区計画」以後、昭和十四年［1939］までに合計で八件の乾式工法の住宅を手がけている。一九三〇年代も後半に入ると、日本の気候風土への不適格が指摘されるようになり、乾式工法への関心が薄らいでいく中、蔵田は最後までその可能性を追求していたのである。

生活のデザイン

蔵田周忠は、昭和二年［1927］から十八年［1943］まで東京高等工芸学校（現・千葉大学工学部）の講師を務めていた。当時の学生で、後に日本の近代家具の第一人者となる豊口克平は、蔵田のことを「バウハウスの理念を語る高等工芸ただひとりの教官」[19]と回顧している。この時、蔵田の周辺にいた若い人たちによって、新時代の生活工芸を求める同人の実験工房的存在として生まれたのが「型而工房」であり、蔵田はその主宰者となった。同潤会代官山アパートの蔵田の部屋が活動の拠点となっていた。その名称は、形而上学の〝形〟を〝型〟と変えることで、プロトタイプに通ずるニュアンスを持たせ、さらに「ウィーン工房」のイメージを重ね合わせたものである。そこでは家具の調査・研究・製作・販売といった活動を通じて日常生活の変革が模索された。

一方、早稲田大学の佐藤功一や今和次郎、竹内芳太郎[20]といった人々との交流から、生涯にわたり〝民家〟への関心を抱き続け、日本中の民家を訪ね歩くことを趣味としていた。戦後にまとめられた『民家帖』[21]にはその想いが綴られている。常に前衛であり続けたかに見える蔵田の姿勢は、実は市井の人々の生活に対する温かい眼差しに支えられたものであった。

蔵田の設計した白い箱モダニズム住宅は、七十年近くを経た今日、すべてこの世から消え去ったと思われてきたが、近年、東京都市大学の岡山理香さんによって三輪邸（現・O邸）の現存が確認された。その他では、文化住宅の香りを伝える一九二〇年代の住宅、米川邸と勝野邸が現存している。いずれのオーナーも、維持に手のかかる住宅ながら、不思議な魅力を感じ、愛着を持って住まわれてきたという。それらはアーツ・アンド・クラフツ的な手触りと温もりを持つが故に、長年にわたり愛され続けてきたのである。

［18］ヴァイセンホーフ・ジードルンク
1927年7月から10月にかけ、シュツットガルトの近郊ヴァイセンホーフの丘を会場に、「住宅」というテーマで開催された展覧会。主催はドイツ工作連盟で、副会長のミース・ファン・デル・ローエが全体計画を手がけた。近代社会に相応しい新しい生活の器を示すことを目的に、独立住宅、二戸建住宅、低層連続住宅、中層集合住宅など、さまざまな形式で建設。合計21棟63戸からなるモデル住宅団地

［19］『型而工房から 豊口克平とデザインの半世紀』グルッペ5・豊口克平編、美術出版社／1987

［20］竹内芳太郎［1897–1987］
早稲田大学在学中、今和次郎に師事し、各地の民家を調査。卒業論文の飛騨白川郷の民家調査は、民家を社会経済的観点から考察した初のもの。卒業後、農村住宅改善の運動に従事。晩年は日本民俗建築学会の会長

［21］『民家帖』蔵田周忠著、古今書院／1955

山田 守

Mamoru Yamada

ストリームラインの系譜

岩岡竜夫｜Tatsuo Iwaoka

右―［所蔵：東海大学建築学科］

▶個別年譜 p.347

四つのディケード

山田守は明治二十七年［1894］四月、岐阜県羽島郡（現・羽島市）の豪農に生まれ、昭和四十一年［1966］六月、東京・五反田の関東逓信病院にて七十二歳で逝去した。義理人情に厚く、俳句と酒をこよなく愛した人物だった。山田守といえば、京都タワービル［1964］や聖橋［1927］など、曲線を用いた個性的なデザインが特徴である。あるいは、既に取り壊された東京逓信病院［1937］や東京厚生年金病院［1953］、東京中央電信局［1925］などを思い起こすかもしれない。それぞれ個別に印象深い作品であるが、一方で建築家としての経歴や作品の変遷などについてはあまり知られていない。そこで、分離派建築会[1]からスタートして、日本武道館［1964］や京都タワービルの酷評にまみれて人生のゴールを迎えるまでの約五十年間の系譜を、ここでは以下の時期に分けてまとめてみたい。それらは、戦中―戦後期（一九四〇年代）を挟んで、ほぼ四つのディケード（十年期）でくくることができる。

第一期（一九二〇年代）は、東京帝国大学卒業後、逓信省の営繕技師として建築設計の実務経験を積み始め

［1］　分離派建築会
1920年に結成された建築デザイン運動グループ。過去の建築様式から分離し、新たな建築造形を目指すことから名付けられた。当時、東京帝大建築学科の学生であった石本喜久治［1894–1963］、滝沢真弓［1896–1983］、堀口捨己［1895–1984］、森田慶一［1895–1983］、矢田茂［1896–1958］、山田守の6名によって結成された。1920年から28年までに、7回の展覧会と3冊の作品集を残している。後に蔵田周忠、大内秀一郎、山口文象らが加わった

た時期で、日本全国の電話局や郵便局の設計に携わるとともに、関東大震災復興のための嘱託技師として橋梁のデザインも手掛けた。一方で、分離派建築会の中心メンバーとしてその結成から展覧会の開催、会誌の発行などの活動に参加している。

第二期（一九三〇年代）は、昭和五年［1930］に海外建築視察から帰国し、再び逓信省で電話局、郵便局、貯金局などの設計に従事するとともに、東京逓信病院の設計責任者として病院建築を初めて手掛けた時期である。一方で個人住宅も設計している。海外視察以後、山田のデザインは表現主義的な傾向から機能主義的なデザインへと変貌していく。

一九四〇年代の山田は、大戦の影響で建築作品をほとんど残していない。国防電話局［1944］が逓信省での唯一の仕事で、山田の生涯唯一の著作である『あすのすまゐ』[2]もこの時期に書かれた。昭和二十年［1945］に逓信省を退官して通信建設工業を仲間で設立し、逓信省関連の建物復興の請負事業を始めたが三年後に倒産する。

第三期（一九五〇年代）は、東京・湯島に山田守建築事務所を開設した昭和二十四年［1949］から、東京・青山に自邸（山田邸（現・蔦サロン））を建てた昭和三十四年［1959］までの十年間である。昭和二十八年［1953］の東京厚生年金病院の設計を皮切りに、厚生省、防衛庁、社会保険庁、東京都水道局などの公共施設を数多く設計している。また、逓信省時代からの親友である松前重義が創設した東海大学の諸施設の設計や大学教育にも携わる。

第四期[3]（一九六〇年代）は、官庁施設や病院建築などの設計に加えて、自邸の一部をアトリエとして使用し、日本武道館、京都タワービル、東海大学湘南キャンパス、といった大きな設計を同時に行っていた時期である。仕事が一段落した昭和四十年［1965］、更なる新

［2］　『あすのすまゐ』山田守著、皇國青年教育協会／1943
主に日本の住まいに関する歴史と将来について述べたもので、「すまゐのうつりかわり」、「にっぽんのすまゐのすぐれたところ」、「科学的なすまゐとすまゐ方」の全3章からなる

［3］　薬師寺厚［1913–98］は『山田守建築作品集』［山田守建築作品集刊行会編、東海大学出版会／1967］で作品の変遷を3期に分けているが、ここではその第3期を更に2つに分けることで、特に1950年代の作品の位置づけを試みた

東海大学代々木校舎一号館［1955］
上—北東面外観：東海大学としての最初の校舎。S字状の軒先を持つ玄関庇と屋根庇、洋梨型の断面形状をしたジャイアントオーダーが特徴
次頁—同二号館［1958］
大ケヤキのある中庭から2号館を見る：この建物はY字ではなくX字プランである。1本のマッシュルームコラムによる玄関ポーチのデザインは、当時の他の建築においても多用された

山田守　Mamoru Yamada

プロジェクトのために二度目の海外視察に出向いたが、途中で体調を崩してその翌年、逝去する。

一九二〇年代　分離派建築会と官僚建築家

分離派建築会とは、大正九年［1920］に東京帝大建築学科の学生六名が卒業直前に結成したグループである。彼らは、当時の大学教育で主流であった構造合理主義に一辺倒な建築観に異を唱え、より自由な造形表現に価値を見い出すべく立ち上がった同志であった。その中心であった山田守は、堀口捨己とよく芸術論を戦わせていたという。山田の卒業設計は、ドーム天井を持つ巨大なコンベンションホールと、多面体の屋根を載せたスカイタワーのコンプレックスであるが、そのおおらかで迫力あるデザインに以後の山田建築の原点がうかがえる。

卒業後、山田は逓信省に入り、岩元禄[4]や吉田鉄郎[5]といった先輩らと同様、いわゆる逓信建築家としてのキャリアを積み始める。分離派建築の代表作品とされている東京・大手町の東京中央電信局は、山田が三十一歳の時の仕事である。特に設備計画上の合理性に対する設計者の説得術と、上司の器量とによって、パラボラアーチをリズミカルに並べた個性的なデザインが実現した。

この時期に山田は他の逓信建築も数多く手掛けるが、それらで現存する建物はごくわずかになりつつある。オリジナルの外観をとどめている千住郵便局電話事務室（現・NTT足立電話局）［1929］では、横方向にスクラッチされたタイルの重厚感と、そのテクスチュアが壁から壁へ、壁から天井へ、そして軒裏から庇の小端まで途切れることなく連続するという、山田好みの手法を見ることができる。

このように、山田の建築家としてのスタートは、官庁の営繕組織の中で育まれたのであるが、そこで設計した公共施設のデザインに自らの思想と個性を重ねることで、それらを自らの建築作品として世に問うものであった。

一九三〇年代　機能美との出会い

昭和四年［1929］八月、山田守は逓信省から十ヵ月間の海外視察を任命される。門司港からマルセイユまで約一ヵ月の船旅で、そこからは陸路で移動し、ベルリンを拠点に多くの現代建築（特に集合住宅と郵便局建築

［4］　岩元禄［1893–1922］
1918年、東京帝大卒業後、逓信省入省。代表作は京都西陣電話局［1921］。1921年1月、東京帝大助教授（建築意匠論）に就任するも秋に結核を発病、療養生活に入り、翌年死去した

［5］　吉田鉄郎［1894–1956］
富山県出身。1919年、東京帝大卒業後、逓信省入省。初期はドイツ表現主義や北欧建築の影響を受けるが、後にモダニズム建築の傑作を生み出した。代表作は、東京中央郵便局［1931］、大阪中央郵便局［1939］。著書に『Japanische Architektur（邦題：日本の建築）』［ワスムート社（ドイツ）／1952］、『スウェーデンの建築家』［彰国社／1957］など

［6］　CIAM（Congrés International d'Architecture Moderne：近代建築国際会議）
建築をアカデミズムから脱却させ、個々の力では対処し難い共通の都市問題を検討することに始まった国際的連絡機関。1928年、W・グロピウス、ミース・ファン・デル・ローエ、ル・コルビュジエら24人の建築家たちがスイスに集まり、第1回会議が開かれた。以後、第10回［1956］まで存続。ちなみに第2回のテーマは「最小限住居」

［7］　『建築家 山田守の手紙 1920-1930』［向井覺編、山田守建築事務所／1982］に所収。なお、向井覺氏は2008年3月13日他界

［8］　山田守「論説 生活最小限の住居」『建築雑誌』1931.4（1930年7月の講演をまとめたもの）

［9］　全3巻の内容は、第1巻：現

など）を視察し、また第二回ＣＩＡＭ[6]に参加して多くの建築家とも出会っている。その後、アメリカに渡り、太平洋を横断して帰国する。

海外視察の様子は、山田が家族らに宛てた手紙[7]や、帰国後の報告書である「生活最小限の住居」[8]などに詳細に記されているとともに、一六ミリカメラで自身が撮影した動画として残っている。[9]山田にとって衝撃的だったのは、建築家のエーリッヒ・メンデルゾーン[10]が既に表現主義から合理主義へと転換していたこと、バウハウスやＣＩＡＭを中心とする国際様式が全盛だったこと、そして高速船ブレーメン号の機能美に出会ったことなどであった。

欧米のモダンムーブメントに大いに感化されて帰国した山田は、鶴見邸［1931］の設計の中で、日本の住まいにおける快適性や機能性への自身の思いをストレートに表現している。コンクリート造の住宅の欠点を解消し、温熱、防湿、採光、通風などをどのように確保するべきかという環境工学的な視点が、この住宅のテーマであった。

東京・飯田橋に昭和十二年［1937］に建設された東京逓信病院は、これまでの病院建築のイメージを払拭した明るく合理的なブロックプランからなり、斜路

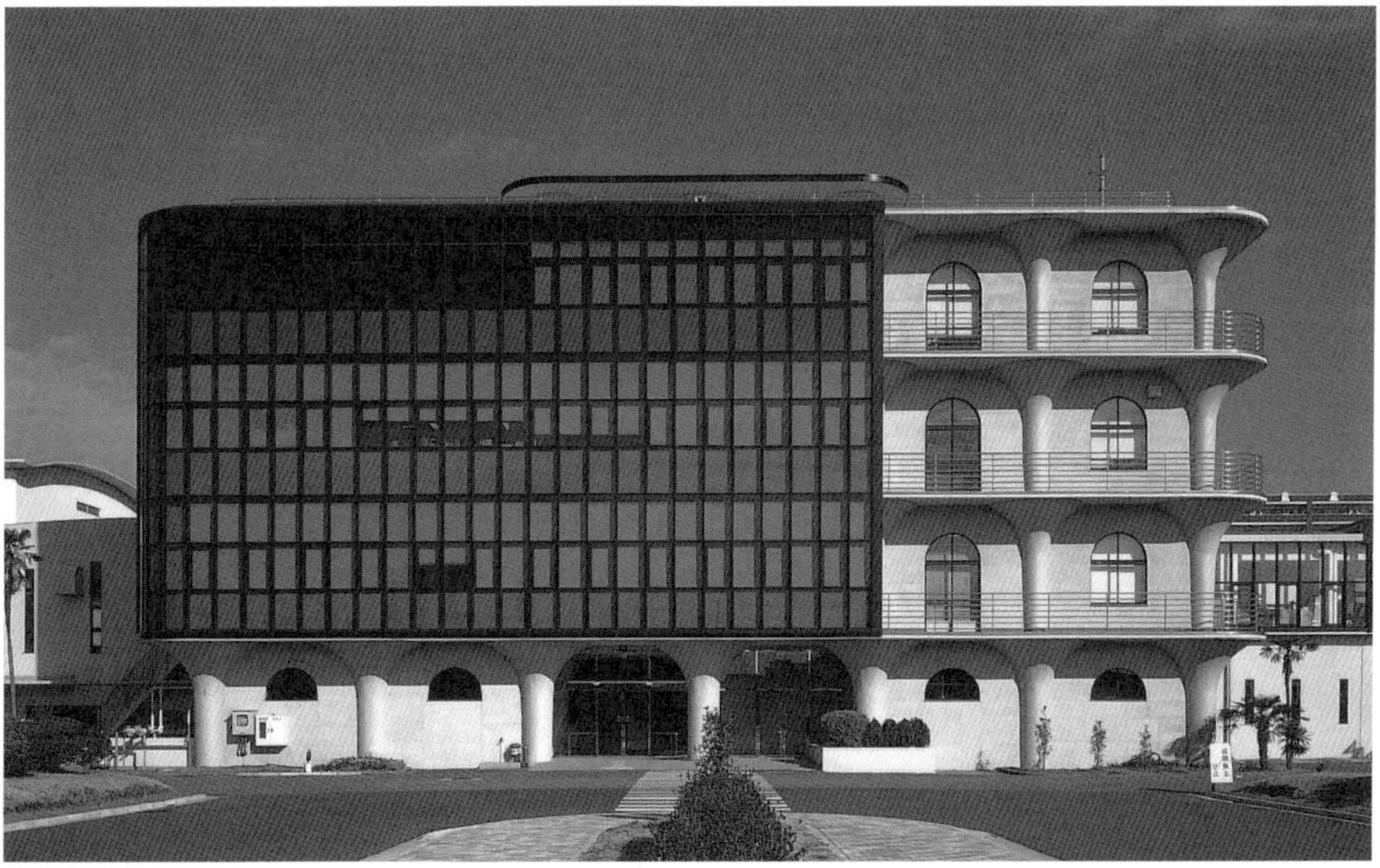

代建築に関する記録、第2巻：過去の建築に関する記録、第3巻：アメリカの建築に関する記録。山田が出会った当時の建築家や建築作品の様子を撮影した第1巻が現在行方不明

[10]　エーリッヒ・メンデルゾーン［1887–1953］
ドイツ出身のユダヤ系建築家。1920年代の表現主義を代表する建築家で、後に直線的な新即物主義に移行する。代表作はアインシュタイン塔［1924］

上—長沢浄水場［1957］
本館南面全景：マッシュルームコラムが積層・反復する単純な構成を地として、その一部を覆い尽くすようにガラスのカーテンウォールが取り付けられている。半円形の窓は、もともとパラボラの組み合わせによる扁平な曲線をしていた
1階操作廊内部：2007年の大改修で内部のコラムの表面はすべてホワイトに再塗装されたが、オリジナルはグレー系の艶のあるカシュー塗りであったと思われる。すべてのコラムの中央部には雨樋が打ち込まれていた
▼口絵p.272

を使った補助動線、埃だまりを回避するための隅部のアール処理など、機能的で清潔感あふれるディテールが徹底されていた。しかし、一方で山田独特の造形表現をそこに見い出すこともできる。例えば建物の外皮を覆い尽くす五〇ミリ角の白タイルは、シームレスに連続しながら微妙な乱反射によって爬虫類のウロコのようなヌルヌルした質感を漂わせていたという。

一九五〇年代　プロトタイプの創出

戦後日本の再建の中、山田守の建築家としての再出発は東京厚生年金病院の設計からであった。飯田橋の都電通りに面した長方形の敷地の中に、Y字型のヴォリュームがセットされている。その形は病院としての複雑な諸条件を同時に満足するための合理的な回答の結果であった。にもかかわらず、Y字型（山田のYにも解釈できる）という単純図形は、建築の図像《イコン》としての強い意味を我々に与えるのである。こうして山田は、機能と造形をひとつの単純な形態の中に重ねる表現方法、すなわちプロトタイプという手法を自ら確立したものと思われる。これにより彼の美学は、東京中央電信局や東京逓信病院の造形美から脱皮し、様式という呪縛から解放されることになる。

プロトタイプとして創出されたモチーフは、さまざまな環境、そしてさまざまな用途の建物に対して汎用される。東京厚生年金病院の中央部の螺旋状スロープもこうしたプロトタイプの一種であり、そのモチーフは東海大学代々木校舎二号館（X棟）［1958］にも応用されている。山田は東海大学の創設に深くかかわっているが、それは逓信省時代に同胞であった松前重義との関係によるものである。東海大学の前身である航空科学専門学校［駒越校舎、1943］から湘南校舎三号館［1966］などに至るまで、ほとんどの校舎建築をデザインし、また建築学科主任教授として自ら教壇にも立っている。

この時期に発明したもう一つのプロトタイプといえば、長沢浄水場［1957］に使われたマッシュルームコラムであろう。このコラムは、上階の水槽と無梁板の薄いスラブを支えるための構造柱であるが、噴水のメタファーのようにも見える。実際に柱の中心部には雨樋が打ち込まれており、屋根の雨水を地下の貯水槽まで運んで浄水用として利用している。このモチーフは、同時期の他の建物の車寄せ用の庇を支える独立柱でも多用されている。

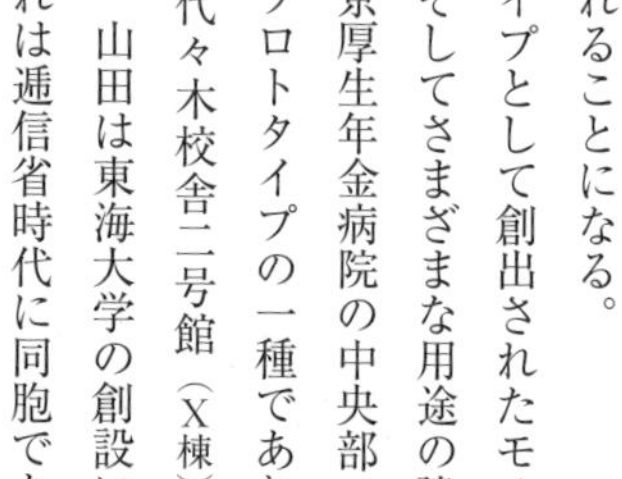

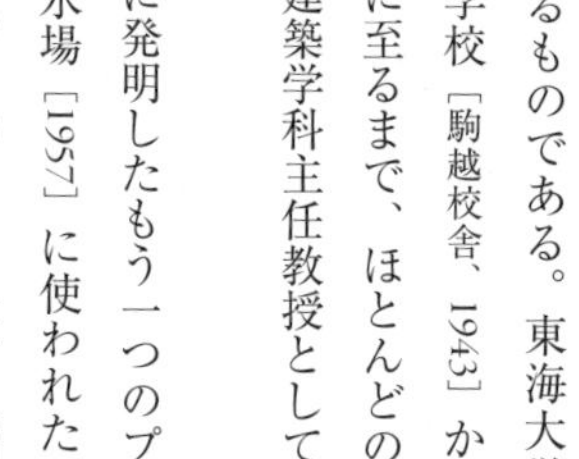

右—東京中央電信局［1925］：通信建築史上、バイブル的存在の建物。流水防火装置の設置、気送管システムの導入など、当時としては超ハイテク建築であった［所蔵：NTT建築綜合研究所］

左—東京逓信病院［1937］：規格サイズの建物棟を平行配置し、クラスター状につなげることで、採光と通風が確保され、増築に対しても容易に可能なシステムとなっている［出典：『山田守建築作品集』］

一九六〇年代　風景としての建築造形

山田邸は、山田守が六十五歳の時に建てた生涯最初の自邸である。当初、青山の事務所（AOAビル［1960］）の新築現場にあった飯場《バラック》を移築して住むようなことも考えていたらしい。家族の猛反対にあって考え方を改め、将来いろいろな用途で使われることを期待し

山田邸（現・蔦サロン）［1959］
上―住宅の南面と〝くの字型〟のヴォリュームで仕切られた前庭：奥に見える3階部分は山田の書斎で、2階の縁側から直接上ることができるようになっている。自身が造園したという前庭は、小川が流れ、築山のある回遊式庭園だった
右―道路側のファサード：庇として張り出したスラブの薄さがひときわ目を引く。3階のベランダの手摺子は、1本の鉄筋を折り返してつくったオリジナル製品である。現在カフェとして使われている1階部分はもともとピロティで、山田は朝からそこでよくビールを飲んでいたという

て、コンクリートラーメン構造のスケルトン住宅を設計した。階段室を二つ持つ三階建てのこの住宅は、山田ファミリーが入居してまもなく、その半分以上のスペースが山田守事務所の分室として使われることになる。

この分室では、三つのビッグプロジェクトが同時並行して進められていた。日本武道館は、東京オリンピックの武道競技会場として北の丸公園内に計画され、昭和三十九年［1964］十月に竣工した。京都タワービルは、そのオリンピックイヤーに合わせて開通した東海道新幹線で観光客が増加する京都の駅前再開発の目玉として計画され、鉄板構造のタワー部は昭和三十九年末にオープンした。東海大学湘南キャンパスは、学生増加に伴い新たに買収した四〇ヘクタールの用地の中に、運動施設と緑を交えつつ多数の校舎を計画するもので、昭和三十八年［1963］に1号館が建設され、以後、望星学塾一号館（学生寮）（現・J館）［1964］、二号館（大講堂）（現・K館）、研究実験館A棟［いずれも1965］、三号館、松前会館（教職員厚生施設）、武道館［いずれも1966］などが次々と建てられた。

この時期の山田の仕事は超多忙であったこともあり、やや大ぶりで表層的なデザインであることは否めない。山田の視線の先は、既に建築から都市へと向かっていった。北の丸公園の森に浮かぶ日本武道館の屋根、新幹線の車窓から見える京都タワービル、屋上から見る湘南キャンパスの全景、それらは時間とともに変化する風景の一部として、あるいは高速で流れていく現代都市の風景の一部として、人々のイメージの中に刻まれつつある。

日本武道館の設計者選定過程への不信感やデザインそのものに対する疑問視、京都タワービルの建設中に勃発した京都景観論争[1]、こうしたバッシングを尻目に、昭和四十年［1965］十月、山田は二名の所員を引き連れて二度目の海外視察に旅立つ。アンカレッジ経由で北欧へ行き、その後、アメリカから南米ブラジルへと渡る約二ヵ月間の旅行であった。そこでは、今後の新たなプロジェクトの準備として、幾つかの水族館や飛行場を視察している。しかし、帰国後まもなく病に倒れ、翌年、他界するが、それでも未完の湘南キャンパスに何度も足を運び、病床では「設計がまずいなあ」とつぶやいていたそうである。

［1］京都景観論争
京都在住の外国人たちにより抗議が表面化、国内でも谷崎潤一郎や川端康成、丹下健三らの文化人が反対署名を寄せた。当時の反対運動を京都における「第一次景観論争」、バブル期以降の市中心部のマンション開発への市民団体の反対を「第二次景観論争」と呼んでいる。第二次論争は京都ホテルや京都駅ビルなどの建設計画が進んだ1990年代初頭にピークを迎える。いずれの論争も、事業者による建築申請に対して行政側が条例を緩和し、市民がそれに反対するという構図である

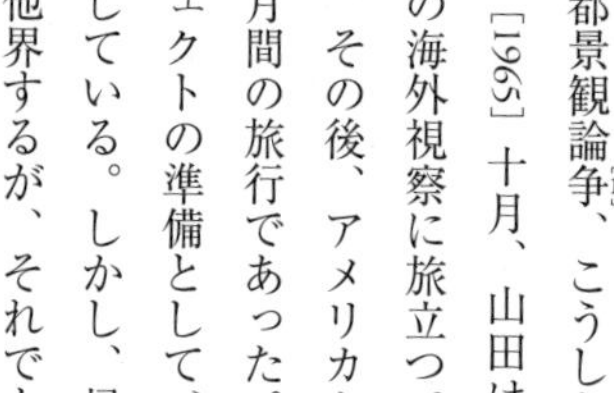
東京厚生年金病院［1953］：Y字の中央部に垂直動線やコモンスペースなどを集約し、翼部に各病室を設けることで、集中管理方式を採用している。また逆梁スラブを採用することで、バルコニー側の開口部を天井いっぱいまで設けているなど、構造上の工夫がされている［出典：『山田守建築作品集』］

堀口捨己

Sutemi Horiguchi

堀口捨己の和風建築
——論理性・現代性重視の〝強い表現〟

藤岡洋保｜Hiroyasu Fujioka

右―［提供：藤岡洋保］
▼個別年譜 p.355

堀口捨己については、若い頃は近代建築に傾倒し、日本の新建築をリードする存在だったが、やがて伝統に関心を移し、〝和風建築の大家〟になったといわれることが多い。普遍性重視の近代建築から日本回帰した建築家のひとりというわけである。しかし、和風建築の設計は単なる伝統墨守ではできないので、両者に共通する建築観や美学に注目する方が、堀口をより深く理解するのにふさわしい姿勢と思われる。

彼の和風建築は八勝館みゆきの間［1950］や八勝館さくらの間［1958］、磵《かん》居［1965］で代表される。その特徴は、論理性と現代性を重視しつつ、それらを〝強い表現〟にまとめあげることにある。

論理性重視というのは、恣意的にではなく、存在意義が主張できるかたちでさまざまな要素を用いることを意味する。和室や茶室の古典のモチーフを引用するのがその典型で、みゆきの間の、小壁いっぱいに入れられた明かり障子は「桂離宮古書院二の間」と広縁の境にあるものだし、天井棹縁の変化に富んだ卍崩しのデザインは、「三渓園臨春閣の住之江の間」の天井に想を得ている。つまり、古典を典拠に、その要素の正当性を主張するわけである。

現代性重視とは、現代生活に適応する和室を設計することである。それは和室に照明や空調を組み込むことであり、使い勝手に配慮することである。堀口は、伝統的なモチーフを利用して照明や空調をとり入れた。その代表例が掛込み天井（化粧屋根裏）で、これは妙喜庵待庵などの茶室に見られる掛込み天井のモチーフを利用して、その出隅部の立ち上がりに明かり障子を入れ、その後ろに照明や空調の吹き出し口を仕込むとともに、その平天井側の端部に素通しの格子を配することによって照明や空調に対応するというもので、古典のモチーフを見立てたわけである。また、室内のアメニティ向上のために、八勝館さくらの間では、明かり障子を太鼓張りにして断熱性能を高めようとしたし、磵居の広間と月見台の境にサッシュなしの透明アクリル引き込み戸を入れ、それを閉めて空調を効かせつつ、障子を開放して〝草庭《くさにわ》〟の景色を楽しめるようにした。みゆきの間では、一の間、二の間、入側《いりがわ》境の建具を適宜開閉できるようにして、人数に応じた可変的な使い方を可能にした。これは機能性重視ということで、堀口にとっては現代性への対応ということになる。

堀口の和室には、村野藤吾［1891-1984］や吉田五十八［1894-1974］のような自由闊達さはない。彼は、古典のモチーフをあくまでも正統的なかたちで使おうとした。また、明かり障子の桟を障子紙の幅の規格（九寸二分）を基準に割り付けたが、これは障子紙を無駄なく使うという意味で、合理性重視の表れである。村野や吉田のものが〝艶っぽい〟とすれば、堀口の和風は〝理屈っぽい〟のである。

このような手法は、堀口の美学の反映でもある。たとえば、掛込み天井や卍崩しの棹縁天井などの古典建築のモチーフを使うことは、合理主義的思考（理性重視の考え方で、モノの存在意義を論理的に説明できること）にもとづいているとともに、非相称で、ダイナミックな空間構成を好むという彼の美学の表明でもある。小壁いっぱいに切られた明かり障子というのも、単なる古典の引用ではなく、明るい空間を好むという彼の美意識の一例である。堀口は明るさを好んだ。彼の茶室には、躙口《にじりぐち》に明かり障子を立てたものがあるが、これは躙りの板戸を開け放ち、明かり障子を閉めて、明るい空間で茶の湯を楽しむという趣向である。ちなみに、みゆきの間の長大な床框や落し掛け、截金《きりかね》の摺箔裂地《すりはくきれじ》を裁断して構成した襖、天井の棹縁、変化に富んだ空間構成などにも、対比をテーマにしつつ、ダイナミックで強い表現を好む堀口の美学が見てとれる。

モチーフの典拠にこだわった背景には、日本建築

磵居［1965］：広間。施主の希望を入れて栗材を多用しているが、その面を大きくとったり、なぐり仕上げにして、その荒さを手なずけつつ、桐材と組み合わせてバランスをとっている。月見台を非相称に配し、その縁の端に栗柱を立てて、空間に広がりとアクセントを与えつつ、庭の自然と対比する幾何学的要素として扱っている。明かり障子の外側にサッシュレスのアクリル引き戸があり、それを閉めてエアコンをかけると季節に関係なく室内から庭を楽しめる［出典：『堀口捨己作品・家と庭の空間構成』鹿島出版会／1974］

に対する深い知識がある。「茶室の思想的背景と其構成」（『建築様式論叢』板垣鷹穂らと共編著、六文館／1932）の少し前から堀口は茶室を研究しはじめたようで、それが建築史や庭園史、茶道史の研究に拡がっていった。その成果が学位論文「書院造と数寄屋造の研究―主として室町時代に於けるその発生と展開について」［東大／1944］である。ここで彼は、寝殿造りと書院造りを日本住宅の二大様式とし、その書院造りに茶室の美学をとり入れた〝数寄屋造り〟を日本住宅の最高峰と位置づけた。

　数寄屋造り研究には、日本から西洋に向けてメッセージを送るという堀口の戦略が込められていた。彼は数寄屋造りを趣味的なものとも、日本でしか通用しないものとも見ていない。彼によれば、そこには、機能に対応した、水平線（面）・垂直線（面）による非相称性重視の構成美があり、それを日本の建築美の精華として賞賛しただけではなく、西洋の建築家も学ぶべき、現代にも有効な建築と見なしていたのである。

　非相称性重視をはじめ、先掲の項目は近代建築（モダニズムの建築）の教義や美学に一致する。実は、これは昭和初期の日本の近代建築家が主張した〝日本的なもの〟の典型であり、〝近代建築のフィルターを通し

上—八勝館みゆきの間［1950］
一の間から東側を見る：16畳の一の間と10畳の二の間からなる。一の間と二の間外周にL字型に入側がまわる。一の間・二の間の境の襖を開ければ一体的な部屋として使え、さらに入側境の明かり障子も開放すれば庭の景観も楽しめる。別々に使う時には入側を動線にあてればいいという、機能にも配慮したプランニングである。小壁いっぱいに明かり障子を入れるのが後期の堀口の和風で、これはその最初のもの
東側の庭から見る：みゆきの間の東端で、張り出した濡れ縁が手前に見える。その床板は榑縁（くれえん）で、先端が竹縁になり、雨水を流しやすくするとともに、床の構成に変化を与えている
▼口絵p.274

た伝統理解〟といえる。当時はいわゆる〝帝冠様式〟（鉄筋コンクリート造の建物の上に瓦葺きの勾配屋根を冠するもの）の全盛期で、東京帝室博物館（現・東京国立博物館本館）［1938］など、〝日本趣味〟を求めるコンペが盛行し、〝帝冠様式〟が上位を独占した。近代建築家はそれを厳しく批判した。彼らによれば、瓦屋根は寺院建築のモチーフで、それは中国起源だから〝日本的〟とはいえず、陸屋根で済むところにわざわざ重い瓦屋根を載せ、木造で発達した組物を鉄筋コンクリート造で模造するのは、構造合理性に欠けるのだった。

それに代えて、彼らは、それまで日本につくられた建物のうち、中国の影響を受けていないと考えられる神社・住宅・茶室に注目し、そこに共通する特徴として、平面・構造が簡素明快、素材の美の尊重、無装飾、非相称、庭との連続性などを〝真の日本的なもの〟とした。これらの項目はすべて近代建築の教義や美学に対応している。当時、これを偶然の一致と見て喜んだ建築家もいたが、合理主義を基盤とする近代建築のフィルターを通して見たことによる必然の結果というべきだろう。

このような伝統理解が提唱されたことには、日本を巡る当時の厳しい国際情勢も関連がある。満州事

上｜明治大学和泉第二校舎（大教室）［1960］
南側外観：1950年代後半からの大学の定員増に対応して、明治大学でも大教室が多数建設された。この校舎もそのひとつで、7つの大教室を4階建ての建物に収めている。工費がきわめて厳しかったため、堀口は廊下を外に出し（壁2枚分が不要になる）、それを教室床の勾配（8分の1）に合わせて配し、そのまま外観に見せた。それらがダイナミックな構成として〝強い表現〟になっている。音響を考慮して教室壁が柱間ごとに斜めに配されているのも、その表現に寄与している。それらを統合する要素として頂部に庇が巡っている。明治大学のために設計した建物の中で、堀口の建築観がよく示された傑作

変［1931］や、それに続く国際連盟脱退［1933］で、日本は国際的孤立を深めていた。このような状況下で、〝日本的なもの〟が近代建築と似ているということは〝日本固有の伝統〟に普遍性があること（西洋と価値観を共有できること）を意味するし、その一方で西洋が二十世紀になってようやく発見した価値（近代建築のこと）を日本では昔から大事にしてきたということになれば、日本人のプライドを満足させることもできる。普遍性と日本の優越性・独自性をともに満足させられる点で、また近代建築をつくることが〝日本的なもの〟を尊重することにもなるといえる点で、この〝近代建築のフィルターを通した伝統理解〟は都合がよかったのである。

堀口はその主導者のひとりだった。先掲の「茶室の思想的背景と其構成」で、茶室は単なる美的建築ではなく、茶の湯の所作に対応した機能的な建築であり、柱や棹縁、床や壁などの線や面による非相称の構成の美があるとして、その現代性を主張するとともに、パルテノンと対比しつつ、それに比肩する建築として称揚している。彼の見方では、西洋建築の古典とされるパルテノンは美しさのみを追求した建築であるのに対し、茶室は、規模は小さくても、西洋の建築家にも示唆を与え得る、現代的な建築ということになる。ここにも普遍性と優越性への関心がうかがわれる。

このように、堀口の〝和風建築〟には昭和初期という時代が刻印されている。それは伝統回帰という観点では彼を理解できないということであり、〝和風建築〟も彼にとっては〝現代建築〟だったという目でそれを見なくてはならないことを示唆する。

論理性・現代性重視の〝強い表現〟という点では、彼の鉄筋コンクリート造の作品も何ら変わりはない。堀口の〝和風建築〟は評価しても、彼の戦後の鉄筋コンクリート造の作品に意義を認めない建築家もいる。それが、太い柱を外に見せるなど、武骨に見えるからだろう。しかしそれは、堀口にとっては、素材や構造形式、規模がちがうだけで、同じ建築観や美学に支えられたものだったはずである。

たとえば、伊奈製陶（後のINAX、現LIXIL）の創業者・伊奈長三郎［1890–1980］の寄付で建てられた常滑陶芸研究所（現・とこなめ陶の森陶芸研究所）［1961］はその好例といえる。この建物では、展示室と事務室、和室など、機能やヴォリュームが異なる室を一つの建物に収めることが求められた。それに対して堀口は、天井の高い展示室を正面左側に、事務室や応接室、和

常滑陶芸研究所（現・とこなめ陶の森陶芸研究所）［1961］
右―正面外観
次頁―正面向かって右側のスロープ：壁や床一面に小口タイルが張られている。玄関外にキャンティレバーで張り出した庇が注目される要素で、その長さと、それを支えるための梁の連続で〝強さ〟を演出しているところが堀口らしい

室を右側に配した。正面の立面は、その構成を利用して非相称になっている。論理性重視と非相称に対する彼の好みを重ねて表現したわけである。そしてその頂部に三・五メートルも張り出した水平の軒を巡らせて、全体を統合しつつ、〝強い表現〟にした。

　この建物で注目されるのは、派手な色を対比的に使っていることである。陶芸の施設ということもあってか、立面には一面に小口タイルが張られている。その色は紫だが、その彩度を場所によって変えて、壁面にグラデーションを出している。そして正面扉は銀色で、ドアノブ周囲の丸い金具は金色になっている。その両脇のガラス・ブロックの木口には紫色のペイントを施して、透過光が紫色に霞むようにした。玄関ホールの鉄骨の吊り階段は金色に塗られ、その天井は多彩な色で塗り分けられている。ちなみに、堀口は、自分の嫌いな色を一つ入れると表現が強くなる、と語っていたという。展示室は、展示ケース台を含めて、銀一色になっている。応接室では、掛込み天井が金色に塗られ、椅子の布張りは深紅である。この建物では、色の強烈な対比がテーマになっているわけである。

　このように、鉄筋コンクリート造の建物においても、論理性と現代性を重視した〝強い表現〟へのこだわりが見られる。それは彼の〝和風建築〟とまったく異なるもののように見えて、実はそれを支える建築観や美学は同じなのである。堀口にとってはどちらも〝現代建築〟だったということで、現代にも有効な建築とし

てデザインしていたのである。

ちなみに、堀口の和風建築は千利休研究をもとにしている。『利休の茶室』［岩波書店／1949］や『利休の茶』［岩波書店／1951］が象徴するように、彼は利休［1522–91］の茶の湯に傾倒し、そこに機能に対応した非相称の構成や総合芸術指向、そして〝たぎる侘び〟（利休の表現の〝強さ〟への注目）を見い出し、利休を建築家、総合芸術家として称揚した。彼は、残月亭（表千家が伝えるもので、現在のものは一九〇九年再建）、そしてそのもとになったといわれる利休の九間《ここのま》書院を数寄屋造りの典型と見る。そこには、機能に対応した、線や面という抽象的な要素の構成による非相称の空間の美があるのだった。堀口は、非相称の美学を利休に由来するものとし、日本の美意識の変革者として絶賛した。

ここで堀口は、利休を通して自身の建築観や美学を語っている。利休研究は余技などではなく、建築家としての自己形成に決定的な影響を与えたものだったのである。

堀口の最大の魅力は、思想や研究、美学が一体となって〝強い表現〟に収斂し、ひとつの有機体になっているところにある。作品にもうかがえるように、彼は激しい性格の持ち主で、自分が信じたことを貫こうとした。堀口にとっては、建築も、庭園も、茶の湯も、和歌も、著作（その装幀を含む）もひとつながりの世界で、それらが一体になった〝総合芸術〟をめざした。それが通俗的なジャンルを飛び越えて独自の世界を開くことにつながった。たとえば、彼が編集した『ARCHITECTURAL BEAUTY IN JAPAN』［神代雄一郎と共編著、国際文化振興会／1955］には、仁徳天皇陵や庭園も掲載されている。人工物と自然による空間構成という点で、それらも彼にとっては〝建築〟だったのである。本の装幀にもこだわり、字配りから表紙のデザインまで手がけた。鹿島出版会から刊行された彼の作品集全八巻[1]［1965–80］では、緑の表紙に金の文字、それを収める箱は深紅で銀の文字という、強い色の対比が見られる。

文章を含めた彼の表現には熱い血が通っており、統合への強い意志が込められていることを踏まえて彼の事績を見直せば、多くの示唆が得られるはずである。

［1］ 堀口捨己著作集（全8巻）鹿島出版会
『庭と空間構成の伝統』1965
『草庭 建物と茶の湯の研究（復刻版）』1968
『茶室研究』1969
『利休の茶（復刻版）』1970
『堀口捨己作品・家と庭の空間構成』1974
『建築論叢』1976
『書院造りと数寄屋造りの研究』1976
『堀口捨己歌集』1980

村野藤吾

Togo Murano

村野藤吾の建築観

長谷川 堯 — Takashi Hasegawa

右―［出典：『村野藤吾著作集 全一巻』村野藤吾著、鹿島出版会／2008］

▼個別年譜 p.353

生い立ち

村野藤吾は〝建築〟と、建築でない、単なる〝建てられたもの〟（建物）の違いに鋭く注目し、〝建築〟を創ることに常にこだわり続けてきた。形、空間、ディテール、装飾等に心を配り、建物を建築へと何とか昇華させようとしてきた。ここでは仮に〝建てられたもの〟を建物と呼ぶが、人がそれを見たり使用したりする内に、共感や反発など、もの以上の何かをそこから感じ取ったとすれば、建物は、もはや単なるものではなく、建築になったのだ。村野は生涯、そこに最も心を砕いてきた設計者だった。

村野は明治二十四年［1891］、佐賀県東松浦郡満島村（現・唐津市東唐津）に生まれ、明治四十三年［1910］、小倉工業学校機械科を卒業後、八幡製鉄所に入所。明治四十四年、志願して軍隊に入り、対馬の陸軍砲兵隊に配属された。軍隊時代に東京帝大法科出身の上官から学業の重要性を教えられ、大学へ進むことを決意し、同じ佐賀県出身の大隈重信が設立した早稲田大学を目指す。大正三年［1914］、早稲田大学理工科予科に入学、最初、電気を専攻したが、当時の東京の建築への見聞が広がるにつれて、建築に魅力を感じ始め、建築科への転科を志望した。当時の予科長で先駆的な社会主義者だった安部磯雄の「一年間自在画をやれ」という助言を守り、無事、建築科に転じた。学生時代の村野は前衛的なデザインとしての〝セセッション〟に熱中したが、様式的な意匠はあえて敬遠した。機械販売会社の入ったビルとして「マシーンショップ」と題した卒業設計は、卒業生設計の優秀作品として建築雑誌に掲載されるなど[1]、デザイン力は群を抜いていた。その頃、独立二年余りだった渡邊節に認められ、村野は大正七年[1918]、卒業と同時に大阪の渡邊節建築事務所に入所した。

渡邊節との出会い、そして「日本に於ける折衷主義建築の功禍」

渡邊節は村野藤吾に、「ツー・マッチ・モダンはいかん」、「売れる図面を描け」、つまり施主が喜ぶような様式的な図面を描けと強硬に言い渡したので、学生時代をセセッション一辺倒で過ごした村野は、様式的意匠の図面を全く描けないことを思い知らされ、当初の体重を一〇キロも減らしたという。しかし、神戸海洋気象台コンペで一等当選したことを契機に、渡邊は村野の意匠力を認め、その後は渡邊が平面、構造、設備の骨子を決め、意匠を村野にすべて任せるようになった。こうして大阪商船神戸支店[1922]の設計では、調査のためアメリカ出張を命じた。村野は、最新のアメリカの現代建築事情を視察したことで、様式的な意匠をまとった近代建築の可能性を確信するようになった。

渡邊事務所に正式に勤務した十一年間、そして綿業会館[1931]を始め、〝お礼奉公〟の三年間、計十四年間。「はじめ嫌で仕方のなかつたスタイリッシュ[様式的]建築というものが私に非常に興味のあるやつてもやつても尽せないという感じ[2]」に変わってきたと語っている。その後、日本興業銀行本店[1923]、大阪ビルディング本店[1925]等、渡邊事務所の黄金期の作品群に優れた成果を残した。

独立後の村野は、大阪パンション[1931]、十合《そごう》百貨店[1935]等の設計を通して、日本の近代建築運動における先駆的設計者と目されるようになったが、他方で、昭和八年[1933]、ブルーノ・タウト来日を記念した新興建築講演会では、「日本に於ける折衷主義建築の功禍[3]」と題し、自身が渡邊のもとでやってきた

[1]『建築画報』1918.9
[2]「鼎談：村野藤吾の設計態度」（村野藤吾×浦辺鎮太郎×西澤文隆）『近代建築』1964.1
[3] 村野藤吾「日本に於ける折衷主義建築の功禍」『建築と社会』1933.6

卒業設計「マシーンショップ」[1918]：街路に面して1階部分の半円アーチのプレートガラスを連続させショーウィンドウにするなど、明るく透明な〝セセッション〟特有の雰囲気が見られる［出典：『建築画報』1918.9］

ような様式的意匠の近代建築を肯定する考え方を示した。「コンクリートに石を貼り付けた建物があり、それがローマのスタイルを真似て居るとして、新しい建築家は（中略）誤つて居ると申したと致します。（中略）果して其の建築はローマ風の建築なるが故に悪いと云ふことが言へるかどうか」と問い、構造や設備の後進性は全くないにもかかわらず、上に着せた衣裳《デザイン》が過去の建築様式というだけで、非常な批判を被らなければならないのか、とモダニストたちに反論した。つまり村野は、渡邊の「売れる図面を描け」という言葉から、建築家はつくり手（施主）と受け手（消費者）の間に立ち、両者を調整して双方が意思疎通を図れるデザインを目指すことが建築家の使命であると確信し、この発言に至ったのだろう。モダニストたちの〝未来〟の建築の実現のためには、つくり手も受け手も時には無視して設計するべきだという考えを強く牽制したのだ。

モダニズムからの冷ややかな視線

戦後の村野藤吾の建築家生命に大きな影響を与える出来事は、世界平和記念聖堂［1953］のコンペと〝新建築問題〟の二つだった。戦後まもない昭和二十三

上―宇部市民館（現・渡辺翁記念会館）［1937］［重要文化財］
正面全景：中央の大理石の石壇は、渡辺祐策が宇部で最初に設立した沖ノ山炭鉱を、左右の計6本の列柱は、関連会社6社の貢献を記念している
1階エントランス：12本の円柱が林立している。円柱は山口県長門産の白色縞大理石で化粧され、中央4本の円柱の柱頭部分には、装飾的な彩色リングが描かれ、特別な存在感を醸し出している
▼口絵p.276

年［1948］に実施された広島の世界平和記念聖堂のコンペは、原爆で被災した旧聖堂を再建するため、H・ラッサール神父から相談を受けた今井兼次が審査委員会を組織し、公開コンペとした。一七七点の応募案の中で、画期的なモダニズム案を出したのが、放物線を描くシェル構造による丹下健三案だった。一部の審査委員が強く推すこの案に対し教会側の見解は、ブラジルの建築家O・ニーマイヤーが完成させたシェル構造の教会堂が当時の法王から批判を受けていたこともあり、「丹下氏の案はまさしく秀れた創造的建築技術的な作品である。けれども（中略）実施することは不可能と思ふ」[4]として強く反対した。結局、一等当選者なし、二等丹下健三、井上一典、三等前川國男、菊竹清訓ほか二名という結果になった。その後、ラッサール神父や今井の強い薦めもあり村野が設計を引き受けたが、コンペの審査委員だった村野が設計者になったことは、当然、建築界から激しい非難を浴びた。しかし、この建物はローマ法王を始め世界の多くの信者の寄付によって建てられるということからすれば、戦後のモダニストたちによって〝未来〟の宗教建築はこうあるべきと、つくり手や受け手の上に立った観点による設計には大きな問題があったのも確かだった。そうした点を十分に考えた上で、村野は設計を引き受けたと思われる。仮に、丹下案が実現していたら、当時の日本の建設技術では、すでに壊れたか、壊されたかして、今はないだろう。竣工後、五十年を経てもますます味わい深い姿を見せる現在の聖堂を目の当たりにすると、当時の村野の判断とデザインの正しさが分かってくる。

もう一つは〝新建築問題〟だ。昭和三十二年［1957］、東京・有楽町駅前の三角形の敷地に読売会館（そごう百貨店）（現・ビックカメラ有楽町店）が完成した。一階から六階を百貨店、七階から九階を読売ホールとし、外壁を白テッセラタイルとガラスブロックで積み上げ、内部も受け手（消費者）に常に配慮する村野らしい装飾性の強いインテリアだった。同じ頃、現在の東京国際フォーラムの場所に、鉄骨鉄筋コンクリート造、ス

［4］「広島平和記念カトリック聖堂コンペに始まる」『丹下健三』丹下健三・藤森照信著、新建築社／2002

世界平和記念聖堂［1953］［重要文化財］：審査委員として、堀口捨己、吉田鉄郎、村野藤吾、今井兼次、H・ラッサール、グロッパ・イグナチオ（イエズス会建築家）、荻原晃（カトリック広島教区長）、後援の朝日新聞社から1名、計8名が選ばれ、コンペが行われた。しかし、1等当選者がなく不調に終わったことで、最終的には村野が設計者となった。RC造、地下1階、地上3階、全長52・5メートル、幅20メートル、高さ28メートル（ドーム含む）、塔高56メートル。ラーメン構造の柱・梁をコンクリート打放しとし、原爆の灰を被った土を混ぜた鉱滓（こうさい）レンガをあらわしのまま積み上げている。日本的性格と記念性を持った戦後広島の復興建築として市民に親しまれている

千代田生命本社ビル（現・目黒区総合庁舎）[1966]

上－玄関棟2階のテラスから見る：池を中心に左が本館、正面が別館、駐車場の下に和室が配されている。建物前面にはテラスを張り巡らせている。彫りの深いアルキャストのルーバーは、今なお地域に溶け込んでいる

右－本館2階の螺旋階段：〝階段の魔術師〟と呼ばれた村野の代表的な階段。鋼鉄製で、中央のアクリル製の照明器具（現在は点灯できない）が仕込まれた柱によって吊られている。本階2階から4階をつなぎ、総合庁舎のシンボル的存在となっている

チールの庇と垂直ルーバーをピロティで持ち上げた丹下健三の旧東京都庁舎が奇しくも建設中だった。当時の『新建築』は誌面上で、読売会館は「外部の豊かさに比べて内部の貧しさ、また東京都庁舎との対比においてストラクチュアが感じられない」[5]と、読売会館のいわば〝前近代性〟を指摘し、暗に批判した。その扱いに不満を持った村野が新建築社にその気持を伝え、それを受けたかたちで吉岡保五郎が当時の編集部全員を解雇して、いわゆる新建築問題が起こった。その時、解雇された編集者たちを支持するモダニズム側の建築家たちから、この解雇劇の〝黒幕〟として糾弾されたのが他ならぬ村野だった。結果的に見て、彼らが村野を批判したのは、つくり手と受け手の間に身を置いて、苦労して仕上げた村野の読売会館は所詮、〝前近代の未来性の全くないデザイン〟だとし、そういう建築家は葬り去らねばならない、ということだったのだ。結局これは、村野は〝建築〟をつくろうとし、彼を批判した人たちは、近代建築は、その意味では〝建物〟でいい、〝建築〟にする必要はない、という対立だったと言える。村野からすれば、そこまで建築の受け手を切り捨てていいのか、という思いがあったはずだ。建築家はその身体をつくり手と受け手の間に直接さらして、まさに〝身を削る〟思いをして設計しなければ、建物は建築になり得ないと真剣に考えていたのだ。

三作品について

ここで取り上げた一つ目の作品は、村野藤吾が独立後、初めて設計した公共建築、宇部市民館（現・渡辺翁記念会館）[1937]。宇部市発展の礎を築いた宇部興産の創設者・渡辺祐策《すけさく》の功績を記念し、彼の関係する七企業の寄付を得て建てられた。村野建築には珍しく、一見、マッシブでシンメトリカルな軸線構成になっているが、厳粛で陰鬱なものになりがちな公会堂のファサードデザインをロシア構成派から引用したと思われる量塊分解的な手法によって、グラフィックで軽快なファサードに仕上げることに成功している。さらに建築のマッシブさを軽減しているのが外壁のタイル。常滑で焼かれた深い紫紺の艶のある窯変特有の肌理を持つタイルが、重厚さの中にも軽やかさのある印象を与えている。一階ロビーは、山口県長門産の大理石を用い、無梁版構造の柱や床を覆って印象的なインテリアを実現しており、居心地の良い音響の優れたオーディ

[5]「読売会館＝そごう百貨店」『新建築』1957.8
[6] 村野藤吾「光と肌理」『建築文化』1966.8

読売会館（そごう百貨店）（現・ビックカメラ有楽町店）[1957]：西面は、商品に日が当たらないように、白大理石のテッセラを目地なしで張り詰め、その他の面は、溝型鋼とガラスブロックで構成。1、2階は全面ガラス張りとし、街に対して視覚的に開放感を与えている。ファサード性の強い作品として知られているが、店内にはエスカレータをX型にして中央に設けたり、出入り口にエアカーテンを使うなど、今では当たり前だが当時としては珍しい試みがあった［出典：『村野藤吾作品集 1928–1963』村野藤吾著、新建築社／1983］

トリアムへそのまま入っていく動線は見事だ。

二作品目は戦後の代表作として知られる、昭和四十一年［1966］に完成した千代田生命本社ビル（現・目黒区総合庁舎）。一棟に集中させた巨大で高層なオフィスビルとしてまとめるのではなく、東京・目黒の約五〇〇〇坪の広大な敷地に、高低差を活かして玄関棟・本館・別館、その間に巧みに中庭を配置して構成されている。「建物のデザインは、千代田生命という特殊な会社の性格を考えて、光をはねかえす表現ではなく、重厚でいて光を吸収する、ほりの深い、そして表面に影を付ける」[6]外壁のために、アルキャストのルーバーを採用している。日本建築の格子を思わせるルーバーで建物を包み込むことによって、受け手の側の心を引き込み、〝建築〟へと昇華させる手法は絶妙であり、読売会館、日本生命日比谷ビル（日生劇場）［1963］に続く、村野のファサード・デザインの真骨頂が示された。なお、玄関キャノピー、一階エントランス、階段ホールへと続く、村野の空間文脈は見事だ。

三作品目は、村野のいわば遺言とも言える谷村美術館［1983］。彫刻家・澤田政廣の木彫を常設展示するための美術館で、糸魚川市の谷村建設を営む、澤田作品のコレクターだった谷村繁雄が建てた。村野と同じ

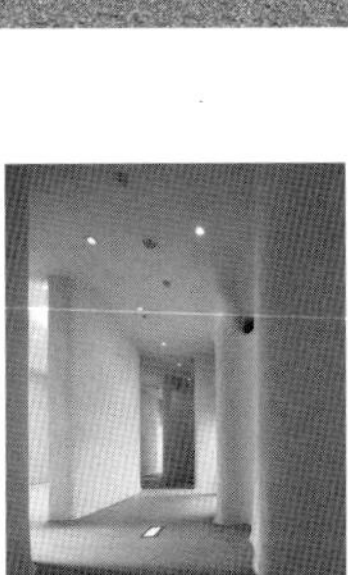

谷村美術館［1983］
上―正面全景：地面にそのまま埋まるイメージの外観。村野は幾度となく糸魚川に足を運び、自ら石膏模型をつくった
右―展示室1：館内は6つの展示室で構成され、1つの展示室に1体の仏像を展示している。天井と壁が一体となり、人工照明を最小限に抑えて自然光を重視した空間は、胎内を思わせる
左―展示室をつなぐ廊下：曲線と曲面が織り成すアルコープ状の展示室が並び、仏像がちらりと姿をのぞかせる。その神聖な雰囲気に圧倒されながら歩みを進める

日本芸術院会員として交流があった澤田本人の依頼で、村野が設計することになったが、村野の事務所はこの設計にはほとんどかかわらず、村野が描いたスケッチをもとにつくった模型などで谷村建設の設計者が図面化し、谷村建設が施工して実現した、いわば手づくりの作品だ。谷村美術館は、アメリカ中西部のプエブロインディアンの街の建築をイメージしてデザインされたという。これまで村野は、受け手に違和感や脅迫感を与えない建築を常々心掛けて設計してきたが、ここではそれをさらに越え、外観にも地面の砂の中にそのまま埋まってしまうような、霊廟とも呼べるような、いわば〝無言〟の作品をつくった。内部空間は、世界平和記念聖堂の前部にあるチャペルや受洗室などの小空間と通ずるところがあり、小山敬三美術館［1975］や八ヶ岳美術館［1979］等の展示室の空間につながっている。こうした空間は、晩年に突如として出てきたものではなく、村野のイマジネーションの奥深いところに常にあったものだ。

時流に乗るな、多数派になるな

日本建築学会は昭和四十七年［1972］、「永年にわたる優秀な建築の創作活動による建築界への貢献」として、村野藤吾に日本建築学会大賞を贈った。これを受けて村野は「時流に乗るな、多数派になるな、多数派に巻き込まれたら脱皮して、必ず少数派になれ、少数派とは孤独に耐えて自分をまもる努力がなければ、純潔は保てぬだろうし、そのようにしなければ芸と名のつく仕事はできないのではないか」[7]と『建築雑誌』に受賞の言葉を述べている。「時流に乗るな、多数派になるな」、つまりこれは、建築界における大勢に与《くみ》して流されることなく、そこから離れて自分の思う道、信じる方向へ向かえ！　という助言であるとともに、もっと直接的には、〝われわれ〟という多数派を振りかざして行動する〝近代建築家〟をむやみに目指そうとせずに、あくまでも〝われ〟（自己）を原点とした真の〝建築家〟を目指せ、という村野の若者たちへの心からの提言だったのだ。本当に求められているのは〝未来〟の近代建築ではなく、つくり手と受け手とを結ぶ〝現在〟の建築なのだという、いかにも〝現在主義者〟を自称する村野らしい、建築界への警告だったが、その後の日本の建築界は、彼のこの極めて貴重な警告をほとんど無視してきたように思われてならないが、果たして、どうだろうか。［談］

［7］村野藤吾「受賞有感」『建築雑誌』1972.8

初出一覧

曾禰達蔵	INAX REPORT No.167	2006.7.20
伊東忠太	INAX REPORT No.168	2006.10.20
武田五一	INAX REPORT No.169	2007.1.20
田辺淳吉	INAX REPORT No.170	2007.4.20
本野精吾	INAX REPORT No.171	2007.7.20
内田祥三	INAX REPORT No.172	2007.10.20
藤井厚二	INAX REPORT No.173	2008.1.20
山田 守	INAX REPORT No.174	2008.4.20
保岡勝也	INAX REPORT No.175	2008.7.20
松田軍平	INAX REPORT No.176	2008.10.20
蔵田周忠	INAX REPORT No.177	2009.1.20
ウィリアム・メレル・ヴォーリズ		
	INAX REPORT No.179	2009.7.20
鈴木禎次	INAX REPORT No.180	2009.10.20
遠藤 新	INAX REPORT No.181	2010.1.20
安井武雄	INAX REPORT No.182	2010.4.20
渡辺 仁	INAX REPORT No.183	2010.7.20
ジェイ・ハーバート・モーガン		
	INAX REPORT No.184	2010.10.20
高橋貞太郎	INAX REPORT No.185	2011.1.20
堀口捨己	INAX REPORT No.186	2011.4.20
中村與資平	INAX REPORT No.187	2011.7.20
渡邊 節	INAX REPORT No.188	2011.10.20
木子七郎	INAX REPORT No.189	2012.1.20
ジョサイア・コンドル		
	INAX REPORT No.190	2012.4.20
ジェームズ・マクドナルド・ガーディナー		
	LIXIL eye no.1	2012.11.20
森山松之助	LIXIL eye no.2	2013.4.20
鉄川与助	LIXIL eye no.3	2013.10.20
櫻井小太郎	LIXIL eye no.4	2014.2.20
辰野金吾	LIXIL eye no.5	2014.6.20
岡田信一郎	LIXIL eye no.6	2014.10.20
長野宇平治	LIXIL eye no.7	2015.2.20
妻木頼黄	LIXIL eye no.8	2015.6.20
アントニン・レーモンド		
	LIXIL eye no.9	2015.10.20
片山東熊	LIXIL eye no.10	2016.2.20
佐藤功一	LIXIL eye no.11	2016.6.20
村野藤吾	LIXIL eye no.12	2016.10.20

昭和35年［1960］　日本触媒化学工業研究所（大阪）｜四条畷カントリー倶楽部（大阪）｜奈良国際ゴルフ倶楽部増改築（奈良）｜和歌山大学松下会館（和歌山）｜中之島旅館増築（◇）｜旭化成茨木寮（大阪）｜城陽カントリーキャディ宿舎（京都）

昭和36年［1961］　神戸銀行松屋町支店（大阪）｜立花商会本社（大阪）｜旭化成芦屋寮（兵庫）・高槻寮増築（大阪）｜ホテルパシフィック（和歌山）｜南海合織女子寮（大阪）｜京町堀分譲施設付住宅（大阪）｜本嘉納商店製品倉庫（兵庫）

昭和37年［1962］　松下電器産業京滋営業所（京都）｜寺田万寿病院本館増築（大阪）｜綿業会館新館（大阪）｜大阪機工T型旋盤工場（兵庫）

昭和38年［1963］　茨木カントリー倶楽部（大阪）

昭和39年［1964］　守口駅前分譲施設付住宅（大阪）｜多根邸（兵庫）｜千里佐竹台小学校（大阪）

昭和40年［1965］　白雲ビル（大阪）｜菊正宗酒造四季醸造蔵（兵庫）｜肥後銀行本店増改築（熊本）｜橋本ゴルフ場クラブハウス（◇）｜三田国際ゴルフ場クラブハウス（◇）｜香里中央市街地住宅（大阪）

渡邊節の年譜は、渡辺建築事務所東京事務所のホームページをもとに、『近畿建築士のひろば』1966.5、「履歴書」［渡辺建築事務所／1966］などにより補足し、編集したものです

大正5年 [1916] 鉄道院西部鉄道管理局辞職。渡辺建築事務所開設
大正9年 [1920] 欧米建築事情視察に出る
大正10年 [1921] 欧米建築事情視察より帰国
大正11年 [1922] 渡米。建築事情視察
昭和7年 [1932] 『渡邊節作品集』[波紋社]発刊
昭和18年 [1943] 福井県芦原町に疎開
昭和21年 [1946] 大阪淀屋橋に渡辺建築事務所復帰
昭和27年 [1952] 大阪府建築士会会長就任
昭和29年 [1954] 日本建築設計監理協会(後の日本建築家協会)関西支部幹事
昭和34年 [1959] 日本建築家協会関西支部幹事退任
昭和39年 [1964] 財団法人日本建築総合試験所理事就任。日本建築センター評議員就任
昭和41年 [1966] 大阪府建築士会会長退任。『近畿建築士のひろば』渡辺節特集号発刊
昭和42年 [1967] 逝去(82歳)

■主な作品
◇印は所在地不明(資料による確認不可)

大正2年 [1913] 京都駅舎新築工事担当(京都)
大正7年 [1918] 第六十五銀行大阪支店(大阪)|大森邸(◇)|大森用紙店(◇)|日本棉花KK船場支店(大阪)・築港倉庫(大阪)|横浜船渠KK工場(◇)
大正8年 [1919] 井上鐐之助邸(◇)|伏木製紙KK工場(◇)|北海道銀行旭川支店(北海道)・滝川支店(◇)|日本棉花KK神戸支店(兵庫)|北陸電化KK(◇)|三井物産宇野造船所玉島工場(岡山)・変電所及造機事務所(◇)|興水化学研究所(◇)|妙寺製絲KK(◇)・宇智工場(◇)|太洋海運KK寄宿舎(兵庫)|島津製作所(◇)|第六十五銀行難波支店(大阪)・下福島支店(◇)|山田文太郎氏邸(東京)|KK吉備造船所(岡山)|大紙倶楽部(大阪)|東和汽船KK(兵庫)|朝鮮製油KK(◇)|東洋リノリュームKK(◇)
大正9年 [1920] 摂陽銀行本店(◇)|神戸海洋気象台(兵庫)|茂木合名会社大阪支店(大阪)|合名会社勝野商店(◇)|山口銀行野田支店(大阪)|朝鮮棉花KK(◇)
大正10年 [1921] 梅田製鋼所(◇)|日本信託銀行(大阪)|朝鮮紡織KK(◇)
大正11年 [1922] 日本興業銀行日本橋支店(◇)|大阪商船KK神戸支店(兵庫)|山口銀行大正橋支店(◇)|鴻池銀行阿倍野支店(大阪)
大正12年 [1923] 日本興業銀行本店(東京)|鴻池銀行広島支店(広島)|三井合名会社仮建築(◇)
大正13年 [1924] 青木邸内土蔵(◇)|日本勧業銀行高松支店(香川)・福岡支店(福岡)|大日本紡績KK橋場工場改修(◇)|日本電力KK尼崎発電所(兵庫)
大正14年 [1925] 日本勧業銀行和歌山支店金庫(和歌山)・秋田支店(秋田)・福井支店金庫(福井)・青森支店金庫(青森)・山形支店金庫及付属家(山形)・金沢支店金庫(◇)|川西倉庫KK(兵庫)|小原邸(東京)|大阪ビルディング本店(大阪)
大正15年 [1926] 市川邸(兵庫)|宇治川電気大峰発電所(京都)|新京阪天神橋筋停車場(大阪)|大成化学工業KK工場倉庫(◇)|鹿島清平氏倉庫(◇)|日本勧業銀行仮本店(東京)・綾部出張所(京都)・大阪支店(大阪)|鴻池銀行上本町支店(大阪)
昭和2年 [1927] 大阪ビルディング東京支店第一号館(東京)|日仏銀行東京支店(東京)|日本勧業銀行鳥取支店金庫(鳥取)・山口支店金庫(山口)|横浜正金銀行大阪支店(大阪)
昭和3年 [1928] 日本棉花KK横浜支店(神奈川)|日本勧業銀行京都支店(京都)・久留米出張所(福岡)|東京市電気局芝浦発電所(東京)|日本興業銀行神戸支店(兵庫)
昭和4年 [1929] 大日本自転車会社工場(◇)|加州銀行香林坊支店(石川)|三井物産宇野造船所ディーゼル機関工場(岡山)|鴻池銀行本郷支店(東京)|鴻池ビルディング東京分館(東京)|東京米穀商品取引所第二部(東京)・第一部(東京)|日本勧業銀行本店(東京)|東海堂書店(東京)
昭和5年 [1930] 平井邸(兵庫)|第六十三銀行松本支店(長野)・高田支店(新潟)|奥村邸(兵庫)|阪神競馬場増築(◇)
昭和6年 [1931] 日本水電KK(鹿児島)|大阪ビルディング東京支店第二号館(東京)|小倉競馬倶楽部(福岡)|兵庫県農工銀行加古川支店(兵庫)|綿業会館(大阪)|斎藤邸(東京)
昭和7年 [1932] 寺田邸(兵庫)|広野ゴルフクラブ(兵庫)
昭和8年 [1933] 寺田甚吉邸洋館(兵庫)|自泉会館(大阪)
昭和9年 [1934] 神戸取引所(兵庫)
昭和10年 [1935] 岸和田紡績大垣工場(岐阜)|大阪商船KK天保山乗場(大阪)
昭和11年 [1936] 寺田合名ビルディング(大阪)|福井人絹会館(福井)|和歌山市役所(和歌山)
昭和12年 [1937] 神戸ガスビル(兵庫)|乾邸(兵庫)|大阪ビルディング新館(大阪)|染工聯ビル(大阪)|丸物百貨店(京都)
昭和13年 [1938] 日商KK本社(大阪)|芝原邸(京都)|南海髙島屋地下食堂(大阪)
昭和14年 [1939] 東京糖業会館(東京)|南海電鉄難波駅プラットホーム(大阪)
昭和15年 [1940] 川崎車輌鋳鋼工場(兵庫)
昭和16年 [1941] 大阪機工猪名川工場(兵庫)|川崎航空機明石工場(兵庫)
昭和17年 [1942] 大阪絹人絹会館(大阪)
昭和18年 [1943] 川崎航空機都城工場(宮崎)
昭和19年 [1944] 川崎航空機明石病院(兵庫)
昭和21年 [1946] 福井軍政部事務所(福井)|福井人絹倉庫(福井)
昭和23年 [1948] 神戸貿易会館(◇)|大阪機工本社事務所(◇)
昭和24年 [1949] 福井銀行本店改修(◇)
昭和25年 [1950] 日本貿易産業博覧会2号館(資源館)神戸(◇)|兵庫県繊維会館(◇)|福井絹業会館(◇)|福井銀行佐佳枝支店(◇)
昭和26年 [1951] 肥後銀行本店(熊本)|呉羽紡績名古屋支店(愛知)|大阪機工吉見工場宿舎(大阪)
昭和27年 [1952] 鹿児島銀行大阪支店(大阪)|旭化成芦屋寮(兵庫)|森本倉庫(兵庫)
昭和29年 [1954] 倉敷紡績本社新館(大阪)|大阪商船横浜支店(神奈川)|堂ビル清交社改装(大阪)
昭和30年 [1955] 肥後銀行福岡支店(福岡)
昭和31年 [1956] 日商本社新館(大阪)|白浜カントリークラブ(和歌山)|専売公社地方局アパート(福岡・熊本・鹿児島)|旭化成甲子園家族寮(兵庫)|大阪商船相信寮(神奈川)|寺田万寿病院増築(大阪)
昭和32年 [1957] 日商名古屋支店(愛知)|松下電器産業松健寮(大阪)・茨木寮(大阪)|寺田病院看護婦宿舎(大阪)|本嘉納商店酒蔵庫(兵庫)
昭和33年 [1958] 日商本社別館(大阪)|城陽カントリー倶楽部(京都)|広野ゴルフ倶楽部改築(兵庫)
昭和34年 [1959] 中井商店アパート(東京)

とも呼ばれる)と結婚

大正5年 [1916] 1月2日、長女・富士江誕生。日清生命保険相互会社設計競技に応募、二等入選。明治神宮宝物殿設計競技に応募、佳作三席

大正6年 [1917] 12月1日、逓信省に入省。大臣官房経理局営繕係に所属した。当時の営繕課長は内田四郎、和田信夫や大学同期の武富英一がいた

大正7年 [1918] 明治天皇聖徳記念絵画館競技設計に応募、二等首席および三等首席

大正8年 [1919] 4月19日、西部逓信局区内へ出張。5月15日、経理局営繕課勤務を命ぜられる。帝国議会議事堂設計競技に応募、入選。父・渡死去

大正9年 [1920] 3月まで逓信省に奉職。4月、父の死去も転機となってか、渡辺仁建築工務所を設立。開設後は、主にRC造による堅牢な建物を設計した

大正10年 [1921] 川崎米年翁銅像台座指名設計競技に応募、当選

大正15年 [1926] 欧米建築研究のため英・独・仏・伊・米の各国を視察

昭和3年 [1928] 明治生命保険株式会社指名競技設計に応募

昭和4年 [1929] 7月、ドイツ留学から帰国した久米権九郎を迎え入れ、渡辺仁設計工務所内に渡辺・久米建築事務所を開設

昭和5年 [1930] 12月15日、軍人会館建築設計競技に応募、選外佳作

昭和6年 [1931] 12月、尾張徳川美術館建築設計図案懸賞募集の審査員を務める。東京帝室博物館設計に応募、一等入選

昭和7年 [1932] 10月31日、第一生命保険相互会社本館設計競技に事務所内から3案応募、入選:渡辺光雄案。日本放送協会関西支部局舎指名競技設計に2案応募、当選および佳作。久米権九郎は、畠山義孝、羽生价秀ら数名の所員と共に独立して久米建築事務所を開設

昭和8年 [1933] 2月、第一生命保険株式会社本館建築部の設立に伴い、松本与作と共に技師に任命され、共同で設計監督を担当。11月、建築学会主催、第7回建築展覧会の第二部懸賞競技の審査員を務める。テーマは「国立公園に建つホテル」。同月、日本放送協会による東京放送会館設計指名競技に応募。指名を受けたのは、西村好時、堀越三郎、渡辺仁、横河時介、高橋貞太郎、山下寿郎、福田重義、石本喜久治、長谷部鋭吉、渡邊節、村野藤吾、安井武雄の12名。当選は山下寿郎案

昭和9年 [1934] 5月、東京市庁舎建築設計競技に事務所内から2案応募、一等当選:宮地二郎案、選外佳作一席:大沢浩案。10月、静岡県庁舎競技設計に事務所内から応募、三等一席:大沢浩案

昭和10年 [1935] 福岡市公会堂設計競技に応募、佳作

昭和11年 [1936] 2月、ひのもと会館建築設計競技に事務所内から応募、二等当選:大沢浩・野口隆・久保田健禄案。京城朝鮮博物館設計競技に応募、佳作。満州国皇帝訪日宣詔記念塔設計競技に応募、二等一席:大沢浩案

昭和15年 [1940] 8月、日本郵船の新造船「出雲丸」船室設計を指名されるが、日米開戦・大東亜戦争によって中止

昭和18年 [1943] 北沢五郎と共に三井土建総合研究所を設立。建築部長・渡辺仁、副部長・矢部金太郎

昭和20年 [1945] 暮れから、三井土建総合研究所からの出向のかたちで2年間ほど、横浜第八軍のGHQディペンデントハウス本牧計画に従事

昭和23年 [1948] 三井土建総合研究所を閉鎖。北沢五郎と共に共同建築研究所を開設(–昭和28年)

昭和28年 [1953] 6月、高木秀寛と共に渡辺高木建築事務所を開設

昭和35年 [1960] 黄綬褒章を授与される

昭和42年 [1967] 12月、渡辺仁建築事務所に商号変更

昭和48年 [1973] 9月5日、脳血栓症により逝去(87歳)。戒名「浄光院殿仁寛慈海大居士」

■主な作品

●印は現存|◇印は所在地不明

大正9年 [1920] 松平康昌侯爵邸(東京)|山崎商店(東京)|山崎亀吉邸(東京)

大正10年 [1921] 商工省燃料研究所(埼玉)|川崎米年翁銅像台座(兵庫)

大正11年 [1922] 某氏邸(◇)|田川正二郎邸(◇)

大正12年 [1923] T氏邸(◇)|龍角散本舗(東京)

大正13年 [1924] 立憲政友会本部(◇)|大和村事務所(◇)

大正14年 [1925] 第十五銀行本店(◇)

大正15年 [1926] A氏邸(◇)|T氏邸(◇)|H氏邸(◇)

昭和2年 [1927] 徳川義親侯爵邸(東京・麻布)|電気倶楽部(東京)|第一銀行駒形支店(東京)|ホテル・ニューグランド●(神奈川)【横浜市認定歴史的建造物】

昭和3年 [1928] 京都安田ビルディング(京都)|小田原急行鉄道本社(東京)|安藤組(東京)|安藤邸(東京)|交友倶楽部(東京)|東京火災保険会社浅草支店(東京)|帝国生命館(東京)

昭和4年 [1929] 宇徳ビル(神奈川)|高島屋飯田合名会社(東京)

昭和6年 [1931] 安田ビルディング(大阪)|八洲ホテル(東京)

昭和7年 [1932] 服部時計店(現・和光)●(東京)|久保盛徳博士邸(◇)|財団法人徳川黎明会●(東京)

昭和8年 [1933] 産業組合中央金庫(東京)|日本劇場(東京)|大松閣(東京)|明治ビル(東京)|メーソン氏邸(東京)|東京火災保険京城支店(京城)・神戸支店(兵庫)

昭和9年 [1934] 千葉図書館(千葉)|東横百貨店(◇)|徳川義親侯爵邸(現・八ヶ岳高原ヒュッテ)●(東京・目白、長野に移築)

昭和10年 [1935] 旧日向別邸上屋●(静岡)【重要文化財】

昭和11年 [1936] 天満屋百貨店(岡山)|大阪放送会館(大阪)|女子会館(◇)

昭和12年 [1937] 東京帝室博物館(現・東京国立博物館本館)●(コンペ原案)(東京)【重要文化財】|麹町高等女学校(田中秀夫と共同設計)(東京)|三島通陽子爵邸(東京)|東園基文子爵邸(東京)|居初寛二郎邸(東京)|N氏邸(◇)

昭和13年 [1938] 樋口一成博士邸(東京)|福屋百貨店(広島)|原邦造邸(現・原美術館)●(東京)|森永製菓本社(東京)|第一生命保険相互会社本館(松本与作と共同設計)(東京)

昭和14年 [1939] 明治製菓喫茶店(東京)|O公爵邸(◇)

昭和15年 [1940] 帝国鉱業開発会社(東京)|S・T邸(◇)

昭和17年 [1942] 日本鋼管株式会社(◇)

渡邊 節 p.217

■略歴

明治17年 [1884] 東京平河町に生まれる

明治41年 [1908] 東京帝国大学工科大学建築学科卒業。韓国政府度支部建築所技師

明治45年 [1912] 韓国政府度支部建築所辞職。鉄道院西部鉄道管理局

版会）出版
昭和48年［1973］ 6月13日、離日。ニューホープに戻る
昭和49年［1974］ 7月、銀座・吉井画廊で「Hommage `a Antonin Raymond」展
昭和51年［1976］ 10月25日、逝去（88歳）。11月10日、聖アンセルム教会で追悼ミサ

■主な作品
●印は現存｜※日本における作品のみ
大正11年［1922］ 東京ローンテニスクラブ（東京）
大正12年［1923］ 後藤新平邸増築（東京）
大正13年［1924］ 星商業学校（現・星薬科大学本館）●（東京）｜東京女子大学西校舎（現・7号館）・外国人教師住宅（現・外国人教師館（16号館））●（東京）【国登録有形文化財】｜霊南坂の自邸（東京）
大正14年［1925］ 東京女子大学学長住宅（現・安井記念館（14号館））●（東京）【国登録有形文化財】｜東京聖心学院修道院及び教室（現・聖心女子学院聖堂・初等科校舎）●（東京）
大正15年［1926］ エーリスマン邸●（神奈川）→平成2年移築保存（神奈川）【横浜市認定歴史的建造物】
昭和2年 ［1927］ 東京女子大学自然科学棟（現・6号館）・理事住宅（現・ライシャワー館（17号館））●（東京）【国登録有形文化財】｜小林聖心女子学院●（兵庫）【国登録有形文化財】
昭和3年 ［1928］ 紐育スタンダード石油会社ビル（神奈川）｜イタリア大使館日光別邸（現・イタリア大使館別荘記念公園）●（栃木）【国登録有形文化財】
昭和4年 ［1929］ 紐育ライジングサン石油会社ビル（神奈川）｜ライジングサン石油会社社宅フラット（現・フェリス女学院山手10号館）●（神奈川）【横浜市認定歴史的建造物】｜ベルギー大使館（東京）｜岡山清心高等女学校（現・ノートルダム清心女子大学）●（岡山）【国登録有形文化財】
昭和5年 ［1930］ フランス大使館増改築（東京）｜ソビエト大使館（東京）
昭和6年 ［1931］ 東京女子大学図書館棟（現・本館）●（東京）【国登録有形文化財】｜アメリカ大使館及び官邸（現・アメリカ大使公邸）●（東京）｜聖母女学院（現・大阪聖母女学院中学校・高等学校）●（大阪）【国登録有形文化財】｜トレッドソン別邸●（栃木）
昭和7年 ［1932］ 東京ゴルフクラブ（埼玉・朝霞）｜赤星喜介邸（東京）
昭和8年 ［1933］ カナダ大使館（東京）｜夏の家●（長野）→ペイネ美術館として昭和61年移築保存（長野）｜教文館ビル●（東京）
昭和9年 ［1934］ 川崎守之助邸（東京）｜赤星鉄馬邸（現・ナミュールノートルダム修道女会東京修道院）●（東京）
昭和10年［1935］ 聖ポール教会（現・軽井沢聖パウロカトリック教会）●（長野）
昭和11年［1936］ 福井菊三郎別邸（静岡）
昭和13年［1938］ 東京女子大学チャペル・講堂●（東京）【国登録有形文化財】
昭和25年［1950］ スタンダード石油社宅群（ソコニーハウス）（神奈川・本牧）｜スタンダード石油社宅（ソコニーハウス）（神奈川・山手）｜スタンダード石油社宅群（ソコニーハウス）（東京）
昭和26年［1951］ リーダーズ・ダイジェスト東京支社（東京）｜レーモンド自邸及び事務所（東京）｜日本楽器ビル・山葉ホール（東京）
昭和27年［1952］ アメリカ大使館アパート（ペリーハウス）（東京）
昭和28年［1953］ アメリカ大使館アパート（ハリスハウス）（東京）｜キャンプ座間米軍総司令部●（神奈川）
昭和29年［1954］ 安川電機本社ビル●（福岡）
昭和30年［1955］ 聖アンセルム教会（現・カトリック目黒教会）●（東京）
昭和31年［1956］ 聖アルバン教会●（東京）｜八幡製鉄健康保険組合記念体育館（福岡）｜聖パトリック教会（現・カトリック豊島教会）●（東京）
昭和33年［1958］ 富士カントリークラブ●（静岡）【国登録有形文化財】
昭和35年［1960］ イラン大使館及び事務棟（東京）
昭和36年［1961］ 群馬音楽センター●（群馬）｜聖十字教会（現・東京聖十字教会）●（東京）｜聖ミカエル教会（現・札幌聖ミカエル教会）●（北海道）
昭和38年［1963］ 立教高校聖ポール教会（現・立教学院聖パウロ礼拝堂）●（埼玉）｜東京ゴルフクラブ●（埼玉・狭山）
昭和39年［1964］ 南山大学研究室棟（現・第1研究室棟）・教室中央棟（現・G棟）・教室南棟（現・H棟）・教室北棟（現・F棟）・教室600人棟（現・G30教室棟）・図書館・食堂・管理棟●（愛知）
昭和40年［1965］ 新発田カソリック教会及び司祭館（現・カトリック新発田教会）●（新潟）
昭和41年［1966］ 神言神学院及び教会●（愛知）
昭和43年［1968］ 南山大学体育館●（愛知）

レーモンドの年譜は、『アントニン・レーモンドの建築』（SD選書246）［鹿島出版会／2007］をもとに、筆者と編集したものです

渡辺 仁　p.241

■略歴
明治20年［1887］ 2月16日、東京に生まれる。父・渡は長崎出身の東京帝国大学工科大学教授（採鉱冶金学）、後に学長。母・寿美は荒物屋「万俵」を営んでいた福田敬業の長女。仁は、男3人、女5人の8人兄弟の長男。三女・義乃は、建築家・古宇田実のもとに嫁ぐ。9人目の末娘・龍子が生まれるも、5歳の時に死去。その時以来、渡は仏門にひかれ雲照律師の信者となる。8歳頃までは佐渡に育つ
明治28年［1895］ 東京市に戻り、駒込小学校に入学。後に学習院初等部に転校。中等科在学中、狩野友信に師事し日本画を学ぶ
明治39年［1906］ 前年、学習院中から、第一高等学校を受験するも失敗。再び一高を受験するが希望かなわず、熊本の第五高等学校第二部に入学
明治42年［1909］ 7月、東京帝国大学工科大学に入学。大学時代、透視図の勉強を兼ね、吉田博に師事し水彩画を学ぶ
明治45年［1912］ 7月、東京帝国大学工科大学建築学科を卒業。卒業設計は「A Memorial Art Gallery」。同期生には竹腰健造、山下寿郎、武富英一、吉田享二、西村好時らがいる。後に同級生15人の数にちなんで「苺会」を結成。卒業後は事務所開設の希望があるも、父の反対により鉄道院で働く。新橋駅その他の設計監理を担当したといわれる
大正2年 ［1913］ 9月、鶴見総持寺大梵鐘図懸賞設計に応募。伊東忠太の審査により、渡辺仁の図案が採用。同月、開港記念横浜会館懸賞設計において、高橋理一郎と共に西村好時に協力、二等入選
大正4年 ［1915］ 法学博士で弁護士の菊池武夫の息女・鶴（鶴子

兼務
昭和32年［1957］　逓信建築の功労に対し前島賞受賞
昭和35年［1960］　メキシコ建築家協会外国特別委員
昭和38年［1963］　日本武道館の設計競技に当選
昭和39年［1964］　藍綬褒章受章。日本建築学会大会で「首都圏の政治文化を中心とする第二センターを相模平原に建設する計画案」を発表
昭和40年［1965］　海外視察。勲三等旭日中綬章受章。日本建築学会大会で「京都の新旧都市計画」を発表
昭和41年［1966］　逝去(72歳)

■主な作品
●印は現存
大正11年［1922］　東京中央電話局牛込分局(東京)
大正12年［1923］　下関電信局電話課局舎(現・下関市役所第一別館(閉鎖中))●(山口)
大正13年［1924］　門司郵便局電話分室(現・NTT門司電気通信レトロ館)●(福岡)
大正14年［1925］　東京中央電信局(東京)
大正15年［1926］　永代橋●(東京)【重要文化財】
昭和2年　［1927］　聖橋●(東京)｜天下茶屋郵便局電話分室(現・NTT天下茶屋第1ビル)●(大阪)
昭和4年　［1929］　千住郵便局電話事務室(現・NTT足立電話局)●(東京)｜万代橋●(新潟)【重要文化財】
昭和6年　［1931］　甲府郵便局・電話局(山梨)｜鶴見邸(東京)
昭和7年　［1932］　荻窪郵便局電話事務室(現・NTT荻窪電話局)●(東京)
昭和10年［1935］　広島逓信診療所(現・広島逓信病院被爆資料室)●(広島)
昭和11年［1936］　熊本貯金支局(現・熊本市役所花畑町別館)●(熊本)
昭和12年［1937］　東京逓信病院(東京)(逓信協会賞)｜広島電話局西分局(現・NTT広島西営業所)●(広島)｜渡辺邸(無辺洞)●(東京)
昭和18年［1943］　航空科学専門学校駒越校舎(静岡)
昭和19年［1944］　東京中央電話局麹町分局(国防電話局)(東京)
昭和28年［1953］　東京厚生年金病院(東京)【芸術選奨】
昭和29年［1954］　大阪厚生年金病院(大阪)【日本建築学会賞】
昭和30年［1955］　東海大学代々木校舎1号館●(東京)｜防衛庁東京中央病院(東京)
昭和32年［1957］　長沢浄水場●(神奈川)【DOCOMOMO 100選】
昭和33年［1958］　野田市郷土博物館●(千葉)｜熊本逓信病院(現・くまもと森都総合病院)●(熊本)【DOCOMOMO 100選】｜東海大学代々木校舎2号館●(東京)｜和田堀増圧ポンプ所●(東京)
昭和34年［1959］　山田邸(現・蔦サロン、カフェ)●(東京)｜東海大学代々木校舎3号館●(東京)
昭和35年［1960］　社会保険横浜中央病院●(神奈川)｜AOAビル(東京)｜代々木増圧ポンプ所●(東京)
昭和36年［1961］　亀戸増圧ポンプ所(東京)
昭和37年［1962］　東海大学付属相模中学校・高等学校●(神奈川)｜高松逓信病院(現・NTT西日本高松診療所)●(香川)｜大和郡山市庁舎●(奈良)｜東海大学代々木校舎4号館●(東京)
昭和38年［1963］　東海大学付属工業高等学校(静岡)｜郵政互助会ビル(現・古河千代田ビル)●(東京)｜東海大学湘南校舎1号館●(神奈川)
昭和39年［1964］　日本武道館●(東京)｜京都タワービル●(京都)｜東海大学湘南校舎望星学塾1号館(現・J館)●(神奈川)
昭和40年［1965］　東海大学湘南校舎2号館・研究実験館A・B・望星学塾2号館(現・K館)●(神奈川)｜鈴与株式会社労働福祉センター●(静岡)｜熊本教育会館(現・京町会館)●(熊本)
昭和41年［1966］　東海大学湘南校舎3号館・研究実験館C・D・E・松前会館・武道館●(神奈川)｜東海大学短期大学望星学塾●(熊本)

山田の年譜は、制作：大宮司勝弘氏(東京家政学院大学現代家政学科)

アントニン・レーモンド　p.301

■略歴
明治21年［1888］　5月10日、オーストリア領ボヘミヤ地方(現・チェコ)クラドノに生まれる
明治42年［1909］　プラハ工科大学卒業。パリへ旅行中、アメリカ人建築家のカス・ギルバートに会う
明治43年［1910］　夏、ニューヨークに渡り、カス・ギルバート事務所勤務
大正3年　［1914］　画家を目指し、イタリアに行く。6月、アメリカ市民権取得。帰路船上でノエミ・ペルネッサンと知り合い、ニューヨークで結婚
大正5年　［1916］　フランク・ロイド・ライトに師事、タリアセンで働く
大正6年　［1917］　軍隊に入る
大正8年　［1919］　12月31日、ライトと共に来日
大正9年　［1920］　帝国ホテルの仕事に従事
大正10年［1921］　独立し、レオン・スラックと米国建築合資会社設立。丸の内21号館に事務所を持つ
大正12年［1923］　レーモンド建築事務所を名乗る
大正15年［1926］　チェコスロバキア共和国名誉領事となる(-昭和12年)。丸の内八重洲ビルに事務所移転
昭和2年　［1927］　東京海上ビルに事務所移転
昭和3年　［1928］　吉村順三がアルバイトで働き始める
昭和5年　［1930］　8月、前川國男が入所(-昭和10年)
昭和6年　［1931］　吉村順三が正式に入所(-昭和16年)
昭和9年　［1934］　銀座・教文館ビルに事務所移転
昭和10年［1935］　6月、『アントニン・レイモンド作品集 1920-1935』(城南書院)出版
昭和12年［1937］　12月、上海からポンディシェリへ
昭和13年［1938］　5月、『Antonin Raymond Architectural Details 1938(アントニン・レーモンド建築詳細図集)』を自費出版。10月、ニューヨークに戻る
昭和14年［1939］　ペンシルバニア州ニューホープに農場建設
昭和15年［1940］　Tuttle, Seelye, Place & Raymond Architects Engineersを組織
昭和16年［1941］　東京事務所閉鎖
昭和20年［1945］　Antonin Raymond & L. L. Rado Architectsを組織
昭和23年［1948］　10月、戦後、再来日。レーモンド建築設計事務所再建
昭和25年［1950］　4月、株式会社レーモンド建築設計事務所設立
昭和26年［1951］　麻布に自邸及び事務所を建設
昭和27年［1952］　リーダーズ・ダイジェスト東京支社が日本建築学会賞(作品)受賞
昭和32年［1957］　AIAより八幡製鉄健康保険組合記念体育館がアワード・オブ・メリットを受ける
昭和36年［1961］　10月、AIA大会(ホノルル)で講演
昭和39年［1964］　勲三等旭日中綬章受章
昭和40年［1965］　南山大学が日本建築学会賞(作品)受賞
昭和41年［1966］　日本建築家協会終身会員となる
昭和45年［1970］　10月、銀座松坂屋で「アントニン・レーモンド展」。『自伝アントニン・レーモンド』(鹿島出

明治37年［1904］ 東京帝国大学大学院修了後、三菱に再入社。塚本靖・三橋四郎・滋賀重列とともに建築学会評議員兼編輯員
明治38年［1905］ 塚本靖・佐野利器・滋賀重列とともに建築学会評議員兼編輯員
明治39年［1906］ 曾禰達蔵が退社したため所長となる。建築学会評議員
明治41年［1908］ 「工学研究ノ為」1年間、欧米に出張
明治42年［1909］ 海外出張から帰国。東京市建築條例起稿委員会委員(委員長は曾禰達蔵)
明治45年［1912］ 三菱退社。同時に、三菱と嘱託契約
大正2年［1913］ 銀座に保岡勝也事務所開設
大正8年［1919］ 日本庭園協会の設立に参加
大正13年［1924］ 東京高等造園学校講師、「茶室と茶庭」の講義を担当
昭和6年［1931］ 東京高等造園学校常任理事
昭和11年［1936］ 東京高等造園学校講師、「露地と茶室」、「造園設計」の講義を担当
昭和17年［1942］ 数年前に脳溢血で倒れ、戸塚で静養中に逝去(65歳)

■主な作品
◇印は所在地不明

明治33年［1900］ 高崎倉庫株式会社本社11号倉庫(設計指導)(群馬)
明治35年［1902］ 三菱合資会社4·5号館(設計関与)(東京)｜大隈重信伯爵邸洋館(東京)｜早稲田大学附属図書館(東京)
明治38年［1905］ 東京予備病院渋谷分院傷病兵集会所(東京)｜慶應義塾商工学校講堂(東京)
明治39年［1906］ 第2回東京勧業博覧会三菱館(東京)｜三菱合資会社門司支店(曾禰達蔵と共同設計)(福岡)
明治40年［1907］ 三菱合資会社8·9·10·11号館(東京)
明治41年［1908］ 三菱合資会社長崎支店唐津出張所(佐賀)
明治42年［1909］ 岩崎彌之助深川別邸 池辺茶亭(東京)｜東京日々新聞日報社(本野精吾·内田祥三と共同設計)(東京)
明治43年［1910］ 三菱合資会社12号館(顧問:曾禰達蔵、本野精吾·内田祥三と共同設計)(東京)｜三菱合資会社大阪支店(曾禰達蔵と共同設計)(大阪)
明治44年［1911］ 三菱合資会社13号館(顧問:曾禰達蔵、福田重義·内田祥三と共同設計)(東京)｜高崎倉庫株式会社本社倉庫1号館·大橋町倉庫(設計指導)(群馬)｜静華堂文庫(東京)｜柏原洋紙店(◇)
明治45年［1912］ この年までの間に三菱合資会社21号館までを設計、『新築竣工家屋類纂 第1輯』(編、信友堂)
大正2年［1913］ 三菱合資会社若松支店(福岡)｜三菱合資会社14·15号館(東京)
大正3年［1914］ 中井銀行浦和支店(埼玉)｜中井銀行千住支店(東京)｜木内重四郎邸和館(設計顧問)(千葉)｜東京大正博覧会第一会場明治屋売店·東亭売店·東京陶磁器同業者組合即売所·守田仁丹休息所(東京)｜富山房書肆(東京)、小沢慎太郎商店(東京)｜睦屋商店(東京)
大正4年［1915］ 川越貯蓄銀行本店(埼玉)｜倉持商店(◇)、国分商店(◇)、榮太樓貸事務所(東京)｜田嶋屋商店(◇)、合名会社鈴木セメント製造所大煙突(◇)、『理想の住宅』(著、婦人文庫刊行会)
大正5年［1916］ 秩父銀行(埼玉)
大正6年［1917］ 中井銀行本店(東京)
大正7年［1918］ 第八十五銀行本店(埼玉)｜睦屋増築(東京)｜鈴木家葉山別荘(神奈川)
大正8年［1919］ 中井銀行神田支店(東京)｜井田商店(東京)
大正10年［1921］ 麻田駒之助邸和館(東京)｜熊本商業会議所(熊本)
大正12年［1923］ 『最新住宅建築』(編、鈴木書店)
大正13年［1924］ 第八十五銀行本庄支店(埼玉)
大正14年［1925］ 山崎別邸(埼玉)｜『小住宅の洋風装飾』(著、鈴木書店)｜『欧米化したる日本小住宅』(著、鈴木書店)｜『日本化したる洋風小住宅』(著、鈴木書店)
大正15年［1926］ 長崎次郎書店(熊本)｜『洋風小売商店の建てかた』(著、鈴木書店)｜『理想の住宅 建築知識』(著、嵩山房)
昭和2年［1927］ 『和風を主とする折衷小住宅』(著、鈴木書店)｜『洋風を主とする折衷小住宅』(著、鈴木書店)｜『茶室と茶庭』(著、鈴木書店)
昭和3年［1928］ 『茶席と露地(造園叢書 第24巻)』(著·日本庭園協会編、雄山閣)
昭和4年［1929］ 第八十五銀行小川支店(埼玉)
昭和5年［1930］ 『数寄屋建築(建築資料叢書 第20)』(著、洪洋社)
昭和7年［1932］ 旧釜浅肥料店母屋(群馬)
昭和8年［1933］ 川越貯蓄銀行本店(埼玉)｜『住宅の重要設備』(著、鈴木書店)
昭和11年［1936］ 山吉デパート(埼玉)｜第八十五銀行志木支店(埼玉)｜『茶庭の建造物(茶道全集 巻の4)』(著·創元社編、創元社)
昭和15年［1940］ 『門·塀及垣 住宅の重要設備』(著、鈴木書店)

年表には記載されていないが、個人住宅は多数存在したと考えられる

山田 守 p.317

■略歴

明治27年［1894］ 岐阜県羽島郡上中島村字長間に生まれる
大正6年［1917］ 東京帝国大学工科大学建築学科入学
大正8年［1919］ 滝沢真弓、堀口捨己とともに満鉄実習。中国·青島に足を伸ばし、ドイツ新建築を見る
大正9年［1920］ 7月、石本喜久治、滝沢、堀口、森田慶一、矢田茂らと分離派建築会を組織、第1回作品展を白木屋で行う。東京帝国大学工学部建築学科卒業。逓信省営繕課に技手として就職、11月に技師となる
大正11年［1922］ 神保寿と結婚。日本建築学会特別大会で「新建築と社会」を講演
大正13年［1924］ 復興局土木部事務嘱託
昭和3年［1928］ 9月、分離派建築会第7回作品展を日本橋·三越で行う。この後、分離派建築会は自然解散
昭和4年［1929］ 8月、欧州視察。フランクフルト·アム·マインで第2回CIAMに参加
昭和5年［1930］ 4月、欧州から米国へ。5月、帰国。7月、読売新聞社講堂で「生活最小限の住居」を講演。復興院橋梁課嘱託
昭和7年［1932］ 上野·松坂屋で行なわれた新興独逸建築工芸展覧会において「独逸のジードルンク」を講演
昭和8年［1933］ ブルーノ·タウトが来日し、吉田鉄郎、谷口吉郎らと建築を視察
昭和10年［1935］ 日本技術協会常務理事
昭和15年［1940］ 逓信省営繕課長
昭和19年［1944］ 勲三等瑞宝章受章
昭和20年［1945］ 逓信省退官。通信建設工業設立、専務取締役
昭和24年［1949］ 通信建設工業解散。山田守建築事務所を東京·湯島に開設
昭和26年［1951］ 東海大学理事、工学部建設工学科主任教授を

文化財】
大正14年［1925］　佐々木駒之助邸(兵庫)
大正15年［1926］　汎愛尋常小学校(大阪)｜野村銀行京都支店(京都)｜野村證券本社第1期工事(大阪)｜大阪毎日新聞社主催大阪記念博覧会満蒙出品館(大阪)｜大森邸(大阪)
昭和2年　［1927］　帝人岩国工場(山口)｜野村銀行鶴橋支店(大阪)｜高麗橋野村ビル●(大阪)
昭和3年　［1928］　野村銀行阿倍野橋支店(大阪)｜南満州鉄道株式会社大阪出張所(満鉄鮮満案内所)(大阪)
昭和4年　［1929］　山口銀行堺支店(大阪)｜関川貞雄邸(兵庫)｜野村銀行福岡支店(福岡)｜須賀商会本店(大阪)
昭和5年　［1930］　日本橋野村ビル(現・野村證券日本橋本社ビル)●(東京)｜糸永丈吉邸(大阪)｜熊本石造邸(兵庫)
昭和6年　［1931］　野村證券名古屋支店(愛知)｜山口銀行名古屋支店(愛知)｜安井武雄自邸(兵庫)
昭和7年　［1932］　水口邸(京都)｜鈴木三栄ビル(味の素ビル)(東京)｜野村銀行梅田支店(大阪)｜野村證券豊中宿舎(大阪)
昭和8年　［1933］　大阪ガスビル●(大阪)【国登録有形文化財】｜旧山口吉郎兵衛邸(現・滴翠美術館)●(兵庫)｜野村證券本社増築(大阪)｜山口銀行久留米支店(福岡)｜中国合同電気本社(岡山)
昭和9年　［1934］　帝人三原工場第1期(広島)｜徳大寺則麿邸(兵庫)｜片岡音吾邸増築(大阪)｜横田邸(兵庫)
昭和10年［1935］　第2野村ビル(旧・白木屋ビル)改装(大阪)｜東邦人織徳島工場第1期工事(徳島)｜東邦人織徳島工場研究所第1期(徳島)｜第二帝人三原工場第2期(広島)｜野村元五郎邸(兵庫)
昭和11年［1936］　東邦人織徳島工場女子寄宿舎(徳島)｜東邦人織工場付属建物(徳島)｜南満州鉄道株式会社東京支社(東京)｜松島準吉邸増築(兵庫)｜鳴尾ゴルフクラブ猪名川コースクラブハウス(兵庫)
昭和12年［1937］　京都野村生命ビル●(京都)｜東邦人織徳島工場女子寄宿舎増築・男子寮(徳島)｜安井富士別荘(山梨)｜須賀商会東京支店(東京)｜野村銀行大宮支店(京都)｜太陽人織(田村駒)玉島工場(岡山)｜帝人三原工場(広島)｜東邦人織徳島工場第2期(徳島)
昭和13年［1938］　野村銀行川口支店(大阪)｜日本競馬会京都競馬場(京都)｜帝国繊維徳島工場(徳島)｜野村銀行片町支店(大阪)｜中央織維玉島工場(岡山)｜広瀬安太郎邸(大阪)
昭和14年［1939］　帝人第2麻里布工場(山口)｜野村銀行品川支店(東京)・歌島橋支店(大阪)・荻の茶屋支店(大阪)・錦糸町支店(東京)｜大阪ガスビル地下1階改造(大阪)
昭和15年［1940］　南満州鉄道東京支社増築(東京)｜野村銀行三河島支店(東京)・船場支店(大阪)｜富士電機製造川崎工場(神奈川)・三重工場(三重)
昭和16年［1941］　海軍施設部航空本部の各種施設を委託設計｜富士電機製造豊田工場(東京)
昭和17年［1942］　富士電機製造吹上工場(埼玉)
昭和18年［1943］　富士電機製造四日市工場(三重)｜野村鉱業イトムカ鉱業所(北海道)｜日東航空機掛川工場(静岡)
昭和21年［1946］　須賀工業神戸支店(兵庫)
昭和22年［1947］　野村證券和歌山支店(和歌山)｜東邦レーヨン徳島工場製品倉庫(徳島)｜日本交通公社天王寺営業所(大阪)・神戸簡易宿泊所(兵庫)｜文運堂大阪支店(大阪)｜西村商店大阪支店(大阪)｜大和商事倉庫(大阪)
昭和23年［1948］　機械靴懇和会事務所(大阪)｜東邦化工大阪事務所(大阪)｜山大実業大阪事務所(大阪)｜安井建築設計事務所社屋(大阪)｜帝国繊維徳島工場倉庫(徳島)
昭和24年［1949］　日本交通公社京都駅前営業所(京都)｜縫糸会館(久宝館)(大阪)｜日興物産大阪支店(大阪)｜日本食堂大阪駅構内売店(大阪)｜日本食堂奈良営業所(奈良)｜野村證券大阪支店増築(大阪)
昭和25年［1950］　垣内貿易大阪支店(大阪)｜東邦レーヨン徳島総合グランド・管理職員社宅(徳島)｜羽白商事本社(大阪)｜東邦レーヨン徳島工場倶楽部増築(徳島)｜大同商事大阪支店(大阪)｜大阪ガス泉尾出張所(大阪)｜カトリックダイゼスト東京支社(東京)
昭和26年［1951］　吉善社屋(大阪)｜帝国製麻磐田工場(静岡)｜東邦レーヨン浜寺社宅(大阪)｜国鉄赤穂線坂越駅(兵庫)｜東邦レーヨン大阪事務所(大阪)｜エビス土地建物本社(大阪)｜東邦レーヨン徳島工場社宅・食堂・労働会館ほか(徳島)
昭和27年［1952］　東邦レーヨン大垣工場(岐阜)｜大和紡績本社(大阪)｜日本化学繊維検査協会本館・中央検査所(大阪)｜大和紡績福井工場増築(福井)｜帝国製麻大阪支店改装(大阪)｜野村證券岐阜営業所(岐阜)｜杉村倉庫土佐堀倉庫(大阪)｜多聞酒造福岡支店・瓶詰工場(福岡)｜オール商会ゴッドフレー邸・モンセン邸・ブラント邸(兵庫)｜須賀工業名古屋支店(愛知)｜関東衣料店舗(大阪)
昭和28年［1953］　兵庫相互銀行本店(兵庫)｜日綿実業本社ビル(大阪)｜兵庫相互銀行西脇支店(兵庫)｜日本郵船神戸支店改装(兵庫)｜大和紡績金沢工場増改築(石川)｜山陽百貨店(兵庫)｜野村證券岡山支店(岡山)・小倉支店(福岡)・静岡支店(静岡)・渋谷支店(東京)・福岡支店(福岡)・本社改装(大阪)｜石原産業那智妙法鉱業所(和歌山)｜須賀工業東京支店(東京)｜神戸銀行西野田支店(大阪)｜杉村倉庫神戸港第三突堤倉庫(兵庫)｜東邦レーヨン徳島工場社宅(徳島)｜実業の日本社改装(東京)
昭和29年［1954］　東邦レーヨン徳島研究所・工場・増築・社員アパート(徳島)｜安井武雄自邸(兵庫)｜落綿会館(大阪)｜野村證券上野支店(東京)・神戸支店(兵庫)・広島支店(広島)・浜松支店(静岡)｜石原産業四日市チタン工場・塩浜共同住宅(三重)｜商工中金大阪支店(大阪)｜原田邸(京都)｜富士電機製造三重工場小型電動機工場(三重)｜野村證券久ヶ原明生寮(東京)
昭和30年［1955］　野村證券高松支店(香川)｜大和紡績金沢工場織布工場(石川)｜東邦レーヨン徳島工場研究所・実験所(徳島)｜日本専売公社京都工場西大路アパート(京都)｜神戸町立神戸小学校(兵庫)

保岡勝也　p.141

■略歴
明治10年［1877］　東京に生まれる
明治33年［1900］　東京帝国大学工科大学建築学科卒業、三菱に入社
明治35年［1902］　三菱を退社し、東京帝国大学大学院入学

昭和3年 [1928] 片倉館●(長野)【重要文化財】｜片倉別邸(現・諏訪湖ホテル)●(長野)｜蓬莱家旅館(東京)｜遠山薬局(東京)｜東京市芝浦火力発電所(東京)
昭和4年 [1929] 東京歯科医学専門学校(東京)｜米井商店(現・ヨネイビルディング)●(東京)｜片倉生命福岡支社(福岡)｜丸嘉ビル●(東京)｜杏花楼(東京)｜博正ビル(東京)｜木下旅館(東京)｜血脇守之助邸(東京・千駄ヶ谷)
昭和5年 [1930] 鉄道工業会社(東京)｜豊玉ビル(東京)｜上伊那図書館(現・伊那市創造館)(基本設計)●(長野)
昭和7年 [1932] 東京弁護士会館(東京)｜朝日石綿ビル(東京)｜佐世保市公会堂(長崎)
昭和8年 [1933] 常盤松御殿(東京)｜明治製菓銀座売店(東京)｜李王家伊豆今井浜別邸(静岡)★
昭和9年 [1934] 明治製菓大阪支社(大阪)
昭和10年 [1935] 片倉生命大阪支社(大阪)
昭和12年 [1937] 古稀庵(神奈川)
昭和13年 [1938] 藤田邸(◇)
昭和16年 [1941] 血脇守之助邸(東京・代々木)

安井武雄 p.225

■略歴

明治17年 [1884] 2月25日、千葉県佐倉に生まれる。父信胤は和歌山県出身の陸軍軍人。母勇は栃木県佐山作造の娘。四男一女の次男。陸軍大将児玉源太郎が名付け親と伝えられる
明治36年 [1903] 4月、豊橋中学から、第一高等学校入学。在学中、白馬会洋画研究所にて油絵を学ぶ
明治40年 [1907] 4月、東京帝国大学工科大学建築学科入学。2年次まで主席であったと伝えられる
明治43年 [1910] 3月、東京帝国大学卒業。4月、南満州鉄道株式会社入社、工務課に勤務。課長堀三之助、課員178名、最大の課であった
大正5年 [1916] 4月4日、山口県萩の井上仁郎・芳子の娘井上浄と結婚
大正8年 [1919] 夏頃、堀口捨己、山田守、滝沢真弓、中国見学旅行。途中、大連で安井に会う。この年、波江悌夫(先に片岡建築事務所に入所)の強い勧誘に応じ満鉄を辞し帰国。大阪の片岡建築事務所に入る。11月、大阪毎日新聞社起工。この現場監理に携わる
大正9年 [1920] 10月11日、片岡建築事務所より派遣され渡米。ニューヨークのロックライズ・アンド・トンプソン事務所にて神戸川崎造船所総合病院(実施されず)設計に従事する
大正10年 [1921] 5月、帰国。この年、満鉄時代に知遇を受けた広瀬安太郎・池田貞夫(野村合名会社役員)らの推薦により野村銀行堂島支店の設計を大阪毎日新聞社の現場事務所にてなす。同時期に大阪毎日新聞社代理部も設計
大正11年 [1922] この頃、片岡建築事務所分室(土佐堀川沿いの公衆浴場の2階)で野村銀行本店の設計を特に指名で担当する。7月、大阪倶楽部焼失(野口孫一、長谷部鋭吉設計、大正2年)、新会館の設計を指名で受け、片岡建築事務所在職のまま大阪倶楽部臨時建築事務所を組織主宰する
大正13年 [1924] 4月、片岡建築事務所を辞し大阪信濃橋日清生命館の一室に安井武雄建築事務所を開設。この年、帝国人造絹糸株式会社の建築関係顧問となり同社工場設計に関与(–昭和11年頃)
大正14年 [1925] 早稲田大学講師を委嘱される(–昭和10年)
大正15年 [1926] 東京事務所を千代田区丸ノ内の三菱仲14号館に開設。日本建築協会都市計画委員
昭和3年 [1928] 事務所を自ら設計した大阪市東区の高麗橋野村ビル6階に移転
昭和4年 [1929] 5月、大阪ガス株式会社社長片岡直方と大阪ガスビルの設計・監理の契約
昭和7年 [1932] 10月、日本建築協会教化委員長。この年、大美野田園都市住宅博覧会(日本建築協会創立15周年記念事業として開催)副委員長および展覧会部副委員長。この年より南満州鉄道株式会社東京支社の設計を始める
昭和8年 [1933] 京都帝国大学講師を委嘱される(–昭和21年)
昭和11年 [1936] 日本建築協会副会長就任
昭和12年 [1937] この頃より野村銀行の支店を多数設計
昭和13年 [1938] 戦前において事務所が本格的な鉄骨および鉄筋コンクリート造の建物を設計した最後の年となる
昭和14年 [1939] 政府の貯蓄増進の方針に添った木造小規模銀行を数店設計
昭和15年 [1940] 7月15日、『安井武雄作品譜』城南書院刊、戦前の作品を集成
昭和16年 [1941] 戦争激化し、いよいよ建築家本来の設計依頼は少なくなる。鬱々とした日々を終日撞球で過ごしたという
昭和18年 [1943] 野村殖産貿易株式会社顧問に就任
昭和20年 [1945] 8月15日、敗戦。直前、事務所のあった高麗橋野村ビルを海軍に接収され、事務所を野村ビルに移す。自邸を進駐軍に接収される。12月、財閥解体により設立された野村建設工業の社長就任。もっぱら木造建築を設計・施工
昭和21年 [1946] 12月21日、野村建設工業社長辞任。安井建設株式会社を設立、大阪市東区本町に事務所を構える
昭和22年 [1947] この頃より昭和25年頃まではほとんど小規模木造建築のみ
昭和23年 [1948] 大阪市東区安土町2丁目に事務所を新築
昭和26年 [1951] 1月、株式会社安井建築設計事務所として組織変更、施行部門は独立し藤井建設として発足
昭和28年 [1953] 4月、東京事務所を丸ノ内に再開。春、自邸接収解除
昭和29年 [1954] 5月、石原産業四日市工場視察の帰途発病、病床に伏す
昭和30年 [1955] 4月、佐野正一入社。日本建築協会名誉会員に推挙される。5月23日、逝去(71歳)。5月27日、大阪今橋カトリック教会にて葬儀

■主な作品

【南】印は南満州鉄道株式会社時代の作品｜【片】印は片岡建築事務所時代の作品｜●印は日本に現存｜★印は推定竣工年

明治44年 [1911] 大連税関長官舎【南】(大連)
大正3年 [1914] 安東記念物産館【南】(安東)｜京都大礼記念博覧会満州館【南】(京都)｜大連西公園音楽堂【南】(大連)
大正4年 [1915] 南満州鉄道用度課倉庫【南】(大連)｜南満州鉄道中央試験所【南】(大連)
大正8年 [1919] 大連浜町用度事務所(用度課倉庫の改築か)【南】★(大連)
大正11年 [1922] 野村銀行堂島支店【片】(大阪)｜大阪毎日新聞社代理部【片】(大阪)
大正13年 [1924] 野村銀行本店【片】(大阪)｜大阪倶楽部(大阪倶楽部臨時建築事務所)●(大阪)【国登録有形

昭和8年 [1933] 「日本インターナショナル建築会」活動停止
昭和11年 [1936] 台湾旅行(10月24日-11月7日)
昭和12年 [1937] 「プレスアルト研究会」設立
昭和14年 [1939] アメリカ旅行(8月6日-9月22日)
昭和16年 [1941] 「新制図案家協会」設立。中国・満州・朝鮮旅行(8月12日-9月17日)
昭和18年 [1943] 京都高等工芸学校教授辞職。敍従三位勲二等。京都高等工芸学校講師。チーゼル自動車株式会社顧問
昭和19年 [1944] 8月26日、京都にて逝去(61歳)

■主な作品
○印は計画のみ|◇印は所在地不明
明治39年 [1906] 東京帝国大学卒業制作「INSTITUTE OF ARCHITECTS」(優秀作品に選定)
明治40年 [1907] 東京勧業博覧会三菱出品館(三菱合資会社在籍時)(東京)
明治43年 [1910] 丸の内第12号館(三菱合資会社在籍時)(東京)
大正3年 [1914] 西陣織物館(京都)
大正12年 [1923] 新邸○(◇)
大正13年 [1924] 京都高等工芸学校実習室(京都)|三木楽器音楽室(大阪)|楽器陳列所○(◇)|本野精吾自邸(京都)
大正15年 [1926] こども博覧会正門・装飾デザイン(京都)
昭和2年 [1927] 或る学校建築への草案(後の京都高等工芸学校本館)○(京都)|住宅○(◇)|果物店店頭の改装・ロゴマークデザイン他○(◇)
昭和3年 [1928] 大阪商船株式会社「緑丸」室内意匠
昭和4年 [1929] 鶴巻邸(京都)|池田邸(京都)|大阪商船株式会社「菫丸」室内意匠
昭和5年 [1930] 京都高等工芸学校本館(京都)|フルーツパーラー八百常(京都)
昭和6年 [1931] フルーツパーラー八百文(京都)|自在椅子
昭和7年 [1932] 書斎家具
昭和8年 [1933] 書斎家具セット(京都家具工芸展覧会第4回展出品)
昭和9年 [1934] 休憩イス
昭和10年 [1935] 乾構造小住居(緑桂山荘)(京都)|東京湾汽船株式会社「橘丸」船体デザイン・室内意匠|安楽自在椅子
昭和11年 [1936] 川北化学企業研究所(京都)|宮崎家具店1階東客間室内意匠(京都)
昭和12年 [1937] 大橋廉堂邸(京都)
昭和14年 [1939] 日本郵船株式会社「出雲丸」室内意匠の一部(建造中に航空母艦「飛鷹」へ変更)

森山松之助 p.133

■略歴
明治2年 [1869] 6月7日、森山茂(後の貴族院議員)の長男として大阪に生まれる。姉・愛子は後に高山紀齋(東京歯科大学の前身の創始者)と結婚する
明治22年 [1889] 学習院尋常中学校を卒業。久邇宮邦彦王は学習院の後輩。第一高等学校に入学
明治26年 [1893] 結核のため1年遅れて第一高等学校を卒業。帝国大学工科大学造家学科入学
明治30年 [1897] 結核のため再び1年遅れて帝国大学工科大学造家学科を卒業。卒業論文は「小屋組みの応力と寸法決定法」、卒業設計は「UNIVERSITY HALL」。共に武田五一を抜いて首位を占める。大学院に入学し、「造家上換気及び暖房」を専攻する
明治31年 [1898] 第一銀行建築事務所嘱託勤務。清水喜助の第一銀行を実測する
明治33年 [1900] 東京歯科医学校の理学・化学講師、東京高等工業学校講師を勤める
明治34年 [1901] 岡田時太郎家に居候する(-明治38年)
明治37年 [1904] 建築学攻究会発行の建築学講本で、日本建築沿革史、建築材料、建築施工法、建築構造強弱学を執筆
明治39年 [1906] 台湾総督府営繕課嘱託となる
明治40年 [1907] 台湾総督府新庁舎コンペで、長野宇平治案が甲賞なしの乙賞となる。森山は1次入選
明治43年 [1910] 台湾総督府営繕課土木技師となる
明治44年 [1911] 台湾総督府新庁舎工事主任となり、工事にかかる
明治45年 [1912] 大阪市中央公会堂コンペに参加するも提出後撤回。欧米視察に出発
大正2年 [1913] 帰国
大正9年 [1920] 以前から実質上妻であった西尾朝と正式に結婚する
大正10年 [1921] 台湾総督府を辞職し、帰朝する
大正11年 [1922] 銀座の高山歯科医院の一角に建築事務所を開設する
昭和19年 [1944] 港区高輪から世田谷区代田に転居する
昭和20年 [1945] 山形県鶴岡市に疎開する
昭和24年 [1949] 齋藤方で逝去(79歳)

■主な作品
●印は現存|◇印は所在地不明|★印は推定竣工年
明治39年 [1906] 東京歯科医学院(東京)|血脇守之助邸および診療所(東京)
明治40年 [1907] 東京勧業博覧会台湾館(東京)
明治42年 [1909] 台北市電話交換局(台湾・台北)|土木部庁舎(台湾・台北)|交通部(台湾・台北)|水道課長官舎(台湾・台北)|台北水道ポンプ室(現・自來水博物館)●(台湾・台北)【三級古蹟】
明治43年 [1910] 名古屋博覧会台湾館(愛知)|血脇守之助邸(東京・代々木)|台南郵便局(台湾・台南)
明治45年 [1912] 台湾ガス株式会社(台湾・台北)|基隆郵便局(台湾・基隆)
大正2年 [1913] 台中州庁(現・台中市政府)●(台湾・台中)【市定古蹟】|台湾総督官邸改修(現・台北賓館)●(台湾・台北)【国定古蹟】|台南法院●(台湾・台南)【二級古蹟】|北投温泉公共浴場(現・北投温泉博物館)●(台湾・台北)【三級古蹟】
大正4年 [1915] 台北州庁(現・監察院)●(台湾・台北)【国定古蹟】
大正5年 [1916] 台南州庁(現・国立台湾文学館)●(台湾・台南)【国定古蹟】|斎南教会(台湾・台北)
大正8年 [1919] 台湾総督府新庁舎(現・中華民国総統府)●(台湾・台北)【国定古蹟】|交通局鐵道部庁舎及び八角楼(台湾・台北)【国定古蹟】
大正11年 [1922] 専売局庁舎(現・台湾菸酒公司本社)(推定)●(台湾・台北)【国定古蹟】
大正13年 [1924] 久邇宮御常御殿(現・聖心女子大学パレス)●(東京)【国登録有形文化財】|千葉亀之助邸(現・菊地寛実記念智美術館西洋館)●(東京)【国登録有形文化財】
大正14年 [1925] 東京市電気研究所(東京)
大正15年 [1926] 本所公会堂(東京)
昭和2年 [1927] 蜂須賀侯爵邸(東京)|御成婚記念御凉亭(現・旧御凉亭(台湾閣))●(東京)【都選定歴史的建造物】|高島邸(◇)|明治乳業両国工場(東京)

	産ビル(現・ANAクラウンプラザホテル宇部)●(山口)｜谷村美術館●(新潟)
昭和59年[1984]	村野建築研究所心斎橋事務所(大阪)
昭和60年[1985]	新高輪プリンスホテル茶寮恵庵●(東京)｜都ホテル大阪(現・シェラトン都ホテル大阪)●(大阪)｜笠間東洋ゴルフ倶楽部クラブハウス(現・スターツ笠間ゴルフ倶楽部)●(茨城)
昭和61年[1986]	京都宝ヶ池プリンスホテル(現・グランドプリンスホテル京都)●(京都)
昭和63年[1988]	都ホテル新宴会場(現・西館)●(京都)｜甲南女子大学芦原講堂●(兵庫)
昭和64年[1989]	三養荘●(静岡)

ジェイ・ハーバート・モーガン p.185

■略歴

明治元年 [1868]	12月10日、ニューヨーク州バッファローに家具職人トーマス・モーガンの長男として誕生
明治18年 [1885]	この頃、ミネソタ州ミネアポリスに一家で転居
明治22年 [1889]	ワレン・B.ダネルの事務所にドラフトマンとして勤務。ボーウェン邸が雑誌に掲載される
明治25年 [1892]	ウィスコンシン州ミルウォーキーのウィリアム・D.キンボールの事務所にドラフトマンとして勤務。この頃、オーガスタ・ジュヌビエーブ・ショッソーと結婚
明治29年 [1896]	ミルウォーキーのオットー・ストラックの事務所にドラフトマンとして勤務。長女キャサリン・エレノア・モーガン誕生
明治31年 [1898]	次女ルシル・ベアトリス・モーガン誕生
明治32年 [1899]	フラー会社の招きにより、ストラックと共にニューヨークへ。肩書きはドラフトマン
明治35年 [1902]	ストラックの事務所退所。フラー会社に勤務か
明治37年 [1904]	長男ジェイ・ハーバート・モーガン誕生
明治38年 [1905]	ニューヨークの大型劇場ヒッポドロームを設計
明治42年 [1909]	チャールズ・A.リードの導きにより、ニューヨーク・セントラル鉄道会社入社
明治44年 [1911]	リードの逝去に伴い、ニューヨーク・セントラル鉄道会社退社。マンハッタン区マディソン街331で設計事務所を自営
大正6年 [1917]	建築家として軍に参加か
大正9年 [1920]	1月、サンフランシスコからナイル号に乗り、日本へ。2月20日、到着。3月19日、フラー会社と三菱合資会社地所部が合弁会社・フラー建築株式会社(ジョージ・A.フラー・カンパニー・オリエント)を設立し、モーガンはフラー会社から唯一の建築家として参画。7月、丸ノ内ビルディング着工。9月、日本郵船ビル、日本石油ビル(有楽館)着工。石井たまのと知り合う
大正11年 [1922]	8月、日本郵船ビル内に建築設計事務所を開設。12月、フラー建築株式会社退社
大正12年 [1923]	9月、関東大震災。日本建築士会入会
大正15年 [1926]	4月、横浜露亜銀行内に事務所移転(横浜山下町51B)
昭和3年 [1928]	ユニオン・ビルディング内に事務所移転(横浜山下町75)
昭和12年 [1937]	6月6日、横浜一般病院で急性気管支肺炎のため逝去(68歳)

■主な作品
●印は現存｜★印は推定竣工年

大正10年 [1921]	クレセント・ビル(兵庫)
大正12年 [1923]	立憲政友会本部(東京)
大正13年 [1924]	三崎会館改修工事(東京)
大正14年 [1925]	ヨコハマ・カントリー・アンド・アスレチック・クラブ(YC&AC)●(神奈川)｜デビン邸●(長野)
昭和元年 [1926]	東北学院専門部(現・大学本館)●(宮城)【国登録有形文化財】｜ラフィン邸(現・山手111番館)●(神奈川)｜ウォベター邸(兵庫)｜メンデルソン邸(神奈川)
昭和2年 [1927]	関東学院高等学部校舎(神奈川)｜ユニオン・ビルディング(神奈川)｜中外舎蜜工場(大阪)｜松山女学校体育館・宣教師館(愛媛)
昭和3年 [1928]	東北学院ハウスキーパー社交館(宮城)｜ジレット邸(神奈川)｜松山女学校(現・松山東雲中学・高等学校)寄宿舎・正門●(愛媛)
昭和4年 [1929]	ニューヨーク・ナショナル・シティ銀行横浜支店(神奈川)｜尚絅女学院インディアナ・ビルディング(宮城)｜関東学院中等部校舎(現・中学本館)●(神奈川)｜根岸競馬場一等馬見所●(神奈川)
昭和5年 [1930]	ベリック邸(現・ベーリック・ホール)●(神奈川)｜根岸競馬場二等馬見所(神奈川)
昭和6年 [1931]	チャータード銀行横浜支店(神奈川)｜横浜クライストチャーチ・山手聖公会聖堂●(神奈川)｜モーガン邸★(神奈川)
昭和7年 [1932]	アメリカ領事館(神奈川)｜東北学院ラーハウザー記念礼拝堂●(宮城)【国登録有形文化財】
昭和8年 [1933]	香港上海銀行横浜支店(神奈川)｜ホテル・ニュー・グランド増築工事(神奈川)
昭和9年 [1934]	香港上海銀行支店長住宅(神奈川)
昭和10年 [1935]	シーベル・ヘグナー・ビルディング(神奈川)
昭和11年 [1936]	デビン邸●(神奈川)｜クック邸(神奈川)
昭和12年 [1937]	立教大学予科校舎(現・4号館)●(東京)｜横浜一般病院(神奈川)｜チャータード銀行神戸支店(現・チャータードビル)●(兵庫)

本野精吾 p.277

■略歴

明治15年 [1882]	9月30日、東京に生まれる
明治32年 [1899]	第一高等学校入学
明治36年 [1903]	第一高等学校卒業。東京帝国大学工科大学建築科入学
明治39年 [1906]	東京帝国大学工科大学建築科卒業。三菱合資会社入社(保岡勝也の下で設計に携わる)
明治40年 [1907]	結婚
明治41年 [1908]	京都高等工芸学校図案科教授。「オキナ会」参加
明治42年 [1909]	6月、図案学研究のため英独仏留学に向けて出発(主にベルリンに留学したとみられる)
明治44年 [1911]	12月、帰国
大正2年 [1913]	「国民美術協会」参加
大正6年 [1917]	「日本建築協会」参加
大正7年 [1918]	武田五一の転出に伴い、京都高等工芸学校図案科長就任
大正10年 [1921]	「柊会」参加
昭和2年 [1927]	「日本インターナショナル建築会」設立
昭和6年 [1931]	「京都家具工芸研究会」設立
昭和7年 [1932]	京都高等工芸学校図案科の教育プログラム提案、「ソヴェートの友の会」参加(京都支部幹事)

大正3年　[1914]　早稲田大学理工科予科電気科入学
大正4年　[1915]　早稲田大学理工科予科建築科に転科
大正7年　[1918]　早稲田大学理工学部建築科卒業。渡邊節建築事務所入所
昭和4年　[1929]　村野建築事務所開設
昭和5年　[1930]　建築研究のためアメリカ・ヨーロッパ外遊
昭和10年 [1935]　ドイツ政府より赤十字名誉章
昭和24年 [1949]　村野、森建築事務所に改称
昭和28年 [1953]　建築研究のためアメリカ・ヨーロッパ外遊
昭和30年 [1955]　日本芸術院会員
昭和33年 [1958]　藍綬褒章受章
昭和34年 [1959]　日本建築家協会関西支部長
昭和37年 [1962]　日本建築家協会会長
昭和38年 [1963]　英国王立建築学会名誉会員
昭和42年 [1967]　文化勲章受章
昭和45年 [1970]　アメリカ建築家協会名誉会員。バチカンより大聖グレゴリウス騎士章受章
昭和47年 [1972]　日本建築学会大賞
昭和48年 [1973]　早稲田大学名誉博士
昭和59年 [1984]　11月26日、逝去(93歳)

■主な作品
●印は現存

昭和3年[1928]　南大阪教会●(大阪)
昭和6年[1931]　合名会社森五商店東京支店(現・近三ビルヂング)●(東京)｜神戸大丸舎監の家(兵庫)｜大阪パンション(大阪)
昭和7年[1932]　加納合同銀行本店(現・北國銀行武蔵ヶ辻支店)●(石川)｜紙卸商中島商店●(石川)
昭和10年[1935]　ドイツ文化研究所(京都)｜十合(そごう)百貨店・茶室(大阪)
昭和11年[1936]　都ホテル(現・ウェスティン都ホテル京都)本館(京都)
昭和12年[1937]　大丸百貨店神戸支店(兵庫)｜宇部市民館(現・渡辺翁記念会館)●(山口)【重要文化財】｜比叡山ホテル(京都)
昭和13年[1938]　大阪商船アルゼンチナ丸・ブラジル丸｜大庄村役場(現・尼崎市立大庄公民館)●(兵庫)【国登録有形文化財】
昭和14年[1939]　都ホテル5号館・宴会場(京都)｜中山悦治氏邸●(兵庫)
昭和15年[1940]　中山央氏邸(兵庫)
昭和16年[1941]　中林仁一郎氏邸(京都)｜村野邸(兵庫)
昭和25年[1950]　名古屋丸栄ホテル+付属劇場(愛知)
昭和26年[1951]　志摩観光ホテル(現・志摩観光ホテル ザ クラシック)●(三重)｜関西大学大学ホール(大阪)
昭和27年[1952]　髙島屋東京支店(日本生命東京総局)(現・日本橋髙島屋)●(東京)【重要文化財】
昭和28年[1953]　フジカワ画廊(現・フジカワビル)●(大阪)｜世界平和記念聖堂●(広島)【重要文化財】｜丸栄百貨店増築●(愛知)
昭和30年[1955]　関西大学円形図書館(現・簡文館)●(大阪)【国登録有形文化財】｜ドウトン(現・コムラードドウトン)●(大阪)
昭和31年[1956]　神戸新聞会館(兵庫)｜心斎橋プランタン(大阪)
昭和32年[1957]　六甲学院体育館(兵庫)｜近鉄百貨店(阿倍野店)増築(大阪)｜読売会館(そごう百貨店)(現・ビックカメラ有楽町店)●(東京)｜富田屋●(大阪)→湯豆腐 嵯峨野として移築(京都)｜村野邸増築●(兵庫)
昭和33年[1958]　新大阪ビル(大阪)｜米子市公会堂●(鳥取)｜八幡市中央公民館(八幡市民会館)●(福岡)｜大阪新歌舞伎座(大阪)｜妙心寺花園会館(京都)
昭和34年[1959]　横浜市庁舎●(神奈川)｜泉州銀行本店(現・池田泉州銀行泉州営業所)●(大阪)｜宝塚ゴルフクラブ●(兵庫)｜指月亭(北川邸)(東京)
昭和35年[1960]　都ホテル佳水園・新館●(京都)｜関西大学第5学舎特別講堂(現・KU シンフォニーホール)●(大阪)｜輸出繊維会館●(大阪)｜早稲田大学文学部(東京)
昭和37年[1962]　出光興産九州支店(福岡)｜森田ビル●(大阪)｜尼崎市庁舎(現・尼崎市庁舎南館)●(兵庫)
昭和38年[1963]　関西大学体育館(現・千里山東体育館)●(大阪)｜日本生命日比谷ビル(日生劇場)●(東京)｜名古屋都ホテル(愛知)｜名神高速道路レストハウス(滋賀)
昭和39年[1964]　関西大学専門図書館(現・ITセンター)●(大阪)｜甲南女子大学管理棟●(兵庫)
昭和40年[1965]　愛知県森林公園センター (愛知)
昭和41年[1966]　泉州銀行府中支店(現・池田泉州銀行和泉支店)●(大阪)｜出光興産京都支店(京都)｜浪花組東京支店(東京)｜千代田生命本社ビル(現・目黒区総合庁舎)●(東京)｜西宮商工会館●(兵庫)｜宝塚カトリック教会●(兵庫)｜村野・森建築事務所●(大阪)
昭和42年[1967]　大阪ビル(東京八重洲)(現・八重洲ダイビル)●(東京)｜桜井寺●(奈良)
昭和43年[1968]　甲南女子中・高等学校講堂●(兵庫)｜都ホテル山城の間●(京都)
昭和44年[1969]　都ホテル新宴会場・11号館増築(現・南館)●(京都)｜近鉄上本町ターミナルビル●(大阪)｜日本ルーテル神学大学(現・ルーテル学院大学)本館・チャペル・ドミトリー・教員住宅●(東京)｜西宮トラピスチヌ修道院●(兵庫)
昭和45年[1970]　東京銀行大阪支店●(大阪)｜高橋ビル本社(現・アールビル本館)●(大阪)｜帝国ホテル茶室(現・帝国ホテル東京 東光庵)●(東京)
昭和46年[1971]　八幡信用金庫本店(現・福岡ひびき信用金庫本店営業部)●(福岡)｜箱根樹木園休息所●(神奈川)
昭和47年[1972]　髙島屋東京支店別館(東京)｜近映レジャービル アポロ(現・きんえいアポロビル)●(大阪)
昭和48年[1973]　近鉄上六ターミナルビル第2期工事●(大阪)｜野村不動産港南台モデルハウス(神奈川)｜日本生命岡山駅前ビル(現・岡山髙島屋)●(岡山)
昭和49年[1974]　日本興業銀行本店(東京)｜迎賓館(旧赤坂離宮)改修工事●(東京)【重要文化財】
昭和50年[1975]　西山記念会館(兵庫)｜小山敬三美術館●(長野)
昭和51年[1976]　甲南女子大学阿部記念図書館●(兵庫)｜常陸宮邸●(東京)｜なだ万山茶花荘(現・ホテルニューオータニ なだ万本店 山茶花荘)●(東京)｜大阪ビルヂング麹町(現・麹町ダイビル)●(東京)
昭和53年[1978]　箱根プリンスホテル(現・ザ・プリンス 箱根芦ノ湖本館)●(神奈川)
昭和54年[1979]　都ホテル東京(現・シェラトン都ホテル東京)内装設計●(東京)｜松寿荘(東京)｜宇部市文化会館●(山口)｜八ヶ岳美術館●(長野)
昭和55年[1980]　東京銀行東銀綜合ビル(兵庫)｜宝塚市庁舎●(兵庫)｜紀尾井町南部ビル●(東京)
昭和57年[1982]　新高輪プリンスホテル(現・グランドプリンスホテル高輪)●(東京)
昭和58年[1983]　志摩観光ホテル宴会場増築●(三重)｜宇部興

昭和42年［1967］	八勝館中店（栄）
昭和43年［1968］	大原山荘
昭和44年［1969］	有楽苑（如庵移築、元庵復元、庭園設計）
昭和45年［1970］	清恵庵
昭和56年［1981］	黄金の茶室復元監修

松田軍平 p.257

■略歴

明治27年［1894］	10月8日、松田武一郎の次男として福岡県に生まれる
明治41年［1908］	1月、父・武一郎、南満州鉄道撫順炭鉱の所長に就任
明治44年［1911］	2月、父・武一郎病死。7月、兄・昌平、名古屋高等工業学校建築科卒業。8月、南満州鉄道建築課に就職（1913年、病のため帰国）
大正3年［1914］	3月、福岡県立福岡工業学校卒業
大正7年［1918］	3月、名古屋高等工業学校建築科卒業。4月、清水組に入社。12月、軍隊に入隊（-1920年春）
大正10年［1921］	3月、清水組を退社、渡米。6月、ニューヨークに到着。9月、コーネル大学建築科3学年に編入
大正12年［1923］	6月、同大学卒業。ヨーロッパ建築見学ツアーに参加。10月、ジョン・ラッセル・ポープ建築事務所で設計に従事☆
大正13年［1924］	4月、トローブリッジ＆リヴィングストン建築事務所に入所☆
大正14年［1925］	4月、T&Lで三井本館の設計に従事
昭和2年［1927］	4月、帰国。三井本館工事監理副主任（-1929年6月）。12月、上野山愛子と結婚
昭和4年［1929］	T&L設計の三井銀行4支店の工事監理（-1931年8月）
昭和6年［1931］	9月、赤坂丹後町の自宅の2階に松田建築事務所を開設。所員は軍平、浅田繁男、立花祐次郎、平田重雄の4名。10月、日本建築士会に入会
昭和7年［1932］	坂本俊男入所
昭和8年［1933］	銀座の交詢社ビルに事務所を移転（所員7名）
昭和9年［1934］	平田重雄、愛子の妹と結婚
昭和10年［1935］	兄・昌平の事務所と合同で奉天事務所開設（-1945年）
昭和12年［1937］	内幸町の高千穂ビルディングに事務所を移転（所員約30名）
昭和17年［1942］	9月、松田平田設計事務所に改称
昭和23年［1948］	4月、日本建築士会会長（-1949年）
昭和31年［1956］	6月、日本建築家協会初代会長（-1959年、1968年再任）
昭和41年［1966］	8月、松田平田坂本設計事務所に改称
昭和45年［1970］	6月、東京都設計事務所建築保険組合理事長（-1978年）
昭和48年［1973］	4月、妻・愛子逝去
昭和50年［1975］	11月、日本建築設計監理協会連合会初代会長（-1980年）
昭和51年［1976］	8月、兄・昌平逝去
昭和56年［1981］	4月23日、逝去（86歳）

☆『松田軍平［回顧録］』［松田平田坂本設計事務所／1987］では、T&L入所を1925年4月としているが、既に石田繁之介、鈴木博之両氏が指摘しているように、三井側の資料と矛盾する。鈴木氏の推測しているように、T&L入所は正しくは1924年4月、J.R.ポープ事務所の入所時期も同書の記述より1年早い1923年10月が正しいと考えられる

■主な作品

☆印は竣工月不明

昭和8年［1933］	石橋徳次郎邸（1月、福岡）｜藤井舜次邸☆（東京）｜ブリッヂストンタイヤ久留米工場（12月、福岡）
昭和9年［1934］	三井高修伊豆別邸（4月、静岡）｜牧野良三邸☆（東京）｜加納百里箱根仙石原別邸（10月、神奈川）｜昭和生命館☆（福岡）
昭和10年［1935］	都新聞社増築（2月、東京）｜東條写真館☆（東京）｜潮田勢吉邸（8月、東京）｜鐘紡銀座サービスステーション（11月、東京）
昭和11年［1936］	田島繁二邸（10月、東京）
昭和12年［1937］	石橋正二郎邸（4月、東京）｜繁桂寺☆（栃木）｜三井物産門司支店（6月、福岡）｜三井高長那須別邸（6月、栃木）｜旭屋デパート（7月、福岡）｜暁星中学講堂武道場（9月、東京）｜三井銀行新宿支店（12月、東京）｜高岡組本店☆（大連）｜三井物産奉天支店☆（奉天）
昭和13年［1938］	新順一邸☆（東京）｜三和鉱業旭鉱山部事務所☆（東京）
昭和14年［1939］	日本女子大学西生田学寮（5月、神奈川）｜三井鉱山目黒研究所（7月、東京）｜中部謙吉邸☆（東京）｜宮川武邸☆（東京）｜大阪商船ぶらじる丸一等食堂（12月）｜三井鉱山石油合成工場一連の工事☆（福岡）
昭和15年［1940］	新田丸一等喫煙室・一等読書室（3月）｜石橋正二郎軽井沢山荘（8月、長野）
昭和16年［1941］	大洋捕鯨株式会社本社☆（東京）｜ブリッヂストンタイヤ本社（12月、東京）｜近江屋ホテル☆（鞍山）
昭和17年［1942］	日本女子大学西生田校舎☆（神奈川）｜中部化学研究所（5月、東京）｜三井物産新京支店☆（新京）｜満洲合成燃料病院（満洲）
昭和18年［1943］	三井化学三池染料工業所一連の工事☆（福岡）
昭和19年［1944］	三井物産済南支店☆（中国・山東）｜三井化学病院研究所☆（福岡）
昭和20年［1945］	米軍三宅坂施設☆（東京）｜日本タイヤ仮本社（10月、東京）
昭和21年［1946］	米国空軍横田地区諸施設☆（東京）（-1949年）
昭和22年［1947］	米軍横浜本牧地区家族用住宅附属建物施設☆（神奈川）
昭和26年［1951］	ブリヂストンビル第1期工事（12月、東京）
昭和27年［1952］	沖縄米国陸軍施設☆（沖縄）（-1954年）
昭和28年［1953］	琉球政府舎（4月、沖縄）
昭和31年［1956］	中山競馬場観覧スタンド改築1次工事（10月、千葉）
昭和32年［1957］	東京競馬場「万歳館」改築（11月、東京）
昭和34年［1959］	ブリヂストンビル第2期工事（5月、東京）
昭和35年［1960］	松田平田設計事務所ビル（6月、東京）｜日比谷三井ビル（8月、東京）｜中山競馬場観覧スタンド改築2次工事（9月、千葉）
昭和48年［1973］	松田家の墓☆（神奈川）

松田の年譜は、松田建築事務所時代の作品を中心に取り上げています

村野藤吾 p.333

■略歴

明治24年［1891］	5月15日、佐賀県東松浦郡満島村（現・唐津市東唐津）に生まれる
明治43年［1910］	小倉工業学校機械科卒業。八幡製鉄所入所
明治44年［1911］	軍隊に入り、陸軍砲兵隊に配属（-大正2年）

大正7年 [1918] 滝沢真弓・山田守と朝鮮・中国に旅行
大正9年 [1920] 分離派建築会結成(石本喜久治・滝沢真弓・森田慶一・山田守・矢田茂と)。東京帝国大学卒業、大学院進学(大正10年中退)。第一回分離派建築会作品展覧会
大正10年 [1921] 平和記念東京博覧会公営課技術員。交通館・航空館、動力館・機械館、電気工業館、鉱産館・林業館を設計。第二回分離派建築会作品展覧会
大正11年 [1922] 東京帝国大学建築学科、堀越三郎助教授の助手
大正12年 [1923] 鈴村寿々と結婚。渡欧(大正13年帰国)。第三回分離派建築会作品展覧会
大正13年 [1924] 第四回分離派建築会作品展覧会。『現代オランダ建築』[岩波書店]出版。清水組技師(-大正15年)
大正15年 [1926] 第一銀行技師(-昭和2年)。第五回分離派建築会作品展覧会
昭和2年 [1927] 建築設計事務所自営。第六回分離派建築会作品展覧会。『紫烟荘図集』[洪洋社]出版
昭和3年 [1928] 第七回分離派建築会作品展覧会。『住宅双鐘居』[洪洋社]出版
昭和5年 [1930] 『一混凝土住宅図集』[洪洋社]出版
昭和7年 [1932] 帝国美術学校(現・武蔵野美術大学)教授(-昭和13年)
昭和11年 [1936] 日本工作文化連盟の設立に参加、理事。『一住宅と其庭園』[洪洋社]出版
昭和13年 [1938] 東京女子高等師範学校(現・お茶の水女子大学)兼任講師(-昭和21年)
昭和19年 [1944] 「書院造と数寄屋造の研究」で工学博士(東京帝国大学)
昭和21年 [1946] 日本陶磁協会理事。東京帝国大学建築学科兼任講師(-昭和28年)
昭和23年 [1948] 文化財保護専門委員。『草庭』[白日書院]出版
昭和24年 [1949] 明治大学工学部教授(建築学科)。『利休の茶室』[岩波書店]出版(翌年、同書で日本建築学会賞・論文賞)
昭和26年 [1951] 「八勝館みゆきの間」で日本建築学会賞・作品賞。『利休の茶』[岩波書店]出版
昭和27年 [1952] 『桂離宮』[毎日新聞社]出版(翌年、同書で毎日出版文化賞)
昭和28年 [1953] 明治大学工学部長(-昭和29年)。東京大学大学院兼任講師(-昭和30年)
昭和32年 [1957] 日本芸術院賞。文化財専門審議会専門委員
昭和38年 [1963] 数寄屋建築の研究と設計で紫綬褒章。全集『茶室おこし絵図集』[墨水書房]刊行開始
昭和40年 [1965] 明治大学定年退職、兼任講師に。神奈川大学工学部教授(建築学科)
昭和41年 [1966] 新年歌会始召人。『庭と空間構成の伝統』[鹿島出版会]出版。勲三等瑞宝章
昭和44年 [1969] 『茶室研究』[鹿島出版会]出版。日本建築学会大賞
昭和46年 [1971] 『現代日本建築家全集4・堀口捨己』[三一書房]出版
昭和49年 [1974] 『堀口捨己作品・家と庭の空間構成』[鹿島出版会]出版
昭和53年 [1978] 『建築論叢』[鹿島出版会]、『書院造りと数寄屋造りの研究』[鹿島出版会]出版
昭和55年 [1980] 『堀口捨己歌集』[鹿島出版会]出版
昭和59年 [1984] 逝去(89歳)

■主な作品

大正8年 [1919] ぼうたーすろっじ
大正9年 [1920] 卒業設計「精神的なる文明を来らしめんために集る人々の中心建築」
大正10年 [1921] 大阪市立美術館設計競技応募案|平和記念東京博覧会交通館・航空館、動力館・機械館、電気工業館、鉱産館・林業館
大正11年 [1922] 平和記念東京博覧会池塔|この頃、「糸と光との塔」計画
大正14年 [1925] 小出邸|東京帝国大学図書館建築参考設計草案|黒田邸宝庫
大正15年 [1926] 紫烟荘
昭和2年 [1927] 双鐘居
昭和3年 [1928] 牧田ビル
昭和5年 [1930] 吉川邸|徳川邸
昭和6年 [1931] 九州気象台|森平兵衛邸洋室
昭和7年 [1932] 塚本邸|吉川事務所
昭和8年 [1933] 中央気象台品川測候所|岡田邸|この頃、帝国美術学校校舎・講堂計画
昭和9年 [1934] 永井邸
昭和10年 [1935] 飯塚測候所|荒尾邸|水戸測候所|東京横浜電鉄ジードルンク計画
昭和11年 [1936] 市街地の一住宅(岡田邸)|中西邸|災害科学研究所
昭和12年 [1937] 取手競馬場|内藤邸|聴禽寮
昭和13年 [1938] 山川邸|海洋気象台|大島測候所
昭和14年 [1939] 若狭邸|忠霊塔設計競技案
昭和15年 [1940] 広島新太郎邸離れ座敷計画|渋井邸増改築計画
昭和16年 [1941] 西郷邸
昭和21年 [1946] 岩波茂雄墓
昭和22年 [1947] 明治神宮隔雲亭計画
昭和24年 [1949] 尖石遺跡竪穴住居復原
昭和25年 [1950] 八勝館みゆきの間・残月の間(八事)|茨城県庁肥料検査所計画
昭和26年 [1951] 美似居|日吉ヶ丘高校(木造校舎)|この頃、谷口健康邸増築計画|ホテル桂計画|宇田賢島邸計画
昭和27年 [1952] 明治大学聖橋校舎|大河内家合同墓所|大塚邸計画|鳥取映画館計画|目白ドレスメーカー学院計画
昭和28年 [1953] 八勝館湯殿(八事)|八勝館旧中店(栄)|谷口病院改築計画|住田邸玄関増築計画
昭和29年 [1954] 光悦巴庭によるヴァリエーションの中庭|扶桑相互銀行岡山支店
昭和30年 [1955] サンパウロ日本館|明治大学駿河台大教室・8号館|万葉公園・万葉博物館・万葉邸|三朝温泉後楽|料亭植むら|和辻(哲郎)家墓
昭和31年 [1956] 大森の小住宅(堀口自邸)|明治大学和泉体育館|日本陶磁協会主催「元・明名品展」会場構成と立礼茶席|鵜澤聡明墓
昭和32年 [1957] 静岡雙葉学園講堂・体育館|岩波邸|日吉ヶ丘高校(鉄筋コンクリート造校舎)
昭和33年 [1958] 八勝館さくらの間・きくの間(八事)|八勝館音聞ゴルフクラブ(八事)|明治大学駿河台6号館・7号館
昭和34年 [1959] 明治大学駿河台図書館|恵観山荘移築工事監修
昭和35年 [1960] 明治大学和泉第二校舎(大教室)・学生会館|旅館炭屋増築計画
昭和36年 [1961] 常滑陶芸研究所|和辻家墓所改造計画
昭和37年 [1962] 静岡サンモール修道会・礼拝堂
昭和39年 [1964] 白川邸|明治大学生田校舎1号館・4号館|静岡雙葉学園普通教室棟
昭和40年 [1965] 明治大学生田校舎2号館・3号館・斜路|磵居|白川邸増改築計画
昭和41年 [1966] 福岡雙葉学園講堂・体育館、小学校舎

昭和5年 ［1930］ 昭和銀行須田町支店★(東京)｜昭和銀行神保町支店★(東京)｜昭和銀行田所町支店★(東京)｜宗吾ビル(東京)｜浜松銀行集会所(静岡)
昭和6年 ［1931］ 豊橋市公会堂(愛知)｜三十五銀行本店(静岡)
昭和7年 ［1932］ 実践女学校寄宿舎(東京)
昭和8年 ［1933］ 大東館ホテル(静岡)｜李王家那須別邸(栃木)
昭和9年 ［1934］ 静岡市庁舎(静岡)
昭和10年 ［1935］ 静岡市公会堂(静岡)｜済生会大阪病院(大阪)
昭和12年 ［1937］ 静岡県庁舎(静岡)
昭和13年 ［1938］ 李王家美術館(京城)｜淑明学園女子専門学校(京城)
竣工年未確認 朝鮮銀行羅南支店(羅南)｜十八銀行京城支店(京城)｜湖南銀行本店(公州)｜釜山商業銀行本店(釜山)｜三井物産京城支店(京城)｜京城メソジスト教会(京城)｜日本キリスト教会(京城)｜組合教会(京城)｜京城日報社釜山支局(釜山)｜朝鮮新聞本社(京城)｜新義州公会堂(新義州)｜平安南道物産陳列館(京城)｜朝鮮クラブ(京城)｜京城銀行集会所(京城)｜朝鮮織紐工場(永登浦)｜奉天公会堂(奉天)｜京城日報安東県支局(安東)｜実践女学校校舎(-昭和12年／東京)｜昭和銀行浅草支店(東京)｜昭和銀行新宿支店(東京)｜東洋生命保険会社(東京)｜大安生命保険会社(東京)｜金忠商店(東京)｜小松岡安佐藤共同ビル(東京)｜柿本病院(東京)｜阿部邸(東京)｜山田邸(東京)｜李鍵公邸(東京)｜三十五銀行興津支店(静岡)｜三十五銀行藤枝支店(静岡)｜三十五銀行島田支店(静岡)｜三十五銀行浜松支店(静岡)｜三十五銀行吉原支店(静岡)｜三十五銀行焼津支店(静岡)｜遠州銀行本店(静岡)｜遠江銀行本店(静岡)｜浜松商工会議所(静岡)｜静岡県茶業連合会議所(静岡)｜静岡県青年団佐野会館(静岡)｜藤相鉄道本社藤枝駅(静岡)｜鈴与商店(静岡)｜大東館旅館(静岡)｜北海道拓殖銀行根室支店(北海道)｜共立鉱山発電所(宮城)｜樋口医院(長野)

藤井厚二 p.285

■略歴
明治21年 ［1888］ 広島県福山市に生まれる。生家は十数代続く造り酒屋
明治43年 ［1910］ 東京帝国大学工科大学建築学科入学。学習院に通う妹、母とともに東京小石川に住む。日本画家・結城素明に絵を習う
大正2年 ［1913］ 東京帝国大学工科大学建築学科卒業。合名会社竹中工務店に入社、神戸勤務。同社で最初の帝大卒の設計課員となる
大正6年 ［1917］ 第一回住宅に母親と住む
大正7年 ［1918］ 千家壽子(第80代出雲大社大宮司、東京府知事・千家尊福の子。兄は詩人の千家元麿)と結婚
大正8年 ［1919］ 竹中工務店退社。建築に関する諸設備、および住宅研究のため欧米諸国に旅行
大正9年 ［1920］ 帰国。京都帝国大学工学部講師を嘱託され、意匠製図を担当。同大学中央大講堂設計事務を嘱託される。第二回住宅に移り住む
大正10年 ［1921］ 京都帝国大学助教授に任ぜられる
大正12年 ［1923］ 夏、実験住宅で気温などのデータを収集する(翌年の夏にかけて)
大正15年 ［1926］ 「我国住宅建築ノ改善ニ関スル研究」で工学博士の学位を受ける。京都帝国大学教授に任ぜられ、建築学第四講座(建築設備)を担当
昭和2年 ［1927］ 去風流八世・西川一草亭に入門し花を習う
昭和3年 ［1928］ 衛生工業協会大会で「日本趣味」と題して講演。新建築主催「住宅展覧会」に出品。岩波書店から『日本の住宅』出版
昭和4年 ［1929］ 岩波書店から『聴竹居図案集』出版
昭和8年 ［1933］ ブルーノ・タウトが「聴竹居」を訪ねる
昭和9年 ［1934］ 満州に旅行
昭和12年 ［1937］ 直腸ガンを告げられる。堀越三郎、佐藤四郎とともに東海道五十三次を自家用車で旅行。兄と有馬温泉に旅行。入院し、手術を受ける。一時回復し、教壇に立つ
昭和13年 ［1938］ 逝去(49歳)。正四位勲三等。戒名・淳風厚道居士。京都・嵯峨野の二尊院で自らデザインした墓標に眠る

■主な作品
◇印は所在地不明
大正5年 ［1916］ 大阪朝日新聞社(大阪)｜橋本ビルヂング(兵庫)
大正6年 ［1917］ 村山龍平邸(和館)(兵庫)｜大阪朝日新聞社増築(大阪)｜第一回藤井自邸(兵庫)
大正7年 ［1918］ 村山邸(朝日新聞社長宅)(兵庫)｜十合呉服店(大阪)
大正9年 ［1920］ 第二回藤井自邸(京都)
大正10年 ［1921］ 明海ビルヂング(兵庫)｜斎藤邸(京都)｜賀屋邸倉庫(京都)｜深瀬邸(京都)｜坂本邸(◇)
大正11年 ［1922］ 第三回藤井自邸(京都)｜山中邸(兵庫)｜石崎邸(京都)｜有馬文化村住宅群(兵庫)｜森田邸(京都)
大正12年 ［1923］ 鈴木邸(◇)｜永井邸(◇)｜宇治町役場(京都)｜浜部邸(京都)
大正13年 ［1924］ 第四回藤井自邸(京都)｜戸田邸(京都)｜久保邸(京都)｜太田邸(京都)
大正14年 ［1925］ 三戸邸(京都)
大正15年 ［1926］ 奥村邸(京都)｜喜多源逸邸(京都)｜大覚寺心経殿(京都)
昭和2年 ［1927］ 池田邸(京都)
昭和3年 ［1928］ 第五回藤井自邸(聴竹居)(京都)｜聴竹居内閑室(京都)｜杉本邸(京都)
昭和4年 ［1929］ 大沢邸(京都)｜山田邸(京都)
昭和5年 ［1930］ 八木重兵衛邸(大阪)｜喜多恵吉邸(大阪)｜聴竹居内下閑室(京都)｜聴竹居内茶室(京都)
昭和6年 ［1931］ 濱口邸(京都)｜内田邸(京都)｜本庄邸(京都)
昭和7年 ［1932］ 清野邸(京都)｜田中邸(京都)｜貴志邸(京都)｜高木邸(京都)｜大阪女高医専病院(大阪)
昭和8年 ［1933］ 汐見邸(京都)｜小松邸(京都)
昭和9年 ［1934］ 小川邸(京都)｜岩本邸(京都)
昭和10年 ［1935］ 金生堂(京都)｜堀野邸(京都)
昭和11年 ［1936］ 八木芳之助邸(京都)｜島津邸(広島)
昭和12年 ［1937］ 清野邸(京都)｜瀬戸邸(京都)｜中田邸(扇葉荘)(京都)

堀口捨己 p.325

■略歴
明治28年 ［1895］ 岐阜県本巣郡席田村(現・本巣市上保)に堀口泰一・けいの五男として誕生
大正3年 ［1914］ 岐阜中学校卒業(大正4年卒の可能性もある)
大正4年 ［1915］ 第六高等学校第二部甲類入学
大正6年 ［1917］ 第六高等学校卒業。東京帝国大学工科大学建築学科入学

山)【国登録有形文化財】
大正12年［1923］　明治銀行大阪支店(大阪)｜明治銀行本店(愛知)｜日本銀行本店北分館(東京)
大正13年［1924］　三共ビルディング(東京)
大正14年［1925］　三井銀行広島支店(現・広島アンデルセン)●(広島)｜鴻池銀行大阪本店(現・三和今橋ビル)●(大阪)
大正15年［1926］　六十八銀行奈良支店(現・南都銀行本店)●(奈良)【国登録有形文化財】
昭和2年［1927］　日本銀行神戸支店(兵庫)｜横浜正金銀行東京支店(東京)｜亀島広吉邸(東京)｜藤井栄三郎邸(東京)
昭和3年［1928］　長野氏霊廟(群馬)
昭和7年［1932］　大倉精神文化研究所(現・横浜市大倉山記念館)(実施設計:荒木孝平)●(神奈川)【横浜市指定有形文化財】｜日本銀行本店増築1号館(東京)｜日本銀行松山支店(愛媛)
昭和10年［1935］　日本銀行本店増築2号館●(東京)
昭和11年［1936］　日本銀行広島支店●(広島)【広島市指定重要有形文化財／被爆建物】
昭和13年［1938］　日本銀行松江支店(現・カラコロ工房)●(島根)【国登録有形文化財】｜日本銀行本店増築3号館●(東京)

長野の年譜は、『日本の建築[明治大正昭和] 3 国家のデザイン』藤森照信著[三省堂／ 1979]をもとに、筆者と編集したものです

中村與資平　p.193

■略歴
明治13年［1880］　2月8日、中村貞一郎の長男として静岡県長上郡天王村(現・浜松市東区天王町)に生まれる
明治22年［1889］　下堀小学校卒業
明治26年［1893］　浜松高等小学校卒業
明治32年［1899］　浜松中学校卒業
明治35年［1902］　第三高等学校卒業
明治38年［1905］　7月、東京帝国大学建築学科卒業。卒業設計「Design for an Anatomical School」。卒業論文「Description for an Anatomical School」。卒業後、辰野葛西事務所入所
明治40年［1907］　12月、第一銀行韓国総支店(1911年、朝鮮銀行本店に改称)臨時建築部工務長に任命される
明治41年［1908］　住居を京城(ソウル)に移す
明治45年［1912］　1月、朝鮮銀行本店竣工。朝鮮銀行建築顧問となる。京城黄金町に中村建築事務所開設。朝鮮銀行からの報奨金5,000円で京城蓬莱町4丁目に自宅購入。岩崎徳松入所
大正3年［1914］　朝鮮銀行大阪支店新築工事にあたり、岩崎徳松を代理人として大阪に派遣
大正6年［1917］　大連市山県通りに出張所と工事部を開設。岩崎徳松を大連出張所主任、藤井嘉造を工事部主任とする。工事部と商事部を統合して日米公司設立。11月30日、東京書院より『美術的建築』を訳出
大正8年［1919］　4月、久留弘文大連出張所入所、同所主任。9月、宗像主一大連出張所入所。アントン・フェラー入所
大正9年［1920］　5月、フェラーを大連に派遣。12月25日、火災により京城の事務所焼失。事務所を京城太平町に移転
大正10年［1921］　3月25日、フェラーと共に米欧旅行に出発。旅行記を『満洲建築協会雑誌』に連載
大正11年［1922］　2月11日、米欧旅行から帰国。3月8日、朝鮮建築会副会長に選出される。4月、東京溜池に中村工務所開設。東京高円寺に転居。京城の事務所は岩崎徳松に任せる。大連出張所は宗像主一が引き継ぎ、中村宗像建築事務所となる。フェラーを米国建築事務所へ移籍させる
大正12年［1923］　9月1日、関東大震災により工務所建物崩壊。高円寺の自宅内に工務所移転
大正13年［1924］　5月20日、岩崎徳松死去により京城の事務所閉鎖。この年『都市公論』に都市計画の論文を8編投稿。この年から実践女子専門学校で住居の講義を開始(–昭和19年)
大正15年［1926］　設計部を新宿・第百銀行ビルに移転
昭和4年［1929］　設計部を丸ノ内・昭和ビルに移転
昭和6年［1931］　『米欧旅行記』2巻を作成
昭和8年［1933］　設計部を丸ノ内・三菱仲14号館に移転。児童科学教育協会設立
昭和9年［1934］　工事部廃止。設計部を高円寺の自宅内に移転、中村與資平建築事務所と改称
昭和12年［1937］　4月10日、『住居』を桜文書院より出版
昭和19年［1944］　事務所閉鎖、浜松に疎開
昭和27年［1952］　10月5日、静岡県教育委員選挙に当選
昭和31年［1956］　静岡県教育委員会副委員長に就任
昭和38年［1963］　12月21日、郷里で逝去(83歳)

■主な作品
★印は推定竣工年
明治44年［1911］　朝鮮銀行釜山支店★(釜山)
大正2年［1913］　善隣商業学校(京城)
大正4年［1915］　京城YMCA(京城)｜朝鮮銀行大阪支店(大阪)
大正5年［1916］　三越呉服店京城支店(京城)｜朝鮮銀行奉天支店(奉天)
大正6年［1917］　漢城銀行大田支店(大田)｜京城中央学校(–大正12年／京城)
大正7年［1918］　漢城銀行釜山支店(釜山)｜漢城銀行開城支店(開城)
大正8年［1919］　朝鮮殖産銀行本店(京城)｜京城公会堂(京城)｜三越呉服店大連支店増築(大連)
大正9年［1920］　第一銀行京城支店(京城)｜京城日報社(京城)｜漢城銀行東大門支店(京城)｜漢城銀行南大門支店(京城)｜漢城銀行大邱支店(大邱)｜淑明女学校(京城)｜朝鮮銀行大連支店(大連)｜朝鮮銀行長春支店(長春)｜開原公会堂(開原)
大正10年［1921］　漢城銀行平壌支店(平壌)｜韓一銀行本店(京城)｜天道教中央教会(京城)｜韓一銀行寛勲洞支店(京城)｜東洋拓殖木浦支店(木浦)
大正11年［1922］　朝鮮銀行大邱支店★(大邱)｜朝鮮銀行群山支店(群山)｜湖西銀行本店(光州)｜横浜正金銀行長春支店(長春)
大正13年［1924］　湖南銀行順天支店(順天)｜番町小学校(東京)
大正14年［1925］　関口台町小学校(東京)
大正15年［1926］　窪町小学校(東京)｜赤羽小学校(東京)｜金富小学校(東京)｜山川医院(東京)｜小宮邸(東京)｜李王家別邸★(神奈川)
昭和2年［1927］　浜松市公会堂(静岡)｜三十五銀行掛川支店★(静岡)｜三十五銀行三島支店★(静岡)｜誠心女子学校(静岡)
昭和3年［1928］　実践女学校記念館(東京)｜堤邸倉庫(東京)｜小田商店(東京)｜山田商店(東京)｜平塚邸(東京)
昭和4年［1929］　伊勢大商店(東京)｜中村半三郎商店(東京)｜沢田医院★(東京)｜石井邸(東京)｜鳥山邸(東京)｜遠州電気軌道旭町駅(静岡)

【県指定有形文化財】
昭和5年 ［1930］ 八幡教会堂（福岡）｜戸畑教会堂（福岡）
昭和8年 ［1933］ 大江教会堂●（熊本）｜新田原教会堂（福岡）｜水俣教会堂（熊本）
昭和10年［1935］ 崎津教会堂●（熊本）｜小倉教会堂（福岡）
昭和13年［1938］ 水の浦教会堂●（長崎）
昭和26年［1951］ 愛野教会堂●（長崎）
昭和28年［1953］ 諫早教会堂（長崎）
昭和33年［1958］ 桐ノ浦教会堂●（長崎）
昭和34年［1959］ 浦上天主堂●（長崎）
昭和40年［1965］ 諫早教会堂●（長崎）
昭和47年［1972］ 丸尾教会堂●（長崎）

鉄川の年譜は、教会建築に限定し、その他の建物は適宜選出して「略歴」に記載しています

長野宇平治 p.101

■略歴
慶応3年 ［1867］ 9月1日［1867.9.28］、越後高田下呉服町（現・新潟県上越市高田本町）に長野孫次郎の長男として生まれる
明治16年［1883］ 尋常中学校卒業
明治17年［1884］ 旧藩主の一門大平に従い上京、英語塾共立学校に入り受験準備
明治18年［1885］ 大学予備門へ入学
明治19年［1886］ 9月、大学予備門は第一高等中学校予科に改編。同校予科第二級に編入。同級に、塩原金之助（夏目漱石）、正岡常規（子規）
明治21年［1888］ 同校本科第二部（工科志望）に進級、同級に、造家学科に進む5名の他、那波光雄ら。小島憲之の影響で建築家を志す
明治23年［1890］ 工科大学造家学科入学。同級に、三橋四郎、塚本靖、大倉喜三郎、鷲田篤二、両角保蔵。教授：辰野金吾、小島憲之、野呂景義、田辺朔郎、井上哲次郎、助教授：中村達太郎、石井敬吉、井口在屋、講師：木子清敬、曾禰達蔵、松岡寿ら
明治26年［1893］ 6月21日、卒業論文「建築に於ける鉄の応用史」。7月30日、卒業設計「A TERMINUS STATION AND HOTEL」。同月、工科大学卒業。9月、大蔵省技師・内務省技師、妻木頼黄の紹介にて横浜税関嘱託
明治27年［1894］ 8月、横浜税関嘱託解職。同月、妻木頼黄の紹介にて奈良県嘱託、高田の親類の星野義宇子を伴い奈良へ赴任
明治29年［1896］ 11月、奈良県嘱託辞職、帰京
明治30年［1897］ 1月、塚本靖らとスケッチング倶楽部（木葉会の前身）をつくり初会合。9月、工手学校講師。11月、高峰譲吉の姪・竹橋千代子と結婚。同月、辰野金吾の推挙で日本銀行技師
明治33年［1900］ 11月、葛西萬司の後任として日本銀行大阪支店に転勤、技師長に昇格
明治36年［1903］ 1月、日本銀行本店に転勤
明治40年［1907］ 明治37、38年戦役記念靖国神社境内及附属建築物コンペに参加
明治42年［1909］ 台湾総督府庁舎コンペに参加
明治44年［1911］ 日本大博覧会コンペ、三菱会社本社コンペに参加
明治45年［1912］ 7月、日本銀行技師長解職。8月、台湾総督府嘱託。9月、大阪市中央公会堂公開指名コンペに参加
大正2年 ［1913］ 2月、三井合名会社貸事務所に長野建築事務所開設
大正3年 ［1914］ 9月、台湾総督府嘱託辞職
大正4年 ［1915］ 工学博士の学位を授与される
大正6年 ［1917］ 日本建築士会会長に就任。以後、中條精一郎らと共に建築家職能確立に尽力
大正7年 ［1918］ 横浜正金銀行東京支店設計取り調べのため渡米。翌年2月、帰国
大正12年［1923］ 関東大震災で三井合名会社貸事務所焼失、事務所を竣工間近い三共ビルに移転
昭和2年 ［1927］ 8月、日本銀行本店臨時建築部技師長に就任、長野建築事務所は荒木孝平を残し継続。国際聯盟会館コンペに参加
昭和3年 ［1928］ 6月、『工學博士長野宇平治作品集』建築世界社より刊行
昭和12年［1937］ 12月14日、逝去（71歳）。長遠寺（上越市寺町）に埋葬
昭和13年［1938］ 長遠寺境内に長野宇平治頌徳碑建立

■主な作品
●印は現存｜【辰】印は辰野金吾と共同設計
明治28年［1895］ 奈良県庁舎及県会議事堂（奈良）
明治29年［1896］ 奈良県師範学校（奈良）
明治31年［1898］ 関西鉄道愛知停車場（愛知）｜日本銀行ボート部向島艇庫【辰】（東京）
明治33年［1900］ 住友銀行東京支店（東京）
明治34年［1901］ 日本銀行本店東分館【辰】（東京）
明治35年［1902］ 信濃銀行本店（長野）
明治36年［1903］ 日本銀行大阪支店（辰野金吾、葛西萬司、片岡安と共同設計）●（大阪）｜関西鉄道一等車両内装｜関西鉄道大阪博覧会仮停車場（大阪）
明治39年［1906］ 日本銀行京都支店（現・京都文化博物館別館）●【辰】（京都）【重要文化財】｜日本銀行名古屋支店【辰】（愛知）｜菅原神社（本殿のみ現存）●（新潟）
明治40年［1907］ 日本銀行広島支店（初代）【辰】（広島）｜日本銀行本店附属分析所【辰】（東京）｜周防銀行本店（現・柳井市町並み資料館）●（山口）【国登録有形文化財】
明治41年［1908］ 日本銀行本店永代舎宅日本家【辰】（東京）｜日本銀行本店永代舎宅洋館（旧開拓使物産売捌所）改築【辰】（東京）｜日本銀行金沢支店【辰】（石川）
明治42年［1909］ 菅原小学校（新潟）
明治44年［1911］ 日本銀行函館支店【辰】（北海道）
明治45年［1912］ 北海道銀行（現・小樽バイン＆北海道中央バス本社）●（北海道）【小樽市指定歴史的建造物】｜日本銀行小樽支店（現・日本銀行旧小樽支店金融資料館）（辰野金吾、岡田信一郎と共同設計）●（北海道）【小樽市指定有形文化財】
大正2年 ［1913］ 日本銀行福島支店【辰】（福島）
大正3年 ［1914］ 大正博覧会台湾喫茶店（東京）
大正4年 ［1915］ 志立鉄次郎邸（東京）
大正5年 ［1916］ 三井銀行神戸支店（兵庫）
大正8年 ［1919］ 台湾総督府（現・中華民国総統府）（原案のみ）●（台湾）｜横浜正金銀行神戸支店（兵庫）｜横浜正金銀行青島支店（中国）｜明治銀行金沢支店（石川）｜明治銀行東京支店（東京）｜鴻池銀行東京支店（東京）｜横浜正金銀行下関支店（山口）｜明治銀行名古屋西支店（愛知）
大正9年 ［1920］ 三井銀行下関支店（現・山口銀行やまぎん史料館）●（山口）【県指定有形文化財】｜日本興業銀行大阪支店（大阪）｜日佛銀行東京支店（東京）
大正10年［1921］ 三井銀行日本橋支店（東京）
大正11年［1922］ 日本銀行岡山支店（現・ルネスホール）●（岡

	として移築保存(神奈川)【横浜市認定歴史的建造物】｜専売局淀橋製造所(東京)｜横浜正金銀行北京支店(中国)
明治44年［1911］	内閣文庫(東京)｜日本橋装飾●(東京)【重要文化財】｜専修記念講堂及相馬田尻記念書庫(東京)｜十五銀行日本橋支店(東京)｜横浜税関新港埠頭2号倉庫(現・横浜赤レンガ2号倉庫)●(神奈川)【横浜市認定歴史的建造物】｜専売局庁舎(東京)
大正元年［1912］	専修学校記念書庫拡張、図書館増築(東京)｜日本赤十字社本社(東京)｜東洋協会専門学校恩賜記念館(東京)｜門司税関(現・北九州市旧門司税関)●(福岡)
大正2年［1913］	東大寺大仏殿修復工事(奈良)｜横浜税関新港埠頭1号倉庫(現・横浜赤レンガ1号倉庫)●(神奈川)【横浜市認定歴史的建造物】
大正4年［1915］	福岡県庁舎本館(福岡)
大正5年［1916］	徳川侯爵邸(◇)｜山口県庁舎及県会議事堂(山口)｜横浜税関海陸連絡設備(神奈川)
大正7年［1918］	丁酉銀行本店(東京)

妻木の年譜は、『日本の建築[明治大正昭和] 4 議事堂への系譜』長谷川堯著[三省堂／1981]、『明治建築をつくった人々 その四 妻木頼黄と臨時建築局―国会議事堂への系譜』[博物館明治村編、名古屋鉄道／1990]をもとに、筆者と編集したものです。ただし、妻木が直接設計にかかわらず指導にあたったと思われるものも含めています

鉄川与助 p.073

■略歴

慶応3年［1867］	浦上四番崩れ
明治6年［1873］	切支丹禁制の高札撤去
明治8年［1875］	羅典神学校(設計：ド・ロ神父)創立
明治12年［1879］	1月13日、建築業を家業とする鉄川与四郎の長男として生まれる
明治14年［1881］	浦上天主堂(設計：フレノー神父)起工
明治15年［1882］	出津教会堂(設計：ド・ロ神父)設立
明治19年［1886］	造家学会(現・日本建築学会)設立
明治24年［1891］	榎津尋常小学校卒業。有川小学校高等科、榎津高等科に進学
明治27年［1894］	榎津高等科を卒業(第1回卒業生)。棟梁・野原与吉に弟子入り、元海寺の棟札に「小工与助」の名がある。日清戦争(-明治28年)
明治32年［1899］	曽根教会堂(設計：ペルー神父)竣工、棟梁・野原与吉、副棟梁・鉄川与助。ペルー神父と出会い、西洋建築を学ぶ
明治37年［1904］	日露戦争(-明治38年)
明治39年［1906］	父・与四郎から家業を相続し、鉄川組を設立。桐教会堂の増改築工事を行い、煉瓦造建築に初めて携わる
明治41年［1908］	建築学会に入会。堂崎天主堂(設計：ペルー神父)献堂式、棟梁・野原与吉、副棟梁・鉄川与助。渡辺トサと結婚
明治42年［1909］	鉄川家設計施工
明治43年［1910］	青砂ヶ浦教会司祭館設計施工
明治44年［1911］	長崎県庁舎(設計：山田七五郎)落成、ド・ロ神父に連れられて工事現場に行き、多くのことを学ぶ
大正2年［1913］	鉄川組事務所を長崎市に移す
大正3年［1914］	次男・与八郎が生まれる。ド・ロ神父帰天。浦上天主堂(設計変更：ラゲ神父)完成
大正4年［1915］	大浦司祭館(旧長崎大司教館、設計：ド・ロ神父)竣工、設計図はすべて与助が描く
大正6年［1917］	五島原修道院設計施工。堂崎天主堂改築工事
大正7年［1918］	獅子修道院設計施工。田平教会司祭館設計施工
大正8年［1919］	頭ヶ島教会司祭館設計施工。鉄川家設計施工
大正11年［1922］	元海寺山門設計施工
大正12年［1923］	長崎神学校設計施工。関東大震災
大正13年［1924］	浦上天主堂の正面双塔を増築する
大正14年［1925］	常清修道院設計施工。浦上神学校設計施工
昭和4年［1929］	呼子教会堂を馬渡島から移築
昭和5年［1930］	八幡教会司祭館設計施工
昭和6年［1931］	魚目尋常高等小学校設計施工、五島で最初のRC造建築と言われる。三浦町教会修道院設計施工
昭和7年［1932］	上海事変
昭和8年［1933］	新田原教会司祭館設計施工
昭和9年［1934］	小倉教会司祭館設計施工。久留米修道院設計施工
昭和10年［1935］	崎津教会司祭館設計施工
昭和12年［1937］	日華事変
昭和14年［1939］	父・与四郎逝去
昭和16年［1941］	第二次世界大戦
昭和17年［1942］	企業整備令施行。鉄川組は他の数組と第一土建株式会社を設立し、与助は専務取締役や社長を歴任
昭和20年［1945］	広島・長崎に原爆投下。第二次世界大戦終結
昭和21年［1946］	鯛ノ浦教会堂の正面部分を増築、鐘塔に倒壊した浦上天主堂の煉瓦を使用
昭和24年［1949］	第一土建株式会社から独立して名称を鉄川工務店と改称し、代表者を与八郎とする。青谷山得雄寺本堂設計施工
昭和32年［1957］	与助・与八郎の連名で日本建築学会で研究発表を行う
昭和33年［1958］	鉄川工務店を株式会社として社長を与八郎に譲り、与助は会長となる。建設功労者として長崎県知事から表彰
昭和34年［1959］	建設大臣から表彰される
昭和36年［1961］	県政90周年記念式典で長崎県知事から表彰。黄綬褒章受章
昭和37年［1962］	馬込教会堂改修工事
昭和40年［1965］	船隠教会堂増築工事
昭和42年［1967］	勲五等瑞宝章受章
昭和49年［1974］	トサ夫人逝去
昭和51年［1976］	7月5日、横浜(五男・鉄川喜一郎、美也子宅)で逝去(97歳)。戒名「献真院与楽居士」

■主な作品
●印は現存

明治40年［1907］	冷水教会堂●(長崎)
明治41年［1908］	旧野首教会堂●(長崎)【重要文化財】
明治43年［1910］	青砂ヶ浦天主堂●(長崎)【重要文化財】
明治44年［1911］	佐賀教会堂(佐賀)
明治45年［1912］	楠原教会堂●(長崎)｜山田教会堂●(長崎)
大正2年［1913］	今村教会堂●(福岡)【重要文化財】
大正3年［1914］	宮崎教会堂(宮崎)
大正5年［1916］	大曾教会堂●(長崎)【県指定有形文化財】｜大水教会堂(長崎)
大正7年［1918］	江上天主堂●(長崎)【重要文化財】｜田平天主堂●(長崎)【重要文化財】
大正8年［1919］	頭ヶ島天主堂●(長崎)【重要文化財】
大正9年［1920］	細石流教会堂(長崎)
大正10年［1921］	平蔵(旧浦頭)教会堂(長崎)
大正11年［1922］	人吉教会堂●(熊本)
昭和3年［1928］	手取教会堂●(熊本)
昭和4年［1929］	大牟田教会堂(福岡)｜紐差教会堂●(長崎)

垣共立銀行(岐阜)｜第一銀行小樽支店(現・協同組合紳装)●(北海道)【小樽市指定歴史的建造物】｜丸善書店仮営業所及び仮本館(バラック)(東京)｜松屋呉服店(バラック)(東京)

大正14年［1925］ 後川文蔵邸洋館(京都)｜石井健吾別邸(白楽荘、後の神奈川県知事公舎)(神奈川)｜青淵文庫●(東京)【重要文化財】

昭和2年 ［1927］ 東京會舘復旧改修(原案設計)(東京)

妻木頼黄 p.057

■略歴

安政6年 ［1859］ 1月21日、江戸赤坂に妻木源三郎頼功の長男として生まれる

明治9年 ［1876］ 3月10日、渡米。富田鉄之助、目賀田種太郎、相馬永胤、神鞭知常、朝比奈一と親交を結び、生涯の友となる

明治10年［1877］ 帰国。朝比奈一の長女・みなと結婚

明治11年［1878］ 5月、工部大学校造家学科に入学

明治15年［1882］ 7月、アメリカ留学のため工部大学校を中退。8月、渡米。ニューヨーク州イサカのコーネル大学建築学科3年に編入

明治17年［1884］ 5月、コーネル大学建築学科を卒業。卒業論文のテーマは「A Thesis on the Growth of Japanese Architecture」

明治18年［1885］ 9月、帰国。11月17日、東京府御用掛・準判任官。東京府土木課勤務

明治19年［1886］ 2月、内閣に臨時建築局が新設され、5月3日、臨時建築局四等技師。11月16日、議事堂その他の建設の研修のため、ドイツへ出発

明治20年［1887］ この秋、ベルリン・シャルロッテンブルグ工科大学建築学部に入学

明治21年［1888］ 10月、帰国。11月12日、大審院、東京控訴院、東京地方裁判所新宮工事建築主任

明治22年［1889］ 4月17日、市区改正設計取調嘱託。6月、造家学会理事(-明治26年)

明治23年［1890］ 3月26日、内閣臨時建築局廃止。臨時建築局三等技師。内務省土木課へ。7月16日、内務三等技師。内務省土木局勤務

明治26年［1893］ 4月25日、議院建築に関する意見書を井上馨へ提出

明治27年［1894］ 造家学会評議員(-明治30年6月)

明治29年［1896］ 2月、工手学校建築工事委員。5月7日、古社寺保存会委員。10月27日、臨時葉煙草取扱所建築部技師兼内務技師。10月29日、臨時葉煙草取扱所建築部技師建築掛長

明治30年［1897］ 4月、議院建築計画調査委員会委員。7月、造家学会評議員兼幹事(-明治32年)。10月2日、大蔵技師を兼任。12月、工手学校管理委員

明治31年［1898］ 10月21日、建築学会事務所設置委員会委員長(-明治44年)。10月、専売局官制制定、本官専任大蔵技師を免じられる。12月9日、臨時葉煙草取扱所建築部技師兼大蔵技師兼内務技師

明治32年［1899］ 3月、臨時葉煙草取扱所建築部閉鎖。3月31日、大蔵技師兼内務技師、叙高等官三等。4月5日、大蔵省官房第四課勤務。4月25日、議院建築調査会主査調査委員。5月、臨時税関工事部官制

明治33年［1900］ 建築学会評議委員兼主計。2月22日、臨時税関工事部技師を兼任。臨時税関工事部建築課長。5月20日、大蔵省総務局勤務。7月6日、工手学校理事兼会計主任、建築科教務主理

明治34年［1901］ 8月8日、工学博士の学位を受ける。11月21日、大蔵省総務局営繕課長。建築学会評議員(-明治35年)

明治36年［1903］ 4月16日、大仏殿修理名誉顧問嘱託。12月7日、大蔵省大臣官房営繕課長。12月16日、建築学会評議委員兼主計

明治37年［1904］ 4月14日、臨時煙草製造準備局技師兼臨時税関工事部技師兼内務技師。大蔵技師を兼任、臨時煙草製造局建築部長。10月、建築学会建築語彙編集委員(-明治38年1月)。11月、建築学会法人設立者の一人となる

明治38年［1905］ 建築学会副会長(-明治43年)。10月1日、大蔵省臨時建築部設置。大蔵省臨時建築部技師兼内務技師。大蔵技師を兼任、臨時税関工事部技師。大蔵省臨時建築部長、大臣官房営繕課長。10月9日、臨時税関工事部建築課長

明治39年［1906］ 5月12日、港湾調査会委員。6月18日、臨時横浜港設備委員

明治40年［1907］ 5月7日、臨時神戸港設備委員。6月29日、港湾調査会臨時委員

明治43年［1910］ 5月27日、議院建築準備委員会委員

大正2年 ［1913］ 5月6日、大蔵省臨時建築部技術に関する顧問嘱託。6月13日、大蔵省臨時建築部が廃止され、7月29日、大臣官房臨時建築課顧問嘱託

大正5年 ［1916］ 10月10日、逝去(57歳)。正四位勲二等瑞宝章叙勲

■主な作品

●印は現存｜◇印は所在地不明

明治22年［1889］ 三條侯爵邸(東京)

明治23年［1890］ 大阪麦酒株式会社吹田村醸造所(大阪)

明治25年［1892］ 音羽護国寺三條内大臣石碑(東京)

明治27年［1894］ 東京府庁舎(東京)｜横浜税関監視部庁舎(神奈川)｜広島仮議院(広島)｜両院臨時修繕工事(東京)

明治28年［1895］ 巣鴨監獄(東京)｜両院議場修繕工事(東京)｜横浜税関(神奈川)

明治29年［1896］ 東京裁判所(東京)

明治30年［1897］ 日本麦酒株式会社製麦場(東京)

明治31年［1898］ 専売公社太田葉煙草事務所倉庫(茨城)｜富士紡績株式会社小山工場(静岡)｜丸三麦酒株式会社醸造工場(現・半田赤レンガ建物)●(愛知)【国登録有形文化財】

明治32年［1899］ 日本勧業銀行本店●(東京)→千葉トヨペット本社として移築保存(千葉)【国登録有形文化財】｜東京商業会議所(東京)｜横浜火災運送保険会社本店(神奈川)

明治34年［1901］ 造幣局東京支局(東京)

明治36年［1903］ 日本興業銀行本店(東京)

明治37年［1904］ 醸造試験所(現・赤レンガ酒造工場)●(東京)【重要文化財】｜横浜正金銀行本店(現・神奈川県立歴史博物館)●(神奈川)【重要文化財】｜横浜火災運輸保険会社東京支店(東京)｜横浜正金銀行倶楽部(神奈川)

明治38年［1905］ 煙草専売局東京第三製造所(東京)

明治39年［1906］ 横浜港海面埋立、陸上設備、水堤修築及港湾維持工事(神奈川)

明治40年［1907］ 郡山煙草製造所(福島)｜浅沼商会(東京)

明治41年［1908］ 東京衛生試験所(東京)｜横浜正金銀行牛荘支店(中国)

明治42年［1909］ 妻木頼黄邸(東京)｜大阪中之島税務署(大阪)｜大阪税務監督局(大阪)｜井伊直弼銅像台座●(神奈川)

明治43年［1910］ 相馬永胤邸●(東京)→カトリック横浜司教館

照信著[三省堂／ 1979]をもとに制作したものです

田辺淳吉 p.157

■略歴

明治12年［1879］ 2月26日、東京市本郷区西片町に生まれる。元福山藩々士、宮内省役人・田辺新七郎、房の、四男一女の末子

明治22年［1889］ 3月、誠之小学校尋常科卒業。4月、誠之小学校高等科入学

明治23年［1890］ 高等師範学校附属学校高等小学科に転校

明治24年［1891］ 3月、同校卒業。7月、高等師範学校附属尋常中学校入学

明治25年［1892］ 10月、父新七郎逝去。淳吉が嫡子となり家督を継ぐ

明治30年［1897］ 3月、同校卒業。4月、第一高等学校二部(工科)に進学

明治33年［1900］ 3月、同校卒業。7月、東京帝国大学工科大学建築学科入学。同期に大熊喜邦、北村耕造、佐藤功一、佐野利器、松井清足ら。同期8名は同窓会「井会」をつくり、卒業後も親交を続ける

明治36年［1903］ 7月、同大学卒業。卒業論文「Description on Café and Restaurant」。卒業設計「A Café and Restaurant」。10月、清水満之助店入店

明治37年［1904］ 2月、第一銀行京都支店新築の用務を以て京都へ赴任。 この頃、体調を崩し、姉の婚家山崎宅や須磨にて療養

明治38年［1905］ 12月26日、本店勤務となり帰京

明治40年［1907］ 11月、藤井清(高岡藩藩医藤井貞以の末娘)と結婚

明治42年［1909］ 7月、講演「東京市区改正建築の状態と建築常識」。8月19日、横浜出港(渋沢栄一団長「渡米実業団」に参加した原林之助・清水店支配人に随行)。9月1日、シアトル上陸(実業団と共に米国北西部各都市訪問)。11月30日、サンフランシスコにて実業団の帰国を見送る。単独で米国視察・前半(シカゴ等)(-明治43年1月17日)

明治43年［1910］ 1月28日-3月9日、米国視察・後半(ニューヨーク)。3月9日、ニューヨーク出港、3月14日ロンドン着。3月14-26日、英国ロンドン滞在。3月26日-6月9日、欧州大陸視察。6月9-28日、ロンドン滞在。6月28日-7月5日、スコットランド、ミッドランド等視察。7月5日-8月25日、ロンドン滞在、近郊を視察。8月25日、ロンドン発。8月26日-9月8日、イタリア視察。9月9日、マルセイユ着、9月10日、マルセイユ出港。10月18日、神戸港上陸

明治44年［1911］ 1月、講演「『建築請負契約書案』案と通常総会の決議」

大正2年 ［1913］ 7月、清水店五代技師長に就任。この頃、西片町10ろノ23から10にノ41へ転居

大正3年 ［1914］ この年より、早稲田大学建築学科非常勤講師、「工事実施法」を講義

大正4年 ［1915］ 10月15日、清水満之助店、個人経営から合資会社清水組に改組。12月、『清水組技術部設計 建築作品集 銀行之巻』、同『事務所之巻』刊行

大正5年 ［1916］ 清水組組織改正、本店に工事部を新設(工事長制度)。10月、演説「社会より見たる建築家」

大正6年 ［1917］ 10月、講演「風災視察の一端」

大正7年 ［1918］ 日本建築学会準耐火構造委員会委員長

大正8年 ［1919］ 5月、講演「都市と住宅:住宅に対する我々の態度」。『清水組 標準仕様書』完成

大正9年 ［1920］ 4月、清水組退社。この年、文部省「住宅改善委員会」副委員長となる

大正10年［1921］ 2月、恩師中村達太郎と中村田辺建築事務所設立。講演「住宅改善の実地的解決」於文部省主催生活改善講習会。この頃、日本女子大学校の通信教育「女子大学講義」の正科「建築学」担当講師。同校より『講述 建築の研究』、『住宅の研究』を刊行。10月、佐藤功一編『田辺淳吉氏作品集』を洪洋社より刊行

大正11年［1922］ 4月、講演「文化村の住宅に就いて」。この年、日本女子大学校家政学部(師範家政学部)教授となり「建築学」を講義

大正15年［1926］ 7月13日、過労のため逝去(46歳)。戒名:徳玄院釋淳仁宏照居士。菩提寺:涅槃山西教寺。墓:染井霊園。この年、中村田辺建築事務所閉鎖

昭和7年［1932］ 7月12日、目黒雅叙園にて七回忌(海野浩太郎、大友弘、桜井博、佐藤秀三、清水厳、田中実、寺尾熙一、西村好時、武間主一、堀越三郎、八木憲一、矢田茂、矢田部奎哉ら、36名出席)

■主な作品

●印は現存｜○印は設計競技応募案

明治38年［1905］ 大阪瓦斯本社(大阪)

明治39年［1906］ 日比谷平左衛門別邸案(実現せず)(東京)｜第一銀行京都支店(設計:辰野金吾、監督:田辺淳吉)(京都)

明治40年［1907］ 福島行信邸・本館(実施設計・基本設計)・玉突場・附属家・外構(東京)

明治41年［1908］ 深田米次郎邸(東京)｜エフ、ダブルユ、ホーン商会(東京)

明治42年［1909］ 東海銀行本店(東京)｜第一銀行下関支店(山口)｜澁澤倉庫第1期(岡本銺太郎と共同設計)(東京)

明治43年［1910］ 丸善(設計:佐野利器、監督:田辺淳吉)(東京)

明治44年［1911］ 紳士住宅図案(岡田信一郎と共同設計、製図:富本憲吉、東京勧業展覧会に出品｜紳士別荘卍字亭図案(製図:富本憲吉か、同展に出品)｜日清紡績娯楽場(東京)

大正元年 ［1912］ 澁澤倉庫第2期(東京)｜大阪市公会堂○｜第一銀行釜山支店(韓国)｜根津嘉一郎邸及運動場(実現せず)(東京)

大正2年 ［1913］ 第一銀行深川支店(東京)｜自邸(東京)｜澁澤倉庫第3期(東京)｜紅葉屋銀行(東京)｜東洋生命保険京城支店(韓国)｜帝国生命保険京城支店(韓国)｜第一銀行深川支店(東京)

大正3年 ［1914］ 渋沢貸事務所(東京)｜中越鉄道島尾海水浴場(富山)｜百十銀行下関支店(山口)｜高岡共立銀行(現・富山銀行本店)●(富山)

大正4年 ［1915］ 福島行信邸増改築及び築庭(東京)

大正5年 ［1916］ 誠之堂●(東京)→平成11年に移築保存(埼玉)【重要文化財】

大正6年 ［1917］ 晩香廬●(東京)【重要文化財】

大正7年 ［1918］ 池田仲博侯爵邸(東京)｜瑞龍前田公遺徳碑●(富山)

大正8年 ［1919］ 川喜田久太夫邸洋館改築(千歳山山荘)(解体部材保管)(三重)｜第一銀行京都支店増築(京都)

大正10年［1921］ 日本倶楽部(東京)｜田辺家別邸(東京)

大正11年［1922］ 根津嘉一郎邸洋館(東京)｜東京市政調査会館○｜東京會舘(東京)｜理化学研究所正門(東京)

大正13年［1924］ 増田邸(東京)｜自邸 門・玄関改造(東京)｜大

	と結婚
明治13年［1880］	2月8日、ロンドンへ向けて横浜を出向。3月23日、ロンドン着。ジョサイア・コンドルの従兄でロンドン大学教授トーマス・ロジャー・スミスの紹介により、キューピット建築会社で5ヵ月間の実習。9月、貿易商社マジソン商会の紹介により、建築家ウィリアム・バージェスの研修生となる。10月、バージェスの事務所に通う一方、ロンドン大学に入学
明治15年［1882］	3月、ロンドン大学建築課程および美術課程2等修了。同月、英国を発ち、フランスおよびイタリアを巡回遊学
明治16年［1883］	5月26日、帰国。6月21日、工部省准奏任御用掛に奉職。9月22日、工部省営繕課に勤務
明治17年［1884］	7月28日、工部省権少技長に昇任。10月17日、長女・須磨子が生まれる。12月20日、コンドルが満5年契約切れ解雇につき、工部大学校教授に就任
明治19年［1886］	1月28日、工部省を辞官。2月、岡田時太郎と共に、辰野建築事務所を開設(京橋区山下町、経師屋松下勝五郎の2階)。4月9日、工学会より分化独立し、造家学会(現・日本建築学会)創設。当初会長を置かず、辰野が副会長となる。4月10日、工科大学教授。6月、鉄道局嘱託。12月、司法省嘱託
明治20年［1887］	4月、京橋区加賀町八の銀座煉瓦街2等煉瓦家を購入、転居する。辰野建築事務所を移転
明治21年［1888］	3月1日、長男・隆が生まれる。4月6日、臨時建築局3等技師に兼務就任。5月30日、臨時建築局工事部長に昇任。6月7日、工学博士。8月6日、臨時建築局を辞任。8月18日、岡田時太郎を伴い、欧米の銀行建築調査に出発。米、英、仏、独、伊、ベルギーを巡回
明治22年［1889］	10月3日頃、帰国
明治24年［1891］	1月10日、次男・保が生まれる
明治25年［1892］	3月2日、震災予防調査会委員
明治26年［1893］	旧副島種臣邸を購入し、転居する(赤坂新坂町14)
明治31年［1898］	1月、日本建築学会会長に就任。7月19日、工科大学長に就任
明治34年［1901］	6月12日、震災予防調査会長。6月、住友家建築顧問
明治35年［1902］	12月29日、工科大学を辞官
明治36年［1903］	8月1日、葛西萬司と共に、辰野葛西事務所を開設(京橋区日吉町2番地)
明治38年［1905］	片岡安と共に、辰野片岡事務所を開設(大阪市中之島2)
明治40年［1907］	8月、辰野葛西事務所を移転(丸の内八重洲18-18-1)
大正8年　［1919］	3月25日、赤坂新坂町自邸で逝去(65歳)。常円寺に葬られる
大正10年［1921］	3月、『第一相互館建築図集』刊行
大正15年［1926］	12月20日、『工学博士辰野金吾伝』刊行
昭和3年　［1928］	7月、『辰野紀年日本銀行建築譜』刊行

■主な作品

●印は現存｜★印は推定竣工年｜**【辰葛】**印は辰野葛西事務所｜**【辰片】**印は辰野片岡事務所

明治19年［1886］	銀行集会所(東京)
明治20年［1887］	東京海上保険会社(東京)
明治21年［1888］	東京製綱会社(東京)｜渋沢栄一邸(東京)｜工科大学(東京)
明治22年［1889］	英吉利法律学校(東京)
明治23年［1890］	横浜裁判所(神奈川)
明治24年［1891］	明治生命保険会社(東京)｜第一銀行大阪支店(大阪)
明治29年［1896］	日本銀行本店●(東京)【重要文化財】
明治32年［1899］	銀行倶楽部(東京)
明治34年［1901］	唐津小学校(佐賀)
明治35年［1902］	第一銀行本店(東京)
明治36年［1903］	日本銀行大阪支店●(大阪)
明治38年［1905］	東京海上火災保険会社**【辰葛】**(東京)
明治39年［1906］	第一銀行京都支店(現・みずほ銀行京都中央支店)●**【辰葛】**(京都)｜日本銀行名古屋支店(愛知)｜日本銀行京都支店(現・京都文化博物館別館)●(京都)【重要文化財】
明治40年［1907］	浪速銀行**【辰片】**(大阪)｜浜寺停車場(現・浜寺公園駅)●**【辰片】**(大阪)【国登録有形文化財】｜神戸商品取引所**【辰片】**(神戸)｜日本生命保険会社東京支店**【辰片】**(東京)
明治41年［1908］	第一銀行神戸支店(現・みなと元町駅)●**【辰葛】**(神戸)｜帝国海上運送火災保険会社**【辰葛】**(東京)｜日本銀行金沢支店(石川)｜小郡銀行**【辰片】**(山口)｜三十四銀行台南支店★**【辰片】**(台湾)
明治42年［1909］	明治専門学校**【辰葛】**(福岡)｜奈良ホテル●**【辰片】**(奈良)｜日本生命保険会社九州支店(現・福岡市赤煉瓦文化館)●**【辰片】**(福岡)【重要文化財】｜国技館**【辰葛】**(東京)｜山口銀行**【辰片】**(大阪)
明治43年［1910］	釜山駅**【辰葛】**(韓国)
明治44年［1911］	盛岡銀行(現・岩手銀行赤レンガ館)●**【辰葛】**(岩手)【重要文化財】｜浅草国技館**【辰葛】**(東京)｜共同火災保険**【辰片】**(大阪)｜松本健次郎邸(現・西日本工業倶楽部)●**【辰片】**(福岡)【重要文化財】｜大阪株式取引所**【辰片】**(大阪)
明治45年［1912］	朝鮮銀行(現・韓国銀行貨幣金融博物館)●**【辰葛】**(韓国)｜日本銀行小樽支店(現・日本銀行旧小樽支店金融資料館)●(北海道)【小樽市指定有形文化財】｜教育生命保険会社(現・オペラ・ドメーヌ高麗橋)●**【辰片】**(大阪)
大正2年　［1913］	安田商事合名会社大阪支店**【辰片】**(大阪)｜二十三銀行(現・大分銀行赤レンガ館)●**【辰葛】**(大分)【国登録有形文化財】｜大阪窯業会社**【辰片】**(大阪)｜富山銀行★**【辰葛】**(富山)
大正3年　［1914］	東京駅(現・東京駅丸の内駅舎)●**【辰葛】**(東京)【重要文化財】｜日本生命保険会社京都支店(現・日本生命京都三条ビル)●**【辰片】**(京都)【国登録有形文化財】｜神戸銀行集会所**【辰片】**(神戸)
大正4年　［1915］	武雄温泉場建物及び楼門●**【辰葛】**(佐賀)【重要文化財】｜近江銀行**【辰片】**(大阪)｜伊藤忠合名会社**【辰片】**(大阪)｜日本生命保険会社北陸支店**【辰片】**(石川)｜帝国製麻会社**【辰葛】**(東京)｜函館図書館書庫●**【辰葛】**(北海道)
大正5年　［1916］	旧山口銀行京都支店●**【辰片】**(京都)｜四十三銀行**【辰片】**(和歌山)
大正6年　［1917］	霊南坂教会**【辰葛】**(東京)
大正7年　［1918］	大阪市中央公会堂●**【辰片】**(大阪)【重要文化財】｜資生堂**【辰葛】**(東京)｜大阪農工銀行**【辰片】**(大阪)｜二十二銀行**【辰片】**(岡山)｜帝国大学工科教室★**【辰葛】**(東京)
大正8年　［1919］	福徳生命保険会社**【辰片】**(大阪)｜神戸川崎銀行**【辰片】**(神戸)
大正10年［1921］	第一相互銀行**【辰葛】**(東京)

辰野の年譜は、『日本の建築［明治大正昭和］ 3 国家のデザイン』藤森

より帰国

明治37年［1904］ 京都府技師を兼任(-1907)

明治41年［1908］ 大蔵省臨時建築部技師兼任(-1913)。議院建築調査のため欧米へ出張

大正3年 ［1914］ 巴奈馬太平洋万国博覧会出張

大正4年 ［1915］ 工学博士

大正7年 ［1918］ 名古屋高等工業学校長に転任。臨時議院建築局技師兼任

大正9年 ［1920］ 京都帝国大学教授に転任

昭和6年 ［1931］ 欧米を周遊

昭和7年 ［1932］ 京都帝国大学定年退官

昭和9年 ［1934］ 法隆寺国宝保存工事事務所長

昭和13年［1938］ 逝去(66歳)

■主な作品

明治32年［1899］ 日本勧業銀行本店(妻木頼黄の設計補助)(東京)

明治34年［1901］ 台湾神宮(伊東忠太の設計補助)(台北)

明治37年［1904］ 阪田邸内記念館(東京)｜京都電鉄株式会社(京都)｜鹿苑寺金閣・平等院鳳凰堂修理工事(-1907)(京都)

明治39年［1906］ 関西美術院(京都)｜園部公園忠魂碑(京都)

明治40年［1907］ 福島行信邸(東京)｜名和昆虫研究所記念昆虫館(岐阜)｜清野勇邸(京都)｜隆範大僧正頌徳碑(京都)

明治42年［1909］ 京都府記念図書館(京都)｜富山県会議事堂(富山)

明治43年［1910］ 京都商品陳列所(京都)

明治44年［1911］ 伊藤博文公銅像台座(兵庫)｜同志社女学校静和館(京都)

明治45年［1912］ 芝川又右衛門邸(兵庫)｜円山公園(京都)

大正2年 ［1913］ 高松邸(愛知)｜同志社女学校ゼームス館(京都)｜二條橋(京都)｜武田家墓碑(東京)

大正3年 ［1914］ 中瀬古研究所(京都)｜京阪電鉄株式会社本社(大阪)｜松風邸(京都)

大正4年 ［1915］ 京都商工会議所(京都)｜求道会館(東京)｜桑港博覧会日本政府館迎賓館(サンフランシスコ)｜佐久間象山先生遭難之碑(京都)

大正5年 ［1916］ 兵庫県農工銀行(兵庫)｜山口県庁及び県会議事堂(設計主任)(山口)｜御大典記念京都博覧会・京都駅前奉祝門(京都)｜稲畑勝太郎邸(京都)｜大阪朝日新聞社(顧問)(大阪)

大正6年 ［1917］ 清水寺根本中堂・大講堂・本坊・宮殿(兵庫)｜石山忠魂碑(滋賀)｜龍安寺鳳凰閣(大阪)

大正7年 ［1918］ 東本願寺前街路設備(京都)｜河合橋(京都)｜葵橋(京都)

大正8年 ［1919］ 那覇市役所(沖縄)｜山王荘(設計顧問)(東京)｜名和昆虫博物館(岐阜)

大正9年 ［1920］ 清水寺山門・鐘楼(兵庫)｜自邸(京都)｜桑田義備邸(京都)

大正10年［1921］ 山口仏教会館(京都)｜春田鉄次郎邸(愛知)｜京華社(京都)｜兼松記念館(神戸商科大学内)(兵庫)｜北村本邸(奈良)

大正11年［1922］ 京都帝国大学建築学教室(京都)｜浅沼銀行(岐阜)｜青柳邸(京都)｜阿部伊勢守正弘公銅像台座(広島)｜勝田邸(兵庫)｜小川邸(京都)

大正12年［1923］ 東本願寺内侍所(京都)｜清水寺大塔(兵庫)｜山口邸(京都)｜藤本ビルブローカー門司支店(福岡)

大正13年［1924］ 尼港遭難記念碑(東京)｜高松別邸(東京)｜京都銀行集会所(京都)｜中之島公園音楽堂(大阪)｜岐阜商工会議所(岐阜)｜北村邸(和歌山)｜京都市医師会館(顧問)(京都)

大正14年［1925］ 京都帝国大学本館(設計主任)(京都)｜西尾家住宅別邸(大阪)｜名柄尋常高等小学校講堂(奈良)｜光明寺根本本堂(兵庫)｜求道学舎(東京)

大正15年［1926］ 加納町役場(岐阜)｜星野邸(京都)｜藤井美術館(京都)｜中田商店(京都)｜田中別邸(京都)｜持宝院大師堂(兵庫)｜伏見橋(大阪)｜石黒ビルディング(石川)｜福山市公会堂(顧問)(広島)

昭和2年 ［1927］ 京都市役所(顧問)(京都)｜奈良信託株式会社(奈良)｜大平邸(京都)｜阿部伯爵邸(東京)｜渡辺橋(大阪)｜荻野邸(東京)

昭和3年 ［1928］ 天王寺公園音楽堂(大阪)｜芝川又右衛門邸増築(兵庫)｜商工省京都陶磁器試験所本館(京都)｜佐々木邸(岐阜)｜大阪鉱業監督所(大阪)｜岐阜市公会堂(岐阜)｜大阪毎日新聞社京都支局(京都)｜三井相続会館(京都)｜岩倉文庫(京都)｜華頂会館(京都)｜京都日出新聞社(京都)｜春田文化集合住宅(愛知)｜六鹿邸(京都)｜御大礼京都市街路装飾(顧問)(京都)｜高野山大学図書館(和歌山)

昭和4年 ［1929］ 自邸(京都)｜田蓑橋(大阪)｜山代温泉共同浴場(石川)｜高麗橋(大阪)｜鉾流橋(大阪)｜学士会京都支部会館(京都)｜永平寺大光明蔵(福井)

昭和5年 ［1930］ 河野邸(兵庫)｜福山市役所(広島)｜伊谷邸(京都)｜高野山癸亥震災霊碑堂(和歌山)｜桜宮大橋(大阪)｜中山邸(兵庫)｜東方文化学院京都研究所(京都)｜鶴見橋(岡山)｜石黒邸(石川)｜山中町営共同浴場(石川)

昭和6年 ［1931］ 賀茂大橋(京都)｜熊本医科大学山崎博士記念図書館(熊本)｜荒木博士銅像台座(京都大学内)(京都)｜高知県立城東中学校(顧問)(高知)

昭和7年 ［1932］ 春田文化集合住宅(第2期)(愛知)｜同志社女学校栄光館(京都)｜昭和橋(大阪)｜藤山雷太邸(東京)｜芝川又右衛門邸寿宝堂(兵庫)｜京都薬学専門学校(京都)

昭和8年 ［1933］ 円教寺摩尼殿(兵庫)

昭和9年 ［1934］ 日本赤十字社京都支部病院(京都)｜三朝大橋(鳥取)

昭和10年［1935］ 沢田邸(兵庫)

昭和11年［1936］ 黒谷金戒光明寺大方丈(京都)｜法隆寺鵤文庫(奈良)

昭和12年［1937］ 京都電燈株式会社(京都)｜法隆寺宝蔵(奈良)

辰野金吾 p.033

■略歴

嘉永7年 ［1854］ 8月22日、姫松倉右衛門・おまつの次男として唐津城下裏坊主町に生まれる

明治6年 ［1873］ 新設の工部省工学寮第1回入学試験を受験し、10月9日、入寮

明治8年 ［1875］ 普通科(教養課程) 2年修了後、専門科進学にあたり、それまでの造船志望(機械科に付設)を転じ、造家科に進む

明治12年［1879］ 6月、卒業設計制作。テーマは、「NATURAL HISTORY MUSEUM」。9月、卒業論文提出。テーマは、「Thesis on the future domestic architecture in Japan (日本の将来の住宅建築について)」。11月8日、卒業。卒業生で工学会を結成、日本最初の工学専門学会となる。11月25日、留学申し付け。12月1日、留学にあたり急拠、西脇乾三郎の実妹・鳥羽秀子

の前川家の分家である高橋姓を継ぐ

明治43年 [1910] 彦根中学卒業。第三高等学校入学

大正5年 [1916] 東京帝国大学工科大学建築学科卒業。優秀なる成績をもって恩賜の銀時計を拝受する。卒業設計「学生集会所」。佐野利器の紹介により滝川鉄筋コンクリート工務所に技師として就職。帝国製麻淀川工場、札幌工場などを担当。滝川鉄筋コンクリート工務所で平林金吾に出会う

大正6年 [1917] 滝川鉄筋コンクリート工務所に合わず、退職。内務省明治神宮造営局技師。外苑計画は佐野が主導していた。聖徳記念絵画館（原設計：小林正紹）設計監督などに従事。この時、矢部金太郎に出会う

大正7年 [1918] 平林金吾を内務省明治神宮造営局に技手として引き抜く

大正8年 [1919] 『建築世界』、『建築雑誌』誌上で、議院建築の懸賞設計当選・入選図案と審査会に対して激しく批判を展開する

大正9年 [1920] 聖徳記念絵画館設計工事の進捗にさしかかった頃、竹中藤右衛門らと共に規格木造住宅の研究のために渡米。佐野の差配があったと言われる。しかしアメリカ到着後、本企画は中止となり、アメリカ建築界調査事項報告会をニューヨークで実施し、その後、欧州経由で帰国

大正10年 [1921] 宮内省内匠寮技師になる。英国皇太子来日に備えた赤坂離宮改修や新宿御苑洋館増築工事などを担当。また、東伏見宮邸、学習院物理学教室、秩父宮邸などを手がけた

大正11年 [1922] 英国よりMVO（member of victrial order）勲四等を授かる

大正14年 [1925] 前田利為邸の設計依頼を受ける。学士会館懸賞競技設計に一等当選。佐野が設立に尽力した復興建築助成株式会社の技師として就任

昭和2年 [1927] 建築会館懸賞競技設計で審査委員。審査委員長の中條精一郎と一悶着を起こす。当選は、当時、高橋と同じ職場だった矢部金太郎。平林金吾を復興建築助成株式会社の技師として引き抜く

昭和5年 [1930] 震災復興において商店建築ばかりが建設される現状を批判する文章を『建築世界』、『建築画報』に立て続けに記す。日本生命館懸賞競技設計が開催され、高橋が当選。犬丸徹三から大阪の新ホテル計画の設計依頼を受ける（後の新大阪ホテルの基本設計）。7月、復興建築助成株式会社を退社。高橋建築事務所を開設

昭和7年 [1932] 日本放送協会関西支部局舎設計競技佳作。『高等建築学17 工場』を著す

昭和8年 [1933] 『高等建築学16 商店・百貨店』を著す。『建築学会パンフレット』第5輯第7号で「ホテル建築」について論じる（復興建築助成株式会社技師長の立場で）

昭和10年 [1935] 山下寿郎設計の名古屋観光ホテル設計案に、犬丸と共にホテル建築としての部分修正を行う

昭和11年 [1936] 帝国ホテル「ライト館」の一部解体・増築計画が起こる。それに関して、遠藤新から「資本家に聴従して、斯界の大先達に敬意を失する」と、東京朝日新聞紙上で批判を受ける

昭和24年 [1949] 事務所を再開

昭和27年 [1952] 帝国ホテル新館建設の計画が起こる（後の第一新館）

昭和30年 [1955] 帝国ホテルにさらなる新館建設の計画が起こる（後の第二新館）

昭和31年 [1956] 第二新館の計画に際し、犬丸と高橋はアメリカで最新ホテル建築の見学を実施

昭和33年 [1958] 米紙『TIME』は、帝国ホテル第二新館の“最新ぶり”の完成写真を見たライトの驚嘆を伝えるとともに、高橋がライト館を「リキシャ時代の素敵な設計だった」と述べたことを報じる

昭和42年 [1967] 帝国ホテルライト館の取り壊し、新築が騒動となり、高橋は批判の矢面に立たされる

昭和45年 [1970] 10月1日、逝去（78歳）

■主な作品

●印は現存｜◇印は所在地不明｜○印は計画のみ

昭和3年 [1928] 前田育徳会書庫・什器庫・事務棟（東京）｜某邸（平林金吾と共同設計）（◇）｜学士会館（佐野利器と共同設計）●（東京）【国登録有形文化財】｜前田利為侯爵邸（塚本靖と共同設計）●（東京）【重要文化財】

昭和4年 [1929] 三井高長邸（東京）｜青松寺本堂（東京）

昭和5年 [1930] 服部時計店（現・和光）（基本設計）●（東京）

昭和8年 [1933] 服部金太郎邸●（東京）｜日本生命館（現・日本橋髙島屋）（片岡安と共同設計、前田健二郎も関与）●（東京）｜上高地ホテル（矢部金太郎が内装に関与していたと言われる）（長野）｜三井物産大阪支店（大阪）

昭和9年 [1934] 久保田証券ビル（◇）｜吉村氏邸（前田健二郎と共同設計）（◇）

昭和10年 [1935] 新大阪ホテル（基本設計）（大阪）

昭和11年 [1936] 川奈ホテル（矢部金太郎が内装に関与していたと言われる）●（静岡）【国登録有形文化財】

昭和12年 [1937] 赤倉観光ホテル（新潟）

昭和13年 [1938] N氏邸（東京）｜半島ホテル（朝鮮）

昭和14年 [1939] ニューパークホテル（基本設計）（宮城）｜髙島屋京都店○（京都）

昭和15年 [1940] 鎮南浦ホテル○（朝鮮）

昭和26年 [1951] 西川ビル（東京）

昭和27年 [1952] 滋賀銀行東京支店（東京）

昭和28年 [1953] 日本出版販売株式会社（◇）｜帝国ホテル第一新館（東京）

昭和31年 [1956] 芝パークホテル（東京）

昭和32年 [1957] 西本願寺志納及接待所（◇）

昭和33年 [1958] 帝国ホテル第二新館（東京）

昭和35年 [1960] 滋賀銀行京都支店（京都）｜芝パークホテル新館・宴会場（東京）｜京都女子学園（京都）

昭和36年 [1961] 山一証券新潟支店（新潟）｜山一証券赤羽支店（東京）

昭和39年 [1964] 京都女子学園家政学教室（京都）｜山一証券三軒茶屋支店（東京）｜彦根市市民福祉会館（滋賀）｜浜松町モノレール・ステーション（東京）

昭和45年 [1970] 帝国ホテル新本館●（東京）

武田五一 p.125

■略歴

明治5年 [1872] 広島県福山に生まれる

明治27年 [1894] 帝国大学工科大学造家学科入学

明治30年 [1897] 東京帝国大学工科大学造家学科卒業。同大学大学院に入学

明治32年 [1899] 東京帝国大学工科大学助教授

明治34年 [1901] 図案学研究のため英独仏へ留学

明治35年 [1902] 京都高等工芸学校設置

明治36年 [1903] 滞欧中、京都高等工芸学校教授に転任。留学

曾禰達蔵　p.041

■略歴

1852年(嘉永5)　江戸唐津藩邸に生まれる
明治12年［1879］　工部大学校造家学科(現・東京大学工学部建築学科)卒業(第1回生)、工部省に入る。工学会(現・(社)日本工学会)創立に参加
明治14年［1881］　工部大学校助教授
明治19年［1886］　海軍省に入り、鎮守府の建築委員になる。造家学会(後の建築学会)創立発起人
明治23年［1890］　呉鎮守府建築部長。三菱社に入社
明治26年［1893］　シカゴ博覧会及び万国建築家会議出席(日本初参加の代表として)のため渡米
明治32年［1899］　工学博士
明治34年［1901］　岩崎久彌に随行しロンドンへ出張
明治36年［1903］　建築学会(現・(社)日本建築学会)建築語彙編纂委員会長
明治39年［1906］　三菱社を退社、同社建築顧問となる。建築事務所開設。建築学会東京市建築条例起稿委員会長
明治41年［1908］　中條精一郎と共に曾禰中條建築事務所を開設(国内最初期、後に戦前で最大規模の設計事務所となる)
大正7年　［1918］　建築学会会長、臨時議院建築局顧問
大正9年　［1920］　暖房冷蔵協会(現・(社)空気調和・衛生工学会)会長
大正10年［1921］　建築学会名誉会長
昭和11年［1936］　共同経営者の中條が逝去
昭和12年［1937］　逝去(85歳)

■主な作品

明治27年［1894］　三菱一号館(設計:ジョサイア・コンドル、監督:曾禰達蔵)(東京)
明治28年［1895］　三菱二号館(ジョサイア・コンドルと共同設計)(東京)
明治29年［1896］　三菱三号館(ジョサイア・コンドルと共同設計)(東京)
明治33年［1900］　三菱銀行神戸支店(兵庫)
明治37年［1904］　三菱四・六・七号館(東京)｜占勝閣(長崎)
明治38年［1905］　三菱五号館(東京)｜東京倉庫会社兵庫出張所(兵庫)
明治41年［1908］　明治屋門司支店(福岡)｜東京電気(株)第1号・第2号工場(神奈川)
明治42年［1909］　東京電気(株)第3号工場(神奈川)｜東京堅鉄製作所(東京)｜高田商会銀座売店(東京)
明治43年［1910］　新潟銀行東京支店(東京)｜東京電気(株)第4号工場(神奈川)
明治44年［1911］　明治屋京都支店(京都)｜明治生命保険(株)長崎支店(長崎)
明治45年［1912］　新潟貯蓄銀行本店(新潟)｜慶應義塾創立五十年記念図書館(東京)
大正元年　［1912］　米井商店大阪支店(大阪)｜米井商店神戸支店(兵庫)
大正2年　［1913］　佐賀県唐津公会堂(佐賀)｜新潟貯蓄銀行東京支店(東京)
大正3年　［1914］　新潟商業銀行本店(新潟)｜明治火災保険(株)京都支店(京都)｜東京瓦斯(株)大森製造所(東京)｜日本郵船(株)大阪支店倉庫・増築(大阪)｜豊国銀行京橋支店(東京)
大正4年　［1915］　慶應義塾大学大講堂(東京)｜富士見町教会・改修(東京)｜日本郵船(株)名古屋出張所(愛知)
大正5年　［1916］　芝教会(東京)
大正6年　［1917］　日本弘道会館(東京)｜東京高等商業学校御大典記念図書館(東京)
大正7年　［1918］　日本郵船(株)神戸支店(神戸)｜慶應義塾大学天現寺寄宿舎(東京)｜東京海上ビルディング(東京)
大正8年　［1919］　横浜商品倉庫(神奈川)｜日本郵船(株)大阪支店(大阪)｜如水会館(東京)｜左右田銀行青山支店(東京)
大正9年　［1920］　内外興業(株)芝浦工場・倉庫(東京)｜明治生命保険(株)仙台支店(宮城)｜日本郵船(株)神戸支店倉庫(神戸)
大正10年［1921］　慶應義塾大学医学部校舎(東京)｜明治屋八丁堀倉庫(東京)｜四谷職業紹介所(東京)
大正11年［1922］　有楽館ビルディング(東京)｜札幌独立基督教会(北海道)｜東京自治会館(東京)
大正12年［1923］　明治屋福岡支店(福岡)｜キリンビール銀座売店(東京)｜日本郵船ビルディング(東京)｜両羽銀行本店(山形)
大正13年［1924］　明治生命保険(株)大阪支店・改修(大阪)｜山形財蓄銀行本店(山形)｜明治屋大阪支店(大阪)｜慶應義塾大学医学部看護婦寄宿舎(東京)
大正14年［1925］　東京府立実科工業学校(東京)｜鹿児島県庁舎(鹿児島)｜県会議事堂(鹿児島)｜百三十三銀行本店(滋賀)
大正15年［1926］　慶應義塾塾監局(東京)｜慶應義塾大学医学部食養研究所(東京)
昭和2年　［1927］　明治屋金沢支店(石川)｜三井銀行小樽支店(北海道)｜小笠原長幹伯爵邸(東京)
昭和3年　［1928］　救世軍本営(東京)｜慶應義塾創立五十年記念図書館・増築(東京)｜東京府医師会下谷病院(東京)｜徳川家達公爵邸(東京)
昭和4年　［1929］　慶應義塾大学医学部予防医学教室(東京)｜救世軍浅草病院(東京)｜東京基督教青年会館(東京)
昭和5年　［1930］　東京海上ビルディング新館(東京)｜三越新宿支店(東京)｜明治屋横浜本店(神奈川)｜両国ビルディング(東京)
昭和6年　［1931］　東京計器製作所(東京)｜千代田生命保険相互会社北海道支部(北海道)｜東亜企業(株)鎌倉倶楽部(神奈川)
昭和7年　［1932］　日本弘道会館(東京)｜全国神職会館(東京)｜慶應義塾大学医学部病院別館(東京)｜池田成彬大磯別邸(神奈川)
昭和8年　［1933］　明治屋ビルディング(東京)｜大日本雄弁会講談社(東京)
昭和9年　［1934］　日本精工(株)(東京)｜慶應義塾大学日吉台予科第一次校舎(神奈川)
昭和10年［1935］　三井銀行名古屋支店(愛知)｜岩崎小彌太男爵熱海別邸(静岡)｜國學院大學講堂(東京)
昭和11年［1936］　慶應義塾大学日吉台予科第二次校舎(神奈川)｜三井銀行大阪支店(大阪)｜明治屋八丁堀倉庫(東京)｜共同ビルディング(大阪)
昭和12年［1937］　慶應義塾幼稚舎(谷口吉郎と共同設計)(東京)｜慶應義塾大学学部校舎(東京)｜小松製作所工場(石川)｜田中光顕伯爵小田原別邸(神奈川)

高橋貞太郎　p.249

■略歴

明治25年［1892］　6月26日、滋賀県犬上郡彦根町字職人町に、父・安吉、母・貞の長男として生まれる。母方

明治31年［1898］ 10月頃、三井大阪支店の設計監理で大阪へ赴任
明治33年［1900］ 9月、義兄・夏目漱石が英国留学に出発。漱石の滞英中、禎次は雑誌『太陽』や『読売新聞』などを送り、漱石は英国の建築雑誌『Studio』や『Academy Architecture』などの建築雑誌、さらに美術雑誌を送っている
明治35年［1902］ 文部省から欧州留学を命ぜられる
明治36年［1903］ 1月7日、横浜出航、英国へ向かう。妻・時子の実家を留守宅とする。5月、島村抱月らとオックスフォードを訪問
明治37年［1904］ 7月、英国北部を巡り、8月、グラスゴー訪問。9月、下村観山とケンブリッジ留学中の中條精一郎を訪ねる
明治38年［1905］ 英国よりパリへ移る。北欧を訪ねる
明治39年［1906］ 6月11日、フランス、ドイツ、イタリア、アメリカをまわり帰国。名古屋高等工業学校に赴任。教授、建築科長を命ぜられる
明治43年［1910］ 3月、第10回関西府県連合共進会開催。10月1日、伊豆修善寺で病臥中の漱石を見舞う
大正5年［1916］ 12月12日、夏目漱石葬儀の総括責任者を務める
大正6年［1917］ 建築学会会館建築委員会委員
大正9年［1920］ 11月、都市計画愛知地方委員(-大正10年9月)
大正10年［1921］ 名高工退官。従四位勲四等。その後、鈴木建築事務所開設
大正13年［1924］ 3月、名高工構内に鈴木禎次記念碑建立
大正14年［1925］ アメリカへ出張、百貨店建築などを視察
昭和2年［1927］ この年まで名高工の非常勤講師
昭和3年［1928］ この頃、名古屋市公会堂建築顧問。11月、第4回建築懇談会講演(中央建築会主催)「名古屋と建築」
昭和5年［1930］ 名古屋市庁舎建築設計懸賞図案審査員
昭和6年［1931］ 4月5日、建築学会東海支部創立記念会講演「名古屋に於ける建築の今昔感」
昭和10年［1935］ 2月13日、建築学会創立50周年記念回顧座談会(第2回)に出席
昭和11年［1936］ 春、名古屋汎太平洋平和博覧会展示館の設計競技審査員。10月、『建築雑誌』臨時増刊号で、三井総本店の設計や明治末期の関西地方の建築を回顧している
昭和15年［1940］ 4月、愛知時計電気(株)建築顧問。6月、鈴木建築事務所を東京へ移転
昭和16年［1941］ 8月12日、逝去(71歳)

■主な作品
●印は現存

明治34年［1901］ 三井大阪支店(横河民輔と共同設計)(大阪)
明治35年［1902］ 三井総本店(横河民輔の設計補佐)(東京)
明治37年［1904］ 北浜銀行本店(大阪)
明治41年［1908］ 日本第一麦酒半田醸造工場増築(現・半田赤レンガ建物)●(愛知)【国登録有形文化財】
明治43年［1910］ いとう呉服店(愛知)｜桔梗屋呉服店(愛知)｜愛知県商品陳列館(星野則保と共同設計)(愛知)｜鶴舞公園奏楽堂・噴水塔●(愛知)【名古屋市指定文化財】
明治44年［1911］ 名古屋銀行京都支店(京都)｜後藤邸(愛知)｜上遠野邸(愛知)｜旧中埜家住宅●(愛知)【重要文化財】
明治45年［1912］ 大阪合同紡績(大阪)｜名古屋電灯本社(愛知)
大正2年［1913］ 三井銀行名古屋支店(愛知)｜共同火災名古屋支店(愛知)｜共同火災神戸支店(神戸)｜橋本邸(大阪)
大正3年［1914］ 名古屋銀行堀川支店(愛知)｜川崎銀行大阪支店(大阪)｜三井銀行京都支店(京都)｜愛知農工銀行(愛知)
大正4年［1915］ 北浜銀行名古屋支店(愛知)
大正5年［1916］ 名古屋銀行南支店(愛知)｜帝国商業銀行本店(東京)｜好生館(愛知)
大正6年［1917］ 岡崎銀行本店(現・岡崎信用金庫資料館)●(愛知)【国登録有形文化財】｜松坂屋いとう呉服店上野支店(東京)｜鳥羽邸(三重)｜滝定商店大阪支店(大阪)｜東陽倉庫(愛知)｜滝定東京支店(東京)｜夏目漱石墓標●(東京)
大正7年［1918］ 名古屋瓦斯(株)工場(愛知)｜中島男爵大磯別荘(神奈川)｜諸戸家住宅洋館●(三重)【重要文化財】
大正8年［1919］ 名古屋銀行大阪支店(大阪)｜帝国撚糸会社(愛知)｜日本車輌(株)機関車庫(愛知)｜橋本邸(大阪)｜十一屋呉服店(愛知)｜いとう呉服店鍛冶屋町舎宅(愛知)
大正10年［1921］ 伊藤銀行中支店(愛知)｜十一屋呉服店増築(愛知)｜内国貯金銀行金沢支店(石川)｜安藤商店(愛知)
大正11年［1922］ 中外商業新報社(東京)｜松坂屋いとう呉服店東京寄宿舎(東京)｜十六銀行大垣支店(岐阜)｜内国貯金銀行京都支店(京都)｜岡崎市立図書館(愛知)
大正12年［1923］ 名古屋銀行西陣支店(京都)｜松坂屋大阪寄宿舎(大阪)｜松坂屋大阪店(大阪)｜浜松銀行本店(静岡)｜岡谷合資東京支店(東京)｜名古屋銀行新栄町支店(愛知)｜名古屋商業会議所(愛知)
大正13年［1924］ 名古屋公衆図書館(愛知)｜いとう呉服店葵町舎宅(愛知)｜中埜銀行本店(愛知)｜名古屋銀行一宮支店(現・オリナス一宮)●(愛知)
大正14年［1925］ 松坂屋本店●(愛知)｜名古屋放送局(愛知)｜明治銀行京都支店(京都)
大正15年［1926］ 名古屋銀行本店(旧三菱東京UFJ銀行貨幣資料館)●(愛知)｜松坂屋城山舎宅(東京)
昭和3年［1928］ 森田病院(愛知)｜松坂屋大阪店増築●(大阪)
昭和4年［1929］ 松坂屋上野店●(東京)｜野沢屋増築(神奈川)｜愛知淑徳高等女学校講堂(愛知)｜東邦電力(株)名古屋営業所(愛知)｜揚輝荘伴華楼●(愛知)｜向洋館(愛知)
昭和6年［1931］ 伊藤銀行本店(愛知)｜日銀名古屋支店増築(愛知)｜岡谷商店(愛知)｜岡本邸(東京)
昭和7年［1932］ 高原商店ビル(現・国際東船場113ビル)●(徳島)【国登録有形文化財】
昭和8年［1933］ 豊田喜一郎邸●(移築)(愛知)
昭和9年［1934］ 松坂屋大阪店増築●(大阪)｜野沢屋増築(神奈川)
昭和10年［1935］ 宇治山田商工会議所(三重)｜名古屋商工会議所増築(愛知)
昭和11年［1936］ 名古屋弁護士会館(愛知)｜名古屋市中央社会館(愛知)
昭和12年［1937］ 十一屋増築(愛知)｜野沢屋増築(神奈川)｜日本陶器工場および事務所(現・ノリタケカンパニーリミテド事務本館)●(愛知)｜松坂屋本店増築●(愛知)｜松坂屋大阪店増築(現・髙島屋東別館)●(大阪)
昭和13年［1938］ 名古屋製陶鳴海工場および事務所(愛知)｜日東石膏(株)工場(愛知)
昭和14年［1939］ 東邦瓦斯熱田工場(愛知)
昭和15年［1940］ 桜菊女学園校舎(愛知)
昭和16年［1941］ 愛知時計電気(株)永徳工場(愛知)

大正8年 [1919] 6月28日、工学博士
大正10年 [1921] 4月、早稲田大学理工学部建築学科主任教授退任。9月、東京女子高等師範学校講師
大正12年 [1923] 11月8日、帝都復興院建築局事務(-大正13年2月23日)
大正13年 [1924] 1月、建築学会副会長(-大正14年12月)
大正14年 [1925] 4月、日本女子大学教授
昭和2年 [1927] 11月、洪洋社から『住宅の平面計画』出版(木村幸一郎と共著)
昭和5年 [1930] 4月、早稲田大学理工学部建築学科内に「佐藤功一博士文庫」設立
昭和6年 [1931] 3月、早稲田大学出版部から『住宅建築衛生篇』出版
昭和9年 [1934] 1月15日、東京市庁舎建築懸賞図案審査員(-6月15日)
昭和11年 [1936] 10月、会計検査院技術顧問員
昭和12年 [1937] 1月、紀元2600年記念日本万国博覧会会場計画委員会委員。8月、次男・茂次が佐藤功一建築事務所入所(-昭和14年12月)。広島市公会堂(計画案)
昭和13年 [1938] 佐藤功一建築事務所上海支所開設(担当:茂次、-昭和15年)。5月、東宛書房から『匠房雑話(学芸随筆第3巻)』出版
昭和14年 [1939] 6月13日、紀元2600年記念宮城外苑整備事業審査委員会委員。7月、建築学会住宅問題委員。11月7日、上野・精養軒で「還暦祝賀会」(早苗会主催)。12月、建築学会評議員
昭和15年 [1940] 5月、大日本忠霊顕彰会顧問。福島県庁舎(計画案)
昭和16年 [1941] 4月、大日本国防衛生協会理事。5月、日刊土木建築工業新聞社から『住宅雑纂(佐藤功一全集第4巻)』出版。6月22日、逝去(64歳)。6月25日、築地本願寺で葬儀ならびに告別式。染井墓地に埋葬(墓石デザイン:伊東忠太)
昭和17年 [1942] 3月、日刊土木建築工業新聞社から『建築談叢(佐藤功一全集第3巻)』出版。6月、遺俳句集『すひかつら』私版
昭和28年 [1953] 6月、彰国社から作品集『佐藤功一博士』出版

■主な作品
●印は現存
大正2年 [1913] 茨城県物産陳列館(茨城)
大正4年 [1915] 明治記念新潟県立図書館(新潟)
大正6年 [1917] 日清生命保険株式会社本社(内藤多仲、松下新作、金田恭介と共同設計)(東京)
大正9年 [1920] 日清生命保険株式会社大阪支社(大阪)
大正11年 [1922] 下野新聞社(栃木)|日清生命保険株式会社名古屋支店(愛知)
大正12年 [1923] 読売新聞社(東京)|上毛実業銀行(群馬)|信濃毎日新聞社(長野)|下野新聞東京支社(東京)
大正13年 [1924] 実業ビルディング(東京)|日清印刷株式会社工場(東京)
大正14年 [1925] 下仁田銀行(群馬)|日本女子大学寄宿舎(東京)
大正15年 [1926] 如水館改修(東京)|帝国興信所(東京)|自邸(東京)
昭和2年 [1927] 三会堂(東京)|國學院大學図書館(東京)|岩手県公会堂●(岩手)【国登録有形文化財】|早稲田大学出版部(東京)|早稲田大学大隈記念講堂●(東京)【重要文化財】|都城市公会堂(宮崎)|佐賀図書館(現・徴古館)●(佐賀)【国登録有形文化財】|反町茂作邸(東京)
昭和3年 [1928] 武蔵高等学校講堂(現・武蔵学園大講堂)●(東京)|名古屋新聞御誓文記念壇(現・鶴舞公園普選記念壇)●(愛知)【名古屋市指定文化財】|群馬県庁舎(現・群馬県庁舎昭和庁舎)●(群馬)【国登録有形文化財】|日本勧業銀行有楽町支店(東京)
昭和4年 [1929] 平等小学校(山梨)|日本女子大学児童研究所(東京)|飛行館(東京)|市政会館および日比谷公会堂●(東京)【都選定歴史的建造物】
昭和5年 [1930] 協和銀行芝支店(東京)|米子市庁舎(現・米子市立山陰歴史館)●(鳥取)【米子市指定有形文化財】|群馬会館●(群馬)【国登録有形文化財】|湯沢三千男邸(東京)
昭和6年 [1931] 東京動産火災保険株式会社本社(東京)|宮城県庁舎(宮城)
昭和7年 [1932] 津田英学塾(現・津田塾大学本館(ハーツホン・ホール))●(東京)|第三十六銀行東京支店(東京)|日清生命館(現・大手町野村ビル、下層階外壁のみ保存)●(東京)|富山房(東京)
昭和8年 [1933] 丸善株式会社名古屋支店(愛知)|足立正邸●(神奈川)|日本赤十字社宮城支部病院(宮城)
昭和9年 [1934] 東京動産火災保険株式会社京都支部(京都)|電気協会会館(東京)|神田神社(大江新太郎と共同設計)●(東京)|東京動産火災保険株式会社横浜支部(神奈川)|マツダビルディング(東京)|田口邦重邸(伊東忠太と共同設計)(東京)
昭和10年 [1935] 東京動産火災保険株式会社名古屋支部(愛知)|林屋友次郎邸(東京)|山陽記念館(広島)|東京瓦斯株式会社渋谷営業所(東京)
昭和11年 [1936] 東京瓦斯株式会社荏原営業所(東京)|丸山商会(東京)|高田早苗銅像台座●(東京)
昭和12年 [1937] N.H.K.川口放送所(埼玉)|N.H.K.鳩谷放送所(埼玉)|駒澤大学講堂(東京)|東京瓦斯株式会社荒川営業所(東京)|帝室林野局庁舎(東京)|大隈記念像●(東京)
昭和13年 [1938] 巣鴨商業学校校舎(東京)|東京動産火災保険株式会社三輪支部(東京)|東京動産火災保険株式会社池袋支部(東京)|栃木県庁舎(現・栃木県庁舎昭和館)●(栃木)
昭和14年 [1939] 南洋海運株式会社日蘭丸一等公室|滋賀県庁舎(現・滋賀県庁舎本館)(国技博と共同設計)●(滋賀)【国登録有形文化財】|広島赤十字病院(広島)|日清生命保険株式会社新館(東京)
昭和15年 [1940] 大野厳邸(東京)|広島県農業協同組合事務所(広島)

佐藤の年譜は、『佐藤功一博士』[田辺泰・猪野勇一編、彰国社/1953]、佐藤三千雄「佐藤功一—都市景観への視点」『日本の建築[明治大正昭和] 8 様式美の挽歌』[三省堂/1982]をもとに、筆者と編集したものです

鈴木禎次 p.117

■略歴
明治3年 [1870] 7月6日、静岡に生まれる。鈴木家は旗本の家系。父・鈴木利亨は大蔵省役人
明治26年 [1893] 第一高等中学校を経て、帝国大学工科大学造家学科入学
明治29年 [1896] 帝国大学工科大学造家学科卒業。卒業設計「Design for Proposed Engineering College」。大学院に残り、耐震構造を研究
明治30年 [1897] 三井に就職。三井総本店の設計を分担(横河民輔を補佐)

	導を受ける
明治21年［1888］	8月、辰野金吾に同行して横浜を出航。米国経由で渡英。アートスクールで絵画を学ぶ
明治22年［1889］	9月、ロンドン大学のユニバーシティ・カレッジの建築学・築造学部に入学。美術的建築学科および学術的建築学科に在籍。10月、「倫敦大學校校則抄譯」を『建築雑誌』に寄稿
明治23年［1890］	トーマス・ロジャー・スミス建築事務所に実習生として入所(2年間在籍)。6-8月、「英國中古ノ家屋」を『建築雑誌』に連載。7月、ユニバーシティ・カレッジを美術的建築学科は第一等、学術的建築学科は第二等で卒業。英国建築協会の給費研修生に選ばれ、サマーセット地方の実地調査を行い、その報告によって同協会賞を受賞
明治25年［1892］	6月、英国王立建築家協会の試験に合格し、準会員(ARIBA)の資格を得る。10月、「修學旅行報告」を『建築雑誌』に寄稿。欧州の建築視察に出発
明治26年［1893］	3-5月、「羅馬府建築論」を『建築雑誌』に連載。11月、帰国。12月、造家学会正会員。同月、造家学会主催講演(「伊太利建築の話」)
明治27年［1894］	ジョサイア・コンドル建築事務所に入所。ドイツ公使館の設計・監督に従事。6月、結婚
明治28年［1895］	11月、造家学会評議員
明治29年［1896］	2月、造家学会主催講演(「病院建築法」)。10月、海軍技師に採用され呉鎮守府に赴任
明治34年［1901］	4月、英米に出張。鎮守府施設用鋼材の検査や購入にあたる
明治36年［1903］	11月、呉海軍経理部建築科長に就任
明治38年［1905］	芸予地震(6月2日)の被害復旧にあたる
明治40年［1907］	台湾総督府庁舎懸賞設計に応募
明治41年［1908］	10月、横須賀海軍経理部建築科長に転任
明治45年［1912］	大阪市庁舎懸賞設計に応募(第二等)
大正2年［1913］	3月、海軍技師を退官、三菱合資会社地所部建築顧問に就任。9月、正五位勲四等を授与
大正3年［1914］	2月、三菱合資会社本社技師に就任
大正4年［1915］	2月、工学博士に推挙
大正7年［1918］	8月、地所部が地所課となり(翌年、再び地所部に改組)、初代技師長に就任
大正9年［1920］	1月、米国へ出張(フラー社と丸ビル建設の打ち合わせ)。3月、東洋フラー社設立(1925年5月解散)
大正11年［1922］	建築学会会館競技設計審査委員長
大正12年［1923］	2月、東洋フラー社の常務取締役に就任。4月、三菱合資会社を退職し、櫻井小太郎建築事務所を開設
昭和2年［1927］	8-11月、「建築漫談」を『日本建築士』(日本建築士会)に連載。建築会館競技設計審査委員。
昭和3年［1928］	建築学会副会長。建築会館取締役会長に就任
昭和5年［1930］	10月、『櫻井小太郎作品集』刊行
昭和7年［1932］	第一生命保険相互会社本館競技設計審査委員
昭和8年［1933］	東京水工交社本館競技設計審査委員
昭和10年［1935］	第一線の実務から引退
昭和20年［1945］	建築学会名誉会員
昭和28年［1953］	11月11日、逝去(84歳)

■主な作品

●印は現存｜★印は推定竣工年

明治35年［1902］	呉造兵廠砲熕製造所(広島)
明治38年［1905］	呉鎮守府司令長官官舎(現・入船山記念館)●(広島)【重要文化財】
明治40年［1907］	呉鎮守府庁舎(現・海上自衛隊呉地方総監部第一庁舎)●★(広島)
明治42年［1909］	大湊水源地沈澄池堰提●(青森)【重要文化財】
大正2年［1913］	横須賀鎮守府司令長官官舎(現・海上自衛隊横須賀地方総監部)●(神奈川)
大正4年［1915］	和田維四郎邸★(東京)
大正5年［1916］	帝国鉄道協会(東京)｜台湾銀行東京支店(東京)｜荘清次郎別邸(現・古我邸)●(神奈川)
大正6年［1917］	三菱仲13号館(東京)｜三菱仲14号館(東京)
大正7年［1918］	三菱仮本社(22号館)(三菱本社旧館)(東京)
大正8年［1919］	三菱仲15号館(東京)｜三菱仲12号館(東京)
大正9年［1920］	三菱仲2号館(東京)
大正10年［1921］	三菱仮本社(22号館)増築(三菱本社本館)(東京)
大正11年［1922］	三菱銀行本店(東京)
大正12年［1923］	丸ノ内ビルヂング(東京)｜曽根増吉別邸(神奈川)
大正13年［1924］	東洋文庫(東京)｜静嘉堂文庫●(東京)｜成蹊学園本館●(東京)｜荻窪歯科診療所(東京)
大正14年［1925］	横浜正金銀行本店(震災復旧工事)(神奈川)｜三菱銀行京都支店(京都)｜川島邸(東京)
大正15年［1926］	松平家津田別邸(香川)｜第一東京弁護士会館(東京)｜時事新報社(東京)
昭和2年［1927］	横浜正金銀行接客所(神奈川)｜三菱銀行船場支店(大阪)｜永代橋ビルディング(東京)
昭和3年［1928］	柏原邸(東京)
昭和4年［1929］	鳥羽商店(東京)｜明治生命広島支店(広島)｜帝国生命館(東京)｜横浜正金銀行名古屋支店(愛知)
昭和6年［1931］	田中邸(東京)
昭和7年［1932］	三越札幌支店(北海道)
昭和9年［1934］	横浜正金銀行門司支店(現・山口銀行門司支店)●(福岡)
昭和10年［1935］	横浜正金銀行神戸支店(現・神戸市立博物館)●(兵庫)【国登録有形文化財】

櫻井の年譜は、『日本の建築[明治大正昭和] 8 様式美の挽歌』伊藤三千雄・前野嶤著[三省堂／1982]をもとに、筆者と編集したものです

佐藤功一 p.149

■略歴

明治11年［1878］	7月2日、栃木県下都賀郡国分寺村字小金井に大越東七郎の次男として生まれる
明治36年［1903］	7月11日、東京帝国大学工科大学建築学科卒業。卒業設計「A PHOTOGRAPHIC STUDIO(写真館)」。卒業論文「Description on the Photographic Studio」。9月4日、三重県技師、高等官七等。11月20日、従七位
明治37年［1904］	大工棟梁・佐藤茂八の養子となる
明治41年［1908］	6月、宮内省内匠寮御用掛。12月21日、依願退職
明治42年［1909］	1月、早稲田大学から建築学研究のため欧米各国に派遣されることが決まる。4月22日、渡欧米
明治43年［1910］	8月29日、帰国。9月、早稲田大学理工科建築学科本科開設に伴い、同大学講師
明治44年［1911］	6月、早稲田大学教授。12月、早稲田大学理工科建築学科本科主任
大正6年［1917］	柳田國男と共に「白茅会」を発起し、石黒忠篤、細川護立、大熊喜邦、田村鎮、内田魯庵、木子幸三郎、今和次郎らが参加
大正7年［1918］	夏、神奈川県内郷村で10日間の民家調査を行うが病に倒れ、静養(-大正8年4月)。8月、小石川指ヶ谷の自宅に佐藤功一建築事務所開設

本衣裳史第一部」を発表
明治14年［1881］　12月、「日本衣裳史第二部」を発表。この年、皇居造営顧問技師。画家・河鍋暁斎に入門
明治16年［1883］　暁斎から「暁英」の号を受ける
明治17年［1884］　2月、第二回内国絵画共進会で「雨中鷺」など入選。4月、勲四等に叙せられ旭日小綬章を賜る。11月、英国王立建築家協会正会員となる
明治18年［1885］　9月、京橋西紺屋町官舎へ移転
明治19年［1886］　3月、「日本の山水庭園の芸術」を発表。4月、東京帝国大学建築学科講師。11月、学生17名を引率してドイツへ出張、ロンドンへ帰省
明治20年［1887］　6月、ロンドンから帰国。この年、「日本の住宅建築について」を王立建築家協会で発表
明治21年［1888］　3月、講師辞任。事務所を西紺屋町に設置、建築設計に従事
明治22年［1889］　10月、「日本の生花論」を発表
明治23年［1890］　三菱社の顧問となる
明治24年［1891］　6月、『日本の花と生け花の芸術』を出版。10月、濃尾地震の被害を視察
明治25年［1892］　東京帝国大学名誉教授
明治26年［1893］　5月、『日本の風景庭園』を出版。この後『別冊付録』を出版。7月、前波くめと結婚
明治27年［1894］　3月、勲三等瑞宝章を賜る
明治29年［1896］　2月、東京演劇音楽協会に参加。4月、第一回演劇公演に参加。10月、「日本の生花」を3回にわたり発表
明治32年［1899］　6月、『日本の花の芸術』を出版
明治34年［1901］　4月、長女ハルを連れて一時帰国
明治37年［1904］　西紺屋町から三河台へ転居
明治44年［1911］　5月、『河鍋暁斎の絵と習作』を出版
大正3年　［1914］　2月、工学博士の学位授与
大正9年　［1920］　4月、日本建築学会から表彰を受ける。6月10日、夫人くめ逝去。6月21日、コンドル逝去(67歳)。護国寺墓地に埋葬

■主な作品
●印は現存｜○印は計画案

明治10年［1877］　工部大学校(南門・門衛室)(東京)｜東京大学建物配置案○(東京)
明治12年［1879］　訓盲院(東京)
明治14年［1881］　開拓使物産販売捌所本館(東京)｜上野博物館(東京)
明治15年［1882］　宮内省庁舎(東京)｜川村純義邸(東京)｜皇居山里正殿並吹上宮内省庁舎○(東京)
明治16年［1883］　鹿鳴館(東京)｜伏見宮邸○(東京)
明治17年［1884］　延遼館(東京)｜有栖川宮邸(東京)｜東京大学法文科大学校舎(東京)｜西京表公旅館○(京都)｜北白川宮邸(東京)
明治18年［1885］　中央諸官庁配置案○(東京)
明治19年［1886］　内務大臣官舎(東京)｜陸軍大臣官舎(東京)
明治20年［1887］　外務次官官舎(裏霞ヶ関官邸)(東京)｜外務省官舎(東京)
明治21年［1888］　飯倉教会(増築)○(東京)｜香蘭女学校校舎(東京)
明治22年［1889］　カークウッド邸(東京)｜岩崎彌之助深川別邸(東京)｜砲兵工廠本館(東京)｜内閣庁舎(東京)
明治23年［1890］　横浜築港事務所(神奈川)｜コンドル大磯別荘(改修)(神奈川)
明治24年［1891］　東京復活大聖堂(ニコライ堂)●(東京)
明治25年［1892］　岩崎彌之助邸○(東京)｜海軍大臣官舎(東京)
明治26年［1893］　築地トリニティ教会内装飾(東京)｜荘田平五郎邸(東京)
明治27年［1894］　唯一館(東京)｜基督教青年会館(東京)｜海軍省庁舎(東京)｜三菱一号館(東京)
明治28年［1895］　飯倉教会(東京)｜三菱二号館(東京)｜岩崎彌之助邸(東京)
明治29年［1896］　スクリバ邸(東京)｜東京倶楽部(初代)(東京)｜三菱三号館(東京)｜イタリア公使館(増築)(東京)｜岩崎久彌邸(現・旧岩崎邸庭園)●(東京)【重要文化財】｜英国公使館別荘(現・英国大使館別荘記念公園)●(栃木)
明治30年［1897］　ドイツ公使館(東京)｜長崎ホテル(長崎)
明治31年［1898］　ケリー・ウォルシュ商会(神奈川)｜ロイアルホテル(神奈川)
明治32年［1899］　立教女学院(東京)｜オーストリア・ハンガリー公使館(東京)
明治33年［1900］　高田慎蔵邸(東京)｜横浜山手教会(神奈川)｜横浜山手85番病院(神奈川)
明治34年［1901］　ユナイテッドクラブ(神奈川)｜高田慎蔵青山別邸(東京)｜ストローム商会(神奈川)｜サムエル・サムエル商会(神奈川)
明治36年［1903］　ベルギー公使館(増築)(東京)
明治37年［1904］　コンドル邸(東京)
明治38年［1905］　松方正義仙台坂別邸(東京)｜松方正義邸(東京)
明治39年［1906］　鎌倉海浜院ホテル(神奈川)｜益田孝邸(東京)｜渡辺専次郎鎌倉別邸(神奈川)
明治40年［1907］　赤星彌之助大磯別邸(神奈川)｜末延道成邸(東京)
明治41年［1908］　岩崎彌之助高輪別邸(現・開東閣)●(東京)｜ウエスト像台座●(東京)
明治42年［1909］　寺島誠一郎邸(東京)｜岩崎彌之助箱根湯本別邸(神奈川)｜小笠原教会(東京)｜近藤廉平邸(東京)
明治43年［1910］　岩崎彌之助家廟●(東京)
明治44年［1911］　アーウィン邸(東京)｜加藤高明邸(東京)
明治45年［1912］　岩永省一邸(東京)｜園田孝吉邸(東京)｜赤星鉄馬邸(東京)｜東京倶楽部(二代目)(東京)
大正2年　［1913］　諸戸清六邸(現・六華苑)●(三重)【重要文化財】｜今村繁三邸(東京)｜岩崎小彌太元箱根別邸(神奈川)｜三井家倶楽部(現・綱町三井倶楽部)●(東京)
大正4年　［1915］　岩崎久彌邸○(東京)｜島津忠重邸(現・清泉女子大学本館)●(東京)【都指定有形文化財】｜マクドナルド墓石○(イギリス)
大正6年　［1917］　北下浦別邸○(神奈川)｜古河虎之助邸(現・旧古河庭園大谷美術館)●(東京)
大正7年　［1918］　山縣有朋小田原別邸(増設)(神奈川)
大正8年　［1919］　成瀬正行邸(東京)
大正9年　［1920］　串田萬蔵邸(東京)｜木村敬義邸(東京)
大正10年［1921］　川崎芳太郎邸○(兵庫)

コンドルの年譜は、『「鹿鳴館の建築家 ジョサイア・コンドル展」図録』［建築画報社／2009］をもとに、編集したものです

櫻井小太郎　p.109

■略歴
明治3年　［1870］　9月11日、櫻井能監の長男として東京神田今川町に生まれる
明治18年［1885］　第一高等中学校に入学。当初は文学の道を志したと言われる
明治20年［1887］　第一高等中学校を中退。渡英して建築学を学ぶことを決意。帝国大学工科大学造家学科の聴講生となり、傍らジョサイア・コンドルの指

継ぐ
大正9年 [1920] 早稲田大学理工学部建築学科選択学修
大正10年 [1921] 平和記念東京博覧会技術員
大正11年 [1922] 関根建築事務所技師(-1926)、『エジプトの文化と建築』(洪洋社)
大正13年 [1924] 『近代建築思潮』(洪洋社)、『印度の文化と建築』(洪洋社)
昭和元年 [1926] 『近代英国田園住宅抄』(建築画報社)、『ロダン以後』(中央美術社)、『ルネッサンス文化と建築(上)』(洪洋社)
昭和2年 [1927] 東京高等工芸学校講師(-1943)、『ルネッサンス文化と建築(下)』(洪洋社)
昭和5年 [1930] ドイツ留学(建築工芸設計・意匠研究)
昭和6年 [1931] 蔵田周忠事務所設立
昭和7年 [1932] 武蔵高等工科学校教授(-1949)、武蔵高等工業学校教授、『欧州都市の近代相』(六文館)
昭和8年 [1933] ドイツ国文化勲章ローテクロイツ受章、『近代的角度』(信友堂)
昭和9年 [1934] 『日本民家の模型製作に就いて』(大日本連合会青年団)
昭和10年 [1935] 『現代建築』(東学社)
昭和11年 [1936] 『等々力住宅区の一部』(国際建築協会)
昭和14年 [1939] 日本建築学会常議員、『小住宅厨房の研究』(同潤会)
昭和15年 [1940] 『陸屋根』(相模書房)
昭和17年 [1942] 『ブルーノ・タウト』(相模書房)
昭和18年 [1943] 『建築透視図』(アルス)
昭和19年 [1944] 『部屋の使い方』(住宅営団)
昭和22年 [1947] 武蔵高工建築学科知学会会長、『建築の製図』(相模書房)、『小住宅の設計』(主婦の友社)
昭和23年 [1948] 日本建築学会会館委員会幹事
昭和24年 [1949] 日本建築学会理事、日本建築学会評議員、日本建築学会建築企画原案作成委員、日本建築学会学会賞委員・部会長、武蔵工業大学建築学科主任、武蔵工業大学教授(-1966)、『製図』(彰国社)、『商店建築図集』(彰国社)
昭和25年 [1950] 日本建築学会建築講義録刊行準備委員
昭和26年 [1951] 早稲田大学第一理工学部兼任講師(-1952)、東京藝術大学美術学部講師(-1962)
昭和28年 [1953] 『グロピウス』(彰国社)
昭和30年 [1955] 東海大学建築学科講師(-1965)、『民家帖』(古今書店)
昭和31年 [1956] 日本建築学会評議員、日本建築学会学術委員、中央建築士審議委員会、『小住宅の設計(改訂版)』(主婦の友社)、『木造と耐火の近代的な小住宅』(主婦の友社)
昭和32年 [1957] 『塔のある風景』(彰国社)
昭和33年 [1958] 日本建築学会建築大辞典刊行委員、日本建築学会建築歴史意匠委員、学校施設基準規格調査委員(文部省)、『生活空間の創造』(ワルター・グロピウス著、共訳)(彰国社)
昭和35年 [1960] 早稲田大学工学博士号取得
昭和36年 [1961] 建設大臣表彰状および銀盃受賞、黄綬褒章受章
昭和40年 [1965] 勲四等瑞宝章受章、『近代建築史』(相模書房)
昭和41年 [1966] 国立第2病院で逝去(71歳)、武蔵工業大学名誉教授

■主な作品
【関】は関根建築事務所での担当
大正13年 [1924] 八木邸(東京)
大正14年 [1925] 六華倶楽部【関】(山形)｜加納川邸(東京)｜小泉邸(東京)｜仏蘭西現代美術展覧会表示塔(東京)
昭和元年 [1926] 宮原邸(東京)｜蔵田邸(東京)｜森邸(東京)｜大竹邸(東京)｜聖シオン会堂(東京)｜百十三銀行本店【関】(北海道)
昭和2年 [1927] 協和銀行九段支店【関】(東京)｜協和銀行大阪土佐堀支店【関】(大阪)｜京王閣遊園【関】(東京)｜旧多摩聖蹟記念館【関】(東京)｜月華荘(東京)
昭和3年 [1928] 三崎神社秩父宮御登山記念館【関】(埼玉)｜坊城邸【関】(東京)｜内田自動車株式会社の建築(東京)｜米川邸(東京)
昭和4年 [1929] 石川邸(神奈川)｜勝野邸(東京)
昭和6年 [1931] 東京帝室博物館コンペ応募案
昭和7年 [1932] 福沢邸(東京)｜小原邸(東京)｜第四回発明博覧会 エジソン館(東京)
昭和9年 [1934] 内田邸(東京)
昭和10年 [1935] 斎藤邸(東京)｜三輪邸(東京)
昭和11年 [1936] 古仁所邸(東京)｜金子邸(東京)｜安川邸(福岡)
昭和12年 [1937] 貝島邸(東京)｜白柱居(神奈川)
昭和13年 [1938] 甲府市庁舎(一部完成)(山梨)｜山崎邸(東京)｜田中邸(神奈川)
昭和14年 [1939] 武蔵工業専門学校(東京)
昭和24年 [1949] 山口市庁舎(山口)｜永祥寺(北海道)
昭和25年 [1950] 山口市立小学校講堂(山口)
昭和26年 [1951] 千葉県自治会館(千葉)｜山口市立白石中学校公舎(山口)
昭和27年 [1952] 東京都庁舎コンペ応募案
昭和28年 [1953] 杉並区立杉並公民館(東京)

ジョサイア・コンドル p.025

■略歴
嘉永5年 [1852] 9月28日、ロンドン・テームス川南岸ケニントン二区に生まれる。祖父や父の名を襲名し、ジョサイア三世の誕生となる(父親の曾祖父ルイ・フランソワ・ルビアックは、18世紀の英国で最高の彫刻家という由緒ある家系であった)
慶応元年 [1865] ベッドフォードのモダンスクールに入学
明治2年 [1869] サウスケンジントン・アート・スクール、およびロンドン大学のスレード・ライフ・クラッセスで建築学を学ぶ
明治6年 [1873] 英国王立建築学会のトーマス・ロジャー・スミス教授(父ジョサイアの従兄弟)につき、その後、ゴシック建築の大家ウィリアム・バージェス博士の助手となる
明治7年 [1874] 10月、イギリス南部、フランスへスケッチ旅行
明治8年 [1875] バージェスの事務所を退職。画家ワルター・ロンスダールの助手となり、ステンドグラスの製作を学ぶ
明治9年 [1876] 3月、王立建築家協会主催の懸賞設計に応募して入賞し、ソーン賞を受賞。10月18日、日本政府と5年間の雇用契約を結ぶ。10月、日本へ出発。途中、フランス、イタリアでスケッチ旅行
明治10年 [1877] 1月28日、日本到着。2月28日、内閣工部省技術官、ならびに工学寮教師として、工部大学校造家学科の外国人教師を担当、併せて内匠寮に出仕する。麻布今井町官舎に入居
明治12年 [1879] 11月、工部大学校第一期生・辰野金吾、片山東熊、曾禰達蔵、佐立七次郎が卒業
明治13年 [1880] 8月、長女ハル(英国名ヘレン)誕生。10月、「日

明治45年［1912］　大日山水源地喞筒室（現・九条山浄水場ポンプ室）●（京都）｜北白川宮邸洋館（東京）｜赤坂分厩庁舎（東京）｜宮内省消毒所（東京）｜宮内省自動車車庫（東京）
大正2年　［1913］　伏見桃山陵（明治天皇陵）●（京都）｜正倉院正倉修復●（奈良）【国宝】｜神奈川県庁舎（神奈川）
大正3年　［1914］　武庫離宮（兵庫）｜紅葉山写真場（東京）
大正4年　［1915］　伏見桃山東陵（昭憲皇太后陵）●（京都）｜京都御所春興殿●（京都）｜宮中能楽場（東京）｜二条離宮饗宴場（京都）｜建春門外朝集所（京都）

木子七郎　p.233

■略歴
明治17年［1884］　4月29日、木子清敬の四男として東京に生まれる
明治44年［1911］　3月、東京帝国大学工科大学建築学科を卒業し、大林組入社
大正元年［1912］　新田帯革製造所、その他関連会社の建築顧問となる
大正2年　［1913］　6月、大林組退職。8月10日、新田長次郎の長女・カツと結婚。この頃、自邸を建て（大阪東区十二軒町）、同地で木子七郎建築事務所を開設
大正6年　［1917］　5月、「雪と建築」が『建築と社会』に掲載
大正10年［1921］　2–11月、海外視察の旅（中国、インド、欧州各地、北米など）
大正11年［1922］　2月、「道路と住宅と建築家」が『建築と社会』に掲載
大正12年［1923］　10月、東京事務所を開設（麹町区永樂町2丁目、日本興銀ビル内）
大正15年［1926］　6月、日本赤十字社大阪支部囑託、同支部病院建築主任となる。8月、東京事務所を閉鎖。9月、日本赤十字社大阪支部から病院建築視察のため朝鮮半島、中国各地に出張する。城北土地株式会社技術顧問となる
昭和11年［1936］　フランス政府よりシュバリエー・ド・ラ・レジオン・ドヌール勲章を受ける
昭和13年［1938］　ドイツ政府より赤十字勲功十字賞を受ける
昭和14年［1939］　ローマ聖皇より星章附コンマンドール・サン・シルベストル勲章を受ける
昭和15年［1940］　財団法人関西日仏学館評議員となる
昭和17年［1942］　多年、日本赤十字社に対し功績大なりと認められ、総裁閑院宮殿下より御付花瓶一個下賜される
昭和19年［1944］　日本赤十字社へ金壱萬円寄付につき、紺綬褒章を受ける
昭和20年［1945］　戦災で自邸の和室部分を焼失する。3月、履歴・業績書を記す。熱海市に転居する（伊豆山東足川）
昭和29年［1954］　熱海で逝去（70歳）

■主な作品
●印は現存｜◇印は所在地不明
大正元年［1912］　北浜銀行堂島支店（大阪）
大正2年　［1913］　新田帯革製造所新工場（大阪）｜木子七郎自邸（現・何邸）●（大阪）
大正4年　［1915］　新田長次郎別荘（現・琴ノ浦温山荘園 主屋）●（和歌山）【重要文化財】
大正7年　［1918］　稲畑商店本社社屋（大阪）
大正9年　［1920］　簸川銀行本店（島根）
大正11年［1922］　久松定謨伯爵別邸（現・萬翠荘）●（愛媛）【重要文化財】
大正12年［1923］　松山高等商業学校（愛媛）｜新田帯革製造所名古屋出張店（愛知）｜新田長次郎邸（大阪）｜稲畑邸（◇）
大正13年［1924］　田村駒本店（大阪）
大正14年［1925］　石崎汽船（愛媛）｜石崎汽船株式会社本社●（愛媛）｜NHK東京中央放送局（東京）
大正15年［1926］　内藤多仲邸（現・早稲田大学内藤多仲博士記念館）●（東京）
昭和2年　［1927］　大阪中央電話局（大阪）
昭和3年　［1928］　新田利國邸（現・松山大学温山記念会館）●（兵庫）【国登録有形文化財】
昭和4年　［1929］　新田愛祐邸（東京）｜松江商業会議所（島根）｜日本赤十字大阪支部（大阪）｜日本赤十字大阪支部病院（大阪）｜愛媛県庁舎（愛媛）●｜東條産婦人科病院（大阪）●｜新田昌次邸（大阪）｜鍵谷家記念堂（現・鍵谷カナ頌功堂）●（愛媛）【国登録有形文化財】
昭和5年　［1930］　祭原商店（大阪）｜新田帯革製造所東京出張所（東京）
昭和7年　［1932］　新潟県庁舎（新潟）｜新田宗一邸洋館離れ（大阪）
昭和8年　［1933］　大阪府立夕陽丘女学校清香会館（現・大阪府立夕陽丘高等学校清香会館）●（大阪）
昭和9年　［1934］　大阪府立夕陽丘高等学校（大阪）
昭和10年［1935］　新田帯革製造所本社（大阪）｜大阪歯科医学専門学校付属病院（大阪）｜池田町公会堂（大阪）
昭和11年［1936］　関西日仏学館（現・アンスティチュ・フランセ関西 京都）●（京都）
昭和12年［1937］　大阪警察病院（大阪）｜松山高等商業学校加藤記念館（愛媛）
昭和13年［1938］　新田長次郎銅像台座（大阪）
竣工年未確認　大阪逓信局々舎（大阪）｜京都聖護院郵便局（京都）｜松山市庁舎（愛媛）｜松江市公会堂（島根）｜大阪寝屋川警官住宅（大阪）｜愛媛県立図書館（愛媛）｜大阪国技館（大阪）｜東京放送局愛宕山放送所（東京）｜金沢商業会議所（石川）｜大阪織物同業組合事務所（大阪）｜ドイツ文化研究所（京都）｜大阪府立高津中学校体育館（大阪）｜大阪高等工芸学校寄宿舎（大阪）｜松江銀行本店（島根）｜松江銀行米子支店（鳥取）｜山陰貯蓄銀行本店（島根）｜三和銀行吹田支店（大阪）｜百三十七銀行福知山支店（京都）｜伊予農業銀行（愛媛）｜米子銀行本店（鳥取）｜五十二銀行大町支店（◇）｜田代病院（東京）｜大野外科病院（大阪）｜満州電信電話株式会社別府保養所陵雲荘（大分）｜吉比商店（大阪）｜吉比商店東京支店（東京）｜浅沼商会（東京）｜日本皮革統制株式会社大阪支社（大阪）｜新田化学工業株式会社工場（◇）｜稲畑染工場（◇）｜東郷侯爵目黒本邸（東京）｜徳川圀順侯爵次男圀禎邸（東京）｜新田長三邸（大阪）｜吉比為之助邸（大阪）｜田村駒太郎邸一楽荘（兵庫）｜成田栄信別邸（大分）｜祭原邦太郎氏邸（兵庫）

蔵田周忠　p.309

■略歴
明治28年［1895］　山口県萩市の濱岡家に生まれる
大正2年　［1913］　私立工手学校建築科卒業、三橋四郎建築事務所製図員
大正4年　［1915］　曾禰中條建築事務所製図員、伯父の蔵田家を

	(茨城)
明治39年［1906］	青山学院新ガウチャー館(東京)
明治40年［1907］	京都聖約翰教会堂●(京都)→聖ヨハネ教会堂として博物館明治村に移築保存【重要文化財】｜青山学院大講堂(弘道館)(東京)｜遺愛女学校寄宿舎(竣工間近に焼失)(北海道)
明治41年［1908］	内田定槌邸●(東京)→旧内田家住宅(外交官の家)として横浜に移築保存【重要文化財】｜遺愛女学校校舎(現・遺愛学院本館)・宣教師館(現・ホワイトハウス)●(北海道)【重要文化財】
明治42年［1909］	村井吉兵衛京都別邸(長楽館)●(京都)【京都市指定文化財】｜遺愛女学校雨天体操場(北海道)
明治43年［1910］	自邸(東京・土手三番町)｜この頃、ガーディナー日光別邸(下赤門)(栃木)｜某氏日光別邸(上赤門)(現・エマーソン邸)●(栃木)
明治44年［1911］	吉川重吉男爵邸(東京)｜村井吉兵衛邸(東京)
明治45年［1912］	この頃、立教大学池袋キャンパスマスタープラン(実現せず)
大正2年［1913］	小田良治札幌別邸(北海道)｜露国大使館舞踏室(東京)
大正5年［1916］	日光真光教会●(栃木)【県指定有形文化財】
大正6年［1917］	渡辺子爵邸洋室内装(東京)→博物館明治村で解体材保管
大正9年［1920］	村井貞之助葉山別邸(嶺秋荘)(神奈川)
大正10年［1921］	弘前昇天教会●(青森)【県指定有形文化財】
大正14年［1925］	小田良治邸(後・フィリピン大使館)(担当:上林敬吉)(東京)
昭和2年［1927］	西班牙公使館(現・スペイン大使館公邸)(担当:上林敬吉)●(東京)
昭和3年［1928］	和蘭公使館(現・オランダ大使館公邸)(担当:上林敬吉)●(東京)
竣工年未確認	伊太利大使館官舎(東京)｜大山巌公爵邸(東京)｜独逸大使館参事官官舎(東京)｜徳川頼貞侯爵森ケ崎別邸(東京)｜ポルトガル公使館(東京)｜和蘭公使館参事官官舎(東京)

片山東熊　p.049

■略歴

嘉永6年［1853］	12月19日、長門国阿武郡萩今古萩町に片山文左の四男として生まれる
明治6年［1873］	8月23日、工学専門官費生として工部省工学寮に入寮
明治12年［1879］	11月8日、工部大学校造家学科卒業、工学士の学位を授与される。12月3日、工部七等技手
明治14年［1881］	1月19日、有栖川宮建築掛
明治15年［1882］	6月18日、有栖川宮に陪従し、渡欧。同宮新邸の装飾を調達する
明治17年［1884］	2月19日、帰国。7月12日、工部省准奏任御用掛。8月2日、太政官准奏任御用掛。8月6日、外務省御用掛兼務を命じられ、清国北京日本公使館移転および建築掛として清国に出張
明治19年［1886］	1月9日、外務二等属。9月3日、帰国。10月9日、内閣直属臨時建築局四等技師奏任官。12月17日、皇居御造営事務局出仕奏任四等。12月31日、明治宮殿の室内装飾および家具調達のため渡独
明治20年［1887］	11月23日、帰国。12月24日、皇居御造営事務局が廃止され、皇居御造営残業掛となる。匠師奏任四等、皇居御造営残業掛専務
明治21年［1888］	3月9日、内匠四等技師。10月15日、帝国大学工科大学の造家学・図画授業嘱託。10月30日、匠師が廃止され、内匠四等技師となる。10月31日、皇居御造営残業掛が廃止され、皇居御造営残務取扱所となる。残務取扱専務。12月4日、警察上建築検査嘱託
明治24年［1891］	8月24日、工学博士の学位を授与される。10月12日、箱根離宮、御料局木曽・静岡両支庁へ出張。10月30日、愛知・岐阜両県下へ出張
明治27年［1894］	7月17日、宮内省修築取調委員
明治29年［1896］	12月9日、東宮御所御造営調査委員。12月25日、勲六等瑞宝章
明治30年［1897］	3月26日、東宮御所御造営調査のため、渡欧米。高山幸次郎、足立鳩吉が同行
明治31年［1898］	3月23日、帰国。8月17日、東宮御所御造営局技監を兼任
明治32年［1899］	6月14日、東宮御所御造営の鉄骨ならびに暖房機調達のため、渡米。11月24日、帰国。12月27日、勲五等瑞宝章
明治34年［1901］	6月27日、勲四等瑞宝章
明治36年［1903］	1月、東宮御所御造営の洋館装飾等調達のため、渡欧米。12月、帰国
明治37年［1904］	4月1日、内匠頭を命じられ、東宮御所御造営局技監を兼任
明治38年［1905］	6月24日、勲三等瑞宝章
明治40年［1907］	2月8日、勲二等旭日重光章
大正4年［1915］	12月27日、内匠頭を退任し、宮中顧問官となる
大正5年［1916］	1月19日、勲一等旭日大綬章
大正6年［1917］	10月23日、逝去(64歳)。正三位

■主な作品
●印は現存

明治17年［1884］	有栖川宮邸洋館室内装飾(設計:ジョサイア・コンドル)(東京)
明治19年［1886］	清国北京日本公使館(中国)
明治21年［1888］	明治宮殿室内装飾(設計:木子清敬)(東京)
明治23年［1890］	日本赤十字社中央病院病棟●(東京)→昭和49年、明治村に移築保存(愛知)【国登録有形文化財】｜栃木県庁舎(栃木)
明治24年［1891］	江戸橋郵便局(東京)｜伏見宮邸(東京)｜一条公爵邸(東京)｜山県公爵邸(東京)｜土方伯爵邸(東京)
明治25年［1892］	御料局静岡支庁舎(静岡)
明治26年［1893］	細川公爵邸(東京)
明治27年［1894］	帝国奈良博物館(現・奈良国立博物館なら仏像館)●(奈良)【重要文化財】
明治28年［1895］	帝国京都博物館(現・京都国立博物館明治古都館)●(京都)【重要文化財】
明治29年［1896］	新宿御苑洋館御休所●(東京)【重要文化財】｜閑院宮邸(東京)
明治30年［1897］	宮内省庁舎改修(東京)
明治31年［1898］	後月輪東北陵(英照皇太后陵)●(京都)
明治34年［1901］	楠公銅像台●(東京)｜沼津御用邸洋館(静岡)
昭和35年［1902］	高輪御殿御学問所洋館(東京)
明治37年［1904］	秋田県公会堂(秋田)
明治40年［1907］	仁風閣●(鳥取)【重要文化財】
明治41年［1908］	表慶館●(東京)【重要文化財】
明治42年［1909］	東宮御所(現・迎賓館赤坂離宮)●(東京)【国宝】｜神宮徴古館●(三重)【国登録有形文化財】｜霊南坂官舎(東京)
明治43年［1910］	埼玉鴨場御食堂●(埼玉)｜帝室林野管理局庁舎(東京)
明治44年［1911］	竹田宮邸洋館(現・グランドプリンスホテル高輪 貴賓館)●(東京)

(東京)｜昭和医学専門学校附属病院(東京)｜南胃腸病院(東京)

昭和5年	[1930]	東京復活大聖堂(ニコライ堂)修復(原設計:ミハイル・シチュールポフ、実施設計:ジョサイア・コンドル、竣工:1891年)●(東京)【重要文化財】｜銀座伊東屋文房具店(躯体は松屋銀座の一部として現存)●(東京)｜太陽生命保険株式会社(東京)｜博報堂(東京)｜帝国農会(東京)｜信濃町教会(東京)｜日本赤十字社産院寄宿舎(東京)
昭和6年	[1931]	昭和医学専門学校(東京)｜金森旅館(大阪)｜市田商店(大阪)
昭和7年	[1932]	山一証券(東京)｜九州日報社(福岡)｜浅草寺一山支院●(東京)｜虎屋商店(東京)
昭和8年	[1933]	政治教育国民会館(大阪)
昭和9年	[1934]	明治生命保険株式会社(現・明治生命館)●(東京)【重要文化財】

岡田信一郎は大変多くの作品を残しました。そのため、ここでは、『建築雑誌』1932年5月号掲載の作品目録をもとに、主な作品のみ掲載しています。また、岡田の住宅作品については、現存するものを追記。なお、住宅作品の竣工年、現存などに関する情報は、小平市役所の佐藤信之氏に情報を提供いただきました

ジェームズ・マクドナルド・ガーディナー　p.065

■略歴

1857年		5月22日、アメリカ・ミズーリ州セントルイスに生まれる。父は同じジェームズ、母はマーガレット(旧姓マッカートニー・ゴードン)、共にスコットランド出身
1870年代		一家はニュージャージー州ハッケンサックに移る。この頃、ハッケンサック・アカデミーで大学への予備教育を受ける
明治8年	[1875]	ハーバード大学に入学
明治10年	[1877]	専門課程への進学を断念。大学を去る
明治12年	[1879]	ニューヨークのフレーザー&エドワーズ商会に勤務。この頃、米国聖公会内外伝道局の執事に選ばれる
明治13年	[1880]	コネチカット州、セレック・スクールに転職。6月、米国聖公会内外伝道局から築地の立教学校への派遣が決まる。8月、ニューヨークを出発。9月20日、サンフランシスコ出航。10月14日、横浜に上陸、築地に到着。立教学校3代校長となる
明治14年	[1881]	夏、初めて日光を訪れる。立教女学校主任のフロレンス・ピットマンと婚約
明治15年	[1882]	築地聖アンデレ教会でフロレンスと結婚(博物館明治村に、新婦が着用したウェディングドレスが現存)。夫妻は築地居留地26番に住む。同邸の2部屋を立教女学校校舎として使用
明治16年	[1883]	立教学校改め、立教大学校となる。長男ローレンス生まれる
明治17年	[1884]	健康上の理由で帰米、ハッケンサックの実家で静養。長女ヘルダ・ホートン生まれるも5ヵ月で早世
明治18年	[1885]	再来日
明治19年	[1886]	次女ハスノハナ生まれる
明治20年	[1887]	この頃から毎夏、日光で過ごす。当時は安養院の離れを借りて宿舎とする
明治23年	[1890]	校名が立教学校に戻る。三女アーネスティン生まれる
明治25年	[1892]	立教学校校長を辞任。建築活動にウェイトを置く。家族と共に帰米
明治27年	[1894]	6月20日、明治東京地震により立教学校を始め、他の施設も被災する。ハーバード大学より文学士の学位を授与される。四女リリアン生まれる。築地居留地40番に自邸を建て、移る
明治29年	[1896]	東京演劇音楽協会設立に関与、幹事となる(ジョサイア・コンドルも参加、第1回公演に出演)。この他、東京教師協会初代会長、日本アジア協会会員・顧問・会計、東京文芸協会(東京文学音楽協会)文学委員会委員長、日本音楽協会、日本写真協会、日本YMCA事務局諮問委員、東京宣教師管区書記、東京デュプリケート(ホイスト)(=コントラクトブリッジ)クラブ設立メンバー、築地テニスクラブ、東京野球クラブ、東京チェスクラブ、東京講演協会などにも参加
明治31年	[1898]	吉川重吉男爵らと日本ハーバードクラブ設立、副会長となる
明治34年	[1901]	一家で、アジア、中近東、ヨーロッパを経由して帰米
明治36年	[1903]	建築事務所を開設。ミッション以外の仕事も積極的に手がけるようになる
明治37年	[1904]	麹町区五番町に移転。近くに津田梅子が創設した女子英学塾があり、夫妻は講師を務め、後まで交流が続く
明治41年	[1908]	C・M・ウィリアムズ師の帰米に付き添い、リッチモンドまで同行。聖公会伝道局を退職
明治42年	[1909]	麹町区土手三番町の建築事務所を兼ねた自邸へ移転。建築活動に専念する
大正12年	[1923]	9月1日、関東大震災により築地の教会、学校の諸施設の大半が大破する。この日、ガーディナー一家は日光に滞在していて難を逃れる
大正14年	[1925]	11月25日、東京聖路加病院で逝去(68歳)。12月、立教大学諸聖徒礼拝堂で告別式
大正15年	[1926]	12月、立教大学諸聖徒礼拝堂でガーディナー記念礼拝式(同日、記念銘板除幕式、図書館で肖像画(石橋和訓画)除幕式)

■主な作品
●印は現存

明治15年	[1882]	立教学校校舎(東京・築地居留地37番)｜主教館(東京・築地居留地38番)
明治17年	[1884]	立教女学校校舎(東京・築地居留地26番)
明治22年	[1889]	三一神学校寄宿舎(東京・築地居留地53番)｜東京聖三一大聖堂(東京・築地居留地39番)→明治26年内部装飾、設計はジョサイア・コンドル
明治25年	[1892]	三一神学校・附属図書館(東京・築地居留地53番)｜三一会館(東京・築地居留地54番)
明治27年	[1894]	自邸(東京・築地居留地40番)
明治29年	[1896]	立教中学校校舎(六角塔)(東京・築地居留地57,58番)｜立教中学校寄宿舎(東京・築地居留地59,60番)
明治30年	[1897]	青森聖アンデレ教会(青森)｜聖路加教会(現・小浜聖ルカ教会)●(福井)【国登録有形文化財】→昭和6年増改築、設計はJ.V.W.バーガミニ
明治31年	[1898]	京都聖三一教会(現・聖アグネス教会)●(京都)【京都市指定文化財】｜横浜クリケットパビリオン(神奈川)
明治32年	[1899]	日光変容貌教会(栃木)
明治38年	[1905]	水戸聖ペテロ教会(後・水戸聖ステパノ教会)

	第二寮（東京）
昭和15年［1940］	杏花寮（中国）｜賛育会病院寄宿舎（東京）
昭和16年［1941］	京見会館●（兵庫）【姫路市都市景観重要建築物】｜佐藤哲三アトリエ○（新潟）
昭和17年［1942］	久保貞次郎ギャラリー（栃木）｜奉天鉄西倶楽部○（中国）
昭和18年［1943］	日満育英会如蘭塾●（佐賀）【国登録有形文化財】｜東北帝国大学講堂増改築（宮城）｜自由学園初等部体操館（東京）｜奉天ビルホテル宴会場改装（中国）｜奉天警察庁講堂改造（中国）
昭和20年［1945］	北陵ホテル（中国）｜興農金庫吉林支行（中国）｜興農金庫齋齋哈爾支行（中国）
昭和21年［1946］	木村邸増築（千葉）
昭和23年［1948］	内田邸（東京）｜横井邸（東京）｜本多里平邸（東京）
昭和24年［1949］	自由学園最高学部○（東京）｜品川油化研究所工場（東京）｜斉藤良雄邸（東京）
昭和25年［1950］	飯能繊維工業事務所（埼玉）｜目白ヶ丘教会●（東京）【国登録有形文化財】｜左内坂教会（東京）｜教育図書社屋（東京）｜十文字中学校（秋田）｜小原鎌倉ホテル増改築●（宮城）｜阿部邸（東京）｜秋田児童会館（秋田）｜岩谷東光中学校（秋田）｜長岡中学校（新潟）
昭和26年［1951］	若柳中学校（宮城）｜那須高原ホテル松川屋設計（栃木）｜飯能繊維工業食堂（埼玉）
昭和27年［1952］	田尻中学校（宮城）｜一迫中学校（宮城）
年代特定不可	福與邸（◇）｜津島邸（◇）｜近藤邸（◇）｜河鰭子爵邸（東京）｜片山哲邸（神奈川）｜阿久津邸（東京）｜江川邸（東京）｜岡田哲蔵邸（東京）｜木部修二邸（千葉）｜正則中学校増築（東京）｜YMCA東山荘（静岡）｜京橋旅館（東京）｜里見邸（神奈川）｜村津邸（◇）｜海岸の小別荘（千葉）｜柳沢邸（東京）｜内池邸（◇）｜山内二郎邸（離れ家）●（東京）｜井上匡四郎子爵別邸（神奈川）｜井上氏貸家・アパート（東京）｜酒井祐之助邸（◇）｜今泉邸（東京）

岡田信一郎 p.201

■略歴

明治16年［1883］	東京都芝区宇田川町（今の新橋辺り）に、陸軍薬剤監・岡田謙吉の次男として生まれる
明治29年［1896］	高等師範附属中学校に入学。この頃、鳩山一郎と出会い親交を深める
明治33年［1900］	第一高等学校に入学。岡田は工科、鳩山は法科に進学する。後に岡田は、同校の設計にも携わる
明治36年［1903］	帝国大学工科大学へ入学。3年次には、塚本靖の紹介もあり、後に帝大総長となる小野塚喜平次博士の書斎を設計したと言われる
明治39年［1906］	大学卒業時に、成績優秀につき、恩賜の銀時計を賜る。研究者の道を志し、大学院へ進学。また、進学と同時に警視庁の工師嘱託となる
明治40年［1907］	塚本靖、大沢三之助の推薦により、東京美術学校講師となる
明治43年［1910］	塚本靖、正木直彦の推薦により、日英博覧会委員として渡欧の予定であったが、病気のために叶わなかった
明治44年［1911］	早稲田大学理工科建築学科の講師となる
大正元年［1912］	大阪市中央公会堂指名設計競技に、名だたる建築家を抑え、一等当選を果たす。辰野金吾の実施設計により、現在の大阪市中央公会堂が建てられることとなる
大正2年［1913］	高木豊三邸を設計する。これは高木博士の令息と友人であったことによるもので、建築作品としては突出して早い時期の作品に当たる
大正4年［1915］	日本赤十字社の顧問となる。その後、多くの赤十字関連の仕事に携わることとなる
大正7年［1918］	田向静と結婚する
大正9年［1920］	小千谷小学校が竣工する。この頃を境に、設計活動が本格化する
大正12年［1923］	東京美術学校教授を就任、建築科主任となる。関東大震災が起きる
大正13年［1924］	日本工業倶楽部にて講演「耐震耐火建築」（主催：建築学会）を行う
昭和3年［1928］	仏蘭西装飾美術展覧会委員となる。フランス政府より、レジオンドヌールを受勲される。明治生命保険株式会社（現・明治生命館）の指名設計コンペが実施される
昭和6年［1931］	気管支拡張症に冒され病床に伏す
昭和7年［1932］	病状は悪化するも、病床に机を運び入れてまで明治生命保険株式会社の仕事を行う。病床では、所員に撮影をさせた16mmフィルムで現場の様子を確認していたという。4月4日、永眠（50歳）。護国寺に葬られる。5月5日、明治生命保険株式会社の定礎式が行われた

■主な作品
●印は現存｜★印は推定竣工年

明治41年［1908］	日本銀行小樽支店（現・日本銀行旧小樽支店金融資料館）（辰野金吾・長野宇平治と合同設計）●（北海道）【小樽市指定有形文化財】
大正2年［1913］	高木豊三邸（東京）
大正7年［1918］	大阪市中央公会堂（実施設計：辰野金吾）（大阪）●【重要文化財】
大正9年［1920］	小千谷小学校（新潟）｜池野藤兵衛邸●（岩手）
大正11年［1922］	大阪高島屋呉服店（大阪）｜小千谷銀行支店（新潟）｜村上喜代次邸（現在、洋館は再現、和館は移築）●（東京）
大正12年［1923］	日本赤十字社外来診療所（東京）｜西脇健治邸（東京）｜岡田信一郎別邸★（神奈川）
大正13年［1924］	日本赤十字参考館（東京）｜青山会館（東京）｜鳩山一郎邸（現・鳩山会館）●（東京）
大正14年［1925］	歌舞伎座（東京）｜大日本国民中学会（東京）｜日本赤十字社病院（東京）
大正15年［1926］	日本赤十字社本社修繕（設計：妻木頼黄、竣工：1912年）（東京）｜東京府美術館（東京）｜浅野図書館（広島）｜国民新聞社（東京）｜東京府立化学工業学校（東京）｜九段坂病院（東京）｜埼玉会館（埼玉）
昭和2年［1927］	橋本銀行若松支店（現・滝谷建設工業会津若松支店）●（福島）｜青山小学校（東京）｜東京府立第一高等女学校（東京）｜東京市田商店（東京）｜日本赤十字東京支部（東京）｜三柏ビルディング（東京）｜護国院庫裏（庫裏は新築、本堂は移築）●（東京）【国登録有形文化財】
昭和3年［1928］	鎌倉国宝館●（神奈川）【国登録有形文化財】｜安田ビルディング（東京）｜御大礼記念国産振興東京博覧会（東京）｜正求堂ビルディング（東京）｜黒田記念館●（東京）【国登録有形文化財】｜梅田ビルヂング（東京）｜霞山会館（東京）｜日本赤十字社参考館増築（東京）
昭和4年［1929］	正路喜社（東京）｜東京美術学校陳列館（現・東京藝術大学大学美術館陳列館）●（東京）｜東京府美術館増築（東京）｜東京府立第一中学校（東京）｜出雲ビルディング（東京）｜歌舞伎座食堂（東京）｜戊辰館（東京）｜織物同業組合

遠藤 新　p.293

■略歴

明治22年［1889］　6月1日、福島県宇多郡福田村で生まれる

明治44年［1911］　相馬中学校を経て、第二高等学校卒業。東京帝国大学工科大学建築学科入学。東京富士見教会で洗礼を受ける。帝国ホテルの林愛作支配人と知り合う

大正3年［1914］　7月、東京帝国大学工科大学建築学科卒業。卒業設計「CITY HOTEL」

大正4年［1915］　明治神宮造営局勤務。明治神宮宝物殿競技設計に参加、3等2席入選

大正6年［1917］　1月8日、初めてフランク・ロイド・ライトに会う。4月20日、ライトと共に渡米し、帝国ホテルの設計に従事

大正7年［1918］　ライト、山邑太左衛門別邸を設計。シカゴにルイス・H.サリバンを訪ね、暮れに帰国

大正8年［1919］　帝国ホテル着工。チーフアシスタントとして帝国ホテルの建設に従事

大正9年［1920］　江原都と結婚

大正11年［1922］　ライト帰国。遠藤南建築創作所設立

大正14年［1925］　日比谷で建築展覧会を開催

昭和8年［1933］　中国東北部（旧満州）へ渡る。以後、旧満州と日本を行き来する。旧満州では新京（中国長春）を中心に設計活動をする

昭和18年［1943］　南満州鉄道・満州興農金庫・満州重工業・昭和製鋼所顧問となる

昭和20年［1945］　旧満州で敗戦を迎える

昭和21年［1946］　5月、発病。心臓発作で新京で入院。11月、帰国。東大病院へ入院

昭和22年［1947］　ライトより見舞金を送られる。秋に退院

昭和23年［1948］　進駐軍CIE（民間情報教育局）に日本の六・三・三制教育の学校建築理念を進言し支持される。仙台公会堂設計競技審査員。農村文化施設の研究（役場、協同組合、託児所、診療所、公民館）

昭和24年［1949］　文部省学校建築企画協議会委員になる

昭和25年［1950］　4月、東大病院へ入院。暮れに退院

昭和26年［1951］　4月、東大病院へ入院。6月29日、逝去（62歳）

■主な作品

●印は現存｜◇印は所在地不明｜○印は計画案

大正4年［1915］　中央法律相談所改装（東京）

大正9年［1920］　吉野作造邸増築（書斎・遊戯室）（東京）

大正10年［1921］　櫻楓会アパートメントハウス（東京）

大正11年［1922］　犬養木堂邸（東京）｜自由学園校舎（現・明日館）（ライトと共作）●（東京）【重要文化財】｜日比谷三角ビルディング（基本スケッチ：ライト、実施設計：遠藤新建築創作所）○（東京）

大正12年［1923］　大久保邸（東京）｜剣持邸（東京）｜川島理一郎邸（神奈川）｜有川治助邸（神奈川）｜杉島邸（東京）｜二軒立の家（東京）○｜日比谷世帯の会店舗（東京）｜早稲田相互住宅（東京）｜東洋軒（東京）｜陶陶亭（東京）｜盛京亭（東京）｜銀座ホテル（東京）｜西村貿易店（東京）｜第一屋（東京）｜第一屋分店と山邑酒造店（東京）｜賛育会産院（東京）

大正13年［1924］　星島氏子供の家と上代邸（岡山）｜遠藤新自邸（東京）｜新井睦男邸（東京）｜筒井邸（東京）｜安成邸（東京）｜田原邸（東京）｜相原邸（神奈川）｜大沢邸（東京）｜稲田邸（東京）｜茅野粛々邸（神奈川）｜萩原庫吉邸●（東京）【国登録有形文化財】｜山邑太左衛門別邸（現・ヨドコウ迎賓館）（基本設計：ライト、実施設計：遠藤新・南信）●（兵庫）【重要文化財】｜慶雲楼（東京）

大正14年［1925］　東京帝国大学基督教青年会館（東京）｜羽仁吉一邸（東京）｜山田秀雄邸（東京）｜近藤賢二別邸●（神奈川）【国登録有形文化財】（移築）｜野村浅吉邸（東京）｜新井哲郎邸（東京）｜山陽高等女学校校舎増築（岡山）

大正15年［1926］　石本邸（東京）｜石橋邸増築（千葉）｜阿久津病院（東京）

昭和2年［1927］　自由学園講堂●（東京）【重要文化財】｜石原謙邸●（宮城）｜黒崎貞彦邸（東京）｜高橋泰邸（東京）｜横浜基督教青年会館増改築（神奈川）｜三澤邸（東京）｜西川邸（東京）｜出口松尾邸（東京）

昭和3年［1928］　梁瀬自動車本社ビル（東京）｜加地利夫別邸●（神奈川）｜森久保寿邸（東京）｜矢田部勁吉邸●（東京）｜高瀬荘太郎邸●（東京）｜石川家納骨堂●（栃木）｜日本キリスト教会鶴見教会（神奈川）｜天城幼稚園（岡山）｜佐藤病院（宮城）

昭和4年［1929］　番町教会（東京）｜宮下ビル（神奈川）｜神栄商会ビル（神奈川）｜自由学園清風寮（東京）｜羽仁吉一邸（東京）｜小松邸（東京）｜浮田和民邸（神奈川）｜渡辺吉次邸（東京）

昭和5年［1930］　渋田見邸（東京）｜自由学園初等部校舎●（東京）【都選定歴史的建造物】｜甲子園ホテル（現・武庫川女子大学甲子園会館）●（兵庫）【国登録有形文化財】｜賛育会病院●（東京）｜渡辺扶邸●（東京）

昭和6年［1931］　加地利夫邸（東京）｜石原謙別邸●（栃木）｜遠藤新自邸（東京）｜山本節次郎邸●（東京）｜小塩完次邸●（東京、移築）｜小林濠邸（東京）｜加藤邸（大阪）｜千葉貞子邸（東京）｜自由学園初等部校舎増築●（東京）

昭和7年［1932］　笹屋ホテル西館・中広間●（長野）｜久山邸（東京）｜田中富士雄邸●（東京）｜児島喜久雄邸○（宮城）｜婦人之友社社屋（東京）｜小町屋操三郎邸（宮城）｜恩地孝四郎邸（東京）｜松川屋増築（栃木）｜白井喬二邸（東京）

昭和8年［1933］　新京国際ホテル○（中国）｜京城の家（韓国）

昭和9年［1934］　自由学園女子部校舎・食堂・講堂・化学室●（東京）【都選定歴史的建造物】（校舎・食堂・講堂）｜賛育会病院別館（東京）｜百瀬医院（東京）｜横浜女子商業学校（神奈川）｜兵藤邸（東京）｜吉屋信子別邸（長野）｜満州中央銀行総裁邸・副総裁邸・理事邸・社宅（課長宿舎・副課長宿舎・集合住宅）（中国）｜江川邸（大阪）

昭和10年［1935］　満州中央銀行倶楽部（中国）●｜大阪友之会友之家（大阪）｜自由学園男子部校舎●（東京）一部｜羽仁五郎邸（東京）｜久保貞次郎邸（東京）｜川久保修吉（神奈川）｜品川邸増築（東京）｜常盤木学園増築（宮城）

昭和11年［1936］　自由学園男子部体育館●（東京）【都選定歴史的建造物】｜大井病院（東京）｜池口邸（東京）｜家庭購買組合（東京）｜野本邸（東京）

昭和12年［1937］　小宮一郎邸●（東京）｜賛育会病院新館（東京）｜児島善三郎邸（東京）｜日本エヤーブレーキ神戸工場（兵庫）

昭和13年［1938］　田河水泡邸（東京）｜真岡尋常高等小学校講堂（現・真岡市久保講堂）●（栃木）【国登録有形文化財】（移築）｜自由学園東天寮（東京）｜松井真邸（東京）

昭和14年［1939］　吉屋信子別邸増築（神奈川）｜自由学園女子部

内田祥三 p.209

■略歴
※1:建築学会｜2:農商務省｜3:文部省｜4:内務省｜5:土木学会｜6:外務省｜7:宮内省(庁)｜8:工学会｜9:同潤会｜10:警視庁｜11:商工省｜12:厚生省｜13:内閣｜14:建設省｜15:国家公安委員会

明治18年［1885］ 東京深川に生まれる
明治37年［1904］ 東京帝国大学工科大学(以下、東大)建築学科入学
明治40年［1907］ 東大建築学科卒業。三菱合資会社技師
明治43年［1910］ 東大大学院入学。東京市建築条例案起稿委員会※1嘱託員
明治44年［1911］ 東大講師。陸軍経理学校講師
大正3年［1914］ 東京大正博覧会審査官※2
大正5年［1916］ 東大助教授
大正6年［1917］ 震災予防調査会※3臨時委員
大正7年［1918］ 論文「建築構造特に壁体および床に関する研究」で工学博士
大正10年［1921］ 東大教授。東京高等工業学校講師
大正11年［1922］ 平和記念東京博覧会審査官※2。都市計画局事務扱※4
大正12年［1923］ 東大営繕課長。国宝に関する調査※3嘱託
大正13年［1924］ 災害防止調査委員会※1委員。震害調査委員※5。対支文化事務局事務※6嘱託。同潤会理事
大正14年［1925］ 建築学会副会長
昭和4年［1929］ 東大建築学科教室主任。臨時正倉院宝庫調査委員会※6委員
昭和8年［1933］ 日本学術振興会常置委員会委員。工業博物館建設に関する調査委員※1・8
昭和9年［1934］ 小住宅の建築および維持に関する研究調査委員会※9委員長。耐風構造に関する木造規準委員会※1委員長
昭和10年［1935］ 建築学会会長。第12回国際オリンピック大会招致委員会幹事
昭和11年［1936］ 都市計画東京地方委員会※4委員。建築行政協会顧問
昭和12年［1937］ 紀元2600年記念日本万国博覧会委員。東京府防空委員会※4委員
昭和13年［1938］ 東大評議員。満州国および中華民国出張
昭和14年［1939］ 建築学会会長(再任)。名古屋大学営繕顧問。美観審査委員会※10委員。工業品規格統一調査会※11委員
昭和15年［1940］ 建築学会学術賞(「木造家屋火災の本質に関する研究」)
昭和16年［1941］ 東大工学部長。住宅営団評議員※12
昭和17年［1942］ 東大第二工学部兼任。日本生活科学会理事。科学技術審議会※13委員
昭和18年［1943］ 東大総長。叙高等官一等。住宅営団理事
昭和20年［1945］ 東大総長を退官
昭和21年［1946］ 東大文教地区計画委員会参与。工業標準調査会※11委員。叙勲一等授端宝章。日本損害保険協会技術顧問
昭和22年［1947］ 公職追放
昭和25年［1950］ 公職追放解除。日本火災学会委員長。東京都建築審査会委員。文化財専門審議会※3専門委員
昭和26年［1951］ 法隆寺国宝保存委員会※3顧問。東大名誉教授。中央建築士審議会※14委員。日本都市計画学会会長。文化財保護委員会※3委員
昭和27年［1952］ 文化財協会顧問。日本住宅協会理事・副会長。都市不燃化同盟顧問。東京都耐火建築促進審議会委員
昭和29年［1954］ 東京都収用委員会委員。都市計画協会評議員
昭和30年［1955］ 東京消防庁予防対策委員会委員長。日本住宅公団管理委員会委員長
昭和31年［1956］ 日本科学防火協会名誉会長。工業標準化への貢献により藍綬褒章
昭和32年［1957］ 日本学士院会員。消防審議会※15委員。表宮殿造営の調査に関する顧問※7
昭和34年［1959］ 正倉院評議会※7会員。皇后造営審議会※7委員。震災予防協会顧問。首都高速道路公団技術委員会委員
昭和35年［1960］ 東京不燃都市建設促進会顧問。宮殿造営に関する首席顧問※7
昭和36年［1961］ 首都圏不燃建築公社評議員
昭和41年［1966］ 都市再開発促進会顧問。日本火災学会名誉会長
昭和47年［1972］ 文化勲章受賞。逝去(88歳)

■主な作品
明治45年［1912］ 所沢飛行船格納庫(埼玉)
大正7年［1918］ 済南領事館(中国)
大正13年［1924］ 東大工学部二号館(東京)｜和田小六邸(東京)
大正14年［1925］ 東大大講堂(東京)｜東大工学部列品館(東京)
昭和2年［1927］ 浴風園(東京)｜内田自邸(東京)｜東大工学部四号館(東京)
昭和3年［1928］ 東大図書館(東京)｜東大付属病院内科病室(東京)｜東大地震研究所本館(東京)
昭和4年［1929］ 東大航空研究所一号本館(東京)
昭和5年［1930］ 上海自然科学研究所(中国)
昭和6年［1931］ 東大医学部一号館(東京)｜中山法華経寺聖教殿(伊東忠太と共同設計)(千葉)
昭和7年［1932］ 天理学園(奈良)｜東大医学部付属病院放射線療法病室(東京)｜東大理学部臨海実験所水族室(神奈川)
昭和8年［1933］ 東方文化学院東京研究所(東京)｜第一高等学校本館(東京)
昭和9年［1934］ 癌研究会付属癌研究所及康楽病院(東京)｜東京高等農林学校(東京)｜東大理学部二号館(東京)
昭和10年［1935］ 第一高等学校図書館(東京)｜東大法文経一号館(東京)｜東大工学部一号館(東京)｜東大弓場(東京)
昭和11年［1936］ 東大理学部臨海実験所(神奈川)｜東大農学部一号館・二号館(東京)
昭和12年［1937］ 東大付属病院東病室(東京)｜東大付属病院分院新本館(東京)｜伝染病研究所本館(東京)｜都市保健館(東京)
昭和13年［1938］ 第一高等学校講堂(東京)｜東大法文経二号館(東京)｜東大柔剣道場(東京)｜東大医学部本館(東京)
昭和14年［1939］ 東大理学部植物園(東京)｜東大工学部三号館(東京)｜紐育万国博覧会日本特設館・桑港万国博覧会日本特設館(伊東忠太・大熊喜邦と共同設計)(アメリカ)
昭和15年［1940］ 東大工学部六号館(東京)｜公衆衛生院(東京)
昭和16年［1941］ 東大農学部三号館(東京)
昭和28年［1953］ 日立製作所小平記念館(茨城)

大正11年［1922］　大阪教会●(大阪)【国登録有形文化財】｜神戸YMCA会館(兵庫)｜関西学院中央講堂(兵庫)｜アメリカン・ボード・ミッション宣教師館(兵庫)｜松方邸(現・西町インターナショナルスクール)●(東京)【都選定歴史的建造物】｜伊藤邸(兵庫)｜ヴォーリズ山荘(現・浮田山荘)●(長野)｜大丸大阪心斎橋店●(大阪)

大正12年［1923］　武蔵豊岡教会●(埼玉)｜大阪YWCA会館(大阪)｜ランバス女学院(大阪)｜プレスビテリアン・ミッション住宅●(大阪)【国登録有形文化財】｜諏訪邸(現・東洋食品研究所高崎記念館)●(兵庫)｜池田邸(東京)｜百三十三銀行今津支店(現・今津ヴォーリズ資料館)●(滋賀)【国登録有形文化財】

大正13年［1924］　バーミリー邸●(滋賀)｜近江八幡教会(滋賀)｜彦根高等商業学校外国人教員住宅(現・ひこね市民活動センター)●(滋賀)

大正14年［1925］　屋代教会●(長野)｜大阪YMCA会館(大阪)｜九州学院高等学校講堂●(熊本)【国登録有形文化財】｜静岡英和女学院(静岡)｜文化アパートメント(東京)｜大同生命ビルディング(大阪)｜寺庄銀行●(滋賀)【国登録有形文化財】｜主婦の友社ビル(東京)

大正15年［1926］　大阪福島教会●(大阪)｜九州女学院(現・ルーテル学院中学・高等学校)本館●(熊本)【国登録有形文化財】｜活水学院本館・講堂●(長崎)｜朝吹邸(現・東芝山口記念会館)●(東京)｜カフマン邸(東京)｜軽井沢集会堂●(長野)｜矢尾政レストラン(現・東華菜館)●(京都)

昭和2年［1927］　駒井家住宅(駒井卓・静江記念館)●(京都)【京都市指定文化財】

昭和3年［1928］　大津基督教同胞教会(現・大津教会)●(滋賀)｜恒春園●(滋賀)｜広島メソジスト教会(広島)｜福島新町教会●(福島)｜舟岡邸(現・京都工芸繊維大学KIT倶楽部)●(京都)【国登録有形文化財】｜大丸京都店●(京都)｜水口図書館●(滋賀)【国登録有形文化財】

昭和4年［1929］　神戸ユニオン教会(現・フロインドリーブ本店)●(兵庫)【国登録有形文化財】｜草津教会●(滋賀)｜錦林教会●(京都)｜関西学院図書館(現・時計台)●【国登録有形文化財】・文学部校舎・神学部校舎・経済学部校舎・総務館・住宅ほか●(兵庫)｜広瀬邸●(滋賀)｜平田邸(滋賀)｜ナショナル・シティ銀行大阪支店住宅(兵庫)｜阿部邸(兵庫)｜軽井沢教会●(長野)｜ナショナル・シティ銀行神戸支店(現・旧居留地38番館)●(兵庫)

昭和5年［1930］　堅田基督教会館(現・堅田教会)●(滋賀)【国登録有形文化財】｜水口基督教会館(現・水口教会)●(滋賀)【国登録有形文化財】｜下関バプテスト教会(現・めぐみ幼稚園第一園舎)●(山口)【国登録有形文化財】｜大阪医科大学別館(現・歴史資料館)●(大阪)【国登録有形文化財】｜ナショナル・シティ銀行神戸市店住宅(兵庫)｜宮本邸●(滋賀)【国登録有形文化財】｜軽井沢テニスコート・クラブハウス●(長野)

昭和6年［1931］　清友園幼稚園・教育会館(現・近江兄弟社学園ハイド記念館・教育会館)●(滋賀)【国登録有形文化財】｜ヴォーリズ邸(現・ヴォーリズ記念館)●(滋賀)【県指定有形文化財】｜佐藤邸(現・前田邸)●(滋賀)【国登録有形文化財】｜横浜共立学園本館●(神奈川)【横浜市指定有形文化財】｜東奥義塾本館(青森)｜小寺邸●(兵庫)｜アーウィン山荘(兵庫)｜宣教師館ファーナム邸(現・白滝山荘)●(広島)【国登録有形文化財】｜住井邸●(滋賀)｜朝吹山荘(現・睡鳩荘)●(長野)｜神戸ゴルフクラブ・クラブハウス●(兵庫)｜大同生命横浜支店(神奈川)

昭和7年［1932］　同志社大学アーモスト館●(京都)【国登録有形文化財】｜聖和大学4号館(現・関西学院大学ダッドレーメモリアルチャペル)●(兵庫)｜下村邸(現・大丸ヴィラ)●(京都)【京都市登録文化財】｜アンドリュース邸(東京)

昭和8年［1933］　啓星(ケソン)高等高校●(韓国)｜活水学院講堂●(長崎)｜神戸女学院総務館・講堂・チャペル・文学館・理学館・図書館・音楽館・体育館・中高部校舎・ケンウッド館ほか●(兵庫)【重要文化財】｜カネディアンアカデミースクール寄宿舎(兵庫)｜頌栄保育専攻学校(兵庫)｜東洋英和女学院(東京)｜湯浅邸(兵庫)｜富久邸●(大阪)｜岩瀬邸●(滋賀)｜大丸大阪心斎橋店3期●(大阪)

昭和9年［1934］　今津基督教会館(今津教会)●(滋賀)【国登録有形文化財】｜聖学院本館(東京)｜小寺山荘(現・六甲山荘)●(兵庫)【国登録有形文化財】｜室谷邸(兵庫)

昭和10年［1935］　近江八幡YMCA会館(現・アンドリュース記念館)●(滋賀)【国登録有形文化財】｜博愛社礼拝堂●(大阪)｜梨花女子専門学校●(韓国)｜西南女学院講堂●(福岡)｜遺愛学院講堂●(北海道)【国登録有形文化財】｜プール学院本館・礼拝堂(大阪)｜近江岸邸●(大阪)【国登録有形文化財】｜近江家政塾本館(現・石橋邸)●(滋賀)｜村松邸(兵庫)｜川崎山荘(長野)｜大同生命札幌支店(北海道)

昭和11年［1936］　日本聖公会京都復活教会●(京都)｜救世軍京都小隊(京都)｜京都YWCA別館(現・サマリア館)●(京都)｜忠田邸(現・たねや日牟禮カフェ)●(滋賀)｜鈴木歯科診療所(現・片岡山荘)●(長野)【国登録有形文化財】｜今津郵便局●(滋賀)

昭和12年［1937］　安東(アンドン)教会●(韓国)｜慶應義塾大学YMCAチャペル●(神奈川)｜宮城学院講堂(宮城)｜豊郷尋常高等小学校●(滋賀)【国登録有形文化財】｜林邸(東京)｜阿部市ビルディング(大阪)｜佐藤新興生活館(現・山の上ホテル)●(東京)

昭和13年［1938］　高田降臨教会●(新潟)｜八幡商業高等学校本館●(滋賀)｜広海邸(兵庫)｜蜂須賀別邸(静岡)

昭和14年［1939］　久慈幼稚園●(岩手)｜亀井邸●(東京)｜復活学園キャンプハウス●(滋賀)

昭和15年［1940］　マッケンジー邸●(静岡)【国登録有形文化財】

昭和16年［1941］　岸本山荘(長野)｜タマシン・アレン邸(現・アレン記念館)(岩手)●【国登録有形文化財】

昭和26年［1951］　大阪女学院高等学校・ヘールチャペル●(大阪)

昭和28年［1952］　IOC本館改修(東京)

ウィリアム・メレル・ヴォーリズ p.177

■略歴

明治13年［1880］ 10月28日、米国カンザス州レヴンワースに生まれる
明治20年［1887］ 一家、アリゾナ州フラグスタッフに転居
明治29年［1896］ 一家、コロラド州デンバーに転居。9月、イースト・デンバー高等学校に入学
明治33年［1900］ コロラド大学に入学
明治35年［1902］ 3月、第4回海外伝道学生奉仕団世界大会(カナダ・トロント)において伝道団員に志願し、海外伝道を志す契機を得る
明治37年［1904］ コロラド大学卒業(哲学士取得)後、コロラド・スプリング市YMCAに勤務
明治38年［1905］ 1月29日、滋賀県立商業学校(後の滋賀県立八幡商業高等学校)に赴任のため来日。2月2日、近江八幡に来着。2月8日、ヴォーリズ宅(魚屋町の借家)で最初のバイブル・クラスを開く。吉田悦蔵(当時、井上悦蔵)がヴォーリズ宅に転居し、共同生活を始める。それ以来、吉田はヴォーリズの活動の協力者となる。7月13日-8月31日、日本各地を旅し、軽井沢にも滞在する
明治39年［1906］ 10月1日、近江八幡YMCA会館建築工事着工
明治40年［1907］ 3月31日、伝道活動のため県立商業学校教師を解職される。4月、英文伝道誌『The Omi Mustard-Seed』創刊
明治41年［1908］ 京都YMCA会館建築工事に際し、工事監督を担当。建築設計監督事務所を開設
明治43年［1910］ 1月29日-11月23日、ロシア、欧州を経て帰国。途中、シカゴでの平信徒宣教大会でメンソレータム社の創設者A.A.ハイドに面会。11月、建築技師L.G.チェーピンらを伴い帰幡(チェーピンは1913年離日)。12月13日、ヴォーリズ合名会社設立
明治44年［1911］ 近江ミッション設立
明治45年［1912］ 夏に軽井沢事務所を開設。伝道誌『湖畔之聲』創刊。12月、建築技師J.H.ヴォーゲルが来日し、近江ミッションに加わる(ヴォーゲルは1917年離日)
大正2年［1913］ 3月、病気療養のため帰米。10月、慢性盲腸炎を手術し、グレンウッド・スプリングで静養し、健康を回復する
大正3年［1914］ 4月29日-5月23日、中国に初めて出張し、上海、南京、杭州などでYMCA会館の建築計画。9月、伝道船「ガリラヤ丸」進水。湖畔伝道を始める
大正4年［1915］ ヴォーリズ合名会社東京支所を開設。近江サナトリウム開院
大正5年［1916］ 2月、「近江ミッション綱領」策定
大正7年［1918］ 近江療養院(近江サナトリウム)開院
大正8年［1919］ 6月3日、一柳末徳子爵の三女・満喜子と結婚
大正9年［1920］ 4月14日-8月11日、大同生命ビル建築計画のため廣岡恵三らと渡米し、米国建築を視察。12月、ヴォーリズ合名会社を解散し、ヴォーリズ建築事務所と近江セールズ株式会社を設立
大正11年［1922］ 7月、近江ミッションによる清友幼稚園開園。7月5日、Wm.Merrell Vories『A Mustard-Seed in Japan』刊行。10月、メンソレータム売薬認可。11月、ヴォーリズ建築事務所大阪支所を開設
大正12年［1923］ 著書『吾家の設計』刊行。吉田悦蔵『近江の兄弟ヴォーリズ等』刊行
大正13年［1924］ 著書『吾家の設備』刊行
昭和2年［1927］ 軽井沢会副会長に選出される
昭和3年［1928］ 6月、伝道船「ヨルダン丸」進水
昭和4年［1929］ 3月、関西学院上ケ原キャンパス竣工
昭和5年［1930］ 6月8日、コロラド大学より名誉法学博士の称号を授与される
昭和8年［1933］ 4月、神戸女学院岡田山キャンパス竣工。10月、近江家政塾開設
昭和9年［1934］ 2月2日、近江ミッションを近江兄弟社と改称
昭和12年［1937］ 『ヴォーリズ建築事務所作品集』刊行
昭和16年［1941］ 1月24日、日本に帰化し、一柳米来留と改姓
昭和19年［1944］ 戦時体制下で建築業務休止
昭和21年［1946］ 近江兄弟社建築部、活動再開
昭和26年［1951］ 『失敗者の自叙伝』の草稿起筆
昭和32年［1957］ 7月、くも膜下出血のため倒れ、療養生活に入る
昭和33年［1958］ 近江八幡名誉市民の第1号に推挙される
昭和36年［1961］ 近江兄弟社建築部より株式会社一粒社ヴォーリズ建築事務所が独立し、大阪に事務所開設
昭和39年［1964］ 5月7日、一柳米来留逝去(83歳)。正五位勲三等瑞宝章受章。同16日、近江八市民葬と近江兄弟社社葬の合同葬が行われる
昭和45年［1970］ 一柳米来留『失敗者の自叙伝』刊行

■主な作品
●印は現存

明治40年［1907］ 八幡YMCA会館(滋賀)
明治42年［1909］ 福島教会(福島)
明治44年［1911］ ヴォーリズ合名会社社屋(滋賀)｜グリーソン邸(兵庫)
明治45年［1912］ 関西学院神学館(兵庫)
大正2年［1913］ 吉田邸●(滋賀)【国登録有形文化財】｜ウォーターハウス邸●(滋賀)｜京都御幸町教会●(京都)【京都市指定文化財】｜日ノ本学園本館(兵庫)｜伊庭慎吉邸●(滋賀)【近江八幡市指定文化財】
大正3年［1914］ ヴォーリズ邸(滋賀)｜ヴォーリズ合名会社軽井沢事務所(長野)｜京都大学YMCA会館●(京都)【国登録有形文化財】｜ピアソン邸(現・ピアソン記念館)●(北海道)【北見市指定有形文化財】
大正4年［1915］ アリス・フィンレー邸(鹿児島)｜西邑邸(東京)｜醒井郵便局舎(現・醒井宿資料館)●(滋賀)【国登録有形文化財】
大正5年［1916］ 横浜YMCA会館(神奈川)｜明治学院礼拝堂●(東京)
大正6年［1917］ 日本YMCA同盟会館(東京)
大正7年［1918］ 近江サナトリウム(現・ヴォーリズ記念病院)・五葉館・礼拝堂●(滋賀)【国登録有形文化財】｜ルーテル久留米教会●(福岡)｜宮城学院第二校舎(宮城)｜川上幼稚園●(石川)｜軽井沢ユニオンチャーチ●(長野)｜アームストロング山荘(現・亜武巣山荘)●(長野)【国登録有形文化財】｜徳川音楽堂(東京)
大正8年［1919］ 常田幼稚園園舎●(長野)【国登録有形文化財】｜フレンド・ミッション宣教師館●(東京)
大正9年［1920］ 同志社大学啓明館●(京都)【国登録有形文化財】｜シャイヴェリー邸(現・バザール・カフェ)●(京都)｜廣岡邸(兵庫)
大正10年［1921］ 近江ミッション・ダブルハウス●(滋賀)｜早稲田奉仕園スコットホール●(東京)｜西南学院本館(現・博物館)●(福岡)【県指定有形文化財】｜八幡郵便局舎●(滋賀)

伊東忠太 p.093

■略歴

慶応3年 [1867] 米沢藩座頭町(山形県米沢)に生まれる
明治22年 [1889] 帝国大学工科大学造家学科入学。同郷学生と有為会(現・米沢有為会)を設立
明治25年 [1892] 帝国大学工科大学造家学科卒業。大学院に進学
明治26年 [1893] 「法隆寺建築論」を発表。平安神宮の技師となり京都に赴任
明治27年 [1894] 「『アーキテクチユール』の本義を論して其譯字を撰定し我か造家學會の改名を望む」を発表し、造家学会(現・日本建築学会)の改称を主張
明治29年 [1896] 内務省古社寺保存会委員
明治30年 [1897] 帝国大学講師
明治31年 [1898] 造神宮技師兼内務技師
明治32年 [1899] 東京帝国大学助教授
明治34年 [1901] 工学博士。『日本帝国美術略史稿』建築の部を執筆。紫禁城調査のため北京に出張
明治35年 [1902] アジア・欧米留学に出発。中国、インド、トルコ、エジプト、ギリシア、ヨーロッパ各国、アメリカ合衆国などを訪問し、1905年に帰国
明治38年 [1905] 東京帝国大学教授
明治41年 [1908] 講演「建築進化の原則より見たる我邦建築の前途」において「建築進化主義」を主張
明治44年 [1911] 早稲田大学講師を併任
明治45年 [1912] カンボジア、中国に出張
大正13年 [1924] 沖縄建築を調査し、首里城正殿を特別保護建造物に指定(後に国宝)
大正14年 [1925] 帝国学士院会員
昭和3年 [1928] 東京帝国大学名誉教授。早稲田大学教授
昭和4年 [1929] 国宝保存会委員。東京工業大学講師
昭和6年 [1931] 東京帝室博物館(現・東京国立博物館本館)設計競技審査委員
昭和12年 [1937] 日独文化交換教授としてドイツに出張
昭和13年 [1938] 帝国芸術院会員
昭和18年 [1943] 文化勲章。日泰文化会館設計競技審査委員長
昭和29年 [1954] 逝去(86歳)

■主な作品

○印は計画のみ

明治28年 [1895] 平安神宮(木子清敬と共同設計)(京都)
明治30年 [1897] 神宮徴古館○(三重)|豊国廟(京都)
明治34年 [1901] 台湾神宮(武田五一と共同で基本設計)(台湾)
明治36年 [1903] 伊勢神宮司庁(駒杵勤治と共同設計)(三重)
明治39年 [1906] 大連太子堂○(大連)
明治40年 [1907] 宮崎神宮および徴古館(佐々木岩次郎と共同設計)(宮崎)|西本願寺大連別院○(大連)
明治41年 [1908] 南部利祥像台座(岩手)
明治42年 [1909] 浅野総一郎邸(東京)|山県有朋別邸(神奈川)
明治43年 [1910] 樺太神社(ユジノ・サハリンスク)(基本設計)|三会寺釈王殿○(神奈川)
明治44年 [1911] 可睡斎護国塔(静岡)|西村捨三像台座(大阪)|西本願寺鎮西別院○(福岡)
明治45年 [1912] 真宗信徒生命保険会社(京都)|東京大学正門(東京)|興禅寺伽藍再建(遠藤於菟と共同設計)(長野)|西本願寺香港布教所(鵜飼長三郎と共同設計)○(香港)
大正2年 [1913] 中牟田家墓(東京)
大正3年 [1914] 不忍弁天堂天龍門(東京)|東京大正博覧会華表(東京)
大正4年 [1915] 順徳天皇遺址碑(新潟)|元寇殲滅碑(福岡)
大正5年 [1916] 前島密像台座(東京)|弥彦神社(新潟)|大倉喜八郎邸門○(東京)
大正6年 [1917] 楠妣庵(大阪)|岐阜公園五重塔(一部のみ実施)(岐阜)
大正7年 [1918] 日泰寺仏舎利奉安塔(愛知)
大正8年 [1919] 武田恭作家安骨塔(遠藤於菟と共同設計)(東京)|大倉喜八郎小田原別邸(別案の顧問)○(神奈川)
大正9年 [1920] 明治神宮(東京)|久米民之助箱根別邸 門・石灯篭・仁王門(神奈川)|池田謙斎墓(東京)
大正10年 [1921] 有栖川宮威仁親王像台座(東京)|平田東助像台座(東京)|松岬神社(山形)|順徳天皇遺跡社殿(新潟)|渡辺渡墓(東京)|青山胤通墓石灯籠(東京)|浅草区駒形町神輿(東京)
大正12年 [1923] 上杉神社(山形)|総持寺聖観音像台座(神奈川)|笠間稲荷文庫(茨城)|市川邸内明治天皇行在所遺址碑(新潟)
大正13年 [1924] 上野大仏 石段・石階○(東京)|シャム王宮内宮室・庭園○(バンコク)|大倉葬儀場○(東京)
大正14年 [1925] 田中新七家墓(神奈川)|朝鮮神宮(ソウル)(顧問)|桜園石燈籠○(ワシントン)
大正15年 [1926] 白石元治郎家墓(神奈川)|平田東助墓(東京)|桃山御陵軍人勅諭之碑(京都)|御木本五重塔(フィラデルフィア万博に出品)|北京図書館(内田祥三と共同設計)○(北京)
昭和2年 [1927] 兼松講堂(東京)|大倉集古館(東京)|祇園閣(京都)|大倉喜八郎京都別邸(京都)|入澤達吉邸(東京)|小磯家墓(兵庫)|松平直政公像台座(島根)|東天竺山世尊寺釈迦堂○(愛知)
昭和3年 [1928] 明治節紀念塔○(京都)
昭和4年 [1929] 東天竺山世尊寺厨子(愛知)
昭和5年 [1930] 震災記念堂(東京)|大倉喜八郎墓(東京)|志賀重昂墓(愛知)
昭和6年 [1931] 阪急ビル内部装飾(大阪)|中山法華経寺聖教殿(千葉)|東京都復興記念館(佐野利器と共同設計)(東京)
昭和7年 [1932] 浅野総一郎夫妻墓(神奈川)
昭和8年 [1933] 靖国神社狛犬(東京)|春畝山博文寺之碑(ソウル)|佐嘉神社献灯(佐賀)|大倉集古館三層閣及廊○(東京)|総持寺大僧堂(神奈川)
昭和9年 [1934] 築地本願寺(東京)|浅野家墓相輪(神奈川)|大雄山最乗寺 真殿・本堂等(神奈川)|中橋徳五郎墓(東京)|壽多有博士碑(佐藤功一と共同設計)(静岡)|明善寺本堂(山形)
昭和10年 [1935] 靖国神社 大燈籠(東京)|明治神宮 参道大燈籠(東京)|白石元治郎熱海別邸(静岡)|湯島聖堂(顧問)(東京)|可睡斎護国塔前 礼堂・山門○(静岡)
昭和11年 [1936] 今泉嘉一郎像台座(群馬)|片倉兼太郎碑(長野)|藤田政輔墓(東京)
昭和12年 [1937] 善光寺毘沙門堂(新潟)
昭和13年 [1938] 鮎川義介家墓(東京)|ベルリン日本大使館庭園○(ベルリン)
昭和14年 [1939] 入澤達吉墓(東京)|関野貞碑(新潟)
昭和15年 [1940] 伊東家墓(神奈川)|女子教育発祥碑○(東京)
昭和17年 [1942] 佐藤功一墓(東京)|入澤家祖先墓堂(長野)|延暦寺内供養塔○(滋賀)|真如法親王顕彰碑○(シンガポール)

掲載人物個別年譜（50音順）

79. 村井吉兵衛京都別邸(長楽館)
京都市東山区祇園円山公園 ―― 069
80. 京都国立博物館明治古都館
京都市東山区茶屋町527 ―― 050
81. 鶴巻邸(現・栗原邸)
京都市山科区 ―― 283
82. 聴竹居
乙訓郡大山崎町大山崎谷田31 ―― 289

大阪府

83. 大阪倶楽部
大阪市中央区今橋4-4-11 ―― 227
84. 大阪ガスビル
大阪市中央区平野町4-1-2 ―― 230
85. 綿業会館
大阪市中央区備後町2-5-8 ―― 221
86. 八木重兵衛邸
寝屋川市 ―― 290

兵庫県

87. 乾邸
神戸市東灘区住吉山手5-1-30 ―― 223
88. 村山龍平邸(和館)
神戸市東灘区御影郡家2-12-1 ―― 287
89. 神戸商船三井ビル
神戸市中央区海岸通5 ―― 218
90. チャータードビル
神戸市中央区海岸通9 ―― 191
91. 横浜正金銀行神戸支店(現・神戸市立博物館)
神戸市中央区京町24 ―― 115
92. 松山大学温山記念会館(旧・新田利國邸)
西宮市甲子園口1-12-31 ―― 239
93. 武庫川女子大学甲子園会館(旧・甲子園ホテル)
西宮市戸崎町1-13 ―― 295

奈良県

94. 奈良ホテル
奈良市高畑町1096 ―― 037

和歌山県

95. 新田長次郎別荘(現・琴ノ浦温山荘園 主屋)
海南市船尾370 ―― 234

岡山県

96. 日本銀行岡山支店(現・ルネスホール)
岡山市北区内山下1-6-20 ―― 105

広島県

97. 呉鎮守府司令長官官舎(現・入船山記念館)
呉市幸町4-6 ―― 110

山口県

98. 三井銀行下関支店(現・山口銀行やまぎん史料館)
下関市観音崎町10-6 ―― 102
99. 宇部市民館(現・渡辺翁記念会館)
宇部市朝日町8-1 ―― 335

愛媛県

100. 久松定謨伯爵別邸(現・萬翠荘)
松山市一番町3-3-7 ―― 237

福岡県

101. 三井物産門司支店
北九州市門司区西海岸1-6-2 ―― 263
102. 三菱合資会社若松支店(現・上野ビル)
北九州市若松区本町1-10-17 ―― 145
103. 松本健次郎邸(現・西日本工業倶楽部)
北九州市戸畑区一枝1-4-33 ―― 039
104. 石橋徳次郎邸(現・石橋迎賓館)
久留米市城南町17-1 ―― 258

佐賀県

105. 三菱合資会社長崎支店唐津出張所
唐津市海岸通7181 ―― 143

長崎県

106. 紐差教会堂
平戸市紐差町1039 ―― 079
107. 頭ヶ島天主堂
南松浦郡新上五島町友住郷頭ヶ島638 ―― 077
108. 青砂ヶ浦天主堂
南松浦郡新上五島町奈摩郷1241 ―― 074

※市区町村コード以下は50音順

杉並区永福1-9-1 ―― 328
44. 東京女子大学本館・チャペル・講堂
杉並区善福寺2-6-1 ―― 305
45. 赤レンガ酒造工場
北区滝野川2-6-30 ―― 059
46. 旧古河庭園大谷美術館
北区西ヶ原1-27-39 ―― 030
47. 晩香廬・青淵文庫
北区西ヶ原2-16-1 飛鳥山公園内 ―― 162・163
48. 東京農工大学農学部本館
府中市幸町3-5-8 ―― 214
49. 兼松講堂
国立市中2-1 ―― 094
50. 小宮一郎邸
西東京市 ―― 297

神奈川県

51. 横浜赤レンガ倉庫
横浜市中区新港1-1 ―― 063
52. 横浜正金銀行本店(現・神奈川県立歴史博物館)
横浜市中区南仲通5-60 ―― 060
53. 横浜共立学園本館
横浜市中区山手212 ―― 183
54. ベーリック・ホール
横浜市中区山手町72 ―― 187
55. 横浜市大倉山記念館
横浜市港北区大倉山2-10-1 ―― 107
56. 長沢浄水場
川崎市多摩区三田5-1-1 ―― 321

新潟県

57. 谷村美術館
糸魚川市京ケ峰2-1-13 ―― 339

富山県

58. 富山銀行本店
高岡市守山町22 ―― 159

長野県

59. 片倉館
諏訪市湖岸通り4-1-9 ―― 139
60. 徳川義親侯爵邸(現・八ヶ岳高原ヒュッテ)
南佐久郡南牧村大字海の口 八ヶ岳高原海の口自然郷
―― 242
61. 軽井沢ユニオンチャーチ
北佐久郡軽井沢町軽井沢1001 ―― 179

岐阜県

62. 名和昆虫研究所記念昆虫館・博物館
岐阜市大宮町2-18 岐阜公園内 ―― 126

静岡県

63. 静岡市役所静岡庁舎本館
静岡市葵区追手町5-1 ―― 198
64. 旧浜松銀行協会(木下恵介記念館)
浜松市中区栄町3-1 ―― 195
65. 川奈ホテル
伊東市川奈1459 ―― 255
66. 三井高修伊豆別邸
下田市 ―― 261

愛知県

67. 藤山雷太邸
名古屋市御器所3-1-29 ―― 130
68. 八勝館みゆきの間
名古屋市昭和区広路町石坂29 ―― 327
69. 豊橋市公会堂
豊橋市八町通2-22 ―― 197
70. 岡崎銀行本店(現・岡崎信用金庫資料館)
岡崎市伝馬町1-58 ―― 121
71. 旧中埜家住宅
半田市天王町1-30 ―― 118
72. とこなめ陶の森 陶芸研究所
常滑市奥条7-22 ―― 330

三重県

73. 諸戸家住宅洋館
桑名市太一丸18 ―― 123

滋賀県

74. 滋賀県庁舎本館
大津市京町4-1-1 ―― 155

京都府

75. 本野精吾自邸
京都市北区 ―― 281
76. 西陣織物館(現・京都市考古資料館)
京都市上京区今出川大宮東入ル元伊佐町265-1
―― 279
77. 駒井家住宅(駒井卓・静江記念館)
京都市左京区北白川伊織町64 ―― 181
78. 京都工芸繊維大学(旧京都高等工藝學校)本館及び講堂
京都市左京区松ヶ崎御所海道町 ―― 284

北海道

1. 遺愛学院本館・ホワイトハウス
函館市杉並町23-11 ―――― 067
2. 三井銀行小樽支店
小樽市色内1-3-10 ―――― 047

宮城県

3. 東北学院大学本館・ラーハウザー記念礼拝堂
仙台市青葉区土樋1-3-1 ―――― 188・189

栃木県

4. イタリア大使館別荘記念公園
日光市中宮祠2482 ―――― 302
5. 日光真光教会
日光市本町1-6 ―――― 070

群馬県

6. 群馬音楽センター
高崎市高松町28-2 ―――― 307

埼玉県

7. 山崎別邸
川越市松江町2-7-8 ―――― 147
8. 誠之堂
深谷市起会84-1 ―――― 161

東京

9. 東京復活大聖堂（ニコライ堂）
千代田区神田駿河台4-1-3 ―――― 207
10. 学士会館
千代田区神田錦町3-28 ―――― 251
11. 市政会館および日比谷公会堂
千代田区日比谷公園1-3 ―――― 152
12. 東京駅丸の内駅舎
千代田区丸の内1 ―――― 034
13. 築地本願寺
中央区築地3-15-1 ―――― 098
14. 野村證券日本橋本社ビル
中央区日本橋1-9-1 ―――― 229
15. 山田邸（現・蔦サロン）
港区南青山5-11-20 ―――― 323
16. 竹田宮邸（現・グランドプリンスホテル高輪 貴賓館）
港区高輪3-13-1 ―――― 055
17. 大倉集古館
港区虎ノ門2-10-3 ―――― 095
18. 綱町三井倶楽部
港区三田2-3-7 ―――― 029
19. 慶應義塾図書館旧館
港区三田2-15-45 ―――― 043
20. 小笠原伯爵邸
新宿区河田町10-10 ―――― 045
21. 目白ヶ丘教会
新宿区下落合2-15-11 ―――― 298
22. 早稲田大学大隈記念講堂
新宿区戸塚町1-104 ―――― 151
23. 旧御涼亭（台湾閣）
新宿区内藤町11 ―――― 137
24. 東方文化学院東京研究所（現・拓殖大学国際教育会館）
文京区大塚1-7-1 ―――― 213
25. 鳩山会館
文京区音羽1-7-1 ―――― 202
26. 求道会館
文京区本郷6-20-5 ―――― 128
27. 東京大学総合図書館・法文一号館・大講堂
文京区本郷7-3-1 ―――― 211・216
28. 旧岩崎邸庭園
台東区池之端1-3-45 ―――― 027
29. 護国院庫裏
台東区上野公園10-18 ―――― 205
30. 東京国立博物館本館
台東区上野公園13-9 ―――― 245
31. 表慶館
台東区上野公園13-9 ―――― 053
32. 東京都慰霊堂
墨田区横網2-3-6 横網町公園内 ―――― 097
33. 岩崎彌之助深川別邸 池辺茶亭（現・涼亭）
江東区清澄2、3 ―――― 148
34. 原邦造邸（現・原美術館）
品川区北品川4-7-25 ―――― 247
35. 千代田生命本社ビル（現・目黒区総合庁舎）
目黒区上目黒2-19-15 ―――― 336
36. 前田利為侯爵邸
目黒区駒場4-3-55 目黒区立駒場公園内 ―――― 253
37. 三輪邸（現・O邸）
世田谷区 ―――― 315
38. 静嘉堂文庫
世田谷区岡本2-23-1 ―――― 113
39. 東海大学代々木校舎1号館・2号館
渋谷区富ヶ谷2-28-4 ―――― 318・319
40. 久邇宮御常御殿（現・聖心女子大学パレス）
渋谷区広尾4-3-1 ―――― 134
41. 勝野邸
中野区 ―――― 313
42. 米川邸（現・野田邸）
杉並区 ―――― 310
43. 明治大学和泉第二校舎（大教室）

掲載作品所在地リスト

※このリストは、本文中で取り上げた主要作品のみで構成しました

Appendix

写真

相原 功

p.018 | p.020上・下 | p.023 | p.027 | p.030-031 | p.043 | p.045 | p.046 | p.047 | p.048 | p.067上・下 | p.069上・下 | p.070中・左 | p.071 | p.082 | p.086 | p.087上・下 | p.089 | p.092 | p.094 | p.095上・下 | p.097上・下 | p.098-099 | p.098下右・下中・下左 | p.118-119 | p.119下 | p.121上 | p.122 | p.123上・下 | p.126-127 | p.127下 | p.128-129 | p.129下 | p.130 | p.131 | p.132 | p.143 | p.145 | p.147上・下 | p.148 | p.159 | p.161上・下 | p.162 | p.163上・下 | p.166上・下 | p.167 | p.168 | p.170 | p.171 | p.172 | p.173 | p.174 | p.175 | p.176 | p.179上・下 | p.181 | p.183上・下 | p.184 | p.187上 | p.188-189 | p.188下 | p.189下 | p.190 | p.191上・下 | p.195上・下 | p.197上・下 | p.198-199 | p.199下 | p.211上・下 | p.213右・左 | p.214-215 | p.215下 | p.216 | p.218-219 | p.221上・下 | p.223上・下 | p.227上・下 | p.229上・下 | p.230-231 | p.234-235 | p.235下 | p.237上・下 | p.239上 | p.240 | p.242-243 | p.245上・下 | p.247上・下 | p.251 | p.253 | p.255上・下 | p.258-259 | p.263 | p.266 | p.267 | p.268 | p.269 | p.271 | p.272-273 | p.274-275 | p.279上・下 | p.281 | p.283上・下 | p.284 | p.287上 | p.289上・下 | p290-291 | p.290下 | p.295 | p.297上・下 | p.298-299 | p.299下 | p.310-311 | p.311下 | p.313上・下 | p.315上 | p.318 | p.319 | p.321 | p.323上・下 | p.327 | p.328-329 | p.330 | p.331 | p.336下

フォワードストローク

p.019 | p.021 | p.022 | p.024上・下 | p.034-035 | p.037上・下 | p.039上・下 | p.050-051 | p.053 | p.055 | p.059上 | p.060-061 | p.063上 | p.074-075 | p.077 | p.079 | p.083 | p.084-085 | p.088 | p.090-091 | p102-103 | p.103下 | p.105上 | p.107 | p.110-111 | p.111下 | p.113 | p.115上・下 | p.134-135 | p.135下 | p.137上 | p.139 | p.151 | p.152-153 | p.153下 | p.155上・下 | p.169 | p.202-203 | p.203下 | p.205 | p.207 | p.270 | p.276 | p.302-303 | p.303下 | p.305上・中・下 | p.307上・下 | p.335 | p.336-337 | p.337下 | p.339上・下右・下左

取材協力

アーバネックス／石屋製菓／一般財団法人宇部市文化創造財団／上野海運／エスイーシー／岡崎信用金庫資料館／小笠原伯爵邸／小川正純／ガーデン・ミュージアム運営協議会／学士会館／学校法人遺愛学院／学校法人神戸女学院／学校法人東海大学／学校法人横浜共立学園／勝野和郎／カトリック長崎大司教区／神奈川県立歴史博物館／上五島町世界遺産推進室／唐津市教育委員会／軽井沢ユニオンチャーチ／川越市／川奈ホテル／寛永寺護国院／環境省自然環境局新宿御苑管理事務所／北九州市産業経済局門司港レトロ室／旧岩崎邸庭園／旧松本家住宅(西日本工業倶楽部)／京都大覚寺／京都工芸繊維大学／京都国立博物館／京都市考古資料館／京都大学／グランドプリンスホテル高輪／栗原博典／呉市入船山記念館／群馬音楽センター／慶應義塾／公益財団法人後藤・安田記念東京都市研究所／公益財団法人静嘉堂 静嘉堂文庫／公益財団法人日本醸造協会／神戸市市民参画推進局文化交流部／神戸市立博物館／小西章子・小西伸一／財団法人大倉文化財団・大倉集古館／財団法人大谷美術館／財団法人片倉組／財団法人香雪美術館／財団法人桐華学園桐華家政専門学校／財団法人東京都公園協会清澄庭園／財団法人豊橋文化振興財団／財団法人名和昆虫研究所／財団法人日本ナショナルトラスト／財団法人諸戸会／財団法人横浜市緑の協会／滋賀県庁／静岡市役所／渋沢史料館／社団法人大阪倶楽部／社団法人日本綿業倶楽部／宗教法人龍興寺／集工舎 建築都市デザイン研究所／商船三井興産株式会社神戸支店／浄土真宗本願寺派本願寺築地別院／聖心女子大学／積水ハウス／拓殖大学／長楽館／蔦サロン・山田五十一郎／東京女子大学／東京大学／東京都教育庁地域教育支援部管理課文化財保護係／東京都水道局長沢浄水場／東京都立横網公園／東京農工大学／東京復活大聖堂／東北学院大学／常滑市立陶芸研究所／富山銀行本店／名古屋市公会堂／奈良ホテル／日光自然博物館／日光真光教会／ニッタ株式会社史料室／日本バプテストキリスト教目白ヶ丘教会／野田澄子／野村ファシリティーズ／八勝館／鳩山会館／浜松市／原美術館／一橋大学／深谷市教育委員会／ブリヂストン久留米工場／町田さとみ／松坂屋／松山大学／萬翠荘／三井不動産／三菱地所／武庫川女子大学甲子園会館／目黒区／本野陽／八ヶ岳高原ロッジ／山口銀行やまぎん史料館／横浜赤レンガ倉庫／横浜市大倉山記念館／ルネスホール／早稲田大学(50音順)

執筆者略歴

青木祐介（あおき・ゆうすけ）――横浜都市発展記念館主任調査研究員・博士（工学）／1972年生まれ。東京大学大学院工学系研究科建築学専攻単位取得退学。2001年より現職。日本近代建築史専攻。主な論文：「歴史遺産の活用と復元―横浜を事例として」『文化遺産と現代』［土生田純之編、同成社／2009］、「幕末・明治初期の横浜」『伝統都市1イデア』［吉田伸之・伊藤毅編、東京大学出版会／2010］、「建築家デ・ラランデと横浜」『横浜都市発展記念館紀要No.7』［横浜都市発展記念館／2011］など。
▼妻木頼黄（p.057）

浅羽英男（あさば・ひでお）――建築史家（皇室建築史）／1943年生まれ。1968年、名城大学第二理工学部建築科卒業。建設省（現・国土交通省）中部地方建設局、同関東地方建設局を経て、1984年、宮内庁管理部に出向。歴史的建造物の修復などを担当。2006年、退官。主な共著：『新宿御苑旧管理事務所外保存等検討業務報告書』［建築保全センター／1999］、『日光田母沢御用邸記念公園本邸保存改修工事報告書』［日本公園緑地協会編、栃木県土木部建築課／2000］、『皇室建築 内匠寮の人と作品』［鈴木博之監修、内匠寮の人と作品刊行委員会編、建築画報社／2005］、『建築の記憶―写真と建築の近現代（展覧会カタログ）』［岡塚章子ほか編、東京都歴史文化財団東京都庭園美術館／2008］など。
▼片山東熊（p.049）

石田潤一郎（いしだ・じゅんいちろう）――京都工芸繊維大学教授／1952年生まれ。京都大学建築学科卒業。同大学大学院博士課程修了。工学博士。滋賀県立大学環境科学部助教授を経て、2001年より現職。専攻は日本近代建築史。主な著書：『日本の建築［明治大正昭和］7ブルジョワジーの装飾』［三省堂／1980］、『屋根のはなし』［鹿島出版会／1990］、『都道府県庁舎―その建築史的考察』［思文閣出版／1993］、『関西の近代建築―ウォートルスから村野藤吾まで』［中央公論美術出版／1996］、『湖国のモダン建築』［共著、京都新聞出版センター／2009］、『関西のモダニズム建築』［監修、淡交社／2014］など。
▼武田五一（p.125）、安井武雄（p.225）

井上祐一（いのうえ・ゆういち）――建築家・建築史家／1951年生まれ。1975年、神奈川大学工学部建築学科卒業。2004年、工学院大学大学院工学研究科博士後期課程建築学専攻修了。博士（工学）。2004年–14年、文化女子大学短期大学部教授。近藤賢二別邸、加地利夫別邸、矢田部勁吉邸、石原謙邸、小宮一郎邸、白井喬二邸ほか、多数の実測・調査を行い、雑誌『住宅建築』複数号に掲載。「NPO法人有機的建築アーカイブ」の運営に参加。現在、副代表理事。
▼遠藤新（p.293）

岩岡竜夫（いわおか・たつお）――建築家・東京理科大学教授／1960年生まれ。1983年、武蔵野美術大学建築学科卒業。1990年、東京工業大学大学院博士課程修了（工学博士）。1995年、東海大学工学部建築学科助教授。2003年、同大学情報デザイン工学部建築デザイン学科教授、2011年、東京理科大学理工学部建築学科教授、現在に至る。主な作品：立体土間の家［1999］、T平面の家［1998］、アビタ戸祭［2000］、八丁堀のローハウス［2001］、台形面の家［2003］、乃木坂ハウス［2011］など。主な著書：『図 建築表現の手法』［共著、東海大学出版会／2000］、『図2 建築模型の表現』［同／2000］、『図3 建築の図形表現』［同／2001］、『街角のちいさいおうち』［東海大学出版会／2004］、『建築家山田守作品集』建築家山田守展実行委員会編［責任編集、東海大学出版会／2006］など。
▼山田守（p.317）

内田青藏（うちだ・せいぞう）――神奈川大学教授／1953年生まれ。1975年、神奈川大学建築学科卒業。1977年、同大学大学院修了。1983年、東京工業大学大学院博士課程満期退学。工学博士。東京工業大学附属工業高等学校教諭、文化女子大学、埼玉大学教授を経て、現職。主な著書：『あめりか屋商品住宅―「洋風住宅」開拓史』［住まいの図書館出版局／1987］、『日本の近代住宅』［鹿島出版会／1992］、『消えたモダン東京』［河出書房新社／2002］、『お屋敷拝見』［河出書房新社／2003］、『同潤会に学べ―住まいの思想とそのデザイン』〔王国社／2004〕、『「間取り」で楽しむ住宅読本』〔光文社／2005〕、『学び舎拝見』〔河出書房新社／2007〕、『お屋敷散歩』〔河出書房新社／2011〕など。
▼保岡勝也（p.141）

大川三雄（おおかわ・みつお）――日本大学理工学部建築学科特任教授／１９５０年生まれ。１９７３年、日本大学理工学部建築学科卒業。１９７５年、同大学大学院修了。博士（工学）。専攻は日本近代建築史。主な著書：『近代日本の異色建築家』〔共著、朝日新聞社／1984〕、『近代和風建築 伝統を超えた世界』〔共著、建築知識／1992〕、『図説 近代建築の系譜』〔共著、彰国社／1997〕、『建築モダニズム―近代生活の夢とかたち』〔共著、エクスナレッジ／2001〕、『新版 図説・近代日本住宅史』〔共著、鹿島出版会／2008〕など。
▼渡辺仁（p.241）、蔵田周忠（p.309）

笠原一人（かさはら・かずと）――京都工芸繊維大学助教／１９７０年生まれ。１９９８年、京都工芸繊維大学大学院博士課程修了。２０１０年‐11年、オランダ・デルフト工科大学客員研究員。博士（学術）。近代建築史・建築保存再生論専攻。主な著書：『近代建築史』〔共著、昭和堂／1998〕、『建築家本野精吾展』〔編著、京都工芸繊維大学美術工芸資料館／2010〕、『関西のモダニズム建築』〔共著、淡交社／2014〕、『村野藤吾の住宅デザイン』〔共著、国書刊行会／2015〕、『村野藤吾の建築―模型が語る豊饒な世界』〔共著、青幻舎／2015〕など。
▼本野精吾（p.277）

川上秀人（かわかみ・ひでと）――建築史家／１９４８年生まれ。１９７２年、九州大学工学部建築学科卒業、同大学助手。１９８５年、工学博士（九州大学）。１９８８年、近畿大学助教授。１９９３年、同大学教授。２０１５年、同大学産業理工学部定年退職。主な著書：『大いなる遺産 長崎の教会』〔共著、智書房／2000〕、『ＮＨＫ 美の壺 長崎の教会』〔監修・著、ＮＨＫ出版／2008〕、『週刊日本の世界遺産25』〔共著、朝日新聞出版／2012〕、『鉄川与助の教会建築』〔共著、ＬＩＸＩＬ出版／2012〕など。
▼鉄川与助（p.073）

河東義之（かわひがし・よしゆき）――建築史家／１９４３年生まれ。１９６７年、東京工業大学理工学部建築学科卒業、同大学助手。１９７６年、小山工業高等専門学校助教授。１９８９年、同校教授。１９９０年、工学博士（東京工業大学）。１９９９年、千葉工業大学工学部教授、小山工業高等専門学校名誉教授。２００８年、千葉工業大学定年退職。２０１１年から、文化庁文化審議会委員。主な著書：『明治の西洋館』〔新人物往来社／1979〕、『ジョサイア・コンドル建築図面集Ⅰ―Ⅲ』〔中央公論美術出版／1980・1981〕、『総覧日本の建築２』〔共著、新建築社／1989〕、『図説日本建築年表』〔共著、彰国社／2002〕、『建築史（増補改訂版）』〔共著、市ヶ谷出版社／2010〕など。
▼櫻井小太郎（p.109）

倉方俊輔（くらかた・しゅんすけ）――建築史家・大阪市立大学工学研究科准教授／１９７１年生まれ。１９９４年、早稲田大学理工学部建築学科卒業。同大学大学院修士課程修了、博士課程満期退学。西日本工業大学准教授などを経て、２０１１年より現職。主な著書：『吉阪隆正とル・コルビュジエ』〔王国社／2005〕、『ドコノモン』〔日経ＢＰ社／2011〕、『伊東忠太建築資料集（全7巻）』〔監修・解説、ゆまに書房／2013‐4〕、『生きた建築大阪』〔共著、140B／2015〕、『東京レトロ建築さんぽ』〔エクスナレッジ／2016〕など。
▼伊東忠太（p.093）

坂本勝比古（さかもと・かつひこ）――建築史家・神戸芸術工科大学名誉教授／１９２６年生まれ。旧制神戸工専建築学科卒業。神戸市主幹、千葉大学教授を経て、現職。博士（工学）。専攻は近代建築史、デザイン史。主な著書：『明治の異人館』〔朝日新聞社／1965〕、『西洋館（日本の美術51）』〔小学館／1977〕、『日本の建築〔明治大正昭和〕５ 商都のデザイン』〔三省堂／1980〕、『阪神間モダニズム』〔共著、淡交社／1997〕、『近代日本の郊外住宅地』〔共著、鹿島出版会／2000〕など。
▼渡邊節（p.217）

鈴木博之（すずき・ひろゆき）――建築史家／１９４５年生まれ。１９６８年、東京大学工学部建築学科卒業。１９７４年、同大学工学系大学院博士課程満期退学。同年、同大学工学部専任講師。１９７４年‐75年、ロンドン大学コートゥールド美術史研究所留学（英国政府給費留学生）。１９７８年、東京大学助教授。１９８４年、工学博士。１９９０年、同大学大学院教授（工学系研究科建築学専攻）。１９９３年、ハーヴァード大学客員教授（美術史学科）。２００９年、東京大学定年退職。２００９年から、青山学院大学教授。２０１０年から、博物館明治村館長併任。２０１４年、逝去。主な著書：『建築の世紀末』〔晶文社／1977〕、『ロンドン―地主と都市デザイン』〔筑摩書房（ちくま新書）／1996〕、『ヴィクトリアン・ゴシックの崩壊』〔中央公論美術出版／1996〕、『都市のかなしみ―建築百年のかたち』〔中央公論新社／2003〕、『建築の遺伝子』

［王国社／2007］、『東京の地霊』［筑摩書房（ちくま学芸文庫）／2009］など。

▼ジョサイア・コンドル（p.025）

砂本文彦（すなもと・ふみひこ）――神戸女子大学教授／1972年生まれ、豊橋技術科学大学大学院修士課程修了。博士（工学）。専門は都市・建築史。広島国際大学工学部住環境デザイン学科准教授を経て、現職。

主な著書：『近代日本の郊外住宅地』［共著、鹿島出版会／2000］、『近代日本の国際リゾート―一九三〇年代の国際観光ホテルを中心に』［青弓社／2008］、『図説ソウルの歴史―漢城・京城・ソウル 都市と建築の六〇〇年』［河出書房新社／2009］、『社宅街―企業が育んだ住宅地』［共著、学芸出版社／2009］、『レジャーの空間―諸相とアプローチ』［共著、ナカニシヤ出版／2009］など。

▼高橋貞太郎（p.249）

瀬口哲夫（せぐち・てつお）――1945年生まれ。名古屋大学建築学科卒業、東京大学工学系大学院修士課程、博士課程満期退学。工学博士。名古屋大学建築学科助手、豊橋技術科学大学助教授を経て、2002年より名古屋市立大学教授。2010年、同大学定年退職。現在、同大学名誉教授、博物館明治村理事。歴史的建造物を活かしたまちづくりに関心を持って研究している。なかでも、近代の都市計画史や近代建築、およびそれらを設計した人々、鈴木禎次や東海地方の建築家について、調査研究を行っている。

主な著書：『名古屋をつくった建築家・鈴木禎次』［C&D出版／2004］、『わが街ビルヂング物語』［樹林舎／2004］、『官庁建築家・名古屋市建築課』［C&D出版／2009］など。

▼鈴木禎次（p.117）

中谷礼仁（なかたに・のりひと）――早稲田大学教授・歴史工学研究／1965年生まれ。1987年、早稲田大学理工学部建築学科卒業。大阪市立大学工学部助教授を経て、2007年、早稲田大学理工学術院建築学科准教授。2012年より現職。2010年―11年、『建築雑誌』編集委員会委員長。

主な著書：『国学・明治・建築家』［蘭亭社／1993］、『日本建築様式史』［共著、美術出版社／1999］、『近世建築論集』［共著、アセテート／2004］、『セヴェラルネス 事物連鎖と人間』［鹿島出版会／2005］、『新訂 日本建築辞彙』［中央公論美術出版／2011］など。

▼岡田信一郎（p.201）

西澤泰彦（にしざわ・やすひこ）――建築史家・名古屋大学環境学研究科教授／1960年生まれ。博物館明治村評議員を務め、歴史的建造物の保存・再生・活用にもかかわる。1999年、建築史学会賞、2009年、日本建築学会賞（論文）。

▼中村與資平（p.193）

長谷川堯（はせがわ・たかし）――建築評論家・武蔵野美術大学名誉教授／1937年生まれ。1960年、早稲田大学第一文学部卒業。1977年、武蔵野美術大学に着任。以後、建築評論家として活躍。専門は近代建築史。

主な著書：『神殿か獄舎か』［相模書房／1972］、『建築雌の視角』［相模書房／1973］、『都市回廊―あるいは建築の中世主義』［相模書房／1975］、『建築有情』［中央公論社／1977］、『建築の多感 長谷川堯建築家論考集』［鹿島出版会／2008］、『建築の出自 長谷川堯建築家論考集』［鹿島出版会／2008］、『村野藤吾の建築 昭和・戦前』［鹿島出版会／2011］など。

▼村野藤吾（p.333）

速水清孝（はやみ・きよたか）――日本大学工学部建築学科教授／1967年生まれ。1990年、千葉大学卒業。1992年、同大学大学院修士課程修了。郵政大臣官房建築部等を経て、2003年、東京大学大学院修士課程修了。2007年、同大学大学院博士課程修了。博士（工学）。同大学生産技術研究所博士研究員を経て、現職。

主な論文：「日本の建築設計者の職能と法制に関する歴史的研究」［東京大学博士論文／2007］など。

▼内田祥三（p.209）

平井ゆか（ひらい・ゆか）――内田祥哉建築研究室／1992年、明治大学工学部建築学科卒業。1994年、同大学大学院工学研究科建築学専攻博士前期課程修了。現在、曾禰達蔵と曾禰中條建築事務所について研究している。

作品：武蔵大学8号館［2002］、顕本寺本堂［2003］の一部を担当。

著書：『内田賞顕彰事績集「日本の建築を変えた八つの構法」』［内田賞委員会事務局／2002］、『建築家の多様―内田祥哉 研究とデザインと（建築家会館の本7）』［建築ジャーナル／2014］の一部を担当。

▼曾禰達蔵（p.041）

藤岡洋保（ふじおか・ひろやす）――建築史家／1949年生まれ。東京工業大学工学部建築学科卒業。同大学大学院建築学専攻修士課程・博士課程修了。工学博士。明治大学工学部助手、東京工業大学工学部助教授、同大学大学院教授などを経て、現在、同大学名誉教授。2011年、日本建築学会賞（論文）。

主な著書：『近代の神社景観』［共編著、中央公論美術出版／1998］、『清家清』［共著、新建築社／2006］、『表現者・堀口捨己―総合芸術の探求』［中央公論美術出版／2009］、『近代建築史』［森北出版／2011］など。

▼堀口捨己（p.325）

藤森照信（ふじもり・てるのぶ）——建築史家・建築家・東京大学名誉教授／1946年生まれ。東北大学・東京大学大学院修了後、東京大学生産技術研究所教授、工学院大学教授。現在、江戸東京博物館館長。専門は日本近代建築史研究。
主な著書：『建築探偵の冒険 東京篇』［筑摩書房／1986］、『日本の近代建築 上・下』［岩波書店（岩波新書）／1993］、『丹下健三』［共著、新建築社／2002］など。

▼辰野金吾（p.033）

古田智久（ふるた・ともひさ）——横浜市役所・建築史研究者／1963年生まれ。1986年、日本大学理工学部建築学科卒業。1988年、同大学大学院生産工学研究科博士前期課程修了。同年、横浜市役所勤務。かたわら日本近代建築史の研究を続ける。
主な著書：『近代和風建築』［共著、鹿島出版会／1988］、『建物の見方・しらべ方―近代産業遺産』［共著、ぎょうせい／1998］、『かながわ建築ガイド』［共著、神奈川県建築士会／2003］、『昭和初期の博物館建築』［共著、東海大学出版／2007］、『図説 近代神奈川の建築と都市』［共著、神奈川県建築士会／2013］など。

▼森山松之助（p.133）

松隈 章（まつくま・あきら）——竹中工務店設計本部／1957年生まれ。1980年、北海道大学工学部建築工学科卒業。同年、竹中工務店入社。大阪本店設計部、本社・企画室（大阪）、本社（東京）・地球環境室を経て、現在に至る。
主な作品：安川ビル［1997］、瀧定株式会社高槻寮［1999］、旧ジェームス邸保存再生［2012］など。
主な著書：『環境と共生する住宅「聴竹居」実測図集』竹中工務店設計部編［彰国社／2001］、『文化遺産としてのモダニズム建築DOCOMOMO100選展』［共著、新建築社／2005］、『サステナブル・アーキテクチャー 持続可能性の建築（新建築臨時増刊）』［共著、新建築社／2005］、『16人の建築家―竹中工務店設計部の源流』［共著、井上書院／2010］、『聴竹居 藤井厚二の木造モダニズム建築（コロナ・ブックス200）』［平凡社／2015］など。

▼藤井厚二（p.285）

松波秀子（まつなみ・ひでこ）——特定非営利活動法人歴史建築保存再生研究所理事／1972年、名古屋大学工学部建築学科卒業。1974年、同大学大学院修士課程修了。博物館明治村学芸員を経て1990年-2014年、清水建設技術研究所。近代建築史専攻。歴史的建造物の調査・保存修復に従事。博士（工学）。
主な著書：『東海の近代建築』［共著、中日新聞本社／1981］、『建築史の想像力』［共著、学芸出版社／1996］、『建物の見方・しらべ方―近代産業遺産』［共著、ぎょうせい／1998］、『築地居留地―近代文化の原点vol.1』［共著、亜紀書房／2000］、『日本近代化遺産を歩く―産業・土木・建築・機械、近代を語る証人たち』［共著、JTB／2001］、『写真集成 近代日本の建築「清水組工事年鑑」』（全7巻）［ゆまに書房／2011］など。

▼ジェームズ・マクドナルド・ガーディナー（p.065）、長野宇平治（p.101）、田辺淳吉（p.157）

丸山雅子（まるやま・もとこ）——建築史家／1991年、東京大学工学部建築学科卒業。1998年、同大学大学院博士課程単位取得退学。博士（工学）。
主な研究：スパニッシュ様式に関する歴史的研究、お雇い外国人ウォートルス兄弟の研究など。

▼松田軍平（p.257）

三沢 浩（みさわ・ひろし）——建築家／1955年、東京藝術大学建築科卒業。同年、レーモンド建築設計事務所勤務。1963年、カリフォルニア大学バークレー校講師。1966年、三沢浩研究室主宰。1991年、三沢建築研究所代表。横浜国立大学・東京理科大学講師を経て、現在、明日館公開講座・朝日カルチャーセンター講師など。
主な作品：平塚聖マリア教会［1967］、吉祥寺レンガ館モール［1979］、深大寺仲見世及び水車館［1992］、松代大本営平和祈念館（基本設計）［1996］、葛飾柴又寅さん記念館［1997］、東京大空襲・戦災資料センター［2002］など。
主な著書：『私と日本建築』（SD選書17）アントニン・レーモンド著、三沢浩訳［鹿島出版会／1967］、『自伝アントニン・レーモンド』アントニン・レーモンド著、三沢浩訳［鹿島出版会／1970］、『A・レーモンドの住宅物語（建築ライブラリー7）』［建築資料研究社／1999］、『アントニン・レーモンドの建築（SD選書246）』［鹿島出版会／2007］など。

▼アントニン・レーモンド（p.301）

水沼淑子（みずぬま・よしこ）——関東学院大学人間共生学部共生デザイン学科教授／1976年、日本女子大学家政学部住居学科卒業。1981年、同大学大学院家政学研究科住居学専攻修了。工学博士。専門は日本近代住宅史。
主な著書：『日本住居史』［共著、吉川弘文館／2006］、『Jay H. Morgan―アメリカと日本を生きた建築家』［関東学院大学出版会／2009］など。

▼ジェイ・ハーバート・モーガン（p.185）

本橋 仁（もとはし・じん）——早稲田大学建築学科助手・メグロ建築研究所取締役／1986年生まれ。現在、旧本庄商業銀行煉瓦倉庫の保存改修プロジェクトに携わる。
▼岡田信一郎（p.201）

山形政昭（やまがた・まさあき）――大阪芸術大学建築学科教授・同大学大学院芸術研究科教授／1949年生まれ。京都工芸繊維大学建築学科卒業、同大学大学院修士課程修了。工学博士。建築歴史・建築計画専攻。とりわけ、ヴォーリズの建築と、関西の近代建築に関心があり、調査研究を行う。
主な著書：『ヴォーリズの建築』［創元社／1989］、『ヴォーリズの西洋館』［淡交社／2001］など。
▼ウィリアム・メレル・ヴォーリズ（p.177）、木子七郎（p.233）

米山 勇（よねやま・いさむ）――建築史家・東京都江戸東京博物館研究員／1965年生まれ。1993年、早稲田大学大学院理工学研究科博士後期課程単位取得。博士（工学）。早稲田大学非常勤講師、日本女子大学非常勤講師などを経て、現職。
主な著書：『建築MAP京都』［共著、TOTO出版／1998］、『建築MAP横浜・鎌倉』［共著、TOTO出版／2002］、『痛快！ケンチク雑学王』［共著、彰国社／2004］、『日本近代建築大全 東日本篇・西日本篇』［講談社／2010］、『米山勇の名住宅観賞術』［TOTO出版／2011］、『けんちく体操』［共著、エクスナレッジ／2011］、『クイズでわかる近代建築100の知識』［共著、彰国社／2012］、『時代の地図で巡る東京建築マップ』［共著、エクスナレッジ／2013］など。
▼佐藤功一（p.149）

日本《にほん》近代《きんだい》建築《けんちく》家《か》列伝《れつでん》
生《い》き続《つづ》ける建築《けんちく》

二〇一七年一月三〇日　第一刷発行

監修　丸山《まるやま》雅子《もとこ》
発行者　坪内文生
発行所　鹿島出版会
〒一〇四―〇〇二八　東京都中央区八重洲二―五―一四
電話〇三―六二〇二―五二〇〇　振替〇〇一六〇―二―一八〇八八三

印刷　三美印刷
製本　牧製本
図書設計　松田洋一
編集　森戸アソシエイツ

ISBN 978-4-306-04645-0 C3052

本書の内容に関するご意見・ご感想は左記までお寄せ下さい。
URL: http://www.kajima-publishing.co.jp/
e-mail: info@kajima-publishing.co.jp